新白話六法系列 006

民法・債編

2021最新版

王惠光、黃碧芬·著

THE LAW

五南圖書出版公司 印行

出版緣起

　　談到法律，會給您什麼樣的聯想？是厚厚一本《六法全書》，或是莊嚴肅穆的法庭？是《洛城法網》式的腦力激盪，或是《法外情》般的感人熱淚？是權利義務的準繩，或是善惡是非的分界？是公平正義、弱勢者的保障，或是知法玩法、強權者的工具？其實，法律儘管只是文字、條文的組合，卻是有法律學說思想作為基礎架構。法律的制定是人為的，法律的執行也是人為的，或許有人會因而認為法律是一種工具，但是卻忽略了：法律事實上是人心與現實的反映。

　　翻閱任何一本標題為《法學緒論》的著作，對於法律的概念，共同的法學原理原則及其應用，現行法律體系的概述，以及法學發展、法學思想的介紹……等等，一定會說明清楚。然而在我國，有多少人唸過《法學概論》？有識之士感歎：我國國民缺乏法治精神、守法觀念。問題就出在：法治教育的貧乏。試看九年國民義務教育的教材，在「生活與倫理」、「公民與道德」之中，又有多少是教導未來的主人翁們對於「法律」的瞭解與認識？除了大學法律系的培育以外，各級中學、專科與大學教育中，又有多少法律的課程？回想起自己的求學過程，或許您也會驚覺：關於法律的知識，似乎是從報章雜誌上得知的占大多數。另一方面，即使是與您生活上切身相關的「民法」、「刑法」等等，其中的權利是否也常因您所謂的

「不懂法律」而睡著了？

　　當您想多充實法律方面的知識時，可能會有些失望的。因為《六法全書》太厚重，而一般法律教科書又太艱深，大多數案例式法律常識介紹，又顯得割裂不夠完整……

　　有鑑於此，本公司特別邀請法律專業人士編寫「白話六法」叢書，針對常用的法律，作一完整的介紹。對於撰文我們要求：使用淺顯的白話文體解說條文，用字遣詞不能艱深難懂，除非必要，儘量避免使用法律專有名詞。對於內容我們強調：除了對法條作字面上的解釋外，還要進一步分析、解釋、闡述，對於法律專有名詞務必加以說明；不同法規或特別法的相關規定，必須特別標明：似是而非的概念或容易混淆的觀念，一定舉例闡明。縱使您沒有受過法律專業教育，也一定看得懂。

　　希望這一套叢書，對普及法律知識以及使社會大眾深入瞭解法律條文的意義與內容等方面都有貢獻。

自序

　　一般人對法律的印象總認為是艱澀難懂、莫測高深的。事實上，法律固然有其複雜的一面，但也不是難到只有學法律的人才看得懂。因為法律是人類社會生活的共同規範。法律所呈現的精神和我們日常生活中的公平正義觀念是相通的，大概也就是說，大家都認為是錯的，法律的規定也不會認為是合法的；而大家都認為是對的，法律也不至於規定是非法的。正因為法律的精神和我們日常生活的精神是相契合的，所以一般人只要稍加訓練，掌握一些法律的基本精神和特殊用語，即使不能成為一個法律專家，大概也可以搞清楚合法與非法的分野。

　　長久以來，有關法律的書籍，其用語大都不是通俗的白話文。事實上，大部分法律文章的用語確實和一般的白話文有相當大的差異，是一種既非文言也不是白話的文體，平常人初次接觸，一定會被這種翻來覆去的文體所迷惑，以至於讀不懂到底是在說些什麼。很多人接到法院的判決書時，便常常搞不清楚真正的理由是什麼。老實講，即使是法律系的學生，也需要一段相當時間的訓練，才能漸漸習慣於這種文體。

　　我們有感於一般的法律文章，由於文體不是淺顯的白話文，很多說明與敘述的方式，也常常過於冗長而不容易被一般人所瞭解，所以筆者就希望寫出一本一般人就可以讀得懂的法律文章，以白話文來解釋條文，使不是讀法律的普通人也可以

看得懂。近年來，已經有很多人意識到法律文章其實應該儘量寫成白話，使一般人也能看得懂，所以市面上已經有很多的法律文章都是用一般人可以看懂的文體來撰寫。只不過在說理與論述時，為了符合法律嚴密的邏輯要求，所以難免還是會有一些繁雜的字句出現。本文雖然是以白話文作為解釋法律條文的方式，但有時候也是難免會有一些艱深的字句出現，這也只能說是法律的個性使然。但是在儘可能的範圍內，我們的說明都力求簡明，舉例也力求淺顯，希望能使每一個人都能讀得懂這本書。

　　民法是國民日常生活所應遵循的基本大法，很多法律的基本精神與概念都在本法中闡明。希望本書能夠帶給大家日常生活最直接的法律需求。拉丁法諺中有一句「法律是善良和公平的藝術」（Juse est ars boni et edqui），如果大家的日常生活都能本持善良與公平的心，則這個社會必定是法治的社會，也必定是進步的社會。

王惠光

凡例

（一）本書之法規條例，依循下列方式輯印：

　　法規條文，悉以總統府公報為準，以免坊間版本登載歧異之缺點。

（二）本書體例如下：

1. 導讀：針對該法之立法理由、立法沿革、立法準則等逐一說明，並就該法之內容作扼要簡介。
2. 條文要旨：置於條次之下，以（　）表示。
3. 解說：於條文之後，以淺近白話解釋條文意義及相關規定。
4. 實例：於解說之後舉出實例，並就案例狀況與條文規定之牽涉性加以分析說明。

（三）參照之法規，以簡稱註明。條、項、款及判解之表示如下……

　　條：1、2、3……

　　項：Ⅰ、Ⅱ、Ⅲ……

　　款：1、2、3……

　　但書規定：但

　　前段：前、後段：後

　　司法院34年以前之解釋例：院……

　　司法院34年以後之解釋例：院解……

　　大法官會議解釋：釋……

最高法院判例：……台上……

行政法院判例：行……判……

沿革

債 編

民國18年11月22日國民政府制定公布全文604條；並自19年5月5日施行。

民國88年4月21日總統令修正公布部分條文；並自89年5月5日施行。

民國89年4月26日總統令修正公布第248條條文。

民國98年12月30日總統令修正公布第687條、第708條條文；並自98年11月23日施行。

民國99年5月26日總統令修正公布第746條條文；並增訂第753條之1條文。

民國110年1月20日總統令修正公布第205條條文；並自公布後六個月施行。

民法總序

民法的概念

所謂民法，就是規定私人與私人之間民事上權利義務關係的法律。

公法與私法

想要真正瞭解民法的意義，必須先認清法律有二大領域，那就是公法和私法。公法是在處理國家行使公權力時和國民之間所發生的權利義務關係，而私法則是在處理私人與私人之間日常社會生活所發生的權利義務關係。

例如憲法、國籍法、稅法、兵役法、刑法、訴訟法等等，都是屬於公法。公法關係的雙方當事人一方是國家，一方是國民，由於是公權力的行使，因此公法關係中雙方當事人的地位並不平等。這種不平等的現象表現在兩方面，也就是權利義務上的不平等以及意思效果上的不平等。就權利義務關係而言，在公法關係中，國民是居於被國家公權力所支配的地位，國民有遵從公權力的義務，卻不一定有相對等的權利。例如國民因為犯罪而服徒刑，或者因為違反交通規則而遭受處罰，並不能因為自由受到限制或者金錢受到減損而對於國家有所請求。另一方面，就意思效果而言，國民單方面的意思並不能改變其和國家之間所存在的公法關係，例如某位國民雖然不願意服兵役，他仍然必須服兵役，或者某位國民不願意繳太多的稅，但

他需要繳交的稅金並未因此而減少。

反觀私法關係，由於是處理私人與私人之間的日常生活關係，例如買賣、租賃、借貸、離婚、結婚、繼承等等，因此私法關係的雙方當事人間地位是平等的，並沒有主從尊卑的不對等現象。從權利義務的角度而言，在私法關係中，權利義務通常是相伴隨的，當事人之一方享受權利時，通常也負有相當的義務，例如在買賣關係中，當你取得買賣標的物的所有權，同時你也必須給付買賣價款。又如在婚姻關係中，夫妻互享有被扶養的權利，但也互相負有扶養他方的義務。當然，在比較特殊的情形下，也有可能享受權利而沒有相當的義務，例如贈與關係中，受贈人享受權利的同時並沒有相同的義務，不過這是出於贈與人本身的自願，和公法關係中不問國民有無意願均須受公權力支配的情形不盡相同。從這裡，我們也可以瞭解，在私法關係中，當事人的意思主宰著私法關係的形成與內容。例如沒有人可以強迫你把房子租給別人，沒有人可以強迫你把房子設定抵押，也沒有人可以強迫你離婚、結婚。

瞭解公法與私法的差別，我們就可以知道民法是屬於私法的領域，所以民法的條文都是建立在當事人相互平等的基礎上所制定的。

狹義的民法和廣義的民法

在法律的用語上，民法有廣狹二義。狹義的民法是指六法全書中的「民法」法典，由於這部法典的名稱就叫做「民法」，因此形式意義的民法指的就是這部民法。如果採用民法的狹義定義，則民法就只是私法的一部分，並非私法的全部。

如果用廣義的定義來解釋，則廣義的民法等於是私法的全

部。除了民法以外，其他例如公司法、票據法、海商法、保險法（以上四種法律合稱商事法）、土地法、動產擔保交易法等等，也都是規定私人間的權利義務關係，把這些法律以及這些法律的法理、判例總合起來，就是廣義的民法。由於不論有沒有使用「民法」這個名稱，只要是處理私人間權利義務關係的法律、法理、判例，一律將之劃入廣義的民法定義中，因此實質意義的民法指的就是廣義的民法。

在本書中，如果沒有特別說明，所指的民法是狹義、形式意義的民法。

我國民法的制定與修正

我國民法典的沿革

我國歷代法制，多偏重在刑事法及行政法方面，成文法典以戰國時代魏國李悝的《法經》為濫觴，其後如《漢律》、《唐律》等，但對於民事法方面則缺乏有系統的法典。直到滿清末年為變法圖強，才開始編纂民法草案。

第一次民法草案於光緒33年開始編修，至宣統3年完成，是為大清民律草案，但該草案未及施行，滿清已經覆亡。中華民國政府成立後，在民國14年至15年間，曾參照大清民律草案完成第二次民律草案，該草案曾經司法部通令全國各級法院暫行參酌採用，但並未正式公布施行。

現行民法則是在國民政府奠都南京之後，於民國18年至20年間陸續制定公布施行的。

民法的編制及主要內容

我國民法是仿照德國民法、法國民法、瑞士民法、瑞士

債務法及日本民法編纂而成，在編制上則是採用德國的民法體例，計分總則編、債編、物權編、親屬編、繼承編五編，共1125條。

由於我國民法是沿襲自歐陸的民法法典，因此大部分的條文是仿照歐陸的制度，而承繼我國固有法制或民間習俗的條文，只有一小部分，也因此在適用上常會出現削足適履的情形。例如台灣早期民間盛行的合會制度，原在民法中卻付諸厥如，因此遇有合會糾紛，必須延引附會其他條文強加解釋，雖然大部分問題尚能處理，但難免有捉襟見肘的感覺，現民法債編已就「合會」加以規定。因此類似這種民法條文與社會習慣不盡相同的現象如果沒有加以注意，常會因為對法律認知錯誤而喪失法律上的權利，故在日常交易中，必須注意習慣與民法的規定有時會有不同的地方。

以下就民法各編的內容分述說明其大要：

總則編

民法的第一編為總則編，共分七章，計有152條，另外有總則編施行法19條。

第一章為法例，規定法律適用與解釋的一般共同原則，性質上是總則編的總則規定。

第二章為人，規定民法上的權利主體包括自然人及法人（法人又分社團法人及財團法人）。本章分為二節，分別就自然人及法人權利能力的形式與消滅、權利行使的保護與行使方式做規定。

第三章為物，物可分成動產及不動產，二者所適用的法律幾乎完全不同。本章除規定動產及不動產的定義外，對於主物

與從物間的關係，還有孳息的歸屬亦均有規定。

第四章為法律行為，本章對於法律行為應適用的原則、行為能力、意思表示的效力、附條件及期限之法律行為、代理以及法律行為的無效及撤銷，均有規定。

第五章為期日及期間，本章係對於法律領域中時間的計算方式做標準化的規定。

第六章為消滅時效，為了避免權利長期的不行使造成新事實與舊權利無法相容的現象，並為了督促權利人及早行使權利以減少法律紛爭，本章特別就時效的期間及其效果做規定。

第七章為權利之行使，權利之行使固然是權利人的自由，但權利之行使也有其社會責任，本章即是對權利之行使與社會整體公益做調和式的規定。

在理論上，總則編既然是民法各編共同適用的定義性規定，應該是可以直接適用於其他各編，但其實不然。因為民法中的法律行為可區分為財產行為及身分行為，財產行為是以經濟活動為基礎，身分行為則以人倫秩序做考量。一般認為民法總則編的規定在財產行為可以完全適用，但對於身分行為則不能完全適用。民法債編及物權編均是有關財產行為的規定，因此除非法律有特別規定，否則總則編可以完全適用。至於民法親屬編及繼承編，則規定有純粹的身分行為（例如訂婚、結婚、離婚、收養）以及身分上的財產行為（例如夫妻財產契約的訂定、扶養的請求），關於身分上的財產行為，也有民法總則編的適用，但關於純粹的身分行為，則總則編只有在不違背身分行為性質的範圍內才有適用，如果總則編的規定與身分行為的本質不合，則這些規定就不能適用。

債編

本編共分二章，計有604條，另有施行法15條。本編為關於債權債務的規定，條文繁多，幾乎占本法條文的半數，國民日常生活中，幾乎每天都適用到債編的規定，例如從一早買早點、搭車上班就已經開始了一連串的債權債務關係，只是因為在大部分的情形之下我們沒有違反債編的規定，也就不會有民法債編規定的責任，因此沒有感受到債編規定的存在。

債編的第一章通則，第一節先就民法上四種債的發生原因：契約、無因管理、不當得利、侵權行為（代理權的授與亦規定在債編通則裡，但一般均不認為是債的發生原因）先做規定。接著第二節規定債之標的，亦即就種類之債、貨幣之債、利息之債、選擇之債以及損害賠償之債，分別就其意義及效力做規定。第三節規定債之效力，分別規定了債務履行的方式、債務不履行的種類及效力、債務如何保全，以及契約的確保、解除及終止的方式及效果。第四節是針對多數債權人及多數債務人間所發生的可分之債、連帶之債以及不可分之債等相互關係做規定。第五節規定債之移轉，分別規定了債權讓與及債務承擔的方式與效力。第六節規定五種債權消滅的方式，亦即清償、提存、抵銷、免除、混同。

債編的第二章為各種之債。本章係將二十七種典型的債權債務關係分別規定，這二十七債是買賣、互易、交互計算、贈與、租賃、借貸、僱傭、承攬、旅遊、出版、委任、經理人及代辦商、居間、行紀、寄託、倉庫、運送、承攬運送、合夥、隱名合夥、合會、指示證券、無記名證券、終身定期金、和解、保證、人事保證。由於我國民法是採取民商合一制，因此很多應該在商法上才有的規定，也規定到民法當中，例如交

互計算、經理人及代辦商、行紀、倉庫、運送等,除商業上常使用之外,一般人民日常生活並不常用。而且這些商業性的契約,因為我國另有商事性的民事特別法對這些契約有更詳細的規定,如公司法、票據法、海商法、保險法,因此民法中這些商業性的契約其重要性並不高。

債法所採用的原理是「契約自由」的原則,也就是說只要不違背法律的強行規定也不違反公序良俗,則當事人對於契約的內容可以自由約定,只有在契約條文不明白或不完備時,民法的規定才作為補充性的規範。

物權編

物權編共分十章,計有210條,另有施行法16條。物權編主要在規定物權的種類及其內容,以及物權的取得喪失及變更的方式。

第一章為通則,規定物權行為所適用之原則及物權取得、喪失、變更的方式。

第二章為所有權,規定所有權的內容及取得時效,並分別就不動產所有權及動產所有權的內容以及共有關係之處理做規定。

第三章為地上權、第四章之一為農育權、第五章為不動產役權、第六章為抵押權、第七章質權、第八章為典權、第九章為留置權,各章分別規定各該物權的定義及權利內容。

第十章為占有。占有在我國民法上並非是一種物權,它只是一種事實。不過占有的事實受民法的保護,使占有具有類似物權的效力。

民法的物權可分為二大類,一為所有權,一為限制物權。所有權係對於標的物能全面支配並完全使用收益的權利,限制

物權則不能對於標的物為全面支配，其權利僅限於某一方面或某數方面。物權編第三章至第九章所規定之各項權利即為限制物權。

親屬編

親屬編共分七章，計有171條，另有施行法15條。親屬主要在規定親屬關係的形成及親屬間的權利義務關係。

第一章為通則，規定血親及姻親的定義以及親等的計算。

第二章為婚姻，規定婚約及婚姻的要件以及其效力，另外還規定離婚的方式及要件。

第三章為父母子女，規定父母子女間相互的權利義務。

第四章為監護，針對未成年人及監護、輔助人的監護要件及監護方式分別為規定。

第五章為扶養，規定扶養的要件及方式。

第六章為家，規定家的意義以及家長家屬間的關係。

第七章為親屬會議，規定親屬會議的組成及其決議方式。

親屬編與社會的傳統倫理思想關係最為密切。我國傳統的親屬法制因為受到儒家法律觀的影響，所以帶有濃厚的團體主義及男權主義的色彩。現行民法親屬編大部分承襲歐陸法制，除了某些條文受到固有習慣影響而仍有宗族色彩以及男尊女卑的觀念之外，基本上，親屬編係建立在國人主義及男女平等的基礎之上。

繼承編

繼承編共分三章，計有88條，另有施行法11條。

第一章為遺產繼承人，規定繼承人的順序及其繼承的權利。

第二章為遺產之繼承，規定繼承的效力、遺產的分割、繼

承之拋棄以及無人承認之繼承。

　　第三章為遺囑，規定遺囑的方式、效力及其執行，另外也規定了遺囑的撤回以及繼承人特留分的保護。

　　繼承法也是大部分沿襲歐陸的法制，尤其現行法廢除了宗祧制度並採用男女平等的繼承原則，對於社會觀念的改革導引，有極重要的貢獻。

目　錄
Contents

債　編

債編導言

　　所謂債的關係，是指特定人得對於特定人請求為某種特定行為的法律關係。得請求為特定行為的權利稱為債權，擁有該請求權利的人就是債權人；相對地，必須去做該特定行為的義務就是債務，負有該義務的人就是債務人。以買賣房屋的關係而言，買受人可以要求出賣人交付房屋，此時買受人便是債權人，其權利是請求交付房屋，而出賣人必須交付房屋，交付房屋是義務，出賣人便是交付房屋這個債務的債務人。

　　在財產法中，是由債權關係和物權關係構成兩大支柱。本法第二編便是關於債的規定，而在法條編列上，又可分為債編通則和各種之債二個章節。債編通則是關於債的關係的總則性規定，各種之債則是就日常生活上較為常見的債權債務關係，就其基本關係做例示性的規定，以做為一般人從事該些契約關係的準據。

　　債編的規定是從本法第153條到第756條，總計604條，約占本法1225條近半數，由此也可知道債編的重要性。

|第一章|
通　則

　　債編通則是將債的關係從發生一直到消滅做總則性的規定，其編排體例依序是債之發生、債之標的、債之效力、多數債務人及債權人、債之移轉、債之消滅。

第一節　債之發生

　　債之關係發生的原因在我國民法上規定有五種，分別是契約、代理權之授與、無因管理、不當得利、侵權行為。但一般認為代理權之授與並非債之發生的原因，所以實際上真正的債之發生原因只有四種。

第一款　契約

第153條（契約之成立）

當事人互相表示意思一致者，無論其為明示或默示，契約即為成立。

當事人對於必要之點，意思一致，而對於非必要之點，未經表示意思者，推定其契約為成立，關於該非必要之點，當事人意思不一致時，法院應依其事件之性質定之。

解說

本條是規定契約在什麼情況下成立。

契約是由契約雙方當事人意思相合致（亦即互相契合）而成立的法律行為。例如甲願以3萬元出售他的機車，如果乙只願意出2萬5,000元，則甲乙之間意思並沒有合致；如果丙願意出價3萬元購買那一部機車，則甲丙之間的意思相合致，甲丙間便成立買賣契約。

契約當事人雙方不會平白無故就意思相合致，通常會由其一方先提出契約的條件及內容，然後再由他方予以同意。在法律上，先提出訂約條件及內容的那一方，其提出契約條件及內容的行為就稱為要約，而另一方予以同意的行為稱為承諾，例如在前述買賣機車的例子，甲提出願以3萬元出賣機車便是要約的舉動，而丙提出願以3萬元購買機車的行為便是承諾。

一個要約和一個意思相合致的承諾便構成一個契約，本條所謂當事人互相表示意思一致，便是指要約和承諾的一致。只要要約和承諾一致，無論其為明示或默示，契約成立。例如交往多年的男友向女友求婚，女友含羞低頭沉默不語，狀極興奮，此時雖然女方沒有明白說出願意，但仍然可認為雙方有締約結婚的合意，而可視為默示同意。

關於契約的成立因素中，有些是該契約內容中不可或缺的，此即本條第2項所稱的「必要之點」，至於其他出現在契約中的內容，但不是該契約所不可或缺的因素，就是本條第2項中所稱的「非必要之點」。契約當事人只要對必要之點意思相合致，契約就推定為成立，至於其他非必要之點，如果當事人意思不一致時，則應依該契約的性質決定其應適用的關係。

在學理上，關於必要之點及非必要之點，學者有一種分

類方式可供參考。一般把契約內容分成「要素」、「常素」、「偶素」。「要素」是指契約內容必要之要件，例如在買賣契約中，買賣標的物（亦即究竟買哪一樣東西）及買賣的價額是必要的因素，如果對這二項內容都沒有合意，契約便不能成立。「常素」則是指該內容通常是契約中所必要的構成內容，但是除去該項內容，契約仍可成立，例如瑕疵擔保責任（民§349～§361）通常都包括在買賣契約中，但契約當事人仍然可以約定免除瑕疵擔保責任（民§366）。「偶素」則是讓內容通常不包括在契約當中，但當事人可以約定把它加進去，例如一般買賣契約並不會附任何條件（民§99），但當事人可以把條件加進去，例如附加以政府公布開發計畫作為土地買賣的條件。

　　通常，「要素」是所謂必要之點，至於「常素」及「偶素」則為非必要之點。例如在買賣契約，契約當事人如果已經就標的物之交付及價金數額互相表示一致，則即使對於履行期間、交貨地點尚未達成合意，該買賣契約仍被視為成立，至於履行期間及交貨地點如果當事人雙方有歧見，則法院會依契約的性質決定之。

第154條（要約之拘束力及要約引誘）

契約之要約人，因要約而受拘束。但要約當時預先聲明不受拘束，或依其情形或事件之性質，可認當事人無受其拘束之意思者，不在此限。

貨物標定賣價陳列者，視為要約。但價目表之寄送，不視為要約。

解說

發出要約的人，在法律上稱為要約人。要約人發出要約時，他就受到要約的拘束，也就是一旦要約到達相對人，要約人就不能再反悔，如果相對人就該條件做出承諾，要約人就不能不接受。例如要約人發出願以1,000萬元出賣某棟房子的要約，相對人如果答應了，契約就成立，要約人不能再反悔。

不過要約人在發出要約時可以作保留，這就是本條第1項但書所稱要約時聲明不受拘束的情形。例如發要約時註明「要約人保留決定權」、「交易條件另行約定」時，相對人即使對原要約內容承諾，契約仍未成立。

另外，依該事件之性質可認為當事人不受要約內容拘束者，要約人亦不受拘束，例如服飾店標明「時裝最低五折」，其意思是有些時裝賣五折，但有些不是，此時相對人就不能要求服飾店以五折出賣衣服。

本條第2項也就二種常見的交易情形，到底屬於要約與否做明確的規定。第一種情形是貨物標定賣價陳列，此時視為要約，因為出賣的東西及賣價都已經非常清楚。另一種情形則是價目表之寄送，此時因為只有價錢，但貨品之內容、樣式為何並不清楚，因此不視為要約。

第155條（要約之失效──拒絕）

要約經拒絕者，失其拘束力。

解說

要約一經相對人承諾，契約當然就成立了，但如果相對人

拒絕要約，不只契約不成立，原要約也失其效力。例如要約人甲向相對人乙發出以1,000萬元出售某棟房子的要約，乙如果對該要約拒絕，則縱使拒絕後再想接受該要約，契約也不會成立。因為原來的要約已經失去效力，除非甲再作一次要約，否則乙即使後來想要再接受原來1,000萬元的要約，也因為要約失去效力而沒有辦法成立契約。

第156條（對話要約之拘束力）
對話為要約者，非立時承諾，即失其拘束力。

解說

　　要約可以用對話的方式，例如二個人面對面商談契約的條件時即屬這種情形。要約也可以用非對話的方式，例如以信函、傳真等方式相互交換商討契約條件的情形。

　　如果以對話的方式為契約，依本條之規定，除非相對人立刻對要約做出承諾，否則要約就失去效力。例如店員甲向路過的行人乙兜售商品，如果乙不置可否，默然離去，則契約就不成立，因為甲兜售商品的要約在乙未立即承諾時已失去其效力。

第157條（非對話要約之拘束力）
非對話為要約者，依通常情形可期待承諾之達到時期內，相對人不為承諾時，其要約失其拘束力。

解說

本法第156條是針對以對話方式為要約的情形，本條則是針對以非對話方式為要約的情形。

如果是以非對話的方式為要約，例如以信函方式寄給相對人為要約，則依通常情形可期待相對人的承諾會到達要約人，結果承諾未到達，此時要約也失去其效力。所謂通常情形，是指在正常情形沒有特殊事由發生時，承諾會到達要約人的時間。例如以台灣的郵政，掛號信二、三天內一定可以到達，再加上一段合理的思考期間，如果在這段期間內承諾沒有到達，則要約就失去其效力。

對於「通常情形」的判斷，是由法院依具體情形做最終的決定。

第158條（要約之失效──逾限承諾）
要約定有承諾期限者，非於其期限內為承諾，失其拘束力。

解說

前二條的情形，是指在要約中沒有設定承諾期限的情形，如果在要約中已經約定有承諾期限，則無論是以對話方式或者以非對話方式為要約，相對人都必須在該設定的承諾期限內做出承諾，否則要約失其效力。例如在要約中陳明必須在七天內答覆，否則要約失效，則相對人必須在七天內答覆，否則要約失去效力。

第159條（承諾遲到之通知）

承諾之通知，按其傳達方法，通常在相當時期內可達到而遲到，其情形為要約人可得而知者，應向相對人即發遲到之通知。

要約人怠於為前項通知者，其承諾視為未遲到。

解說

本條第1項為民國88年4月21日修正公布，民國89年5月5日起施行，第2項則未修正，維持原有條文。本條第1項修正的目的，是因為原條文對於承諾意思表示的通知，以其傳達方法，通常可到達的時間卻發生障礙而遲到時，要約人負有向承諾人發遲到通知的義務，是否必須以要約人可得而知承諾的意思表示發生障礙而遲到通知，原條文並未明示，但多數學者均認為需要約人可得而知承諾通知遲到的情形下，才需負通知義務，所以本次修法時，特別明文規定，承諾通知，依其所用傳達方法，通常在相當時期內可達到要約人，可是卻發生障礙，以致承諾的意思表示通知遲到，在要約人明知或可得而知承諾人所發承諾意思表示因障礙而送達遲到時，基於誠信原則，避免承諾人誤以為契約已成立，要約人因此負有通知的義務，告訴承諾人其承諾意思表示已經遲到，契約未成立。

如果要約人明知或可得而知承諾通知，因為發生障礙而遲到，要約人卻不對承諾人發遲到通知時，依據本條第2項規定，承諾視為沒有遲到，契約就算意思表示一致而成立了。

要約人即使明知或可得而知承諾因發生障礙而遲到，但是要約人本即有意使契約成立，這時要約人就不須再發遲到通知，直接就適用本條第2項而使契約成立即可，否則若再發遲

到通知，反而還要適用本法第160條第1項，遲到的承諾視為新要約，原承諾人反而還要再做一次承諾，才能使契約成立，毫無意義可言。

老周寄信給老吳表示想要購買其位於南投埔里的房屋，價金為200萬元，請老吳在一週內答覆要不要出賣，老吳收到老周的信件後，立刻發函表示同意以200萬元出售，不料遇到九二一大地震，交通中斷，老吳承諾的信件在二週後才送到老周手中，經打聽老吳的房子並沒有因地震而震垮或成為危樓，老周反而害怕契約是否成立，因為他已不敢買房子了，老周要怎麼處理呢？

老吳以信件所發承諾通知，一般而言，應該會在一週內送達老周處所，但是因為地震造成交通中斷，而使承諾的通知遲到，九二一地震所造成通訊、交通中斷，是全國事件，老周當然也可得而知老吳的承諾因地震而使原可按時到達的通知遲到了，這時老周接到老吳的信件，應該立即發遲到通知給老吳，才可避免契約成立的效果。

第160條（視為新要約）
遲到之承諾，除前條情形外，視為新要約。
將要約擴張、限制或為其他變更而承諾者，視為拒絕原要約而為新要約。

解說

　　本條第1、2項均於民國88年4月21日修正公布，並自89年5月5日起施行。

　　第1項原條文為「遲到之承諾，視為新要約。」因此在解釋上「遲到之承諾」是指所有遲到的承諾？僅限於本法第159條規定的承諾遲到？或不包括本法第159條情形的遲到承諾？學者有不同解釋，因此本次修法特別明文規定，除了本法第159條的特殊承諾遲到之外，其他的遲到承諾遲到，都視為新的要約。

　　要約人發出意思表示，原是期待相對人對他的要約內容為承諾，而使契約成立，如果承諾人把要約的內容擴張、限制或做其他的變更而做承諾，因為已非要約人所要約的內容，因此法律上視為承諾人拒絕要約人原來的要約，而承諾人仍有訂約的意思，所以改發生原承諾人發出新要約的效果，只要要約人同意為承諾，契約就可以成立。

　　承諾人對於要約內容有無擴張、限制、或為其他的變更，解釋上不能就表面形式認定，而應就當事人真意認定之，例如：某甲發出要約訂購花盆100個意思表示給某乙，某乙表示願意出售，但需在三個月後才能交貨，某乙的意思表示就是對某甲的要約限制，視為新要約，仍需待某甲承諾同意。某甲發要約意思表示訂購花盆100個，某乙回覆可以出售200個，仍應視為就100個花盆已經契約成立，至於另外的100個花盆才視為新要約。

　　老王發要約意思表示給老吳，願以100萬元購100兩黃金，

並請老吳在二天內答覆，一個禮拜後金價大跌，老吳在一個禮拜後才回覆老王願意以100萬元出售100兩黃金，老王必須受此拘束嗎？

老王所發要約意思表示限定老吳二天內要決定是否承諾，老吳在七天後才承諾，如果老吳沒有本法第159條障礙遲到的情形，老吳的遲到承諾，老王在不必發遲到通知的情形下，就可以拒絕老吳的要求，不受拘束。

第161條（意思實現）

依習慣或依其事件之性質，承諾無須通知者，在相當時期內，有可認為承諾之事實時，其契約為成立。

前項規定，於要約人要約當時預先聲明承諾無須通知者準用之。

解說

有些情形，依習慣或者依該事件的性質，承諾不需要以意思表達，而只要有可以認為承諾的事實出現，此時也可以認為契約成立。例如推銷員推銷錄音帶，客戶試聽完後將錄音帶放進皮包內，此時可視為成立購買錄音帶的契約。又例如旅客以信函向旅社訂房間，旅社一直都沒有客滿的表示，此時可視為已同意訂房。這種成立契約的方式學理上稱為「意思實現」。

有些情形，雖然習慣上或者依該事件的性質，通常並不能以有無承諾的事實出現作為契約成立與否的依據，但如果雙方當事人約定不一定要有承諾，只要某種事實出現亦視為契約成立，此時仍可依「意思實現」的方式成立契約。例如經常往

來的廠商間相互均以「在一定時間內未回答即表示承諾」作為彼此交易的條件，此時若其中一方寄出要約並言明十天內須答覆，如果另一方在十天內未答覆，則視為契約成立。

　　須注意的是，本條第2項所謂要約人要約當時，聲明承諾無須通知者，準用第1項的情形，必須是依習慣或事件之性質或者依當事人的特約，要約人可以做這種聲明的情況才可以依本條第2項處理，否則單純由要約人做這種聲明，相對人並不受拘束。例如甲廠商寄發樣品給客戶乙，並在信函上聲明「十天不答覆視為承諾」，此時乙並不會受到甲該項聲明的拘束，乙在十天內未做承諾，契約也不會成立。因為依一般交易的習慣，並沒有指出接受樣的人在一定期間內必須回答的義務，因此甲這種聲明對乙並不會產生拘束力。

第162條（撤回要約通知之遲到）

撤回要約之通知，其到達在要約到達之後，而按其傳達方法，通常在相當時期內應先時或同時到達，其情形為相對人可得而知者，相對人應向要約人即發遲到之通知。

相對人怠於為前項通知者，其要約撤回之通知，視為未遲到。

解說

　　本法第1項於民國88年4月21日修正公布，並自89年5月5日施行，第2項則未修正。第1項修正的理由是本法第159條承諾遲到通知，是在要約人明知或可得而知發生障礙而遲到，所以須負通知義務，因此本條第1項也配合修正，撤回要約的通知

因障礙而遲到，在相對人可得而知該要約撤回發生障礙而遲到時，相對人應該通知要約人，使其知道要約撤回通知已經遲到，否則會使要約人誤以為要約已撤回不受拘束。相對人如果輕忽此項通知義務而沒有通知要約人時，要約撤回的通知就視為沒有遲到，發生撤回要約的效力。

依本法第94條之規定，意思表示如果是以對話方式為之者，以相對人瞭解時發生效力，則如果相對人還沒有瞭解要約的內容，當然可以撤回要約。而依本法第95條之規定，如果是非對話的意思表示，則以通知到達相對人時發生效力，但如果撤回的通知，同時或先時到達者，不在此限，準此，如果撤回要約之通知比要約本身先到達或同時到達，則要約亦不生效。

但有時候撤回要約之通知本來應該比要約本身先到達，卻因故比要約慢到，例如甲於上午10時以普通掛號要約之通知給乙，但在上午11時發覺不妥，立刻以快捷郵件發出撤回要約之通知。此時甲大概相信撤回要約之通知應該是比要約本身要早一些抵達乙手中。但如果因郵政的延誤，使得撤回的通知比要約本身更慢到達乙手中，則依照本條之規定，乙可得而知發生障礙而遲到時，乙必須立即向甲發出通知，通知甲撤回的信函遲到，以使甲瞭解撤回要約的通知已經遲到。

如果乙沒有通知甲撤回要約的通知已遲到，則依本條第2項之規定，甲的撤回要約之通知視為未遲到，在此情形下，視為撤回的通知已先抵達，所以發生撤回要約之效力。

如果乙立即通知甲撤回要約的通知已經遲到，則因撤回的通知實際上確實比要約本身慢到，因此要約已經生效，撤回不生效，甲仍然要受要約的拘束。

第163條（撤回承諾通知之遲到）
前條之規定，於承諾之撤回準用之。

解說

　　第162條所規定的情形，在承諾的情形也會發生，因此本條特別設準用之規定，以資因應。

　　例如乙接到甲的要約後，於下午3時以普通掛號發出承諾之表示，但到了當天下午4時又覺得剛剛發出的承諾不妥當，遂在下午4時以快捷郵件發出撤回該承諾的通知，依照通常情形，快捷郵件應該會比普通掛號先到達，乙也有這樣的信賴與期待。可是如果因郵政的延誤或因為其他原因致使該快捷郵件比普通掛號晚到，這時候甲就須向乙發出撤回的通知已經遲到的通知，否則乙撤回的通知就視為未遲到。也就是如果甲沒有向乙發出遲到的通知，則因為撤回承諾的通知視為未遲到，此時因為撤回的通知比承諾早先到達，撤回發生效力，就視為乙未有承諾。但如果甲有向乙發出遲到的通知，則因為撤回承諾的通知實際上是比承諾要晚到，因此承諾發生效力，甲、乙間的契約視為成立。

第164條（懸賞廣告之效力）
以廣告聲明對完成一定行為之人給與報酬者，為懸賞廣告。廣告人對於完成該行為之人，負給付報酬之義務。
數人先後分別完成前項行為時，由最先完成該行為之人，取得報酬請求酬；數人共同或同時分別完成行為時，由行為人共同取得報酬請求權。

前項情形，廣告人善意給付報酬於最先通知之人時，其給付報酬之義務，即為消滅。

前三項規定，於不知有廣告而完成廣告所定行為之人，準用之。

解說

　　本法條於民國88年4月21日修正公布，並自89年5月5日施行，但是依民法債編施行法第5條規定，修正前的懸賞廣告也適用本條修正規定的效力。舊法對於懸賞廣告的效力、給付報酬方法，規定較為簡略，因此在解釋上有不同意見，本次修法將實務上、學說上之爭議，做較明確之規定，明示以廣告聲明對完成一定行為的人給與報酬的行為為「懸賞廣告」。

　　和一般的契約型態不同，懸賞廣告是對不特定人所做的要約，而取得報酬請求權的人不是為承諾表示的人，而是完成懸賞廣告內容的人。例如甲發出懸賞廣告，內容為：「幫甲尋到其失蹤的愛犬並送回者，甲願給付賞金1萬元。」乙看到後向甲說他願意去找，可是乙卻一直未找到狗，此時乙不能因為其有向甲做出尋狗的意思表示而向甲請求報酬1萬元，因為乙並沒有完成懸賞廣告的內容。相反地，丙並未有向甲發出願意尋狗的承諾，但丙看到廣告後，在無意中發現甲的愛犬並送回來給甲，此時丙才有權利依懸賞廣告請求甲給付酬金1萬元。

　　也因為懸賞廣告這種特殊性，因此本法在本條和第165條對懸賞廣告有特別的規定，而學者對於懸賞廣告究竟屬於契約抑或屬於單獨行為也有不同的學說，不過通說仍以契約說為主，本次修法也採契約說。

　　懸賞廣告是契約的要約，除了具備要約的一般條件之外，

還必須具備下列要件：（一）用廣告的方式做要約；（二）聲明中須有給與報酬的表示；（三）廣告聲明中須表明對於完成一定的行為的人給與報酬。

有些懸賞廣告，只能有一個人完成，例如前述尋找愛犬的情形。但有些懸賞廣告，可能有數人同時或先後完成，此時究竟誰可以取得報酬便成問題。舊法規定廣告人只要對最先通知的人給與報酬，即算完成給付報酬義務，亦茲生問題，所以本次修正時，特別就數人分別先後完成、數人共同或同時完成時做效力規定。在數人分別先後完成懸賞廣告的內容時，由最先完成的人，取得報酬請求權。數人共同或同時分別完成懸賞廣告的內容時，由完成的行為人共同取得報酬請求權，也就是該數人對於廣告人成立一個共同債權。

廣告人基於善意不知道最先通知他完成行為的人，並非最先完成廣告內容的人，或實際上，數人共同或同時完成廣告內容，因而將報酬給付給最先通知的人時，廣告人的給付報酬義務仍然消滅，廣告人毋庸再負責。那麼這個時候真正最先完成廣告內容的人或其他共同債權人該怎麼辦？他們可以對領得報酬的人主張不當得利返還。

不過如果廣告的內容是對所有完成廣告內容的人均給與賞金，則並無本條第2、3項的適用。例如懸賞廣告的內容稱「獲得亞運金牌者給與賞金10萬元」，則廣告人對於所有獲得金牌的人均須給與10萬元的報酬，並非只要對第一個獲得金牌的人給與賞金（報酬）。

因為本次修法已將懸賞廣告界定為契約行為，對於不知廣告而完成廣告所定的行為時，該完成的人雖然無法解釋為契約行為，但是也可以準用本條的規定，請求廣告人給付報酬。

實例

　　大明從網站上發現老周刊登懸賞廣告，聲明只要有人在88年12月1日之前完成治療肝炎的新藥方，願意給付新台幣100萬元。大明於是和同事大新、大平共同研究，終於研究出一種治肝炎新藥方。大明於是向老周請求給付新台幣100萬元報酬，老周不知道新藥方是大明與大新、大平共同研究發明，因而欣然給付大明新台幣100萬元。數月後為大新、大平所知，請問大新、大平應向何人請求給付？

　　大明與大平、大新共同完成懸賞廣告的內容，即使大新、大平不知到懸賞廣告內容，也因本法第164條第4項規定準用第2項，因此對於懸賞廣告的廣告人共同所有同一給付報酬請求權，不過老周因為善意而給付大明報酬新台幣100萬元，給付義務已經消滅，大新與大平不可再向老周請求給付報酬，大新與大平應依民法第179條不當得利的法律關係，請求大明將報酬各分三分之一給大新、大平。

> **第164條之1**（權利歸屬）
> 因完成前條之行為而可取得一定之權利者，其權利屬於行為人。但廣告另有聲明者，不在此限。

解說

　　本條為民國88年4月21日增訂公布，並自89年5月5日施行。完成懸賞廣告內容的成果，有的可取得一定的權利，例如：專利權、著作權等等，在專利權法、著作權法雖然都有規定專利權、著作權的權利取得人為何，本條也本於前述法規的

精神，肯定行為人的個人心血及勞力結晶，因此本次增訂條文，特別明定因完成懸賞廣告所要求的一定行為而可以取得一定權利時，權利屬於行為人。但是懸賞廣告如有特別聲明時從其聲明規定，例如：廣告內容可以聲明廣告人不需經行為人同意而可以使用，或者聲明廣告可以請求行為人移轉給廣告人之權利等等。

第165條（懸賞廣告之撤回）

預定報酬之廣告，如於行為完成前撤回時，除廣告人證明行為人不能完成其行為外，對於行為人因該廣告善意所受之損害，應負賠償之責。但以不超過預定報酬額為限。

廣告定有完成行為之期間者，推定廣告人拋棄其撤回權。

解說

　　本條修正第1項，增訂第2項，均於民國88年4月21日公布，並自89年5月5日開始施行，本條第2項規定對於增訂前懸賞廣告也有適用。第1項是將原條文「撤銷」修正為「撤回」，因為懸賞廣告是對不特定人要約，在行為人完成行為之前，依本法第154條第1項但書規定，並無拘束力，所以在行為完成前，應該允許廣告人任意撤回，所以將「撤銷」修正為「撤回」。由於廣告人有任意撤回權，為了避免定有期間的廣告，使大眾誤信廣告人不會撤回意思表示而從事指定的行為，致受有損害，因此在本條第2項仿德國、日本立法例，規定懸賞廣告如定有完成期間時，推定廣告人拋棄本條第1項的撤回權。

在懸賞廣告的內容還沒有人完成前,且沒有定行為期間時,廣告人可以將懸賞廣告撤回,但一旦有人完成廣告的內容時,廣告人便不能撤回懸賞廣告。

而在廣告人撤回廣告時,如果有人不知廣告已經撤回而繼續從事廣告內容所要求的動作,此時廣告人對於該行為人所受的損害,應負賠償責任。例如某甲懸賞對發明超高速機車的人給與賞金100萬,乙因此投入心力並購買設備開始研究,如果甲撤回廣告,對於乙因為購入儀器所花費之費用負擔賠償責任。

廣告人依照本條所應負的賠償責任以不超過預定報酬額為限,例如在上例中,乙購置設備的費用如果超過100萬元,甲賠償的責任僅限於100萬元。

第165條之1（優等懸賞廣告的定義、效力）

以廣告聲明對完成一定行為,於一定期間內為通知,而經評定為優等之人給與報酬者,為優等懸賞廣告。廣告人於評定完成時,負給付報酬之義務。

解說

本條於民國88年4月21日增訂公布,並自89年5月5日施行,惟依民法債編施行法第7條規定,對於修正施行前成立之優等懸賞廣告也有適用。優等懸賞廣告在日常生活中常常發生,但以往法律無明文規定,在實務運用上,多以解釋補充,因此本次特別增訂優等懸賞廣告的定義與效力。

所謂優等懸賞廣告是指廣告人於廣告聲明中明定行為人完

成廣告內容，須在一定期間內通知廣告人，而且廣告只就評定為優等的人給與報酬。在日常生活中常見的有：徵文比賽、運動、藝術競賽……等等，在徵文或比賽公告中，聲明只就評定名次給獎均屬優等懸賞廣告。

廣告人在評定完成時，對於被評定為優等的行為人，就有給付報酬的義務。

某報社辦理徵文比賽，在徵文公告中，明定參加徵選的人，需在當月月底將應徵文章寄至報社參加徵選，報社將就評定前三名給與獎金，老周看到徵文公告後，就撰寫文章參加徵選，並幸運獲得第二名，但是沒有多久報社宣告破產，老周可以向報社要求給付獎金嗎？

報社刊登徵文比賽公告就是優等懸賞廣告，老周的文章在經報社評定為第二名時，老周就取得對於報社的報酬請求權，因此即使報社宣告破產，老周還是可以向報社請求給付獎金，而報社若正式向法院聲請破產宣告，老周也可以債權人身分申報債權。

第165條之2（優等懸賞廣告的評定義務）
前條優等之評定，由廣告中指定之人為之。廣告中未指定者，由廣告人決定方法評定之。
依前項規定所為之評定，對於廣告人及應徵人有拘束力。

解說

本條為民國88年4月21日增訂公布，並自89年5月5日開始施行，惟依民法債編施行法第7條規定，於修正施行前成立的優等懸賞廣告也有適用。優等懸賞廣告的廣告人負有評定義務，評定人由廣告中指定的評定人擔任評定工作，廣告中如果沒有指定評定人，由廣告人自行決定方法評定。由於評定是一種主觀的價值判斷，因此本條第2項特別明文規定評定的結果對於廣告人及應徵人都有拘束力，廣告人或應徵人不得以評定不公提起法律訴訟。

老王與老林均參加報社舉辦的徵文比賽，結果老王落選，老林入選首獎，當報社刊登首獎文章，老王覺得老林不論在文章體例、結構都有瑕疵，竟然會得到首獎，顯然評審不公，老王想要委託律師控告報社，律師說此題無解行不通，為什麼呢？

報社舉辦徵文比賽，屬於優等懸賞廣告，對於報社評定得獎文章的結果，依據民法第165條之2第2項規定，廣告人或應徵人都無從推翻評定結果。

第165條之3（報酬請求權的共同債權）
被評定為優等之人有數人同等時，除廣告另有聲明外，共同取得報酬請求權。

解說

　　本條為民國88年4月21日新增公布，並自89年5月5日開始施行，惟依民法債編施行法第7條規定對於修正施行前成立之優等懸賞廣告也有適用。評定結果，如果有多數人同列同一等級時，會發生應如何給獎的問題，若廣告聲明中，有表明給獎方式的話，就依廣告聲明給獎方法處理，若廣告中沒有聲明時，各列同等的得獎人就因本法規定成立共同債權，共同平均取得廣告所定的報酬。

第165條之4（優等懸賞廣告權利的歸屬）
第164條之1之規定，於優等懸賞廣告準用之。

解說

　　本條為民國88年4月21日增訂公布，並自89年5月5日開始施行，惟依民法債編施行法第7條規定，於修正施行前所成立之優等懸賞廣告也有適用。優等懸賞廣告與懸賞廣告固然有些許不同，惟行為人完成一定行為也有取得權利的情形，為了保障應徵人的權利，因此本條明定準用本法第164條之1的規定，例如：某甲參加徵文比賽、研發新產品，在優等懸賞廣告沒有特別聲明時，著作權、專利權等由應徵人取得權利。

第166條（契約之約定方式）
契約當事人約定其契約須用一定方式者，在該方式未完成前，推定其契約不成立。

解說

契約有要式契約和不要式契約。要式契約是指依法律之規定，該契約之成立須依照特定的方式或完成特定之要件時，契約才能成立；不要式契約則契約之成立無須依照特定的方式即能成立。民法上大部分的契約均為不要式契約，只有少數契約是要式契約，例如終身定期金契約（民§730）及期限逾一年之租賃契約（民§422）。

在不要式契約，契約當事人仍可做雙方之約定採取特定之方式。依照本條的規定，如果契約當事人約定契約的成立須用一定之方式，則在該方式未完成前，推定契約為未成立。例如買賣書籍的契約一般皆為不要式契約，可是如果當事人特別約定某一本書籍的買賣須到法院公證才成立，則在未到法院公證前，該買賣契約推定為不成立。

第166條之1（不動產物權的公證）

契約以負擔不動產物權之移轉、設定或變更之義務為標的者，應由公證人作成公證書。

未依前項規定公證之契約，如當事人已合意為不動產物權之移轉、設定或變更而完成登記者，仍為有效。

解說

本條於民國88年4月21日增訂公布，並自89年5月5日開始施行。

依本法第153條規定，當事人因意思表示一致，契約即行成立。但是契約的內容是要使當事人負擔不動產物權的移轉、

設定或變更的內容時，其經濟價值的影響通常都很高，因此為了使當事人締約謹慎，瞭解當事人雙方的權利義務關係，以防事後爭議，因此本次增訂當事人所訂的債權契約是要使當事人負擔不動產物權的移轉、設定、變更時，都要採取公證的要式行為，也就是要在公證人面前做成公證書。

　　如果當事人沒有做成公證契約，在當事人已合意為不動產物權的移轉、設定或變更時，若已完成地政登記程序，法律上仍視為契約有效。

第二款　代理權之授與

　　在我國民法上，代理權之授與權被列為債之發生原因，不過幾乎所有的學者均認為代理權的授與實際上並不是債的發生原因，本法上如此編排只是便宜的規定，甚至有學者認為此種法條的編排方式，實在不可思議。

第167條（代理權之授與）
代理權係以法律行為授與者，其授與應向代理人或向代理人對之為代理行為之第三人，以意思表示為之。

解說

　　代理的關係有三方面：一是本人和代理人之間授權的內部關係；一是代理人和相對人之間由代理人以本人名義為法律行為的關係；另一是存在於本人和相對人之間，亦即代理人所代為之法律行為效果直接歸屬於本人的關係。代理的關係即由本人、代理人、相對人三方面之間所構成。

代理關係的產生，有由於法律所規定，稱之法定代理，例如父母是未成年子女的法定代理人；另有由於法律行為，亦即透過當事人之意思而發生的，此即意定代理，一般所稱之代理即意定代理。

本條規定代理權係以法律行為授與者，即指意定代理而言。此時代理權授與的意思表示是由本人向代理人或代理對之為法律行為之第三人（亦即相對人）為之。例如甲授權乙代理甲和丙簽定買賣契約，此時甲是本人，乙是代理人，丙是相對人。甲的授權意思表示必須由甲向乙或丙為之。

第168條 （共同代理）
代理人有數人者，其代理行為應共同為之。但法律另有規定或本人另有意思表示者，不在此限。

解說

代理權可以授權給一個人，也可以授權給數個人，如果授權給數個人，則這數個代理人是共同代理人。如果是共同代理，則這數個人為代理行為時必須共同為之。例如甲授權乙、丙、丁三人和戊簽約，此時代理行為須由乙、丙、丁三人共同為之，不能只由乙、丙、丁其中一人或二人為之。

不過如果法律另有規定或本人另有意思表示者，則不必共同為之。例如民事訴訟法第71條規定：「訴訟代理人有二人以上者，均得單獨代理當事人。」或者本人如果在授權時言明每一位代理人均得單獨代理，此時就不必共同代理。

第169條（表見代理）

由自己之行為表示以代理權授與他人，或知他人表示為其代
理人而不為反對之表示者，對於第三人應負授權人之責任。
但第三人明知其無代理權或可得而知者，不在此限。

解說

　　本條是關於表見代理之規定。所謂表見代理，是指由自己
之行為表示以代理權授與他人，或知他人表示為其代理人而不
為反對之表示者，此時本人應對於第三人負授權人之責任。

　　表見代理本質上仍然是一種無權代理，只是法律為了保
護社會交易的安全，特別規定本人仍然對於第三人負授權的責
任。

　　表見代理有二種情形：

（一）由本人之行為表示以代理權授與他人：例如甲平常即將
　　　　支票及印章交給乙保管，並由乙代為簽發，如果乙未經
　　　　甲同意即簽發支票，甲應負授權人之責（44年台上字第
　　　　1428號）。甲授權乙代為訂立承辦合約，期滿後乙繼續
　　　　代理甲訂立續約，甲應負授權人之責。基本上，如果有
　　　　將印章交予他人開票、訂約、簽發書面的行為，則可認
　　　　為有授權的意思表示，此時應負表見代理授權人之責。

（二）明知他人表示為其代理人而不即為反對之表示者：例如
　　　　甲明明知道他兒子在支票背面使用甲的名義背書，甲卻
　　　　不阻止也不反對，此時甲應負授權人之責（44年台上字
　　　　第1424號）。公司明知某常務董事以公司名義向他人借
　　　　款，卻不加阻止，公司應對於該債務負責。

如果有前述的各種情形或類似情形，則構成表見代理。不過表見代理是為了保護善意的第三人，所以如果第三人明明知道未經授權或可得而知，則表見代理並不成立，此時和一般無權代理的情形一樣，既然代理人未經授權，則本人並不須對代理人的行為負責，亦即本人不必負授權人的責任。

第170條（無權代理及相對人之催告權）

無代理權人以代理人之名義所為之法律行為，非經本人承認，對於本人不生效力。

前項情形，法律行為之相對人，得定相當期限，催告本人確答是否承認，如本人逾期未為確答者，視為拒絕承認。

解說

有代理權人以本人名義所做的法律行為，其效果直接歸屬於本人，此即為有權代理的情形；但如果代理人未經授權，卻以本人名義為法律行為，此時即為無權代理，無權代理的行為除非經過本人承認，否則對本人並不產生效力。例如乙未經甲的同意即以甲的名義和丙簽定房屋買賣契約，此時除非經過甲的承認，否則該買賣契約對甲不生效力。

由於甲承認與否在甲做出決定之前無法確定，因此本條第2項給予相對人丙催告權，使丙得定相當期間催告甲確答是否承認，如果甲在該期限內不為肯定（承認）之答覆，則視為甲拒絕承認。如此便能使該懸而未決的無權代理行為獲得確定。

第171條（無權代理相對人之撤回權）
無代理權人所為之法律行為，其相對人於本人未承認前，得撤回之。但為法律行為時，明知其無代理權者，不在此限。

解說

由於無權代理的行為在本人未承認之前是效力未定的，一定要本人明確答覆之後才使法律關係確定下來。為了不使相對人因此而遭受損害，本條賦予相對人撤回權，使相對人在本人未明確答覆之前，得將法律行為撤回。

不過本條也是為了保護善意的相對人而設，因此如果相對人明明知道代理人並無代理權，則可以認為他不必受到保護，此時他就不能行使本條的撤回權。不過前條的催告權仍然可以行使。

第三款　無因管理

所謂無因管理，是指沒有法律上的義務而為他人管理事務。基本上，每個人只須管理自己之事務，對於他人的事務並無需介入，但社會生活仍需依賴大眾共同協助，例如鄰人房屋著火，若不立即加以撲滅而任其延燒，不只鄰人房屋將被燒毀，恐將有他人甚至包括自己被波及，因此自社會共同生活角度而言，這種互助行為應該鼓勵。但因為幫助他人管理事務之人（管理人）和受協助人（本人）之間本來並無法律關係存在，因此本法特以本款就無因管理情形將管理人和本人之間所產生的法律關係做規範，而無因管理也是本法債編中四種債的發生原因之一。

第172條（無因管理之要件）

未受委任，並無義務，而為他人管理事務者，其管理應依本人明示或可得推知之意思，以有利於本人之方法為之。

解說

　　本條先對無因管理做定義的規定。所謂無因管理即「未受委任，並無義務，而為他人管理事務」，所以無因管理須以未受委任並且沒有法律上之義務為前提。例如因為承攬、委任、僱傭等關係而為他人管理事務，乃是在履行其受任之責任，不構成無因管理。又縱使未受委任，但私法上或公法上負有義務者，亦不構成無因管理，例如父母管理子女之財產、消防隊員搶救著火之房子。

　　如果未受委任又無義務，卻為他人管理事務，即構成了無因管理。例如看見鄰屋著火，主動幫忙救助，或者鄰家小孩走失，主動幫忙尋找等。

　　因為無因管理是在沒有法律義務的情形下介入他人的事務，因此為他人管理事務之人（管理人）必須以本人明示或可得推知之意思，以有利於本人之方法為之。例如市場裡某攤販並未受委任，見隔壁水果商上廁所時恰好有人欲買水果，則幫忙代賣，這樣是構成無因管理。但不能夠香蕉本來賣一斤30元，代賣者卻以一斤20元賣出，這樣就違反了本條的義務。違背了本條的義務，則管理者應依本法第174條之規定賠償本人之損害，如果未違反本條之管理義務，則可依本法第176條之規定請求費用及賠償。

第173條（管理人之通知及計算義務）

管理人開始管理時，以能通知為限，應即通知本人，如無急迫之情事，應俟本人之指示。

第540條至第542條關於委任之規定，於無因管理準用之。

解說

　　無因管理人開始管理行為時，以能通知者為限，應即通知本人。例如甲出國其房子乏人看管，甲的鄰居乙看到甲的圍牆受颱風侵襲有倒塌之虞，準備僱用工人整修該片牆，以免危及路人。此時乙若知道甲的聯絡電話或住址，就該立即通知甲。

　　管理人在通知本人後，如果沒有急迫的情形，就應該等候本人的指示。例如在上例中乙通知甲之後，應該等甲對於如何修繕、如何僱工之情形做指示，但如果該片牆已隨時有倒塌的危險，則可以不待指示先行做必要的修復。

　　本法第540條至第542條是委任契約中有關受任人義務的規定，依本條之規定無因管理中也有準用。該三條之義務分別是本法第540條受任人之報告義務，受任人（在本條則準用於無因管理人）應將委任事務進行之狀況，報告委任人（在本條則為本人），委任關係終止時（在本條則為無因管理結束時），應明確報告其顛末。第541條關於受任人交付金錢、物品及移轉權利之義務，受任人因處理委任事務，所收取之金錢、物品及孳息，應交付於委任人（在本條則為本人）；受任人以自己之名義，為委任人取得之權利，應移轉於委任人。第542條是受任人支付利息與損害賠償之義務，受任人為自己利益，使用應交付於委任人之金錢或使用應為委任人利益而使用之金錢者，應自使用之日起，支付利息；如有損害，並應賠償。

> **第174條**（管理人之無過失賠償責任）
> 管理人違反本人明示或可推知之意思，而為事務之管理者，對於因其管理所生之損害，雖無過失，亦應負賠償之責。
> 前項之規定，如其管理係為本人盡公益上之義務，或為其履行法定扶養義務，或本人之意思違反公共秩序善良風俗者，不適用之。

解說

　　無因管理人如果違反本人明示或可得推知之意思，則其違反了無因管理的義務，必須負無過失責任，也就是對於管理事務所造成的損害，即便管理人沒有任何過失，管理人仍要負賠償責任。

　　但如果管理人係為本人盡公益上義務，或履行其法定義務或本人的意思違反公序良俗時，例如甲拖延未繳罰鍰，再拖下去將會被加倍處罰，乙如果基於無因管理之意思代其繳納；或者甲不顧其高齡老母丙病重出外遠遊，乙見丙可憐代為送醫救治；或某乙看見某丁自殺，趕快將某丁救起等，類此之無因管理，即使違反甲明示或可得而知之意思，乙並不需負無過失賠償責任。

> **第175條**（因急迫危險而為管理之免責）
> 管理人為免除本人之生命、身體或財產上之急迫危險，而為事務之管理者，對於因其管理所生之損害，除有惡意或重大過失者外，不負賠償之責。

解說

　　管理人如果是為了免除本人之生命、身體或財產上之急迫危險而為事務之管理者，對於因管理所生之損害，除非是惡意或重大過失所造成的損害，否則管理人並不需要負責。

　　因為如果是為免除本人之生命、身體之急迫危險，則管理人通常沒有太多的時間去仔細思考應採之手段，而無因管理制度是在平衡「避免干涉他人事務」以及「獎勵社會互助」二者之間尋得一個平衡點，因此在這極急迫情形下所做的無因管理，自然應科管理人較低之注意義務，除非管理人有惡意或有重大過失，否則不必負損害賠償責任。

第176條（已盡義務人之求償權）
管理事務，利於本人，並不違反本人明示或可得推知之意思者，管理人為本人支出必要或有益之費用，或負擔債務，或受損害時，得請求本人償還其費用及自支出時起之利息，或清償其所負擔之債務，或賠償其損害。
第174條第2項規定之情形，管理人管理事務，雖違反本人之意思，仍有前項之請求權。

解說

　　管理人如果為無因管理時有利於本人，且不違反本人明示或可得推知之意思時，則稱為「適法管理」，此時管理人為本人支出之必要或有益費用（例如代鄰人清償稅款），或負擔債務（例如幫鄰人修繕圍牆而和工人訂約必須付工程款）或受損害（例如幫鄰人救火以致自己消防設備毀壞），管理人可以請

求本人償還其費用及自支出時起之利息，或清償其所負擔之債務或賠償其損害。

在本法第174條第2項之情形，也就是管理人為本人盡公益上之義務或為其履行法定扶養義務者，即使管理人管理事務時違反本人的意思，仍可以請求本條第1項之各項請求。

第177條（未盡義務人之求償權）

管理事務不合於前條之規定時，本人仍得享有因管理所得之利益，而本人所負前條第1項對於管理人之義務，以其所得之利益為限。

前項規定，於管理人明知為他人之事務，而為自己之利益管理之者，準用之。

解說

如果管理事務利於本人，且不違反本人明示或可得推知之意思，則稱為「適法管理」，但如果管理事務違反本人明示或可得推知之意思，或並沒有以利於本人之方式為之，則為「非適法管理」。

本條第1項是指非適法管理時，本人仍有權利享受因管理所得之利益，但其所負擔對於管理人之義務，則以其所得之利益為限。例如甲有事出國，其鄰居乙並未受甲之請託照顧房子，但乙擅自主張，將甲本來就想拆除改建之竹籬笆修復，此時乙並不是依有利於甲之方式為無因管理，此時甲對乙之義務以所得之利益為限。不過因為甲本來就要拆竹籬笆，因此對甲來說，竹籬笆的修復並無任何利益，因此乙就無法向甲請求任何費用。

　　本條第2項為民國88年4月21日增訂公布，並自89年5月5日開始施行。無因管理的成立，以管理人有「為他人管理事務」的管理意思為要件。明知是他人的事務，而為自己的利益而管理時，管理人本來就沒有「為他人管理事務」的意思，不構成無因管理，此時本人如依侵權行為或不當得利的法律關係請求時，反而無法請求不法管理人因管理行為所取得的利益，與正義原則有違，因此特別增訂條文，明定本人可向不法管理人請求其管理所得利益，以免有人為了經濟上不法利益而為不法管理。

第178條（無因管理經承認之效果）
管理事務經本人承認者，除當事人有特別意思表示外，溯及管理事務開始時，適用關於委任之規定。

解說
　　無因管理的前提是未受委任並無義務而為他人管理事務，是要以管理人和本人之間沒有受託關係為前提。但此種無因管理究竟非常態，只是平衡「防止干涉他人事務」及「獎勵社會互助」的一種制度，因此如果無因管理經過本人承認，則適用關於委任契約之規定，因為委任契約章節中有較為詳盡的規定，以之來適用無因管理的關係，使當事人間之關係較為明確，但是從何時發生委任效力，法原無明文規定，為使法律關係明確，民國88年4月21日修正公布，除當事人有特別意思外，溯及自管理事務開始，發生委任關係的效力。

第四款　不當得利

第179條（不當得利之要件及效果）
無法律上之原因而受利益，致他人受損害者，應返還其利益；雖有法律上之原因，而其後已不存在者亦同。

解說

　　當事人沒有法律上的原因而受有利益（財產增加或義務減少），卻造成他人損害時，應該將利益返還給他人。當然在解釋上受損害與受利益之間要有相當因果關係存在，否則不能要求偶然獲得反射利益的人返還利益。此外，原先獲得利益有法律上原因，但是後來沒有法律上的原因，例如：契約解除、撤銷等等，受有利益的人也應返還利益給受損害人。

　　林忠、林義共同繼承財產，林忠並已先將遺產稅付清，林忠應依何種法律關係，請求林義分攤遺產稅捐？
　　林忠與林義既為共同繼承人，理當共同負擔遺產稅捐。林忠先付清稅捐，使得林義免除付稅義務，林忠可以依不當得利的法律關係，請求林義返還二分之一的遺產稅捐利益。

第180條（不得請求返還之不當得利）
給付，有左列情形之一者，不得請求返還：
一　給付係履行道德上之義務者。
二　債務人於未到期之債務因清償而為給付者。

> 三　因清償債務而為給付，於給付時明知無給付之義務者。
> 四　因不法之原因而為給付者。但不法之原因僅於受領人一
> 　　方存在時，不在此限。

解說

　　在下列四種特殊的不當得利，受損害人不得請求返還利
益：

（一）受損害人給付的原因是履行道德上的義務：受損害人雖
　　　然在法律上沒有給付的義務，但是在人情世故上卻有這
　　　種要求，例如婚喪喜慶的禮數。

（二）債務人清償未到期的債務：債務期限還沒到的時候，債
　　　務人雖然不必清償，但是如果債務人期前履行，債務也
　　　已經完了，所以債務人不可以請求返還。

（三）明知沒有債務而清償：受損害人明知沒有給付的義務，
　　　但是卻做債務清償，法律上不許其再請求返還。

（四）不法原因的給付：給付的原因是違法的話，也不可以請
　　　求返還，但是不法的原因僅存在於受領利益人的一方
　　　時，受損害人還是可以請求返還利益。

實例

　　老周賭輸錢之後，才知道賭債非債，能否向贏錢的老張要
回所輸的錢？

　　賭博之輸贏為非法行為，所以老周不能請求老張返還。

第181條（受領人利益之返還）

不當得利之受領人，除返還其所受之利益外，如本於該利益更有所取得者，並應返還。但依其利益之性質或其他情形不能返還者，應償還其價額。

解說

　　不當得利的人，負有返還所受的利益，如果所得利益又生出孳息或其他利益，也要一併返還給受損害人。利益有時依其性質或其他情形不能返還，則採用變價的方式，折合同等價額返還受損害人。

實例

　　老王託老張送1盒蛋糕給老周，老張誤送給老鄒。一個星期後，老王才知道老張送錯了，但是老鄒已經把蛋糕吃掉了，老王怎麼辦？

　　老鄒無法律原因而受有利益，因而造成老王損失1盒蛋糕，屬於不當得利。但是老鄒已經把蛋糕吃完，也不能退還蛋糕，所以老王可以請求老鄒返還一盒蛋糕的價錢。

第182條（受領人利益返還之範圍）

不當得利之受領人，不知無法律上之原因，而其所受之利益已不存在者，免負返還或償還價額之責任。

受領人於受領時，知無法律上之原因或其後知之者，應將受領時所得之利益，或知無法律上之原因時所現存之利益，附加利息，一併償還；如有損害，並應賠償。

解說

　　善意的不當得利受領人，在受損害人請求返還利益的時候，其所受的利益已經不存在的時候，不用負返還或償還的責任。

　　惡意的不當得利受領人，或者受領人受領時是善意，俟後知道沒有法律上原因，除了負返還不當得利的責任之外，還要附加利息返還受損害人，而且受損害人因不當得利受領人的得利而更受有損害時，惡意的得利人還要負擔損害賠償責任。

　　老鄒誤以為老王贈送蛋糕給他，所以就把蛋糕吃掉，結果是送錯地方，應該送給老周，老王於是要求老鄒返還1盒蛋糕的價錢。老鄒主張自己受領蛋糕的時候是善意的，而且蛋糕也不存在了，所以不用返還不當得利，老鄒是否有理由？

　　老鄒吃掉蛋糕，雖然蛋糕已不存在，但是它的利益存在，所以老鄒仍應負返還得利的責任。

第183條（第三人之返還責任）
不當得利之受領人，以其所受者，無償讓與第三人，而受領人因此免返還義務者，第三人於其所免返還義務之限度內，負返還責任。

解說

　　不當得利受領人將所受領的利益讓與第三人的時候，受損害人原無向第三人請求返還的權利。只有在不當得利受領人不

知無法律上原因而受領，而且受領人無償讓與第三人的情形之下，受損害人才可以直接向第三人請求返還。而所能請求的範圍，以不當得利免返還的義務範圍。

　　老張無緣無故獲得老王贈與電視機一台、新台幣1萬元。老王後來發現此老張，並非當年的救命恩人老張，於是向這位老張請求返還電視機以及現金。老張知道後，現金1萬元是返還給老王了，但是故意將電視機送給弟弟做結婚禮物。老王是否可以直接向老張的弟弟要回電視機？

　　老張在受到老王通知返還時，就已經知道無法律原因而受有利益，因此老張故意將電視機轉送弟弟，也不能免除其返還責任，所以老張的弟弟雖然是無償受讓電視機，但是老張並沒有因此免除返還責任，老王不得直接向老張的弟弟請求返還電視機，只能向老張請求該電視機的價額。

第五款　侵權行為

第184條（一般侵權行為之要件及效果）
因故意或過失，不法侵害他人之權利者，負損害賠償責任。故意以背於善良風俗之方法，加損害於他人者亦同。
違反保護他人之法律，致生損害於他人者，負賠償責任。但能證明其行為無過失者，不在此限。

解說
　　本條為侵權行為的一般類型。侵權行為的加害人主觀上要

有故意或過失（過失是以善良管理人的注意義務為標準，應注意能注意而不注意就有過失），客觀上要有加害的行為發生，造成被害人權益受損，同時行為與損害之間要有相當因果關係存在；若沒有相當因果關係存在，縱使有損害發生，行為人也不用負侵權行為責任。此外，行為人的加害行為，若具備阻卻違法的事由存在，加害行為欠缺民事不法，也不構成侵權行為。

　　加害人故意以違背善良風俗的方法，加損害於他人，雖然是侵害被害人的利益，也構成侵權行為。若是因過失而以違背於善良風俗的方法加損害於人的時候，則不構成侵權行為。

　　本條第2項於民國88年4月21日修正公布，並自89年5月5日開始施行。本條第2項原規定「違反保護他人之法律，推定其有過失」，究竟是舉證責任或特殊侵權行為類型，尚有爭議，因此本次修法改成凡是違反保護他人的法律，例如原子能法、道路交通安全規則，致損害他人，即構成侵權行為損害賠償責任，但行為人如果能證明行為無過失時，就可以免除責任。

　　小李行車超速，撞傷老周，老周應以何法律關係請求賠償？

　　小李行車超速，違反道路交通安全規則，超速致撞傷老周，依據民法第184條第2項規定構成侵權行為，老周可以請求小李負擔侵權行為的損害賠償責任。

第185條（共同侵權行為）

數人共同不法侵害他人之權利者，連帶負損害賠償責任；不能知其中孰為加害人者亦同。

造意人及幫助人，視為共同行為人。

解說

　　共同侵權行為人，均得單獨構成侵權行為，但是因為損害的發生，是由各行為人所共同造成，不易分別責任的分擔額，所以共同連帶負賠償責任，被害人可以單獨向某一加害人請求賠償，也可以令數人共同負賠償的責任，而賠償金額以填補損害為限。

　　數人共同做危險行為，但是不知道是誰為加害行為的話，就全部共同連帶負損害賠償責任。

　　行為人本來沒有為加害行為的意思，而是受教唆人教唆而為之，或者幫助他人做加害行為，在法律層面上都應受到譴責，所以教唆人（即造意人）、幫助人，法律上都擬制為共同侵權行為人，應共同連帶負損害賠償責任。

 實例

　　老李與老王吵架，老周前往勸架，結果反而被兩人亂拳打傷，老周應找誰負損害賠償之責？

　　老李與老王應共同連帶負損害賠償責任，老周可以找他們兩個人負責賠償損害。

第186條（公務員之侵權行為責任）
公務員因故意違背對於第三人應執行之職務，致第三人受損害者，負賠償責任。其因過失者，以被害人不能依他項方法受賠償時為限，負其責任。
前項情形，如被害人得依法律上之救濟方法，除去其損害，而因故意或過失不為之者，公務員不負賠償責任。

解說

　　本條第1項原條文規定以第三人「權利」受損害者，公務員才需要負責任，範圍太過狹窄，無法周延保護第三人利益，所以民國88年4月21日修正公布，刪除第1項「之權利」字句，使保護客體及於第三人的利益。

　　公務員執行職務時，對於利害關係人應執行而不執行或者不當執行，或者違法執行職務，因而造成第三人的權益受損害，公務員的主觀意思是故意時，公務員應就該第三人所受的損害負賠償責任；公務員的主觀意思是過失時，在被害人不能以其他方法受賠償填補時，才負損害賠償責任。

　　除了本條第1項規定之外，其他法律對於公務員違背職務執行所造成的損害，也有賠償規定，例如：國家賠償法、刑事補償法、土地法、鐵路法等等，所以被害人如因故意或過失沒有使用相關法律的救濟規定，以除去損害，公務員就不必再依本條第1項規定負損害賠償責任。

例

　　老李辦理土地徵收時，故意壓低價格而圖利國庫，造成被徵收人補償金減少，被徵收人的損害可以向誰求償？

被徵收人可以主張公務員侵權行為責任，而要求老李負損害賠償責任。

第187條（法定代理人之責任）

無行為能力人或限制行為能力人，不法侵害他人權利者，以行為時有識別能力為限，與其法定代理人連帶負損害賠償責任。行為時無識別能力者，由法定代理人負損害賠償責任。

前項情形，法定代理人如其監督並未疏懈，或縱加以相當之監督，而仍不免發生損害者，不負賠償責任。

如不能依前二項規定受損害賠償時，法院因被害人之聲請，得斟酌行為人及其法定代理人與被害人之經濟狀況，令行為人或其法定代理人為全部或一部之損害賠償。

前項規定，於其他之人，在無意識或精神錯亂中所為之行為致第三人受損害時，準用之。

解說

　　法定代理人（通常為未成年人的父母）有義務保護監督未成年人或受監護、宣告人。如果無行為能力人或限制行為能力人加害他人，法定代理人的監督即有過失，因此無行為能力人或限制行為能力人，為加害行為的時候，如果知道所做的是社會所不容許的事，法定代理人與無行為能力人或限制行為能力人連帶負損害賠償責任；無行為能力人或限制行為能力人為加害行為的時候，不知道是社會所不容許的行為時，就只由法定代理人單獨負擔損害賠償責任。

　　但是無行為能力人或限制行為能力人的侵權行為，如果一

概要法定代理人負責，有時反而造成不公平。因為法定代理人可能已盡其保護監督無行為能力人或限制行為能力人的義務，但是損害還是發生了，或者是損害的發生與法定代理人的監督沒有因果關係，在這種情形之下，法定代理人就不用負擔損害賠償責任。

　　無行為能力人或限制行為能力人為侵權行為的時候，因為沒有識別能力，不知道所做的行為是社會上所不容許的行為，而法定代理人本身又因監督未鬆懈，或者即使加以相當的監督，損害也會發生，按照本條第1、2項的規定，加害人以及其法定代理人就都不用負損害賠償責任。但在碰上被害人經濟能力欠佳的時候，反而讓被害人承擔損害的後果，也有違衡平原則，所以本條第3項特別規定，被害人還是可以向法院起訴，請求法院斟酌加害人及其法定代理人與被害人的經濟狀況，要求加害人為全部或一部的損害賠償，且因多半加害人沒有資力，所以本條第3項於民國88年4月21日修正時增列法定代理人亦應負此衡平責任，並可溯及既往，對於修正施行前所發生之無行為能力人或限制行為能力人所生之債權行為，法定代理人亦需負衡平責任。

　　此外，有行為能力的人，有時也可能陷於無意識狀態或者精神錯亂之中，而在這樣的狀況下，去侵害他人的權利時，也應準用本條第3項的規定，也就是被害人可以向法院起訴，請求斟酌加害人與被害人的經濟狀況，令加害人為全部或一部的賠償。

17歲的小明無駕照騎機車上學，不慎超速闖紅燈撞傷路人老周，老周應該找誰賠償所受損害？

小明的父母親是小明的法定代理人，未阻止沒有駕照的小明騎機車上學，顯然監督有過失，老周可以要求小明與小明的父母連帶負損害賠償責任。

第188條（僱用人之責任）
受僱人因執行職務，不法侵害他人之權利者，由僱用人與行為人連帶負損害賠償責任。但選任受僱人及監督其職務之執行，已盡相當之注意或縱加以相當之注意而仍不免發生損害者，僱用人不負賠償責任。
如被害人依前項但書之規定，不能受損害賠償時，法院因其聲請，得斟酌僱用人與被害人之經濟狀況，令僱用人為全部或一部之損害賠償。
僱用人賠償損害時，對於為侵權行為之受僱人，有求償權。

解說
員工工作時，因而產生侵權行為，損害他人的利益時，不能只由員工負擔損害賠償責任，僱用人也應該連帶負擔損害賠償責任。本條所謂的受僱人，不是狹隘的指藍領工人或者訂有僱傭契約的人，凡是客觀上被他人使用而服勞務受其監督的人皆是，例如交通車司機是公司的受僱人、工人是工廠或公司的受僱人、醫師是醫院的受僱人……等類推之。而所謂執行職務，解釋上也不是單純指受僱人執行僱用人的命令或委託的職

務，還包括執行該職務所必要的行為，以及客觀上足以認定其行為與執行職務有關的行為。

當然僱用人也有免責的時候，如僱用人對於選任員工及監督員工工作上沒有過失的時候；或者損害的發生與僱用人的選任監督沒有因果關係，僱用人就不用負連帶責任。

由於僱用人有免責的機會，可能成為受僱人單獨負擔損害賠償人的局面，如果受僱人有財產賠償損害就罷了，若受僱人也是家無恆產，賠不起損害，被害人實際上無法獲得賠償，因此法律基於衡平原則，在本條第2項規定，被害人如因僱用人免負責任，而實際上不能獲得賠償的時候，還是可以向法院請求斟酌被害人與僱用人的經濟狀況，令僱用人為全部或一部的損害賠償。

僱用人與受僱人對外是連帶負擔損害賠償責任，對內則應由受僱人負擔全部責任，所以僱用人賠償給被害人之後，僱用人對所付出的損害金額可以向受僱人求償。

 實例

老周是其公司的送貨司機，在送貨的時候撞傷老王，俟後發現老周只有自小客車駕照，老王可以向誰請求損害賠償？

老周只有自小客車駕照而駕駛貨車，算是無照駕駛，但公司僱用老周的時候，應了解老周有無合格駕駛執照，所以公司在選任員工上有過失，因此老王要求老周與僱用他的公司連帶負損害賠償責任。

第189條（定作人之責任）
承攬人因執行承攬事項，不法侵害他人之權利者，定作人不負損害賠償責任。但定作人於定作或指示有過失者，不在此限。

解說

　　承攬人是指替定作人完成一定工作而收取報酬的人。由於承攬人執行承攬事務，有相當程度的獨立自主性，所以承攬人在執行承攬事務時，因故意或過失加損害於他人的時候，只由承攬人單獨負擔損害賠償責任，定作人不用負擔損害賠償責任。但是在定作人對於定作或者指令上有過失，以至於造成承攬人對於他人發生侵權行為時，定作人就要負損害賠償責任。

實例

　　老李替老王整修房屋，不幸磚塊落下擊中老周而使老周受傷，老周應找誰要求賠償？

　　老李是承攬人，老周應找老李負擔損害賠償責任。

第190條（動物占有人之責任）
動物加損害於他人者，由其占有人負損害賠償責任。但依動物之種類及性質已為相當注意之管束，或縱為相當注意之管束而仍不免發生損害者，不在此限。
動物係由第三人或他動物之挑動，致加損害於他人者，其占有人對於該第三人或該他動物之占有人，有求償權。

解說

　　動物加損害於他人的時候，由占有人（即實際管領動物的人）負擔損害賠償責任。但是若依動物的種類以及性質，占有人已經做了相當注意的管束，若是占有人的管束與損害的發生沒有因果關係，占有人就不用負擔損害賠償責任。

　　動物加損害於他人是因為第三人或其他動物所挑起，動物的占有人在給付賠償責任之後，對於該挑動的第三人或者挑起原因的動物之占有人有求償權。

實例

　　老周飼養大狼犬，每日傍晚必定帶狼犬出來散步，但是老周都不用繩套將狼犬圈住，任由狼犬行動。某日狼犬突然將路過的老張咬傷，老張應找誰負責賠償？

　　老周是動物的占有人，蹓狗的時候未盡管束狼犬的義務，以至於造成狼犬咬傷老張，應由老周負擔損害賠償責任。

第191條（工作物所有人之責任）

土地上之建築物或其他工作物所致他人權利之損害，由工作物之所有人負賠償責任。但其對於設置或保管並無欠缺，或損害非因設置或保管有欠缺，或於防止損害之發生，已盡相當之注意者，不在此限。

前項損害之發生，如別有應負責任之人時，賠償損害之所有人，對於該應負責者，有求償權。

解說

本條文於民國88年4月21日修正公布，並自89年5月5日施行。原條文被害人請求土地上之建築物或其他工作物所致他人權利損害時，需由被害人負所有人對於建築物或工作物設置或保管有欠缺的舉證責任，新修正條文改以土地上建築物或工作物造成他人權利受損時，建築物或工作物所有人就應該對被害人負損害賠償責任。但是如果建築物或工作物所有人可以舉證證明其對於設置或保管已盡到注意義務或損害發生非因設置或保管所致，或即已盡相當注意，損害仍然發生時，建築物或工作物所有人就可以不必負損害賠償責任，以保護一般人生活安全的權益，而且由建築物或工作物所有人來負舉證責任，也較令被害人負舉證責任為公平。

本條第1項損害的發生，如果另有行為人而應負損害賠償責任的時候，建築物或工作物所有人在給付被害人損害之後，對於該應負責的人有求償權。

老王在颱風將來之際，特別將門椅的招牌釘牢綁緊，不料颱風的風速太強了，招牌還是被吹下來，而將鄰居老周家的窗戶打破，老王要不要負賠償責任？

老王已盡相當的保管義務，但是因為颱風風力太大，損害仍然發生，屬於不可抗力事件，所以老王可以不負損害賠償責任。

第191條之1（商品製造人責任）

商品製造人因其商品之通常使用或消費所致他人之損害，負賠償責任。但其對於商品之生產、製造或加工、設計並無欠缺或其損害非因該項欠缺所致或於防止損害之發生，已盡相當之注意者，不在此限。

前項所稱商品製造人，謂商品之生產、製造、加工業者。其在商品上附加標章或其他文字、符號，足以表彰係其自己所生產、製造、加工者，視為商品製造人。

商品之生產、製造或加工、設計，與其說明書或廣告內容不符者，視為有欠缺。

商品輸入業者，應與商品製造人負同一之責任。

解說

　　本條為民國88年4月21日增訂公布，並自89年5月5日開始施行。

　　商品製造人責任為侵權行為的特殊型態，為了保護消費者的利益，本次修法規定，商品之通常使用或消費，因而造成他人損害時，原則上商品製造人就要負損害賠償責任，但是商品製造人如果能夠舉證證明其對於商品的生產、製造或者加工、設計已盡到安全的注意義務，或者損害的發生與注意義務無相當因果關係，或證明對於防止損害發生已盡相當的注意時，則商品製造人不必負損害賠償責任，所以本條的規範使商品製造人就損害的發生負中間責任，此與消費者保護法第7條規定企業經營者應負無過失責任不同。

　　商品製造人包括商品的生產業者、製造業者、加工業者，凡是在商品上附加標章或其他文字、符號，足以表彰是自己所

生產、製造、加工業者，也視為商品製造人，以免委託代工業者的委託人推卸責任。

一般消費者在購買商品時，均需仰賴商品之說明書或廣告，藉以形成欲購買的意願，所以本條第3項特別明文規定商品的生產、製造或加工、設計如與商品的說明書或廣告內容不符時，視為商品製造人對於商品的生產、製造或加工、設計有欠缺。

商品輸入業者，例如：進出口商、代理商，也與商品製造人負同一責任，以免被害人還需跑至外國向製造人求償。

第191條之2（動力車輛駕駛人之責任）
汽車、機車或其他非依軌道行駛之動力車輛，在使用中加損害於他人者，駕駛人應賠償因此所生之損害。但於防止損害之發生，已盡相當之注意者，不在此限。

解說

本條為民國88年4月21日增訂公布，並自89年5月5日開始施行。

汽、機車或其他非依軌道行使的動力車輛，一方面給人們生活上帶來便利，一方面也使人們生活中忍受相當不確定性的危險，因此各國如義大利、德國、瑞士、日本等國法律多對汽車肇事賠償責任設有特別規定，故本條文特別明定汽、機車或其他非依軌道行使的動力車輛，在使用中發生事故損害他人權利時，駕駛人應負損害賠償責任，但如駕駛人於防止損害發生，已盡相當的注意義務時，駕駛人可以免除責任。

第191條之3（一般危險責任）

經營一定事業或從事其他工作或活動之人，其工作或活動之性質或其使用之工具或方法有生損害於他人之危險者，對他人之損害應負賠償責任。但損害非由於其工作或活動或其使用之工具或方法所致，或於防止損害之發生已盡相當之注意者，不在此限。

解說

　　本條於民國88年4月21日增訂公布，並自89年5月5日施行。

　　現代科技發達，企業經營人從事營業，往往也會帶來危險，例如：環保問題。人們從事一定活動或工作，也可能伴隨對他人產生危險性，例如：觀看球賽，不幸被球擊中受傷等等。如由被害人負舉證經營一定事業或從事其他工作或活動的人有過失，被害人將很難獲得賠償，因此立法者基於：（一）從事危險事業或活動者是製造危險的來源；（二）從事危險事業或活動的人可以在某種程度控制危險；（三）從事危險事業或活動的人因危險事業或活動而獲利等三點理由，訂定從事危險事業或一定工作、活動的人，因工作或活動的性質或使用的工具或方法，有生損害於他人危險的情形，對於他人的損害應負賠償責任。但是加害人如能證明損害與其所從事的危險工作或活動或其使用的工具或方法沒有因果關係，或對於防止損害發生已盡相當的注意義務，才可以免除責任。

　　老周經營瓦斯行，某日其瓦斯筒發生氣爆，造成鄰居多人

受傷，鄰居向老周要求賠償，老周說他都沒有去動瓦斯筒，不知道為何氣爆，他沒有加害行為，拒絕賠償，老周的主張有無理由？

老周開設瓦斯行，瓦斯存放不當，可引起氣爆、火災、中毒等事件，老周為經營危險事業的人，其瓦斯氣爆引起鄰居受傷，鄰居只要證明受傷是因瓦斯氣爆所致，就可援引民法第191條之3規定，請求老周給付損害賠償，老周除非能舉證證明損害非由於其瓦斯筒所引起，或對於防止損害發生已盡相當注意義務，否則不能免除責任。

第192條（侵害生命權之財產損害賠償）
不法侵害他人致死者，對於支出醫療及增加生活上需要之費用或殯葬費之人，亦應負損害賠償責任。
被害人對於第三人負有法定扶養義務者，加害人對於該第三人亦應負損害賠償責任。
第193條第2項之規定，於前項損害賠償適用之。

解說

本條第1項原規定：「不法侵害他人致死者，對於支出殯葬費之人，亦應負損害賠償責任。」支出殯葬費之人可以直接對加害人請求殯葬費的損害賠償，但是對於支出醫療費及增加生活上需要費用之人，原法無明文規定，可以直接向加害人請求賠償，解釋上必須本於無因管理的法律關係，由支出人向被害人的繼承人或遺產管理人請求償還，但此項賠償，原應由加害人負最後賠償責任，為免除輾轉求償的繁瑣，所以民國88年

4月21日修正公布本條第1項增列加害人不法侵害他人致死者，加害人對於支付醫療費及支付增加生活上需要費用的人，以及原有條文的支付殯葬費的人，均需直接負損害賠償責任，也較符合人民對於法律的感覺。

被害人對於第三人負有法定扶養義務時，加害人對於該第三人也應負損害賠償責任。由於扶養費的支付具有繼續給付的性質，如許為定期金的支付，較合當事人的目的，所以民國88年4月21日修正公布，增列第3項，規定第三人請求加害人支付扶養費時，亦適用民法第193條第2項的規定，也就是如果當事人聲請支付定期金時，法院應命加害人提出擔保，以擔保其按期確實履行。

第193條（侵害身體健康之財產損害賠償）
不法侵害他人之身體或健康者，對於被害人因此喪失或減少勞動能力或增加生活上之需要時，應負損害賠償責任。
前項損害賠償，法院得因當事人之聲請，定為支付定期金。但須命加害人提出擔保。

解說

加害人侵害他人的身體或健康權時，應對被害人因而喪失或減少的勞動能力負擔損害賠償責任，對於被害人因此而生活上增加的支出，也要負擔賠償責任。

本條第1項的損害可能是陸續發生的，所以法院可以因當事人的聲請，定為支付定期金；而為了保障加害人日後能夠按期清償，可以命加害人提出擔保品做保障。當然當事人要一次付清也可以，不過要扣除中間利息。

老周將老李撞傷，造成老李肢體殘障。老李不能再像以前一樣工作，老周應負何種賠償責任？

老周不法侵害老李的身體權而減損老李的勞動能力，老周對於老李的勞動能力減損應負損害賠償責任。

第194條（被害人親屬非財產損害之賠償）
不法侵害他人致死者，被害人之父、母、子、女及配偶，雖非財產上之損害，亦得請求賠償相當之金額。

解說

在不法侵害他人致死的情形，由於被害人的父、母、子、女、配偶與被害人關係密切，感情深厚，所受痛苦至深，所以法律命加害人亦應賠償精神損害，至於數額多寡，則由法院依據請求人與被害人的關係及所受痛苦程度，酌情定之。

老周被撞致死，老周的弟弟哀痛逾恆，是否可以請求加害人賠償精神損害？

不法侵害他人致死的情形，只有被害人的父、母、子、女及配偶有精神損害賠償請求權，所以老周的弟弟無法請求精神損害賠償。

第195條（人格權及身分法益的賠償範圍）
不法侵害他人之身體、健康、名譽、自由、信用、隱私、貞操，或不法侵害其他人格法益而情節重大者，被害人雖非財產上之損害，亦得請求賠償相當之金額。其名譽被侵害者，並得請求回復名譽之適當處分。
前項請求權，不得讓與或繼承。但以金額賠償之請求權已依契約承諾，或已起訴者，不在此限。
前二項規定，於不法侵害他人基於父、母、子、女或配偶關係之身分法益而情節重大者，準用之。

解說

　　本條於民國88年4月21日修正公布，並自89年5月5日開始施行，但依據民法債編施行法第9條規定，在不法侵害他人信用、隱私、貞操，或不法侵害其他人格法益或基於父、母、子女、配偶關係的身分法益而情節重大時的損害，即使發生於修正施行之前，亦可溯及既往適用修正後民法第195條規定。

　　本條第1項是配合民法總則第18條規定而設。現行法採列舉規定，原條文限於侵害他人的身體、健康、名譽、自由四種人格權，被害人始得請求損害賠償，這樣的規定，常造成實務上的困擾，因為人格權是抽象的法律概念，其內容與範圍，常需隨時間、地區、社會變遷而有不同詮釋，如果只限於身體、健康、名譽、自由四種人格權受侵害可以請求損害賠償或為適當的處分，將失之過嚴，影響被害人的權益，所以本條第1項將所保護的人格權，除了原先的身體、健康、名譽、自由之外，還擴張到信用、隱私、貞操的人格權，又怕法律有掛一漏萬，無法隨時代變遷立即反映人們所重視的人格權內涵，因此

本次修法還特別加上「或不法侵害其他人格法益而情節重大者」，也在本條的保護範圍內。

只要被害人遭受他人不法侵害身體、健康、名譽、自由、隱私、貞操，或其他人格法益而情節重大的話，被害人即使財產上沒有遭受損害，也可以請求加害人給付精神損害賠償。此外，被害人如果是名譽遭受損害，被害人除可以請求加害人給付精神損害賠償之外，還可以請求加害人回復被害人名譽的適當處分，例如公開道歉等方式。

本條第1項的請求權屬於一身專屬權，不可以讓與或做為繼承標的。但是在例外情形，金錢賠償已經依契約承諾或者已經起訴的話，則仍可以做為讓與或繼承之標的。

身分法益與人格法益都是非財產法益，身分法益被侵害時，應如何請求加害人負損害賠償責任，原法無明文規定，實務上多以判解方式，使之適用民法第155條規定，本次修法特別增訂第3項，規定被害人在具有父母、子女或配偶的身分關係，身分法益被侵害時，致造成精神上相當的痛苦而情節重大時，也可以準用本法第1、2項，也就是可以請求加害人給付精神損害賠償，此項權利為一身專屬權，不可以讓與或繼承，但以金額賠償的請求權已依契約承諾或已起訴者，不在此限。

第196條（對物毀損之損害賠償）
不法毀損他人之物者，被害人得請求賠償其物因毀損所減少之價額。

解說

　　本條於民國88年4月21日修正公布，並自89年5月5日開始施行。事實上在修法之前，實務界普遍認為在物的毀損情形，權利人可以選擇請求加害人賠償物毀損的價值，或者選擇請求加害人回復原狀。因此本次修法，特別明定，當物遭不法毀損時，權利人得請求加害人賠償物因毀損所減少的價額，而非加害人「應」賠償物因毀損所減少的價額，以使權利人的選擇權更為明確。

第197條（損害賠償請求權之消滅時效與請求權之競合）
因侵權行為所生之損害賠償請求權，自請求權人知有損害及賠償義務人時起，二年間不行使而消滅。自有侵權行為時起，逾十年者亦同。
損害賠償之義務人，因侵權行為受利益，致被害人受損害者，於前項時效完成後，仍應依關於不當得利之規定，返還其所受之利益於被害人。

解說

　　被害人如果在知道受有損害及賠償義務人之後，兩年間不行使請求權，賠償義務人可以主張消滅時效抗辯，不負損害賠償責任。若自侵權行為發生時起超過十年，即使被害人知有損害及賠償義務人，還沒超過二年，一樣也罹於消滅時效。

　　損害賠償義務人因為侵權行為而受有利益，造成被害人受有損害，即使損害賠償義務人主張消滅時效的抗辯，致被害人無法依據侵權行為的法律關係，請求損害賠償責任。被害人仍

得依據不當得利的規定，請求賠償義務人返還所受的利益給被害人。

　　老周打傷老李，三年之後，老李愈想愈生氣，而要求老周付醫藥費，老周可以不付嗎？

　　老周可以主張已罹於二年的消滅時效，而不負賠償責任。

第198條（債務履行之拒絕）
因侵權行為對於被害人取得債權者，被害人對該債權之廢止請求權，雖因時效而消滅，仍得拒絕履行。

解說

　　加害人因加害行為而損害被害人的權益，損害的內容，可能是加害人對於被害人取得債權，因此被害人為回復原狀的請求，就是要廢止債權。被害人的廢止請求權若罹於時效而消滅，亦不能使加害人反而可以請求被害人履行債務，所以被害人仍然可以拒絕履行債務。

　　老周強迫老李簽訂買賣契約，俟後老周出國三年，老李以為老周已經悔悟，孰料老周回國後，竟一狀告進法院，要求老李履行買賣契約，老李應該怎麼辦？

　　老李受脅迫一年內沒有撤銷契約，也沒有在兩年內行使廢止請求權，雖然也罹於時效，但是老李仍然可以拒絕履行。

第二節　債之標的

第199條（給付）

債權人基於債之關係，得向債務人請求給付。

給付，不以有財產價格者為限。

不作為亦得給付。

解說

　　債的關係就是指契約、代理、無因管理、不當得利、侵權行為等五種關係。債權人基於上述五種法律關係，可以請求債務人履行義務。

　　債務人履行義務的內容，可以有財產上的價格，也可以沒有財產上的價格；也可以是積極的作為，或消極的不作為。

第200條（種類之債）

給付物僅以種類指示者，依法律行為之性質或當事人之意思不能定其品質時，債務人應給以中等品質之物。

前項情形，債務人交付其物之必要行為完結後，或經債權人之同意指定其應交付之物時，其物即為特定給付物。

解說

　　給付的東西是以種類做指示，並沒有特定是哪一個標的物，稱做「種類之債」。依據法律行為的性質，或者當事人的意思，不能決定該種類標的物的品質時，債務人應給付中等品質的標的物。

原先給付的內容是種類物，債務人在履行交付種類物的必要行為之後，或者經過債權人同意，指定債務人應交付哪一個標的物的時候，種類物就變成特定物，債務人就要給付該標的物，而不能給付其他同種類的標的物。

實例

老張與老周訂立承攬契約，契約中規定所使用的材料應與OK牌之建材相當，但是OK牌的建材有多種等級，老張應如何訂定等級？

老張與老周訂立的契約關於建材給付部分，屬於種類之債，因此老張採用中等等級的OK牌建材，就符合債務給付的本旨了。

第201條（特種通用貨幣之債）
以特種通用貨幣之給付為債之標的者，如其貨幣至給付期失通用效力時，應給以他種通用貨幣。

解說

給付標的是以特定的通用貨幣給付，如果給付期屆至時，已經失去通用的效力，則應以他種的通用貨幣做給付。

第202條（外國貨幣之債）
以外國通用貨幣定給付額者，債務人得按給付時、給付地之市價，以中華民國通用貨幣給付之。但訂明應以外國通用貨幣為給付者，不在此限。

解說

　　給付額是以外國的通用貨幣訂定時，債務人給付時可以按給付地、給付時的市價，以中華民國的通用貨幣給付。但是如果訂明一定要以外國通用貨幣來給付時，仍然要以該特定的外國貨幣來給付。

　　老張向老李採購2,000個洋娃娃外銷。由於老張的國外客戶交易都以美金訂價格，老張向老李購買時，也是以美金價格計算，屆時，老張可不可以支付新台幣給老李？匯率應如何換算？

　　只要老張與老李的買賣契約，沒有約定一定要以美金支付的話，老張就可以新台幣支付，至於匯率的計算，就以支付價金的時候，當地銀行公告的兌換牌價做依據。

第203條（法定利率）
應付利息之債務，其利率未經約定，亦無法律可據者，週年利率為百分之五。

解說

　　債務應付利息者，若沒有約定利率，也沒有其他法律另訂計算標準時，以週年利率百分之五，作為計算標準。

　　老王借給老張新台幣10萬元，約定兩個月後連本帶利還

錢,但沒有言明利息多少,老王是否可以請求利息?利息多少?

老王與老張雖然沒有言明利息多少,但是既然沒有約定利息,就以法定利率5%計算,因此老王在老張兩個月後還錢時可以要求利息,而兩個月的利息為833元,當然如果老張兩個月後沒有按時還錢,利息還要繼續加上去。

第204條(債務人之期前清償權)
約定利率逾週年百分之十二者,經一年後,債務人得隨時清償原本。但須於一個月前預告債權人。
前項清償之權利,不得以契約除去或限制之。

解說

雙方約定的利息債務,如果利率超過週年利率12%,債務期間經過一年之後,債務人可在一個月之前預先告知債權人,債務人可以隨時清償原本,以免債務人負擔過重的利息債務。

這項期前清償權利,債權人不可以契約除去或限制,當然債務人也不可以預先放棄。

第205條(最高利率之限制)
約定利率,超過週年百分之十六者,超過部分之約定,無效。

解說

　　本條於民國110年1月20日修正公布。鑑於近年來存款利率相較於本法制定時已大幅調降，原條文所定最高約定利率之限制亦應配合社會現況作適度調整，另考量本條之適用範圍廣泛，仍須保留一定彈性容由當事人約定，不宜過低，爰將最高約定利率調降為週年16%。又約定利率如超過最高約定利率上限，原條文規定債權人對於超過部分之利息「無請求權」，並未規定超過部分之約定為「無效」，故司法實務見解均認為僅債權人對之無請求權，並非約定無效而謂其債權不存在，倘若債務人就超過部分之利息已為任意給付，經債權人受領後，不得謂係不當得利而請求返還。為強化最高約定利率之管制效果，保護經濟弱者之債務人，爰將本條法律效果修正為「超過部分之約定，無效」，以符立法原意。

　　老周向老張借100萬元，並約定每個月支付2萬元利息。老周付了十個月的利息之後，就沒有再付了，老張在第十一個月是否有權請求老張支付利息？

　　老周借款100萬元，支付了十個月的利息，也就是老周付了20萬元，超過週年利率16%的上限19.2萬元，則老張之請求權無效。但老周超過支付的部分，也不可用不當得利之理由請求老張返還。

第206條（行取利益之禁止）
債權人除前條限定之利息外，不得以折扣或其他方法，巧取利益。

解說

債權人除了前條最高利率的限制之外，不得以預扣的方式迴避最高利率的限制，或用其他的方法，獲取超過週年利率16%的利益。

第207條（複利）

利息不得滾入原本再生利息。但當事人以書面約定，利息遲付逾一年後，經催告而不償還時，債權人得將遲付之利息滾入原本者，依其規定。

前項規定，如商業上另有習慣者，不適用之。

解說

利息債務不得再滾入原本，再生利息，但是當事人如果以書面約定利息遲付超過一年之後，經債權人催告仍不償還時，債權人得將遲付利息算入原本之中，再生利息，這項約定有效。

商業上另有計算之習慣時，前項規定就不適用。

 實例

老周向老王借錢，約定利息一分。老周付兩個月利息後，就不付利息了，並且人不知去向。兩年後，老王找到老周，要求其還錢，老王並將每個月利息滾入原本，計算老周所欠的利息，老周可不可以拒絕這種計算方式？

除非老周與老王當初就寫下書面，約定老周若遲付一年的利息，經催告仍不還時，老王得將利息滾入原本計算利息，否則仍然要以單利計算所欠利息。

第208條（選擇之債）
於數宗給付中得選定其一者，其選擇權屬於債務人。但法律另有規定或契約另有訂定者，不在此限。

解說

　　給付標的物有數種，而只要選擇某一標的物給付，債務就算是履行完畢，而這個選擇權是由債務人行使。但是法律另有規定，或者當事人另以契約訂定選擇權人的時候，不在此限。

實例

　　老李至花店買花，要求老闆編成一束花，價格約300元，老闆是不是有權選擇花材？

　　老李訂花的內容屬於選擇之債，而且又沒有訂明何人選擇花材，因此選擇權在花店老闆。

第209條（選擇權之行使）
債權人或債務人有選擇權者，應向他方當事人以意思表示為之。
由第三人為選擇者，應向債權人及債務人以意思表示為之。

解說

　　債權人行使選擇權時，應向債務人為選擇之意思表示；債務人行使選擇權，則應向債權人為意思表示。

　　由第三人來行使選擇權時，應向債權人和債務人為意思表示，才會發生效力。

實例

　　老周向老張訂購民俗藝品，並約定由老周的經銷商老王選擇藝品種類。老王向老張指定三個式樣的藝品，但是沒有告訴老周表示指定哪三個式樣的藝品，老王是否已經完成選擇權的行使？

　　老王行使選擇權時，應分別向老周與老張為意思表示，才會發生特定之效力，所以老王只向老張為意思表示，而尚未向老周為意思表示，選擇權的行使還沒有完成。

第210條（選擇權之移轉）

選擇權定有行使期間者，如於該期間內不行使時，其選擇權移屬於他方當事人。

選擇權未定有行使期間者，債權至清償期時，無選擇權之當事人，得定相當期限催告他方當事人行使其選擇權，如他方當事人不於所定期限內行使選擇權者，其選擇權移屬於為催告之當事人。

由第三人為選擇者，如第三人不能或不欲選擇時，選擇權屬於債務人。

解說

　　選擇之債必須有選擇權之人行使選擇權之後，才會變成特定之債，完成債的關係。但是有選擇權之人如果遲遲不行使選擇權，就會造成債之關係無法確定，因此本條特別做補救的規定：

（一）選擇權的行使定有行使期間時，有選擇權的人在行使期間
　　　　內不行使選擇權時，選擇權就移轉給他方當事人行使。

（二）選擇權的行使沒有定行使期間時，如果債權已屆清償期，沒有選擇權的當事人，可以定相當的期限，催告有選擇權的當事人行使選擇權；如果該有選擇權的當事人不在所定的期限內行使選擇權時，選擇權就移轉給催告他行使的當事人。

（三）原本由第三人行使選擇權而第三人不能行使或沒辦法行使選擇權時，選擇權由債務人行使。

第211條（選擇之債之給付不能）

數宗給付中，有自始不能或嗣後不能給付者，債之關係僅存在於餘存之給付。但其不能之事由，應由無選擇權之當事人負責者，不在此限。

解說

　　選擇之債中，有的給付是屬於自始不能或者嗣後變成不能給付時，債的關係只存在於其餘存在的給付。但是不能的事由是可歸責於無選擇權的當事人時，債的關係還是可以存在於該不能給付。

　　老周向老李買其花圃的花朵，玫瑰或菊花或水仙1噸，由老李選擇並約定在一週後給付。但是三天後，老周在隔鄰整地，噴灑藥水，不料污染水源，造成玫瑰花全部毒死，老李查明事情原委之後，老李不想賣花給老周了，是否可行？

　　老周與老李的契約給付，屬於選擇之債，玫瑰花病死，已經變成嗣後不能給付，因為玫瑰花的毒死是老周的過失所造

成，所以老李可以選擇賣玫瑰花給老周而免除給付責任。

第212條（選擇之溯及效力）
選擇之效力，溯及於債之發生時。

解說

　　選擇之債，選擇權人一經行使選擇權之後，溯及於債之發生時發生效力。

第213條（損害賠償之方法（一）——回復原狀）
負損害賠償責任者，除法律另有規定或契約另有訂定外，應回復他方損害發生前之原狀。
因回復原狀而應給付金錢者，自損害發生時起，加給利息。
第1項情形，債權人得請求支付回復原狀所必要之費用，以代回復原狀。

解說

　　損害賠償的方法，除法律另有規定或契約另有訂定外，原則上應回復他方損害發生前的原狀。

　　回復原狀的結果是給付金錢時，應加計自損害發生時起至清償日止的利息。

　　本條第3項為民國88年4月21日增訂公布，並自89年5月5日開始施行，但是可以溯及既往適用，債權人在請求加害人賠償時，也可以基於實際需要，請求加害人支付回復原狀所必要的費用，以代替請求回復原狀。

老周向老張詐騙2萬元，老張應請求老周賠償多少錢？

　　老周騙老張2萬元，當然要賠償老張2萬元，而且還要加計自詐騙日起至給付賠償日止的利息。

第214條（損害賠償之方法（二）──金錢賠償）
應回復原狀者，如經債權人定相當期限催告後，逾期不為回復時，債權人得請求以金錢賠償其損害。

解說

　　損害賠償的方法應回復原狀時，如果經過債權人定相當的期限催告債務人給付賠償時，債務人在催告所定期限過後，仍不履行回復原狀之賠償時，債權人就可以請求以金錢賠償損害。

　　老張修繕房屋時，不慎造成隔鄰老周的房屋毀損，老張應如何賠償老周的損害？

　　老張應將老周遭毀損的房屋修補至毀損前的狀態。

第215條（損害賠償之方法（三）──金錢賠償）
不能回復原狀或回復顯有重大困難者，應以金錢賠償其損害。

解說

本條就是第213條中所謂「除法律另有規定」的情形。也就是符合本條規定的情形，賠償義務人用金錢賠償即可。不能回復原狀，既然已不能回復，當然以金錢賠償。至於回復原狀顯有困難，是指所需費用過鉅，或需時過久，或難得預期的結果，因此以金錢賠償為當。

老周至老張家中拜訪，不慎將老張家中的古董花瓶打破，老周該如何負責任？

因為古董花瓶打破，已不可能回復原狀，所以老周應以金錢賠償老張的損失。

第216條（損害賠償之範圍）

損害賠償，除法律另有規定或契約另有訂定外，應以填補債權人所受損害及所失利益為限。

依通常情形，或依已定之計劃、設備或其他特別情事，可得預期之利益，視為所失利益。

解說

損害賠償的範圍，除法律另有規定或當事人另有約定之外，應以填補債權人所受到的現時不法侵害，以及可預期得到的利益。

按照一般情形，或者依照已經訂定的計劃、設備或其他特別情事，可得預期得到的利益，法律上擬制為所失利益。

老李向老漲購買貨品，老張未依約給付，造成老李另向他人購買，但因此所付出的價金較高，老李可不可以請求老張賠償？

　　老張違約造成老李受有多支付價金的損害，老李可以請求老張賠償。

> **第216條之1**（損益相抵原則）
> 基於同一原因事實受有損害並受有利益者，其請求之賠償金額，應扣除所受之利益。

解說

　　本條於民國88年4月21日增訂公布，並自89年5月5日施行，事實上本條的意旨就是損益相抵原則，以前法雖無明文規定，但在實務上早以判例補充之，所以本次修法時，特別明文規定，以利人民適用法律。

　　損害賠償是在填補被害人所受損害，被害人不能反而因此受有不當利益，是損害賠償的基本原則。所以被害人基於同一原因事實受有損害並受有利益時，被害人請求賠償時，應扣除其所受的利益。

　　老張被老吳駕車撞傷，致造成勞動能力減損，老張請求老張一次給付勞動能力減損賠償，應如何計算數額？

　　老張勞力所得本係按月取得，現在老張要求一次給付時，就是要求把日後陸續取得的債權，要求現在一次支付，因此老

張除就各期金額計算總額之外，還要扣除中間利益，才是請求的數額，這就是損益相抵原則的適用。

第217條（過失相抵）

損害之發生或擴大，被害人與有過失者，法院得減輕賠償金額，或免除之。

重大之損害原因，為債務人所不及知，而被害人不預促其注意或怠於避免或減少損害者，為與有過失。

前二項之規定，於被害人之代理人或使用人與有過失者，準用之。

解說

　　損害的發生或擴大，除了加害人的行為之外，被害人也有過失時，為了公平，在計算賠償額的時候，法院得依照被害人過失的多寡，減輕賠償金額，或者免除賠償金額。

　　重大損害原因是債務人所無法立刻知道，而被害人本可預促債務人注意，但是被害人沒有通知，或者被害人本可避免損害的發生或擴大，但卻怠於避免或者減少損害，就屬於與有過失。

　　實務上均認定被害人的代理人或使用人有過失時，也算是被害人與有過失，所以本次修法，特別明文規定，而且也有溯及既往的適用。

　　老張與老李兩車互撞發生車禍，經過交通事故鑑定委員會鑑定，老張過失90%，老李過失10%。老李向老張請求賠償時，是否可以得到全額賠償？

老李因為有10%的過失，所以在計算賠償額時，也要考慮到被害人與有過失的問題，而減少賠償額度。

第218條（因賠償義務人生計關係之酌減）
損害非因故意或重大過失所致者，如其賠償致賠償義務人之生計有重大影響時，法院得減輕其賠償金額。

解說

為了兼顧損害賠償義務人的利益，避免製造更多社會問題，因此基於衡平理念，當損害的發生，不是因為行為人故意或者重大過失所造成時，若賠償的結果導致賠償義務人的生活維持有重大影響，法院得斟酌實際狀況減輕義務人的賠償額度。

實例

老張想向老王租山坡地種菜，但是遭老王拒絕，老張就乾脆圈地自行耕種。三個月後被老王發現，遂訴請法院判決賠償損害，老張是否可以以一家十口都要靠他種菜養家為由，請求減少賠償額度？

老張是故意無權占有老王的土地種菜，不合生計酌減的規定，因此老張的主張沒有理由。

第218條之1（讓與請求權）
關於物或權利之喪失或損害，負賠償責任之人，得向損害賠償請求權人，請求讓與基於其物之所有權或基於其權利對於

第三人之請求權。

第264條之規定，於前項情形準用之。

解說

本條第1項在民國88年4月21日修正公布，係將原第228條移至本條第1項，立法理由是認為放在「債之標的」章節內，較符合立法旨趣。

對於物或權利喪失或有所損害之人，一方面對於加害人可以請求損害賠償，一方面仍能保有物的所有權或者對於第三人仍得請求履行義務，無異雙重得利，所以為了公平起見，賠償義務人在賠償損害後，可以向受害人請求讓與受損物的所有權，或者基於受損權利對於第三人的請求權。

本條第1項的讓與請求權與損害賠償義務，通說認為有對價關係，所以本次修法特別明文規定可以準用民法第264條同時履行抗辯權的規定，也就是賠償義務人要求債權人讓與基於其物之所有權或對於第三人的請求權而遭債權人拒絕時，債務人可以實行同時履行抗辯權，拒絕給付損害賠償，嗣債權人願意讓與權利時，才給付損害賠償。

 實例

老王將收音機一台寄放在老周處所，不料老周與老李發生爭吵，老李將收音機弄壞，老王向老周索取收音機時，老周應如何處理？

老周應賠償老王收音機之損害，老周並因此可請求老王將收音機所有權讓與給老周，以便老周向老李請求損害賠償。

第三節　債之效力

第一款　給付

第219條（刪除）

第220條（債務人責任）
債務人就其故意或過失之行為，應負責任。
過失之責任，依事件之特性而有輕重，如其事件非予債務人以利益者，應從輕酌定。

解說

　　故意與過失都是行為人的主觀歸責事由，不論是出自於行為人的故意或過失，都應負民事責任。

　　行為人的過失在學說上可以分成三個等級，過失責任的輕重，應依事件的性質訂定。如果事件的結果並沒有造成債務人獲得利益時，法院應從輕酌定債務人的過失責任。

實例

　　老周承租老王的房屋居住，因為電線走火而燒毀房屋，並燒毀隔鄰的房屋，老周應負什麼樣的責任？

　　本法第434條特別規定承租人僅就重大過失負失火責任，因此老周對於老王僅就重大過失負損害賠償責任，如果老周沒有重大過失就不用對老王賠償，但是老王對於隔鄰之屋的毀

損，不論過失輕重，就要負損害賠償之責。

第221條（行為能力欠缺人之責任）
債務人為無行為能力人或限制行為能力人者，其責任依第187條之規定定之。

解說

　　債務人是無行為能力人或限制行為能力人的時候，債務人的責任適用本法第187條的規定。也就是行為時有識別能力時，債務人與其法定代理人連帶負責任，若法定代理人有免責事由時，就由債務人單獨負責任。債務人行為時無識別能力，行為人不負責任，而由其法定代理人單獨負責，但是法定代理人若有免責事由時，法定代理人也不用負責，不過此時行為人還是有衡平責任，酌為賠償，不能視為一種事變而不負任何責任。

第222條（責任預免之限制）
故意或重大過失之責任，不得預先免除。

解說

　　當事人雖然可以對欠缺善良管理人的注意義務、欠缺與處理自己事務相同的注意義務，事先約定免責，但是對於故意或重大過失則不得事先約定免責，以免占優勢的一方當事人藉此事先卸除法律責任。

老王與老周訂立買賣契約，契約中約定，不論何種情形，老王都不可請求損害賠償。訂約後，老周不肯交付出賣物品，老王還可不可以請求老周賠償損害？

故意與重大過失責任，不得事先免除，即使當事人有約定，也是無效的約定。

老周與老王雖然約定在任何情形之下，老王都不可請求損害賠償，仍然不能排除故意或重大過失責任，所以老周故意違背契約義務時，老王仍可請求老周負損害賠償責任。

第223條（具體輕過失之最低責任）
應與處理自己事務為同一注意者，如有重大過失，仍應負責。

解說

債務人負與處理自己事務一樣的注意義務，若有重大過失的時候，仍應對債權人負責任，始足以保護債權人的利益。否則，債務人若是十分粗心大意的人，債務人處理自己事務的注意能力比常人還要低，而達於重大過失程度的時候，還可以讓債務人免責，就有欠公平了。

第224條（債務人之無過失責任）
債務人之代理人或使用人，關於債之履行有故意或過失時，債務人應與自己之故意或過失負同一責任。但當事人另有訂定者，不在此限。

81

解說

　　債務人的代理人（包括法定代理人與意定代理人），或者使用人（例如：受僱人、運送人等等本於債務人的意思，為了履行債務所使用的人）都是債務人的履行輔助人，債務人因為履行輔助人的協助，而使活動範圍擴大，因此關於履行輔助人在履行時有故意或過失存在時，也應認定為債務人的履行有故意或過失，而與履行輔助人負同一責任。但是債權人與債務人若另行約定債務人對於履行輔助人員的故意或過失不用負責任時，債務人的履行輔助人員在履行時有故意或過失時，債務人不必負擔損害賠償責任。

　　老周搭乘老張所騎的摩托車，不料老張超速行駛致撞上老王所開之轎車，老周因而受傷，老周請求老王賠償，老王以老張有過失應該折減賠償額，老周則說老張有無過失是老張的事與其無關，究竟誰有理？

　　老張實際是立於老周的履行輔助人的地位，因此老張的過失，也要算做老周的過失，所以老周在請求賠償時，應該承擔老張的過失，而折減賠償額度。

第225條（給付不能之效力──免給付義務與代償請求權之
　　　　　發生）

因不可歸責於債務人之事由，致給付不能者，債務人免給付義務。

債務人因前項給付不能之事由，對第三人有損害賠償請求權

者，債權人得向債務人請求讓與其損害賠償請求權，或交付其所受領之賠償物。

解說

　　在契約成立之後，債務人發生永久不能給付時，若造成不能給付的原因不可歸責於債務人時，債務人不用負責任，免除給付的義務。

　　債務人雖免為給付，但是造成不可歸責事由之事實是由他人所造成，因而使債務人對於第三人有損害賠償請求權，債權人可以請求債務人讓與對於該第三人的損害賠償請求權；若債務人已經受領賠償時，債權人可以請求債務人交付所受領的賠償物。

實例

　　老周與老王訂有表演契約，但是在登台演出前一日，老周遭老李撞傷，以致老周無法登台演出，老王可不可以請求老周賠償損害？

　　老周受傷而不能登台演出，是不可歸責於老周的事由，老周沒有責任，但是老周對於老李有損害賠償請求權，老王可以要求老周將其對於老李的損害賠償請求權讓與給老王。

第226條（因可歸責於債務人事由之給付不能）
因可歸責於債務人之事由，致給付不能者，債權人得請求賠償損害。
前項情形，給付一部不能者，若其他部分之履行，於債權人

無利益時，債權人得拒絕該部之給付，請求全部不履行之損害賠償。

解說

因為可歸責於債務人的事由而造成全部不能給付時，債務人雖然也免為給付義務，但是債權人可以請求債務人擔負損害賠償責任。

因為可歸責於債務人而造成一部分給付不能時，其餘部分仍可給付，債務人仍需給付其餘部分；但是若其他部分的履行，對於債權人沒有利益時，債權人可以拒絕債務人就其餘部分的給付，而請求債務人負擔全部不履行的損害賠償。

實例

老周向老王訂購3隻小豬，其中1隻在運送途中病死，老王還要不要將2隻小豬運送至老周指定的處所？

老王對於剩餘2隻小豬仍然要送至老周處，除非剩下2隻小豬對於老周沒有辦法達到購買的目的，老周才可以拒絕老王的給付，而請求全部不履行的損害賠償。

第227條（不完全給付之效果）
因可歸責於債務人之事由，致為不完全給付者，債權人得依關於給付遲延或給付不能之規定行使其權利。
因不完全給付而生前項以外之損害者，債權人並得請求賠償。

解說

　　本條於民國88年4月21日修正公布，並自89年5月5日開始施行。本條在修正前的文義是否指拒絕給付及不完全給付兩種類型，就文義上而言有疑義，而其效果如何也有爭議。通說上亦認為需債權人取得執行名義，才可以聲請強制執行，原條文債務人在不為給付或不為完全給付時，就可以聲請強制執行顯有錯誤，所以修正本條條文。

　　修正本條第1項明定，因為可歸責於債務人的事由，致債務人為不完全給付時，債務人應負損害賠償責任，不完全給付的狀況，有債務人未依債的本旨內容提出；或者是債務人提出的給付有瑕疵，或者債務人提出加害給付都有可能，其法律效果依給付遲延或給付不能的規定處理，也就是債務人提出的不完全給付，情形可以補正的話，債權人可以依給付遲延的法則行使權利，情形不可以補正時，債權人就依給付不能的法則行使權利。

　　在加害給付的情形，往往會衍生超過履行利益的損害，例如出賣人的機器有瑕疵，造成買受人使用時發生傷害事件，原本可以援用侵權行為損害法則請求出賣人賠償，但是被害人尚需就加害人的過失行為負舉證責任，保護尚嫌不周，且學者間的見解也不一致，所以本次修法特別增訂第2項，明定因債務人不完全給付而發生債務不履行以外的損害時，債權人也可以請求債務人負損害賠償責任。

　　老王向老周購買蘋果1箱。老周交付的蘋果含有傳染病源，以致老王食用後，罹患腸胃急症，老周要不要負責？

老周所交付的蘋果，原應具有安全食用的品質，現在老周所交付的蘋果含有傳染病源，老周的給付行為屬於不完全給付，老周應重新給付安全可食用之蘋果，並且負擔損害賠償責任。

第227條之1（債務不履行侵害人格權的賠償）
債務人因債務不履行，致債權人之人格權受侵害者，準用第192條至第195條及第197條之規定，負損害賠償責任。

解說

本條於民國88年4月21日增訂公布，並自89年5月5日開始施行。

債權人因為債務不履行致其財產權受害時，可以依債務不履行請求損害賠償，可是如果同一債務不履行也引起債權人人格權侵害時，例如造成身體受傷等，準用民法第192條至第195條及第197條的規定負損害賠償責任。

第227條之2（情事變更原則）
契約成立後，情事變更，非當時所得預料，而依其原有效果顯失公平者，當事人得聲請法院增、減其給付或變更其他原有之效果。
前項規定，於非因契約所發生之債，準用之。

解說

　　情事變更為民法一大原則，民事訴訟法有明文規定，民法則只有個別規定，尚缺乏一致性的原則規定，致適用上易生紛爭，所以民國88年4月21日增訂公布，明文規定情事變更原則，俾利適用，而且依民法債編施行法第15條規定，對於修正施行前所發生的債也有適用。

　　契約成立之後，還會有契約履行階段，有的契約一經成立，也隨即會發生履行成果，而有的契約會有較長的履行期間，後者有時經過時間的歷程，在客觀上整個社會背景已經不一樣，非契約成立當時所可以預料，如果仍依原契約履行將顯失公平，當事人可以聲請法院為增、減其給付或變更原有的效果。

　　情事變更原則不僅可以適用於契約關係，非因契約關係所發生的債也可以準用情事變更原則。

第228條（刪除）

第二款　遲延

第229條（給付遲延）
給付有確定期限者，債務人自期限屆滿時起，負遲延責任。
給付無確定期限者，債務人於債權人得請求給付時，經其催告而未為給付，自受催告時起，負遲延責任。其經債權人起訴而送達訴狀，或依督促程序送達支付命令，或為其他相類

之行為者，與催告有同一之效力。

前項催告定有期限者，債務人自期限屆滿時起負遲延責任。

解說

給付有確定期限，債務人於期限到了以後，且給付為可能，債務人卻沒有履行給付責任，債務人應負遲延責任。

給付沒有定確定期限，或所定期限為不確定期限時，債務人在債權人得為請求給付，經債權人催告債務人履行給付時，債務人仍然沒有履行給付責任，則債務人自受催告時起，應負遲延責任。債權人若沒有用催告的方式，而以起訴、或者依照民事訴訟法督促程序的規定聲請支付命令，其效力也與催告同，因此債務人在收到起訴書或者支付命令時，債務人仍然不履行給付義務，債務人就應自收到起訴書或支付命令時起，負遲延責任。

以債權人起訴替代催告，其發生催告效力，應自向法院起訴之日起算？還是自起訴狀繕本送達於債務人時發生效力，原條文未予明示，學者間見解不一，因此民國88年4月21日修正公布以起訴狀繕本送達至債務人日時起發生催告效力，債務人才開始負給付遲延的責任。

本條第2項原條文只明列債權人起訴或依督促程序送達支付命令可發生催告的效力，但是依據民法第129條規定聲請調解、提付仲裁都可發生中斷時效的效力與起訴有同一效力，亦應可發生債務人給付遲延的效果，始為妥當，所以民國88年4月21日修正公布增列債權人或為與起訴等其他相類的行為時，也發生催告的效力。第2項修正條文雖於民國89年5月5日才生效，但是本條文是把學說做統一立法明示，所以對於條文生效

前已為之起訴或其他相類行為，也可以透過解釋而發生催告的效果。

第2項之催告，如果定有履行期限，債務人自所定期限屆滿時起，負遲延責任。

老周向老王借10萬元，言明兩個月後歸還。但是老周在一個半月的時候，要求老王同意再延期三個月，老王不肯，反而要老周立刻還錢，老周是否需立刻還錢？

老周之返還借款的債務是定有期限的債務，老周至期限屆至時，才需返還借款。

第230條（給付遲延之阻卻成立事由）
因不可歸責於債務人之事由，致未為給付者，債務人不負遲延責任。

解說

給付期限屆至或受催告而未為給付時，如果不為給付的原因是不可歸責於債務人之事由，例如：天災或不可抗力事件，債務人就不用負給付遲延責任。

老王向老張訂購雞蛋1箱，老張在送貨途中，由於老周駕車違反交通規則，以致撞毀老張所駕車輛，雞蛋全毀。老張再回去補貨送給老王，但是已超過老王宴客時間，老張要不要負

責任？

車禍的發生，非因老張的過失所造成，因此老張不必負擔遲延責任。

第231條（遲延賠償——不可抗力責任）

債務人遲延者，債權人得請求其賠償因遲延而生之損害。

前項債務人，在遲延中，對於因不可抗力而生之損害，亦應負責。但債務人證明縱不遲延給付，而仍不免發生損害者，不在此限。

解說

債務人遲延時，仍然需要負原來的給付責任，而若因債務人遲延所造成的損害，仍然要負損害賠償責任。

債務人遲延之後，在遲延之中因不可抗力事件所造成的損害，也應負賠償責任。

但是債務人如果能夠證明債務人即使按期履行，損害仍然會發生時，債務人就可以不用負賠償之責。

實例

老王向老張訂購沙發椅乙組，並約好第二天送到辦公室，但是老張第二天沒有送貨，結果第四天因為地震造成沙發毀損，老張要不要負賠償責任？

老張因為已經給付遲延了，所以對於地震所造成的損害，仍應負賠償之責。

第232條（替補賠償）
遲延後之給付，於債權人無利益者，債權人得拒絕其給付，並得請求賠償因不履行而生之損害。

解說

　　債務人給付遲延之後，並不免除給付義務，仍然應為給付，但是給付如果已對債權人沒有利益時，債權人可以拒絕債務人的給付，而請求不履行之損害賠償。

實例

　　老張向老王訂購1箱雞蛋宴客用，結果老王在宴客完畢後才將雞蛋送到。老張為了應急，所以已經以較高價格，向附近商店搜購，老張對於老王再送雞蛋來，應如何處理？

　　老王給付遲延之後，在老張宴客完畢才送到雞蛋1箱，對於老張已無實益，老張可以拒絕受領，並且請求老王賠償老張因為另向附近商店購買雞蛋所多付的價金。

第233條（金錢債務之特別規定）
遲延之債務，以支付金錢為標的者，債權人得請求依法定利率計算之遲延利息。但約定利率較高者，仍從其約定利率。
對於利息，無須支付遲延利息。
前二項情形，債權人證明有其他損害者，並得請求賠償。

解說

　　債務人給付遲延時，若給付的內容是支付金錢時，債權人

得請求債務人支付遲延利息。遲延利息的計算方式是，當事人雙方約定的利率較法定利率高時，依約定利率計算，如果沒有約定或約定的利率較低時，依照法定利率計算。

　　對於所產生的遲延利息，不須再支付遲延利息，所以遲延利息本身具有損害賠償的性質。

　　債務人對於金錢債務遲延時，除了負擔利息債務之外，債權人如能證明因而還遭受其他損害時，債權人仍可就此損害再請求賠償。

　　老王向老周採購飾品一批，以美金2萬元洽定，嗣後老王遲不給付貨款，老周請求老王給付之外，並請求匯率損失的賠償，是否有理由？

　　老王支付價錢遲延時，對於匯兌上的損失，亦應負損害賠償責任。

> **第234條**（受領遲延）
> 債權人對於已提出之給付，拒絕受領或不能受領者，自提出時起，負遲延責任。

解說

　　債權人對於債務人（包括第三人為債務人清償），所提出合於債之本旨的給付，應為受領，如果債權人拒絕受領或者債權人基於主觀事由而不能受領時，債權人自債務人提出給付時起，負受領遲延責任。

老張在深夜時將電視送到老王家門口，老王拒收，老王是否因此負擔受領遲延的責任？

老張在深夜交付貨物，給付的時間不對，老張非依債之本旨給付而遭老王拒領，不構成受領遲延。

第235條（現實與言詞提出）
債務人非依債務本旨實行提出給付者，不生提出之效力。但債權人預示拒絕受領之意思，或給付兼需債權人之行為者，債務人得以準備給付之事情，通知債權人，以代提出。

解說

債務人履行給付責任時，債務人不於正當時間、不於正當場所、不提出正當之標的物時，都是非依債之本旨提出給付，不生提出之效力，債務人仍應負履行責任。但是債權人已經預先表示拒絕受領時，或者債務人的給付行為兼需債權人受領行為配合，才能完成給付行為時，債務人只要把準備給付的事情，通知給債權人，以代提出，債權人也會有受領遲延的責任。

老王向老張採購當季衣服300套，約定三個星期後交付衣服，但是在半個月之後，老王向老張表示不要了，老張應採何步驟？

老張在履行期限屆至之前，可以把準備送貨的情事通知老王，使老王處於債權人受領遲延之狀態。

第236條（一時受領不能）

給付無確定期限，或債務人於清償期前得為給付者，債權人就一時不能受領之情事，不負遲延責任。但其提出給付，由於債權人之催告，或債務人已於相當期間前預告債權人者，不在此限。

解說

給付沒有確實期限時，或者債務人要在清償期限屆至前給付時，通常債權人沒有做受領之準備，若因此使債權人陷於受領遲延，並不公平，所以債權人因為一時受領不能，不負遲延責任。但是債務人給付提出，是由於債權人催告所致，或者債務人曾經預先告知債權人，其準備於何時何地提出給付，債權人若仍一時不能受領，債權人就要負擔受領遲延的責任。

實例

老王向老周購買材料一批，約定一個月後交貨。半個月之後，老周向老王表示材料已經準備好了，要送來給老王，但老王的倉庫沒有空位而無法受領，老王要不要負受領遲延責任？

老周為期前清償，老王一時無法受領，不必負受領遲延責任。

第237條（債務人責任之減輕）
在債權人遲延中，債務人僅就故意或重大過失，負其責任。

解說

債權人受領遲延之後，債務人的責任減輕，只就故意或重大過失負責任。

老周依約定的期限將貨品交給老張，老張拒絕受領，結果老周在返家途中，不慎將貨品打破。二天後，老張又說要收受該貨品，老周應該如何處理？

老張受領遲延，老周僅就故意或重大過失負責任，所以老周只要給付已毀損之物即可。

第238條（利息支付之停止）
在債權人遲延中，債務人無須支付利息。

解說

債權人受領遲延之後，若為金錢債務，債務人不用再支付利息。

第239條（孳息返還範圍之縮小）
債務人應返還由標的物所生之孳息或償還其價金者，在債權人遲延中，以已收取之孳息為限，負返還責任。

解說

關於給付標的物所生的孳息，債務人應返還之，但是在債權人受領遲延時，債務人的責任減少，以債務人已經收取的孳息為限，負返還責任。

老王需遠行一個月，於是將家中飼養的小狗多多寄養於老周家。一個月後，老周準備將多多交回老王家中，但是老王以家中凌亂，暫無法飼養多多而拒絕受領。兩個月後，老王又想將多多接回，此時多多已生出3隻小狗，老周應返還幾隻狗給老王？

老周應將多多與多多所生的3隻小狗交還給老王。

> **第240條**（費用賠償之請求）
> 債權人遲延者，債務人得請求其賠償提出及保管給付物之必要費用。

解說

債權人受領遲延時，債務人可以向債權人請求賠償債務人提出給付以及保管給付物的必要費用。除此之外，債權人受領遲延並不負擔任何損害賠償責任。

前例問題中，老周可否向老王請求賠償？

老王受領遲延，以至於老周還要繼續飼養多多，而且多

多生出3隻小狗，老周也一併飼養，因此對於老王受領遲延之後，老周所支出的飼養費用，老周可以請求老王賠償。

> **第241條**（不動產占有之拋棄）
> 有交付不動產義務之債務人，於債權人遲延後，得拋棄其占有。
> 前項拋棄，應預先通知債權人。但不能通知者，不在此限。

解說

　　有交付不動產義務的債務人，在債權人受領遲延之後，可以拋棄占有而免除給付義務。

　　債務人拋棄占有不動產時，應預先通知債權人。但不能通知時，就不必通知了。

實例

　　老周向老張承租房屋，期滿後，老周要將房屋交還老張，但是老張因犯罪而逃匿不知去向，老周應如何免除責任？

　　老周於租期屆滿後，應遷讓房屋給老張，但是老張已不知去向，無法受領，老周只要自行遷出房屋，就算完成給付而免除責任。

第三款　保全

第242條（債權人之代位權）
債務人怠於行使其權利時，債權人因保全債權，得以自己之名義，行使其權利。但專屬於債務人本身者，不在此限。

解說

　　債務人的一般財產為債權的一般擔保，債務人如果消極的使財產減少，應行使權利，而且能夠行使，但是不行使時，債權人為了保全債權，可以用債權人名義代位行使債務人的權利，也就是債權人以自己的名義，代位債務人請求第三人給付給債務人，並且可以由債權人代位受領。但是專屬於債務人的權利，例如：人格權及其損害賠償請求權、父母對於子女的財產管理權、扶養請求權、非以書面訂立贈與契約的撤銷權、夫妻間契約之撤銷權、受寄人的權利、受任人的事務處理權等等，債權人就不得代位行使。

實例

　　老張積欠老王50萬元不還，老李又欠老張10萬元，但是老張為了怕老王要債，所以也不向老李催討債務，老王可以採何手段？

　　老王因為老張怠於行使權利，可以代位老張要求老李給付10萬元給老張，並且可以由老王代位受領，以保全老王的債權。

第243條（代位權行使時期）
前條債權人之權利，非於債務人負遲延責任時，不得行使。
但專為保存債務人權利之行為，不在此限。

解說

　　債務人代位權的行使，必須在債務人已經負遲延責任的時候，才可以行使。但是專為保存債務人權利的行為，例如：申請登記、中斷時效、報明破產債權等等，在債務人還沒有給付遲延時，也可以代位行使。

　　老張積欠老王債務100萬元，老張曾經向老李購買一塊土地，但一直沒有辦理登記。老王唯恐老張遲遲不辦理移轉登記而罹於時效，老王可以做哪一種保全動作？
　　老王可以代理老張請求老李辦理移轉登記的催告，以中斷時效。

第244條（債權人之撤銷權）
債務人所為之無償行為，有害及債權者，債權人得聲請法院撤銷之。
債務人所為之有償行為，於行為時明知有損害於債權人之權利者，以受益人於受益時亦知其情事者為限，債權人得聲請法院撤銷之。
債務人之行為非以財產為標的，或僅有害於以給付特定物為標的之債權者，不適用前二項之規定。

債權人依第1項或第2項之規定聲請法院撤銷時，得並聲請命受益人或轉得人回復原狀。但轉得人於轉得時不知有撤銷原因者，不在此限。

解說

債務人所為的無償行為，且以財產為標的，若因此使債務人的財產影響債權擔保時，不論債務人行為是否明知有害債權人，債權人都可以聲請法院撤銷債務人的無償行為。

債務人所為的有償行為，在行為時明知有損害於債權人的權利，受益人在受益時，也知道債務人的有償行為，有損害債權人的利益時，債權人可以聲請法院撤銷債務人的有償行為。

債務人所為的無償行為、有償行為，並非屬於財產上行為時，即使有害於債權人之債權擔保，債權人也沒有撤銷權。民國88年4月21日修正公布增加債務人的行為僅有害於給付特定物的債權人時，債權人也沒有撤銷權。

所謂有損於債權人之利益，並不以債務人因其行為而陷於無資力為限。惟債務人之行為，雖然減少債務人的財產，但是無損於債權擔保時，也不算是對於債權人之利益有損害。債權人的撤銷權是一種撤銷訴權，必須經過法院判決，才會發生撤銷的效力，單純的意思表示尚無法形成撤銷效力。

債權人在行使撤銷權時，本條第4項於民國88年4月21日增訂公布債權人並得聲請命受益人或轉得人回復原狀，但轉得人於轉得時不知有撤銷原因時不在此限。

老張積欠老王100萬元，但老張名下有土地2筆、房屋2

幢、汽車2輛、定期存款50萬元、股票30萬元。老張將股票以25萬元賣出，老王是否可以主張有害其權利，而主張撤銷老張出售股票的行為？

　　老張的一切財產，理論上應擔保老王的債權，老張出售股票，又是低於成本賣出，財產減少了，但是還要斟酌老張名下全部的財產是否仍足以擔保老王的100萬元債權，如果仍足以擔保時，老王就不得行使撤銷權；如果不足擔保時，還要視股票的買受人是否明知有損於債權人的利益，如果買受人並不知道，老王也不得行使撤銷權。

> **第245條**（撤銷權之除斥期間）
> 前條撤銷權，自債權人知有撤銷原因時起，一年間不行使，或自行為時起，經過十年而消滅。

解說

　　前條撤銷權的行使，自債權人知道有撤銷原因時起，一年間不行使，債權人就不得再行使撤銷權。如果債務人的行為已經過十年，但是債權人知道的時間還沒有超過一年時，也一樣不得再行使撤銷權。因為撤銷權是一種形成權，變動法律既有的秩序，所以為了維護交易安全，而設有本條除斥期間的規定。

實例

　　老王對老張有200萬元債權，老張在負債後將唯一的一幢房屋贈與給兒子小張，老王在十五年後知道此事，向法院請求

撤銷老張的贈與行為，法院是否准許？

　　因為贈與的行為已經超過十年，老王的撤銷權已因超過除斥期間而不得行使。

第四款　契約

第245條之1（締約過失責任）

契約未成立時，當事人為準備或商議訂立契約而有左列情形之一者，對於非因過失而信契約能成立致受損害之他方當事人，負賠償責任：
一　就訂約有重要關係之事項，對他方之詢問，惡意隱匿或為不實之說明者。
二　知悉或持有他方之秘密，經他方明示應予保密，而因故意或重大過失洩漏之者。
三　其他顯然違反誠實及信用方法者。
前項損害賠償請求權，因二年間不行使而消滅。

解說

　　本條為民國88年4月21日增訂公布，並自89年5月5日施行。

　　在締約之前，當事人雙方往往需磋商、準備，當事人雙方也要負有信賴義務，對於非因過失而相信契約能成立，結果契約沒有成立的當事人，如果有下列情形之一存在，受損害的無過失當事人，可以請求他方當事人負損害賠償責任：
（一）他方當事人就訂約有重要關係的事項，對於無過失的當事人詢問，惡意隱瞞或為不實說明。

（二）知悉或持有當事人的秘密，經當事人明示應該保密，可是卻因故意或重大過失洩露。

（三）他方當事人其他顯然違反誠實信用的行為。

本項締約過失的損害賠償責任，因請求權人二年間不行使而消滅。

第246條（契約標的給付不能之效力）
以不能之給付為契約標的者，其契約為無效。但其不能情形可以除去，而當事人訂約時並預期於不能之情形除去後為給付者，其契約仍為有效。
附停止條件或始期之契約，於條件成就或期限屆至前，不能之情形已除去者，其契約為有效。

解說

契約的內容是以客觀不能的給付作標的，契約無效。但是客觀不能的情況將來可以除去，而當事人訂立契約時，有表明待將來客觀不能的情形再為給付履行時，契約則仍然為有效。

契約附有停止條件或者始期時，契約的條件成就或者期限屆至時，才需要履行，如果在條件成就或期限屆至之前，客觀不能的情形，已經除去時，契約為有效。

老王將農地賣給老李，但是老李沒有自耕農身分，契約有沒有效？

購買農地，必須買受人具備自耕農身分，老李既然沒有自耕農身分，是以不能給付為標的，買賣契約無效。

第247條（契約標的給付不能時之賠償——訂約過失）

契約因以不能之給付為標的而無效者，當事人於訂約時知其不能或可得而知者，對於非因過失而信契約為有效致受損害之他方當事人，負賠償責任。

給付一部不能，而契約就其他部分仍為有效者，或依選擇而定之數宗給付中有一宗給付不能者，準用前項之規定。

前二項損害賠償請求權，因二年間不行使而消滅。

解說

契約以不能給付為標的，契約固然無效，但是對於當事人的利益也要顧及。訂約的當事人雙方如果都知道或因過失而不知道給付標的不可能，當事人之間沒有什麼損害賠償責任；而若當事人一方訂約時知道或因過失而不知道標的給付不能，另一方卻是善意沒有過失而不知道標的給付不能時，明知或因過失而不知的一方應賠償他方所受的損害。

契約標的給付不能，不能的部分只存在一部分，其他部分仍為有效時，或者屬於選擇之債，雖有數宗給付可供選擇，但是有一個給付是給付不能時，損害賠償責任分配，準用前項辦理。

本條之損害賠償請求權原未規定適用短期時效，惟因立法者著眼於時效過長，有礙社會秩序，因此特明定本條之損害賠償請求權，因二年間不行使而消滅，此項規定自89年5月5日開始施行。

 實例

老王向老李購買農地，因為老王自稱其有自耕農身分，

所以老李與老王訂立買賣契約。不料老王實際上沒有自耕農身分，不能移轉農地，老李可以請求賠償嗎？

　　老李是因老王自稱具有自耕農身分而相信可以出售農地給老王，所以老李可以向老王請求損害賠償。

第247條之1（定型化契約條款的效力）
依照當事人一方預定用於同類契約之條款而訂定之契約，為左列各款之約定，按其情形顯失公平者，該部分約定無效：
一　免除或減輕預定契約條款之當事人之責任者。
二　加重他方當事人之責任者。
三　使他方當事人拋棄權利或限制其行使權利者。
四　其他於他方當事人有重大不利益者。

解說

　　本條為民國88年4月21日增訂公布，雖自民國89年5月5日才開始施行，但是依民法債編施行法第17條規定，對於成立於修正施行前的契約也有適用。

　　現代工商業發達，許多企業經營者，具有經濟上的強勢，在成立契約時印有定型化契約，而與之締約的他方當事人為經濟上的弱勢者，多半只有簽約與否的權利，對於契約條款沒有磋商的機會，通常強權的出具定型化契約的當事人可能會訂定不利於他方當事人的條款，基於誠信原則，如果這樣的契約條款，顯然欠缺公平性時，該不公平條款無效。

　　所謂不公平條款為無效條款的情形，本條明示為以下情形任一種：

（一）免除或減輕預定契約條款的當事人責任者。

（二）加重他方當事人的責任。

（三）使他方當事人拋棄權利或限制他行使權利。

（四）其他約定，對於他方當事人有重大不利益的情形。

第248條（定金之性質）
訂約當事人之一方，由他方受有定金時，推定其契約成立。

解說

　　本條於民國88年4月21日修正公布，並自89年5月5日施行。訂約當事人的一方，收受他方所支付的定金時，法律上推定契約成立，如當事人對於定金的性質另有約定，當然依照當事人的約定。

　　老張向老周購買房屋，老張先付10萬元定金之後，雙方並約定三天後簽訂契約書，回家後老張覺得買貴了，老張是否仍需受契約拘束？

　　老張將定金交給老周，只是推定契約成立了，如果老張、老周並沒有以定金成立契約之意思，老張就可以不受拘束。

第249條（定金之效力）
定金，除當事人另有訂定外，適用左列之規定：

一　契約履行時，定金應返還或作為給付之一部。

二　契約因可歸責於付定金當事人之事由，致不能履行時，
　　定金不得請求返還。

三　契約因可歸責於受定金當事人之事由，致不能履行時，
　　該當事人應加倍返還其所受之定金。

四　契約因不可歸責於雙方當事人之事由，致不能履行時，
　　定金應返還之。

解說

　　定金收受具有成約性質，若俟後契約履行或不履行時，定
金應如何處理，需有一定的規則。若當事人有約定，依當事人
的約定；若當事人沒有約定，則依下列方式處理：

（一）契約履行時，收受定金之人可以將定金返還給支付定金
　　　的人，或者就將定金轉作契約給付的一部分。

（二）契約因可歸責於支付定金當事人的事由，而造成契約履
　　　行不能（包括因給付遲延或受領遲延而致履行不能的情
　　　形），支付定金的當事人不得請求定金返還。

（三）契約因可歸責於收受定金的當事人的事由，而造成契約
　　　履行不能（包括因給付遲延或受領遲延而致履行不能的
　　　情形），收受定金的當事人應該加倍返還所收受的定
　　　金。

（四）契約的履行不能均不可歸責於當事人雙方，收受定金的
　　　當事人應將定金返還給支付定金的當事人。

實例

　　老王向老李購買房屋1幢，並支付10萬元定金，且約定三
天後簽約。但三天後老李反悔，不願賣屋，老王應如何處理？

老王可以向老李要求返還20萬元。

第250條（違約金及其效力）

當事人得約定債務人於債務不履行時，應支付違約金。

違約金，除當事人另有訂定外，視為因不履行而生損害之賠償總額。其約定如債務人不於適當時期或不依適當方法履行債務時，即須支付違約金者，債權人除得請求履行債務外，違約金視為因不於適當時期或不依適當方法履行債務所生損害之賠償總額。

解說

違約金的效力如何，學說有不同意見，民國88年4月21日修正公布採通說見解，也就是：

（一）當事人可以契約事先約定，債務不履行時的損害賠償額，也就是支付違約金。

（二）除了當事人另有約定外，違約金就是契約不履行而生損害賠償的總額，因此當事人不得在取得違約金之後，又再請求損害賠償。但是契約如約定債務人不在適當時期，或者不依適當的方法履行債務時，就須要支付違約金，這種情形，當債務不履行時，債權人在請求給付違約金之外，還可以請求履行債務。

老王和老周簽訂合作契約，並約定任何一方違約時，應支付違約金10萬元給對方。之後老周違約，且造成老王損害15萬

元，老王可以請求多少賠償？

　　違約金為損害賠償額的預定，老王雖實際遭受15萬元的損失，也只能請求老周給付10萬元違約金。

第251條（一部履行之酌減）
債務已為一部履行者，法院得比照債權人因一部履行所受之利益，減少違約金。

解說

　　當事人約定違約金時，債務人不履行債務時，本應給付違約金，但是債務人若已履行一部分，仍然令債務人負擔全部的違約金責任，則又有失公平，所以法院得比照債權人因一部履行所受的利益，而減少違約金，以期得到公平的結果。

實例

　　老王向老李購買黃豆1噸，若違約則需給付違約金100萬元，結果老李只交0.5噸的黃豆，老李是否可以請求減少違約金？

　　由於老李已經交付一部分黃豆，老李可以請求法院減少違約金。

第252條（違約金額過高之酌減）
約定之違約金額過高者，法院得減至相當之數額。

解說

違約金是由當事人相互約定，但有時候違約金的約定有失公平，因此違約金過高時，法院可以酌減相當數額，以期公平；而法院要酌減時，也要依一般客觀事宜、社會經濟狀況，以及當事人所受損害，作為判斷標準。

老張與老周訂立表演契約，並約定違約金200萬元，結果老周沒有履行表演契約，老周要支付違約金，但又覺得太高，應如何處理？

老周可以請求法院酌減違約金的數額。

第253條（準違約金）

前三條之規定，於約定違約時應為金錢以外之給付者準用之。

解說

前三條關於違約金的規定，在約定違約時，應做金錢以外的給付時亦有準用。

老王與老周訂立委任契約，並約定違約時，違約人應替他方無償工作一年，結果老王違約，但是老王也不願意平白替老周工作一年，老王應如何處理？

老王可以使用本法第252條的規定，請求法院酌減。

第254條（非定期行為給付遲延之解除契約）
契約當事人之一方遲延給付者，他方當事人得定相當期限催告其履行，如於期限內不履行時，得解除其契約。

解說

　　契約當事人的一方於履行期到時遲延未履行，他方當事人得定相當的期限，催告當事人履行，如果在期限內不履行時，他方當事人可以解除契約。

實例

　　老王向老張購買原料一批，不料老張遲遲不給付原料，老王可以採何種措施？

　　老王可以定相當期限，催告老張交付原料，老張如仍不履行，則老王可以解除契約。

第255條（定期行為給付遲延之解除契約）
依契約之性質或當事人之意思表示，非於一定時期為給付不能達其契約之目的，而契約當事人之一方不按照時期給付者，他方當事人得不為前條之催告，解除其契約。

解說

　　就契約內容本身而言，自客觀上觀察，非在一定時期給付，就不能達到契約目的，或者依照當事人的意思，一定要遵守履行期間，否則不需要有此契約時，在契約當事人的一方不按照時期給付時，他方當事人得不必依前條規定定期催告，解

除契約。

　　老李向老王訂購生日蛋糕，以便在壽宴使用，但是老王沒有按時送蛋糕給老李，老王是否仍須定期催告履行？

　　因為供壽宴使用的蛋糕，有一定期限。如果不按時送達，就失去意義，老李可以不必定期催告老王履行，就可以直接解除契約。

第256條（因給付不能之解除契約）
債權人於有第226條之情形時，得解除其契約。

解說

　　債權人在可歸責於債務人的事由而給付不能時，債權人得解除契約。

第257條（解除權之消滅──未於期限內行使解除權）
解除權之行使，未定有期間者，他方當事人得定相當期限，催告解除權人於期限內確答是否解除；如逾期未受解除之通知，解除權即消滅。

解說

　　解除權人行使解除權，使契約解除，若沒有定期間行使時，會使交易狀態不穩定，所以他方當事人可以定相當期限，催告解除權人在一定期限內答覆是否解除，如逾期未為解除之

表示，或者解除的意思表示遲延到達時，有解除權的當事人就沒有解除權。

老王向老周訂購黃豆1噸，逾期老周沒有供貨，老王也沒有解除契約，老周可以採何種措施？

老王有解除權，但是老王沒有定期行使，老周可以定相當期限請老王表示是否解除契約。

第258條（解除權行使之方法）
解除權之行使，應向他方當事人以意思表示為之。
契約當事人之一方有數人者，前項意思表示，應由其全體或向其全體為之。
解除契約之意思表示，不得撤銷。

解說

有解除權的人要行使解除權，應向他方當事人以意思表示為之。

契約當事人的一方有數人時，解除權的意思表示，應由全體共同行使，或者向全體共同為解除的表示。

解除契約的意思表示不得撤銷，以免法律關係不穩定。

老王與老周本來有契約關係，老王依法解除契約之後，又感到後悔，老王可否撤銷解約的意思表示？

老王不得撤銷解約的意思表示。

第259條（契約解除之效力（一）——回復原狀）

契約解除時，當事人雙方回復原狀之義務，除法律另有規定或契約另有訂定外，依左列之規定：

一　由他方所受領之給付物，應返還之。

二　受領之給付為金錢者，應附加自受領時起之利息償還之。

三　受領之給付為勞務或為物之使用者，應照受領時之價額，以金錢償還之。

四　受領之給付物生有孳息者，應返還之。

五　就返還之物，已支出必要或有益之費用，得於他方受返還時所得利益之限度內，請求其返還。

六　應返還之物有毀損、滅失或因其他事由，致不能返還者，應償還其價額。

解說

　　契約解除時，當事人雙方互負回復契約成立前狀態的義務，除了法律另有規定，或契約另有約定外，依下列方式為之：

（一）由他方所受領的給付物，受領的一方應該返還給他方。

（二）所受領的給付是金錢時，應該附加自受領時起至返還日止的利息，一同返還。

（三）受領的給付是勞務的付出，或者是使用物品，受領人應按照受領時的價額，折成金錢返還他方當事人。

（四）受領的給付物生有孳息時，孳息也應返還給他方當事

人。

（五）受領物雖需要返還，但是對於受領物已經支出必要或有
　　　益費用，當事人在交付受領物，得在他方當事人取得的
　　　利益範圍內，請求返還所支出的必要及有益費用。

（六）應返還的物品有毀損滅失，或因其他事由，致不能返還
　　　物品時，則應償還價額。

　　老王向老周購買汽車1輛，並已給付一半的車款，但是老
周遲未交車，老王依法定程序，解除契約。老周還價金之外，
還要支付利息嗎？

　　老周除了應返還已收受的車款之外，還要加計自取得車款
日至返還日的利息給老王。

第260條（契約解除之效力（二）──損害賠償之請求）
解除權之行使，不妨礙損害賠償之請求。

解說

　　契約因債務不履行所生的損害賠償，不因契約解除而消
滅。

　　老周向老李購買雞蛋3箱，老李遲不交貨，老周只好向他
人高價購買，並解除與老李的契約，老周還可不可以向老李請
求多支付價金的損害？

老周解除契約不影響因老李不履行契約所造成老周損害的賠償請求權,所以老周還是可以向老李請求損害賠償。

第261條（契約解除之效力（三）——雙務契約規定之準用）

當事人因契約解除而生之相互義務,準用第264條至第267條之規定。

解說

當事人因契約解除,互負回復原狀義務,準用本法第264條至第267條的規定。

老王與老周解除契約,老王應返還書籍1套給老周,老周應返還書款與利息給老王,在老周還沒給付時,老王要不要先返還書籍?

老王與老周解除契約後的返還義務,也有同時履行抗辯的適用,老王可以不必先返還書籍。

第262條（解除權之消滅——受領物不能返還或種類變更）

有解除權人,因可歸責於自己之事由,致其所受領之給付物有毀損、滅失或其他情形不能返還者,解除權消滅;因加工或改造,將所受領之給付物變其種類者亦同。

解說

　　有解除權人因可歸責於自己的事由，造成所受領的給付物
毀損滅失時，或其他情形不能返還時，如還允許其有解除權，
則有失公平，所以不得行使解除權。因加工或改造，將所受領
的給付物變更種類的人亦沒有解除權，以免其行使解除權，造
成他方當事人受領無益之物。

第263條（契約之終止準用解除權之規定）
第258條及第260條之規定，於當事人依法律之規定終止契
約者準用之。

解說

　　終止契約也是在消滅契約的關係，所以關於決定終止權的
行使與效果，準用本法第258條及第260條之規定。

　　老王與小王共同繼承一塊土地，其上並有租賃存在，老周
是承租人，老周要終止契約，應如何處理？
　　老周應向老王與小王發終止契約的意思表示。

第264條（雙務契約之同時履行抗辯權）
因契約互負債務者，於他方當事人未為對待給付前，得拒絕
自己之給付。但自己有先為給付之義務者，不在此限。
他方當事人已為部分之給付時，依其情形，如拒絕自己之給
付有違背誠實及信用方法者，不得拒絕自己之給付。

解說

就雙務契約而言，當事人所負的給付義務是相互關聯的，為了公平起見，在一方還沒履行債務的時候，他方也可以拒絕自己債務的履行。但是自己若負有先提出給付的義務時，就無權行使同時履行抗辯。

雙務契約之當事人，若他方當事人已經提出部分給付，依事實狀況判斷，如果拒絕自己的給付，屬於違背誠實信用時，當事人就不得拒絕提出自己的給付。

實例

老王向老周購買房屋，並約定交屋時給付尾款，老周因為急需用錢，因此要求老王先交付尾款，一個月後再交屋，老王有無必要答應老周的要求？

老王可以行使同時履行抗辯權，拒絕老周的要求。

第265條（不安抗辯權）
當事人之一方，應向他方先為給付者，如他方之財產，於訂約後顯形減少，有難為對待給付之虞時，如他方未為對待給付或提出擔保前，得拒絕自己之給付。

解說

雙務契約的當事人雙方，都互相負有給付義務，若契約約定有一方須先提出給付時，先負給付義務的一方，固然不能主張同時履行抗辯，但是如果訂約之後，後給付的當事人的財產已經減少，而且達到難以提出對待給付時，為了保障契約的安

全與公平，負有先為給付義務的當事人，可以要求對方當事人也要同時提出給付，否則拒絕履行；或者提出擔保，否則拒絕履行。

老張向老王購買貨品一批，約定老張匯錢至老王的帳戶之後，老王再交貨。數日之後，老王成為支票拒絕往來戶，老張還要不要將價金匯給老王？

老王在訂約之後，變成支票拒絕往來戶，顯然財力減少，有難以履行契約之虞，老張可以主張不安抗辯，要求老王同時交貨或者提出擔保，才支付價金。

> **第266條**（因不可歸責於雙方當事人給付不能之效力）
> 因不可歸責於雙方當事人之事由，致一方之給付全部不能者，他方免為對待給付之義務；如僅一部不能者，應按其比例，減少對待給付。
> 前項情形，已為全部或一部之對待給付者，得依關於不當得利之規定，請求返還。

解說

本來雙務契約的當事人雙方互負給付義務，若有不可歸責於雙方當事人的事由，而導致當事人一方全部給付不能時，他方當事人的對待給付可以免予提出，以符合雙務契約互負對待給付的本旨。如果只有一部分給付不能時，他方當事人應按照對方不能提出占全部的比例，減少對待給付。

如果一方已經提出全部或一部分的對待給付，而他方當事人卻因不可歸責於雙方當事人的事由而給付不能時，該已提出的給付，可以依照不當得利的規定，請求返還。

老張向老王購買紅豆20噸，因為國際市場上紅豆缺貨，老王只能交付10噸紅豆，老張要付多少錢？

國際市場上紅豆貨量不足，是不可歸責於雙方當事人的事由，老王只能提出一半的給付，老張對待給付也按比例減少，負擔一半的價金。

第267條（因可歸責於當事人一方給付不能之效力）
當事人之一方因可歸責於他方之事由，致不能給付者，得請求對待給付。但其因免給付義務所得之利益或應得之利益，均應由其所得請求之對待給付中扣除之。

解說

在雙務契約之中，當事人之一方因對方可歸責的事由，而致自己無法給付，可以免為給付，但是仍得請求對方為給付。惟當事人因免為給付所得的利益或應得的利益，亦應由其請求他方當事人給付時扣除之，以免造成不當得利。

老王向老張購買電視機1台，並要求老張在第二天下午送貨到府。屆時老張依約送到，可是老王卻不在家，以至於回程

時，遭遇車禍，電視機全毀，而車禍是他人所造成，老張可否請求老王給付價金？

　　老王明明要老張將電視機於特定時間送到，但是老張送到時，老王卻不在家受領，顯然老王受領遲延，可歸責於老王，所以老張仍可請求老王給付價金。

第268條（第三人負擔契約）
契約當事人之一方，約定由第三人對於他方為給付者，於第三人不為給付時，應負擔損害賠償責任。

解說

　　契約也可以約定由契約當事人以外之人提出給付給契約當事人。若第三人不為給付時，則契約當事人應對本應受領給付的人負損害賠償責任。

　　老王向老張訂購黃豆5噸，並約定由老張進貨後，直接由產地商人交付，俟後產地商人因為價格變動而不願交貨，老張是否有責任？

　　黃豆雖由契約之外的第三人交付，但是第三人不為交付時，老張應負損害賠償責任。

第269條（利他契約）
以契約訂定向第三人為給付者，要約人得請求債務人向第三人為給付，其第三人對於債務人，亦有直接請求給付之權。

第三人對於前項契約，未表示享受其利益之意思前，當事人得變更其契約或撤銷之。

第三人對於當事人之一方表示不欲享受其契約之利益者，視為自始未取得其權利。

解說

　　當事人訂立契約，約定債務人向第三人為給付，除了他方當事人可以請求債務人向第三人提出給付之外，第三人也可以本於該契約向債務人請求給付。

　　契約訂立之後，也可以依據當事人的意思變更或撤銷，但是必須是在第三人表示享受本來當事人所訂契約之利益之前，才可以為之。因為第三人還沒有為同意的表示時，第三人利益契約還沒發生效力，自然許可當事人變更或撤銷契約。

　　第三人如果對於當事人之一方表示不願意享受契約利益時，法律上認為第三人自始沒有取得權利。

　　老王向銀行開設支票存款戶，老王簽發支票給老周，老周至銀行領款，銀行在支票應記載事項完備，帳戶存款足夠的情形之下，拒絕付款，老王可以要求銀行負責嗎？

　　老王可以要求銀行負擔賠償責任。

第270條（債務人對第三人之抗辯）
前條債務人，得以由契約所生之一切抗辯，對抗受益之第三人。

解說

　　向第三人給付的契約，債務人得以由契約所生的一切抗辯事由，對抗受利益的第三人，以保障債務人的權益。

　　老王向老張購買布料1匹，並要求老張將布料送到老李住所交給老李，老王還沒有付價金，老張可否對老李主張同時履行抗辯？

　　老張雖然要把布料交給老李，老張仍可主張老王付款時，才將布料交給老李。

第四節　多數債務人及債權人

第271條（可分之債及其效力）
數人負同一債務或有同一債權，而其給付可分者，除法律另有規定或契約另有訂定外，應各平均分擔或分受之；其給付本不可分而變為可分者亦同。

解說

　　多數人共同負擔債務或者共同擁有債權時，該債務或者債權是可以分開的話，除非是法律另有規定或者當事人契約另有訂定外，原則上各債務人應各自平均分擔給付的債務，各債權人應該分別平均享有債權的部分。如果給付原為不可分而變成可分時，就適用上述的規定。

實例

老王與老李共同向老周批發1箱雞蛋，兩人各分一半，老周向老王收款時，老王只願付一半貨款，老王有無理由？

老王與老李對於老周的貨款債務是可分開的，所以老王只須給付一半貨款，另一半則應由老李負擔。

第272條（連帶債務）

數人負同一債務，明示對於債權人各負全部給付之責任者，為連帶債務。

無前項之明示時，連帶債務之成立，以法律有規定者為限。

解說

多數人共同負擔同一債務，並明白表示（不論口頭或書面）對於債權人各負全部給付的責任時，多數債務人所負擔的債務就是連帶債務。

若多數債務人沒有明白表示願意負擔連帶責任時，連帶債務的成立，以法律有明文規定者為限。

實例

老王、老李找老周清償債務，老周拒不還錢，引起老王、老李的氣憤，共同出手毆打老周。老周受傷之後，要求老王賠償醫藥費，老王說老李出手比較重，應該找老李賠償，老王所言有無理由？

依照本法第185條規定，共同侵權行為人應連帶負損害賠償責任，所以老王與老李毆打老周成傷，縱使下手輕重各有不

同，仍然要負連帶責任，所以老王所言，沒有理由。

第273條（連帶債務債權人之請求權）
連帶債務之債權人，得對於債務人中之一人或數人或其全體，同時或先後請求全部或一部之給付。
連帶債務未全部履行前，全體債務人仍負連帶責任。

解說

　　連帶債務的債權人可以同時或者先後向各債務人或者其中幾名連帶債務人，或者全部債務人，請求全部或一部分的債務給付。

　　連帶債務未清償完畢之前，全體債務人均仍負連帶責任。

　　老王積欠老李200萬元債務，老周是老王的連帶保證人，老李可不可以要求老周支付200萬元？

　　老周是老王的連帶保證人，所以老王與老周就200萬元的債務負有連帶責任，因此老李也可向老周要求清償200萬元。

第274條（生絕對效力事項）
因連帶債務人中之一人為清償、代物清償、提存、抵銷或混同而債務消滅者，他債務人亦同免其責任。

解說

連帶債務人之中，有人清償債務、代物清償、提存債務額、主張債務抵銷，或者債權債務混同，而使債務消滅時，其他連帶債務人也同樣免除債務責任。

老周與老李合夥做生意，因而積欠老王200萬元債務。由於老王亦積欠老李200萬元債務，老李因而主張抵銷，老周是否也因而免除對於老王的債務責任？

老周與老李因合夥所生的債務，應該連帶負清償之責，由於老李與老王之間亦有債權債務關係，所以老李主張抵銷而使合夥債務消滅，老周因此亦免除對於老王的債務責任。

第275條（確定判決之絕對效力）

連帶債務人中之一人受確定判決，而其判決非基於該債務人之個人關係者，為他債務人之利益，亦生效力。

解說

債權人若對連帶債務人中的一人起訴並經判決確定時，該判決不利於其他債務人時，對於其他債務人不生效力；該判決若有利於其他債務人時，依判決的理由非因該受判決債務人個人關係之緣故者，該判決對於其他債務人亦生效力。

實 例

老王的摩托車遭老李、老張共同毀損，老王因而提起訴訟

要求老李賠償，並經判決勝訴確定。老王聲請強制執行時，可不可以要求執行老張之財產？

老李與老張因為共同侵權行為，而對於老王負連帶損害賠償責任，老李與老張為連帶債務人。老王對老李起訴，老李所受之確定判決，是敗訴判決，此不利效果對於老張不生效力，因此老王不可以拿對於老李之確定判決，強制執行老張之財產。

老王應該再對老張提起訴訟，取得確定判決，才可以強制執行老張之財產。

第276條（免除與時效完成之限制絕對效力）
債權人向連帶債務人中之一人免除債務，而無消滅全部債務之意思表示者，除該債務人應分擔之部分外，他債務人仍不免其責任。
前項規定，於連帶債務人中之一人消滅時效已完成者準用之。

解說

債務人向連帶債務人中的一人表示免除債務，但無消滅全部債務的意思表示時，除扣除該債務人在連帶債務人內部之分擔額外，其他債務人仍不免除債務責任。

前項規定，在連帶債務人中的一人債務罹於時效時，也有準用的效果，也就是其他連帶債務人如果沒有罹於時效，仍然負債務責任，只是可以扣除罹於時效之債務人的內部分擔額。

 實例

　　老周與老王對於老李連帶負有200萬元的債務，而老李只對老周為中斷時效，對於老王則漏未中斷時效，致時效完成，老李請求老周給付200萬元時，老周可不可主張只要支付100萬元？

　　老周與老王為連帶債務人，內部分攤額各占一半，老王可以主張時效完成，不必清償債務，老周可以扣除該100萬元，而主張只要負擔100萬元之債務。

第277條（抵銷之限制絕對效力）
連帶債務人中之一人，對於債權人有債權者，他債務人以該債務人應分擔之部分為限，得主張抵銷。

解說

　　連帶債務人中的一方，對於債權人也有債權時，其他債務人可以該債務人內部的分擔額為限，向債權人主張抵銷。

 實例

　　老周與老王對於老李有200萬元的連帶債務，老李也欠老王200萬元，老李向老周要求清償200萬元的債務時，老周主張老王對於老李也有200萬元債權，二者抵銷，正好誰也不欠誰，有無理由？

　　老周只能就老王的應分擔額部分為限主張抵銷，由於老王的應分擔額為100萬元，所以老周只能就老王對老李的100萬元

的債權主張抵銷，所以剩下100萬元的債務，老周仍然要負清償責任。

第278條（債權人受領遲延之絕對效力）
債權人對於連帶債務人中之一人有遲延時，為他債務人之利益，亦生效力。

解說

　　連帶債務人之中，有人對於債權人提出給付，若債權人有受領遲延的狀況時，為了其他債務人的利益，債權人受領遲延的效果，也對其他債務人發生效力。例如：債權人對一債務人受領遲延時，對於其他連帶債務人也不得主張遲延利息。

實例

　　老王與老周共同對老李負擔200萬元的連帶債務責任，老王要對老李提出清償時，老李受領遲延，老李可不可以再向老周請求給付遲延利息？

　　老李受領遲延之效果，對於老周亦生效力，所以老李不可以向老周請求給付遲延利息。

第279條（相對效力之原則）
就連帶債務人中之一人所生之事項，除前五條規定或契約另有訂定者外，其利益或不利益，對他債務人不生效力。

解說

除了前五條的規定或者當事人契約另有約定的情形外，就連帶債務人中的一人所生的利益或不利益，對於其他債務人都不生效力。

老李與老王對於老周連帶負有200萬元的債務，十五年過後，老周才向老李與老王請求清償債務，老李承認此債務，老王還可不可以主張時效消滅？

老李承認債務因而中斷時效的效果，對於老王沒有影響，老王仍然可以主張時效消滅。

第280條（連帶債務人相互間之分擔義務）
連帶債務人相互間，除法律另有規定或契約另有訂定外，應平均分擔義務。但因債務人中之一人應單獨負責之事由所致之損害及支付之費用，由該債務人負擔。

解說

連帶債務人內部的債務分擔額度，除了法律另有規定或契約另有訂定之外，應該平均分擔。但是因債務人各人所應單獨負責之事由所造成的損害及所支出的費用，則由該債務人單獨負擔。

老王與老李對於老周連帶負有200萬元的債務。老周請求

給付時，老王付給老周120萬元，老李付給老周80萬元，老王可以向老李要多少錢回來？

老王與老李內部應平均分擔債務，所以每個人分擔100萬元，老王付了120萬元時，可以向老李要20萬元回來。

第281條（連帶債務人之求償權及代位權）
連帶債務人中之一人，因清償、代物清償、提存、抵銷或混同致他債務人同免責任者，得向他債務人請求償還各自分擔之部分，並自免責時起之利息。
前項情形，求償權人於求償範圍內，承受債權人之權利。但不得有害於債權人之利益。

解說

本條第1項原為「因清償或其他行為」，所謂其他行為是指什麼，文義不明，為免爭議，本次民國88年4月21日修法明示為「因清償、代物清償、提存、抵銷或混同」。

連帶債務人中的一人，因為清償、代物清償、提存、抵銷或混同，而使其他債務人同免債務責任的話，該連帶債務人中的一人可以向其他債務人請求各自內部的分擔額，以及自免責時起的利息。

前項情形，具有求償權的債務人在求償範圍內，承受債權人的權利，但不得有害於債權人的利益。

老王與老李為連帶債務人，對於老周負有200萬的債務，

老王已清償給老周120萬元，老王可不可以向老李請求清償100萬元？

老王就其清償超過自己應負擔的部分，取得求償權與代位權，可以向老李求償，但是不得有害於債權人的利益，所以在老周還可以再向老王、老李請求80萬元的範圍內，老王不可以向老李請求，以免有害債權人的利益。

第282條（連帶債務有求償不能時之分擔）

連帶債務人中之一人，不能償還其分擔額者，其不能償還之部分，由求償權人與他債務人按照比例分擔之。但其不能償還，係由求償權人之過失所致者，不得對於他債務人請求其分擔。

前項情形，他債務人中之一人應分擔之部分已免責者，仍應依前項比例分擔之規定，負其責任。

解說

連帶債務人中的一人如果有不能償還分擔額時，不能單獨由求償權人獨受損失，所以不能受償的部分應由求償權人與其他債務人按照比例分擔之。但是不能受償的部分，是因為求償權人的過失所造成，不得對於其他債務人請求分擔。

前項情形，其他債務人應分擔部分已經免責時，仍應依照前項比例分擔的規定，對求償權人負責。

第283條（連帶債權）
數人依法律或法律行為，有同一債權，而各得向債務人為全部給付之請求者，為連帶債權。

解說

　　所謂連帶債權，是指數人依據法律規定或者法律行為而有同一債權，而且各債權人可以向債務人請求全部給付，債務人只要向一債權人為全部給付時，債務就歸於消滅。

第284條（連帶債權債務人之給付）
連帶債權之債務人，得向債權人中之一人，為全部之給付。

解說

　　連帶債權的債務人，可以向債權人中的一人，提出全部給付，以消滅債務。

　　老王與老李合夥販賣黃豆1噸給老周。老王向老周收取貨款後，老李又跑來收，老周可不可以拒絕付款？

　　老周向老王給付貨款後，就已清償債務完畢，所以老周可以拒絕老李之請求。

第285條（連帶債權債權人請求之絕對效力）
連帶債權人中之一人為給付之請求者，為他債權人之利益，亦生效力。

解說

　　連帶債權人中的一人請求債務人給付時，則其他債權人的利益，也生效力，等於全體債權人的請求。

　　老王與老李對於老周有連帶債權，老王於十四年後向老周請求付款，並經老周承認有此債權。又過了兩年之後，老周仍未付款，於是改由老李出面向老周請求，老周則主張老李已罹於時效才請求，老周可以不用付款，是否有理由？

　　老王對於老周請求付款時，就已發生中斷時效的效力，此效力亦及於老李，所以老李也享有中斷時效的利益，因此老周的主張沒有理由。

第286條（連帶債權之消滅）
因連帶債權人中之一人，已受領清償、代物清償、或經提存、抵銷、混同而債權消滅者，他債權人之權利，亦同消滅。

解說

　　連帶債權人中的一人，已因受領清償、代物清償，或經過提存、抵消、混合，而使債權消滅時，其他連帶債權人的權利也因而消滅，不得向債務人主張權利。

　　老王與老李對於老周有連帶債權100萬元，老周已經給付

老王100萬元，但是老王不肯交付50萬元給老李，老李可不可以再向老周請求付款？

　　老周支付給連帶債權人的一人全部款項之後，債務就已經消滅，所以老李即使沒有獲償，也不能再向老周請求付款。

> **第287條**（確定判決之絕對效力）
> 連帶債權人中之一人，受有利益之確定判決者，為他債權人之利益，亦生效力。
> 連帶債權人中之一人，受不利益之確定判決者，如其判決非基於該債權人之個人關係時，對於他債權人，亦生效力。

解說

　　連帶債權人中的一人因連帶債權而訴訟，如取得有利於連帶債權人利益的確定判決時，為了其他債權人的利益，該判決對於其他債權人亦生效力。

　　連帶債權人中的一人若受不利益之確定判決時，如果不利益的判決不是基於該債權人的個人關係時，這個不利益判決也對其他債權人發生效力。

實例

　　老王與老李對於老周有連帶債權200萬元，而老王對於老周取得勝訴的確定判決，老李是否可據以向老周主張權利？

　　老王對於老周的勝訴判決，對於老李亦生效力，因此老李可以此判決對老周主張權利。

第288條（免除與消滅時效之絕對效力）
連帶債權人中之一人，向債務人免除債務者，除該債權人應享有之部分外，他債權人之權利，仍不消滅。
前項規定，於連帶債權人中之一人消滅時效已完成者準用之。

解說

　　連帶債權人中的一人，向債務人表示免除債務時，除了扣除該債權人內部應享有的部分外，剩餘的債權額，其他債權人仍然可以享有。

　　前項規定，在連帶債權人中的一人，債權罹於時效時，也有準用的餘地，也就是扣除該時效已完成的債權人分擔額之外，債權人仍可對債務人主張債權。

　　老王與老李對於老周有200萬元的連帶債權，老李對於老周主張免除債務，老王是否可以向老周請求清償債務？

　　老王扣除老李應分享的100萬元之後，還可以向老周請求100萬元的債務清償。

第289條（受領遲延之絕對效力）
連帶債權人中之一人有遲延者，他債權人亦負其責任。

解說

　　連帶債權人中的一人有受領遲延時，其他債權人也要負受領遲延的責任。

老王與老李對於老周有200萬元的連帶債權，老王受領遲延，老李可不可以向老周主張遲延利息？

老王受領遲延，老李也同受拘束，所以老李不可以向老周請求遲延利息。

第290條（相對效力之原則）
就連帶債權人中之一人所生之事項，除前五條規定或契約另有訂定者外，其利益或不利益，對他債權人不生效力。

解說

就連帶債權人中之一人所生的事項，除了前五條規定，或者契約另有訂定的情形之外，不論是利益或不利益，對於其他債權人不生效力。

第291條（連帶債權人之利益分受）
連帶債權人相互間，除法律另有規定或契約另有訂定外，應平均分受其利益。

解說

連帶債權人相互間，除了法律另有規定或契約另有訂定之外，應該平均分受利益。

實例

老王與老李對於老周有200萬元的連帶債權，老周將200萬元清償給老王之後，老王與老李應如何分款？

老王與老李除非另有約定外，應平均分配債權，所以各得100萬元。

第292條（不可分債務）
數人負同一債務，而其給付不可分者，準用關於連帶債務之規定。

解說

本條於民國88年4月21日修正公布，並自89年5月5日施行。修正後本條專指不可分債務，第293條則指不可分債權。

數人共同負擔一個債務，如果給付內容無法分開，稱之為不可分之債，準用關於連帶債務的法律關係。

第293條（不可分債權）
數人有同一債權，而其給付不可分者，各債權人僅得請求向債權人全體為給付，債務人亦僅得向債權人全體為給付。
除前項規定外，債權人中之一人與債務人間所生之事項，其利益或不利益，對他債權人不生效力。
債權人相互間，準用第291條之規定。

解說

在不可分之債的法律關係之中，各個債權人僅可以為全體

債權人請求債務人給付，不可以請求債務人單獨給付給個別債權人，債務人也只能向全體債權人提出給付，因此民國88年4月21日修法將第1項條文寫得更明確，以免人民誤解。

除前項規定之外，債權人中的一人與債務人間所生的事項，不論有利或不利，對於其他債權人不生效力。

本條是專為不可分債權而設，所以債權人相互間宜準用民法第291條規定，也就是不可分債權人相互之間，除法律另有規定或契約另有訂定外，應平均分受其利益，所以本次修法增設第3項規定。

老王與老李共同向老周購買賽馬1匹，老王可不可以要求老周將馬單獨交給老王？

老王與老李共同購買1匹馬，但馬沒有辦法分割，屬於不可分之債，老王只能要求老周對老王、老李全體提出給付，不可以單獨由老王為自己的利益受領馬匹。

第五節　債之移轉

第294條（債權之讓與性）
債權人得將債權讓與於第三人。但左列債權，不在此限：
一　依債權之性質，不得讓與者。
二　依當事人之特約，不得讓與者。
三　債權禁止扣押者。
前項第2款不得讓與之特約，不得以之對抗善意第三人。

解說

　　債權人原則上可以將債權讓與給第三人。但是下列三種債權，則不得讓與給第三人：

（一）依債權的性質而言不得讓與，以維護公益，例如：扶養請求權就屬於不得讓與的債權。

（二）依當事人的特約，債權不得讓與。

（三）強制執行法中規定，禁止扣押的債權。

　　前項第2款之依當事人特約而不得讓與的債權，僅對於當事人間發生效力，不得以之對抗善意第三人。

　　老王對於老李有100萬元的債權，老王又欠老張100萬元，老王可不可以將對於老李的100萬元債權讓與給老張，以抵債務？

　　老王對於老李的債權，不屬於不得讓與的債權，當然可以讓與給老張。

第295條（從權利之隨同移轉）

讓與債權時，該債權之擔保及其他從屬之權利，隨同移轉於受讓人。但與讓與人有不可分離之關係者，不在此限。

未支付之利息，推定其隨同原本移轉於受讓人。

解說

　　債權讓與時，附屬於該債權的擔保權及其他從屬權利，也隨同移轉給受讓人，但與讓與人有不可分離的關係時，則不隨債權的讓與而讓與。

　　還沒有支付的利息，推定隨同移轉給受讓人。

老王對於老李的100萬元債權讓與給老張，是否使債權所設定的抵押權也讓與給老張？

　　債權讓與時，原則上其擔保權也讓與給受讓人，所以抵押權也移轉給老張。

第296條（證明文件之交付與必要情形之告知）
讓與人應將證明債權之文件，交付受讓人，並應告以關於主張該債權所必要之一切情形。

解說

　　讓與人應該將證明債權的文件資料交付給受讓人，並且應該告訴受讓人關於主張該債權所必要的一切情形。

　　老王對於老李有100萬元的貨款債權，老王將該債權讓與給老張，老王應交付老張哪些文件？

　　老王應交付給老張買賣契約書等文件。

第297條（債權讓與之通知）
債權之讓與，非經讓與人或受讓人通知債務人，對於債務人不生效力。但法律另有規定者，不在此限。
受讓人將讓與人所立之讓與字據提示於債務人者，與通知有同一之效力。

解說

債權讓與在當事人之間已經發生效力，但是對於債務人之生效，需經讓與人或受讓人之通知債務人始可。但是法律另有特別規定時，則不需要經過通知債務人，就發生效力。

受讓人將讓與人所書立的讓與字據提示於債務人時，對於債務人就發生債權讓與通知的效力。

老王將其對於老李的100萬元債權讓與給老周，老周將讓與字據拿給老李看時，老李是不是對老周負有100萬元的債務？

老周將讓與字據提示給老李看時，債權讓與就對老李發生效力，所以老李對於老周負有100萬元的債務。

第298條（表見讓與之效力）
讓與人已將債權之讓與通知債務人者，縱未為讓與或讓與無效，債務人仍得以其對抗受讓人之事由，對抗讓與人。
前項通知，非經受讓人之同意，不得撤銷。

解說

讓與人已將債權讓與的事宜通知債務人的話，即使事實上並未讓與債權，或者讓與無效，債務人仍得以其對抗受讓人的事由，對抗讓與人。因為債務人無從知道債權讓與無效或並未讓與，為了保護債務人的利益，所以特別做此規定。

前項債權讓與通知，非經過受讓人的同意，不得撤銷，以免讓與人反反覆覆，有害債務人之利益。

例

　　老王通知債務人老周，表示已將債權讓與老李，老周因而將金錢清償給老李。事後老王與老李之間債權讓與無效，老王還可不可以向老周請求給付？

　　老周已向老李清償債務，債務已經消滅，即使老王與老李之間的債權讓與無效，老王又回復債權人身分，老周仍可以將清償完畢之事由對抗老王，所以老王無權向老周請求清償債務。

第299條（讓與通知時抗辯權抵銷權之援用）

債務人於受通知時，所得對抗讓與人之事由，皆得以之對抗受讓人。

債務人於受通知時，對於讓與人有債權者，如其債權之清償期，先於所讓與之債權或同時屆至者，債務人得對於受讓人主張抵銷。

解說

　　債務人於受通知債權讓與時，債務人得對抗讓與人的事由，都可以對抗受讓人，以免債務人本可享有的利益，反而因債權讓與而陷於不利益。所謂對抗的事由，不以狹義的抗辯權為限，凡是債權的成立、存續、行使等等均包括在內。

　　債務人於受通知時，債務人如果也對讓與人有債權時，若債務人的債權清償期先於所讓與的債權或同時到期，而且兩者同種類時，債務人仍可以主張抵銷。

實例

老王對於老張有100萬的債權，而且也對老張負有20萬元的債務。老王將對於老張的債權讓與給老李，老張可不可以主張債權抵銷，而在清償期屆至時給付80萬元給老李？

老張對於老王的債權如果已屆清償時，即使老王將債權讓與給老李，老張仍可主張抵銷，所以老張只要付80萬元給老李即可。

第300條（債權人與第三人間之債務承擔契約）
第三人與債權人訂立契約承擔債務人之債務者，其債務於契約成立時，移轉於該第三人。

解說

第三人與債權人訂立契約，使債務人脫離債務關係，而由第三人承擔債務，債務承擔契約就馬上發生效力，債務移轉於該第三人。

實例

老王對於老李有100萬元的債權，老周與老王協議好，由老周承擔老李的債務，這時候老王還能不能再向老李請求履行債務？

老周與老王訂立債務承擔契約之後，老周就立於債務人的地位，老李則脫離債務關係，因此老王不得再向老李請求履行債務。

第301條（債務人與第三人間之債務承擔契約）
第三人與債務人訂立契約承擔其債務者，非經債權人承認，
對於債權人不生效力。

解說

　　第三人與債務人訂立債務承擔契約，必須經過債權人的承
認，對於債權人才會發生效力。

　　老王對於老李負擔100萬元的債務，老王與老張訂立債務
承擔契約，由老張承擔老王對於老李的債務，但是老李不同
意，老李是否還可以向老王請求支付100萬元？

　　老王與老張訂立債務承擔契約，沒有得到老李的同意，對
於老李不生效力，所以老李仍可請求老王支付100萬元。

第302條（債務人或承擔人之催告）
前條債務人或承擔人，得定相當期限，催告債權人於該期限
內確答是否承認，如逾期不為確答者，視為拒絕承認。
債權人拒絕承認時，債務人或承擔人得撤銷其承擔之契約。

解說

　　前條債務人或承擔人，得定相當期限，催告債權人在該所
定的期限內，明確回答是否承認債務承擔，如果債權人在該所
定的期限沒有回答，法律上擬制為拒絕承認。

　　債權人拒絕承認時，債務承擔契約對於債權人不生效力，

債務人與承擔人的契約並未消滅,所以債務人或承擔人可以撤銷承擔契約,回復以前的狀態。

老王與老李訂立債務承擔契約,由老李承擔老王對於老周100萬元的債務,但是還沒有得到老周的承認,老王或老李應採何措施,才可以使法律關係安定?

老王或老李可以訂定相當的期限,通知老周表示是否承認他們的債務承擔契約,以確定承擔契約是否對於老周發生效力。

第303條（債務人抗辯權之援用及其限制）
債務人因其法律關係所得對抗債權人之事由,承擔人亦得以之對抗債權人。但不得以屬於債務人之債權為抵銷。
承擔人因其承擔債務之法律關係所得對抗債務人之事由,不得以之對抗債權人。

解說

債務承擔的結果,只是使第三人承擔債務人的債務,原來的法律關係並沒有變更。承擔人承擔債務後,可以債務人與債權人之間的法律關係之對抗事由,對抗債權人。但是承擔人不得以屬於債務人的債權,主張抵銷。

承擔人與債務人之間有一定的法律關係,承擔人不得以其與債務人之間的對抗事由,對抗債權人。

老王與老李訂立債務承擔契約，由老李承擔老王對於老張的債務100萬元，但是老王與老李內部約定，仍由老王負擔50萬元，老張請求老李支付100萬元時，老李可不可以主張只需付50萬元？

　　老李承擔老王的債務，但不可以老李、老王之間的內部約定對抗老張，所以老李仍應支付100萬元給老張。

> **第304條**（從權利之存續與消滅）
> 從屬於債權之權利，不因債務之承擔而妨礙其存在。但與債務人有不可分離之關係者，不在此限。
> 由第三人就債權所為之擔保，除該第三人對於債務之承擔已為承認外，因債務之承擔而消滅。

解說

　　債務承擔只是使第三人取代債務人的地位，原來的法律關係並不變更，所以從屬於債權的權利，不因債務承擔而受到妨礙。但與債務人有不可分離的關係時，性質上不能脫離債務人而移轉於第三人，則承擔人不得對該附屬權利負責。

　　第三人就債權所為的擔保，除了該第三人承認債權承擔之外，該第三人因債務承擔而免除擔保責任。

　　老王承擔老李對於老周的100萬元債務，原先擔任保證人的老張，是否可以脫離債務關係？

老王承擔老李的債務，除非老張表示承認老王的債務承擔，否則就可以脫離原先的保證責任。

第305條（併存的債務承擔——概括承受）
就他人之財產或營業，概括承受其資產及負債者，因對於債權人為承受之通知或公告，而生承擔債務之效力。
前項情形，債務人關於到期之債權，自通知或公告時起，未到期之債權，自到期時起，二年以內，與承擔人連帶負其責任。

解說

就他人的財產或營業概括承受一切資產與債務時，於向債權人為承受的通知或者公告，就生承擔債務的效力。

前項情形，對於已到期的債權，自通知或公告時起；對於未到期的債權，自到期日起，二年內債務人與承擔人連帶負責。

實例

老王將其經營的飲食店頂讓給老李，對於飲食店的債務，老王與老李要如何負責？

老李概括承受老王的營業，於向債權人通知或公告時起，老王與老李對於承受時已存在的債務，於兩年內負連帶責任。兩年期間的計算方式，是已到期的債務自通知或公告時起算，未到期的債務自到期日起算。

第306條（併存的債務承擔——營業合併）
營業與他營業合併，而互相承受其資產及負債者，與前條之概括承受同，其合併之新營業，對於各營業之債務，負其責任。

解說

　　營業與其他營業合併，且互相承受資產及負債時，其法律效果與前條概括承受相同。營業合併之後的新營業，對於合併前的各營業所負的債務，都要負責。

第六節　債之消滅

第一款　通則

第307條（從權利之消滅）
債之關係消滅者，其債權之擔保及其他從屬之權利亦同時消滅。

解說

　　債的關係消滅時，債權的擔保權及其他從屬權利，也同時消滅。

　　老王對於老李負有100萬元的債務，老王並為老李設定100萬的抵押權，老王清償債務完畢之後，抵押權還存不存在？

老王清償債務完畢之後，債的關係就消滅了，而抵押權也隨之消滅。

第308條（負債字據之返還或塗銷）
債之全部消滅者，債務人得請求返還或塗銷負債之字據，其僅一部消滅或負債字據上載有債權人他項權利者，債務人得請求將消滅事由，記入字據。
負債字據，如債權人主張有不能返還或有不能記入之事情者，債務人得請求給與債務消滅之公認證書。

解說

債的關係全部消滅時，債務人可以請求債權人返還或者塗銷負債的字據，只有消滅一部分債的關係或者字據上還有記載債權人的其他權利時，債務人不能請求取回該字據，債務人只能請求債權人將消滅債務的事由記載於字據之中。

債權人如主張負債的字據有不能返還或者無法記載債之關係消滅的情形時，債務人得請求債權人給與債務消滅的公認證書。

實例

老王欠老李30萬元，老王先還給老李20萬元，老王可不可以要求老李返還借據？

老王只清償一部分債務，無權要求老李返還借據，但是可以要求老李在借據上記載已收取20萬元的事實。

第二款　清償

> **第309條**（清償之效力及受領權之擬制）
> 依債務本旨，向債權人或其他有受領權人為清償，經其受領者，債之關係消滅。
> 持有債權人簽名之收據者，視為有受領權人。但債務人已知或因過失而不知其無權受領者，不在此限。

解說

　　依債之本旨而向債權人或其他有受領權人清償債務，並經渠等受領之後，債的關係就消滅了。

　　持有債權人簽名之收據的人，法律上認定為有受領權人，以保護債務人清償的利益。但是債務人已知或者因過失而不知其無權受領的話，則不受此保護。

實例

　　老王將100萬元清償給債權人老李，但是沒有向老李索回借據，債之關係有沒有消滅？

　　老王雖然沒有取回借據，但是老王已向債權人為清償，債之關係就消滅了。

> **第310條**（向第三人為清償之效力）
> 向第三人為清償，經其受領者，其效力依左列各款之規定：
> 一　經債權人承認或受領人於受領後取得其債權者，有清償之效力。

二　受領人係債權之準占有人者，以債務人不知其非債權人者為限，有清償之效力。

三　除前二款情形外，於債權人因而受利益之限度內，有清償之效力。

解說

　　向第三人清償，並經第三人受領，其效力如下：

（一）獲得債權人承認，或者第三人於受領後取得債權的話，仍然發生清償的效力。

（二）受領人是債權的準占有人，在債務人不知的情況下，仍然發生清償效力。

（三）除了前二款情形之外，在債權人因而受有利益的情形下，有清償的效力。

實例

　　老王向老李清償20萬元債務，俟後才知道老李已將債權讓與給老張，老王的清償有沒有效力？

　　老李為債權的準占有人，老王向老李清償又是出於不知情，所以老王的清償仍然發生效力，債的關係消滅。

第311條（第三人之清償）

債之清償，得由第三人為之。但當事人另有訂定或依債之性質不得由第三人清償者，不在此限。

第三人之清償，債務人有異議時，債權人得拒絕其清償。但第三人就債之履行有利害關係者，債權人不得拒絕。

解說

　　清償債務也可以由第三人為之。但是當事人另有約定或者依債的性質不可以由第三人清償的話，就不可以由第三人清償。

　　第三人清償而債務人有異議時，債權人可以拒絕第三人代為清償。但第三人就債的履行有利害關係時，債權人就不可以拒絕第三人代替債務人清償，以保護第三人的利益。

 例

　　老王僱用老李工作，上工時改由老張前來工作，老王可不可以拒絕？

　　僱傭契約依性質不得由他人代為履行，所以老李應該履行的勞務，不可以由老張代為之。

> **第312條**（第三人清償之權利）
> 就債之履行有利害關係之第三人為清償者，於其清償之限度內承受債權人之權利，但不得有害於債權人之利益。

解說

　　本條於民國88年4月21日修正公布部分文字，以免與民法第242條代位權意義混淆。

　　就債的履行有利害關係之第三人替債務人清償之後，該第三人得就其清償限度內，承受債權人的地位，以自己的名義，行使權利。但是不得有害於債權人的利益。

實例

老王仲介老李向老張借100萬元，並且約定老王有催款的責任。老王在老李屆期未還款時，替老李還100萬元給老張，老王可以對老李主張什麼權利？

老王有催討的責任，所以是利害關係人，老王代位清償後，可以承受老張的權利，主張老張對於老李的債權請求。

第313條（債權讓與規定之準用）
第297條及第299條之規定，於前條之承受權利準用之。

解說

本條於民國88年4月21日修正公布，係配合前條「代位行使權利」改成「承受權利」文字。

本法第297條及第299條關於代位通知、抗辯、抵銷之規定，在前條承受權利時，也有準用的餘地。

第314條（清償地）
清償地，除法律另有規定或契約另有訂定，或另有習慣，或得依債之性質或其他情形決定者外，應依左列各款之規定：
一　以給付特定物為標的者，於訂約時，其物所在地為之。
二　其他之債，於債權人之住所地為之。

解說

本條的原條文「或不能依債之性質或其他情形決定者外」

用語錯誤，民國88年4月21日修正為「或得依債之性質或其他情形決定者外」。

　　清償地的認定，除法律另有規定或契約另有訂定之外，或者依習慣、依債的性質或者其他情形決定之外，應依下列規定訂之：

（一）給付的內容是特定物時，依照訂約時物的所在地。

（二）其他的債務，在債權人的住所地，即採債務人赴償主義。

　　老王向老李借20萬元，約定一個月後返還，屆期應如何支付？

　　老王與老李沒有約定清償地，應由老王將20萬交付至老李的住所。

第315條（清償期）

清償期，除法律另有規定或契約另有訂定，或得依債之性質或其他情形決定者外，債權人得隨時請求清償，債務人亦得隨時為清償。

解說

　　本條於民國88年4月21日修正公布，其理由同前條。

　　清償期的認定依下列方式：（一）法律另有規定或契約另有訂定；（二）依債的性質決定；（三）依其他情形決定。如果不能依上述方式決定清償日期時，債權人可以隨時請求清償，債務人也可以隨時清償債務。

實例

老王向老李借錢，約定一個禮拜後還錢，則清償日是什麼時候？

老王與老李有約定清償期，就依照約定定之。

> **第316條**（清償期之利益）
> 定有清償期者，債權人不得於期前請求清償，如無反對之意思表示時，債務人得於期前為清償。

解說

定有清償期的債務，債權人不可以提前要求債務人清償，如果沒有反對的意思表示，債務人可以提前清償，這是因為債務人多半資力不佳，因而維護債務人的利益。

實例

老王借給老李100萬元，約定一年後清償。半年後，老王為了投資生意，需要資金，老王要求老李還100萬元，老李可不可以拒絕？

定有清償期的債務，債權人不得要求提前清償，所以老李可以拒絕老王的要求。

> **第317條**（清償費用之負擔）
> 清償債務之費用，除法律另有規定或契約另有訂定外，由債務人負擔。但因債權人變更住所或其他行為，致增加清償費用者，其增加之費用，由債權人負擔。

解說

為了清償債務所發生的費用，除了法律另有規定或契約另有訂定之外，由債務人負擔。但是若因債權人變更住所或者其他行為，以至於增加的清償費用支出，則由債權人負擔。

第318條（一部清償或緩期清償）

債務人無為一部清償之權利。但法院得斟酌債務人之境況，許其於無甚害於債權人利益之相當期限內，分期給付，或緩期清償。

法院許為分期給付者，債務人一期遲延給付時，債權人得請求全部清償。

給付不可分者，法院得比照第1項但書之規定，許其緩期清償。

解說

債務人履行債務，應全部清償，以保護債權人的利益，所以債務人沒有部分清償的權利。但是債務人多半是經濟上的弱勢者，所以法院也可以依職權，斟酌債務人的狀況，准許債務人在不危害債權人的利益範圍內，定相當期限，許可債務人分期給付或者緩期清償。

給付內容屬於不可分之債時，法院也可以比照第1項但書規定，在不害及債權人利益的範圍內，准許債務人的清償期往後延緩。

本條於民國88年4月21日修正公布，法院許可為分期清償時，債務人如果有一期不付，債權人可以選擇命債務人全部清

償或仍讓債務人分期清償，以保護債權人的利益，並於89年5
月5日開始施行。

　　老王積欠老李100萬元，老王可不可以要求老李准許先清
償部分款項？

　　老王沒有一部清償之權利，但是如果老李同意，也未嘗不
可。

第319條（代物清償）
債權人受領他種給付以代原定之給付者，其債之關係消滅。

解說

　　債務人清償應依債的本旨為之，債務人如果以其他種給付
替代清償，需獲得債權人同意始可，所以債權人同意受領債務
人的替代給付時，債的關係就消滅了。

　　老王出售1匹馬給老李，但是馬匹目前缺貨，老王願意交2
頭牛以代馬匹的給付，老李不同意，老王應該如何處理？

　　老李不同意老王代物清償時，債的關係不消滅，所以老王
仍應給付馬1匹給老李。

第320條（新債清償——間接給付）
因清償債務而對於債權人負擔新債務者，除當事人另有意思表示外，若新債務不履行時，其舊債務仍不消滅。

解說

　　為了清償債務，而另與債權人成立新契約，由債務人另行對債權人負擔新債務以清償舊債務。但是除了當事人另有約定之外，如果新債務不履行，則舊債務不消滅，以保護債權人的利益。

　　老王欠老李貨款10萬元，老王簽發10萬元支票給老李，但是支票跳票，而老李又遲誤追索時效，老李是不是就要自負損失呢？

　　老王簽發支票成立票據債務，是為了清償貨款債務，但是票據沒有兌現時，貨款債務也不消滅，所以老李即使罹於追索權時效，老李仍可主張貨款債權。因為票據的追索時效較短，但是貨款請求權時效較長，只要貨款請求權時效沒有消滅，就不會變成自然債務。

第321條（清償之指定抵充）
對於一人負擔數宗債務而其給付之種類相同者，如清償人所提出之給付，不足清償全部債額時，由清償人於清償時，指定其應抵充之債務。

解說

　　債務人對於同一債權人負擔數筆債務，而且給付的種類相同時，如清償人所提出的給付，不足清償全部的債務時，清償人有權在清償時，指定要清償哪一項債務。

　　老王前後欠老李10萬元、15萬元、20萬元，老王拿出20萬元要還債，老王可不可以指定要還哪一筆債務？

　　老王可以衡量自己的利益，選擇先清償哪一筆款。

第322條（法定抵充）

清償人不為前條之指定者，依左列之規定，定其應抵充之債務：

一　債務已屆清償期者，儘先抵充。

二　債務均已屆清償期或均未屆清償期者，以債務之擔保最少者，儘先抵充；擔保相等者，以債務人因清償而獲益最多者，儘先抵充；獲益相等者，以先到期之債務，儘先抵充。

三　獲益及清償期均相等者，各按比例，抵充其一部。

解說

　　清償人在清償時，如果沒有指定清償哪一部分債務時，依下列規定，以決定應抵充的債務：

（一）債務已經到清償期時，儘量先抵充。

（二）債務都已到清償期或者都還沒到清償期時，以債務擔保

最少的（即對債權人最不利的債權）儘先抵充，如果債務的擔保權相等時，以債務人因清償而能獲益最大的儘先抵充。例如：利息最多的債務先抵充。若債務人因清償而獲益相等時，以先到期的債務先抵充。

（三）債務人因清償而獲益和清償期都相等時，各依比例，抵充一部分。

　　老王各欠老李10萬元、15萬元、20萬元，其中10萬元已到期，老王交付20萬元給老李，應如何算清償的法律關係呢？

　　老王的20萬元，其中10萬元是清償已到期的10萬元債務，剩下的10萬元，則看15萬元與20萬元的擔保債務最少的，就優先清償該筆債務。擔保相等的話，就衡量清償哪一筆使債務人獲得較大利益，就清償該筆債務；如果仍然相等時，就清償債務期屆至較先的那一筆；如果仍然相同時，就各按比例清償一部分。

第323條（抵充之順序）
清償人所提出之給付，應先抵充費用，次充利息，次充原本；其依前二條之規定抵充債務者亦同。

解說
　　清償人所負擔的債務有不同種類時，清償人所提出的給付應先抵充費用。所謂費用是指訂約費用、訴訟費用、執行費用或其他債權人所墊付的費用。在抵充費用完畢之後，其次應

抵充利息。所謂利息，包括約定利息與法定利息。在費用與利息抵充完畢之後，才可以抵充原本。在依前二條規定抵充債務時，也應依本條規定的次序抵充。當然，如果當事人約定抵充之次序時，就依照當事人的約定處理。

　　老王積欠老李10萬元，老王拿10萬元還給老李，老李卻說10萬元應先抵掉利息2萬元，所以老王還欠老李2萬元，老李說的對不對？

　　債務人清償時，應先抵充費用，其次抵充利息，最後才抵充原本，所以老李的主張是有道理的。

第324條（受領證書給與請求權）
清償人對於受領清償人，得請求給與受領證書。

解說

　　清償人清償時，可以要求受領權人交付受領證書（俗稱收據、清償證明）。

第325條（給與受領證書或返還債權證書之效力）
關於利息或其他定期給付，如債權人給與受領一期給付之證書，未為他期之保留者，推定其以前各期之給付已為清償。
如債權人給與受領原本之證書者，推定其利息亦已受領。
債權證書已返還者，推定其債之關係消滅。

解說

關於利息給付或其他定期給付，如果債權人給與受領一期給付的證書時，即使前幾期的清償證書沒有保留時，法律上也推定以前各期的給付，均已清償完畢。這是因為定期給付，通常按期清償，不會有清償後期，反而不清償前期之狀況，所以做這種推定。

如果債權人出具受領原本證書時，推定也已經受領利息了，這是因為債的抵充方式，是先抵充費用，再抵充利息，最後再抵充原本，所以連原本都清償的話，應可推定其利息已受領了。

債權證書（俗稱借據，或者是票據）已返還給債務人時，推定債之關係消滅。

第三款　提存

第326條（提存之要件）
債權人受領遲延，或不能確知孰為債權人而難為給付者，清償人得將其給付物，為債權人提存之。

解說

清償人提出清償時，債權人拒絕受領，或者不能知道誰是債權人而難為給付時，清償人可以將給付物為債權人辦理提存，以便發生清償效力。

第327條（提存方式）
提存應於清償地之法院提存所為之。

解說

　　本條於民國88年4月21日修正公布，因為依據提存法第1條規定，各地方法院均設提存所辦理提存事務，在法院外，不再有獨立的提存所，且依提存法第10條規定，由法院通知債權人，本條原條文第1項後段及第2項與現實狀況不符，所以刪除之。

　　提存的地點，不是任何地方都可以辦理提存手續，必須要在清償地法院的提存所辦理提存，才是合法的提存。

實例

　　老王欠老李10萬元，他要還錢給老李，但是老李拒收，老王可不可以將錢存在郵局，以便清償債務？

　　在債權人拒絕受領時，可以將給付物提存於清償地的提存所，以便達到清償效果，但若存於郵局，則不發生提存效力，因為郵局不是提存所。

第328條（危險負擔之移轉）
提存後，給付物毀損、滅失之危險，由債權人負擔，債務人亦無須支付利息，或賠償其孳息未收取之損害。

解說

　　提存發生清償效力，所以提存後，給付標的物遭毀損、滅

失的危險由債權人負擔，與債務人無關，而且債務人也無須支付利息，或賠償孳息未收取的損害。

 實例

　　老王欠老李20萬元，老李因有一段時間不知去向，所以老王就將20萬元以及算至提存日的利息，提存到法院提存所。兩年後老李出現，他可不可以向老王要求提存日至領取日的利息？

　　老王提存之後，不論老李有無領取，老王不用再支付利息，所以老李不可以再向老王請求提存日至清償日的利息。

第329條（提存物之受取與其限制）

債權人得隨時受取提存物，如債務人之清償，係對債權人之給付而為之者，在債權人未為對待給付或提出相當擔保前，得阻止其受取提存物。

解說

　　債權人可以隨時領取提存物。如果債務人與債權人之間的債務關係是雙務的，在債權人沒有提出對待給付，或者提出相當地擔保時，債務人可以阻止債權人領取提存物。

 實例

　　老王向老李購買字典1本，約定老李將字典寄送到南非。由於郵費上漲，老李一直沒有將字典寄出，老王便將價金提存，並指定俟老李郵寄字典至南非後，才可以領取。老李在收

到提存所通知書之後，可不可以立刻領取提存物？

　　老李必須在郵寄字典至南非後，才可以領取提存物。

第330條（受取權之消滅）
債權人關於提存物之權利，應於提存後十年內行使之，逾期其提存物歸屬國庫。

解說

　　本條於民國88年4月21日公布修正，並自89年5月5日施行，明示提存後十年為除斥期間。

　　債權人雖可以隨時領取提存物，但是自提存後十年之間，債權人都不領取提存物時，債權人就不得再領取，提存物則歸國庫所有。

　　老王將欠老李的債務10萬元提存法院提存所，提存後十五年，老李才去領款。結果被提存所拒絕，老李是否可以訴訟的方式取得提存金？

　　提存超過十年之後，提存物就歸於國庫，所以老李以訴訟請求，也無法取得提存金。

第331條（拍賣給付物價金之提存）
給付物不適於提存，或有毀損滅失之虞，或提存需費過鉅者，清償人得聲請清償地之法院拍賣，而提存其價金。

解說

　　本條因原條文的「初級法院」與法院組織法不符，於民國88年4月21日修正公布時刪除「初級」兩字，以符實際。

　　給付的東西也有不適合提存或易於毀損滅失的情形，給付的東西屬於花肉果蔬等易於腐敗的東西，或者屬於有保存期限的物品，或者所花的提存費過高，例如：牲畜需要長期餵養費、價值連城之珠寶需要保全費、保險費，清償人可以聲請清償地的地方法院實施拍賣，以拍賣後所得價金，代替提存物，而提存於法院之中。

　　老王賣給老周20斤豬肉，但豬肉送到老周的店裡時，他反而拒收，竟要求老王還他已付的價金，老王不肯，老王可以如何達到交貨的目的？

　　老王可以到當地地方法院辦理清償提存，以便完成給付，但是豬肉易於腐爛，老王可以請求當地地方法院拍賣豬肉，以所得價金提存於法院，代替提存豬肉。

第332條（變賣給付物價金之提存）
前條給付物有市價者，該管法院得許可清償人照市價出賣，而提存其價金。

解說

　　前條規定得以拍賣價金替代提存，但是法院有一定程序，仍然需花費時日，所以如果提存物品有市價行情的話，提存人

也可以聲請法院准許清償人按市價變賣，而將變賣所得金額提存於法院，以收便利之效。

　　老王將豬肉提存法院時，經提存所告知以拍賣價金替代提存，但是老王嫌拍賣要等一段時間，豬肉也賣不到好價錢，老王還有什麼方法處理？

　　老王可以向法院聲請許可，准其依照市價變賣豬肉，而以該變賣所得，提存法院。

第333條（提存費用之負擔）
提存拍賣及出賣之費用，由債權人負擔。

解說

　　提存拍賣和出賣所需支出之費用，都由債權人負擔，這是因為清償提存的原因，出自債權人不為或不能受領，所以理當由債權人負擔費用。

第四款　抵銷

第334條（抵銷之要件與限制）
二人互負債務，而其給付種類相同，並均屆清償期者，各得以其債務，與他方之債務，互相抵銷。但依債之性質不能抵銷或依當事人特約不得抵銷者，不在此限。
前項特約，不得對抗善意第三人。

解說

　　如果兩人相互之間互負有給付種類相同的債務，而且已經屆清償期時，雙方可以單獨行使抵銷權而使債務消滅。抵銷制度的存在，一方面可以使債務履行簡便；一方面若有一方債務惡化時，更以達到保護另一方債務人的效果，也就是避免有財力必須履行債務，但是相對債務人因為無財力，反而無法清償的現象。

　　法定抵銷的要件如下：

（一）須二人互負債務：可以主張抵銷的情況是雙方之間互相負有債務，如果雙方分別對於第三人有債權、債務時，則不可以主張抵銷。

（二）須雙方所負債務種類相同：債務的內容必須是同種類，不同種類的債務欠缺同質性，不能抵銷。

（三）須雙方所負債務均屆清償期：債務人享有期限利益，可以拒絕期前清償，而抵銷又是一種雙方行為，所以必須雙方所負債務均已屆清償期，才可以主張抵銷，不過如果想要主張抵銷的債務人清償期還沒屆至，但是對方債權人所負的債務卻已到期時，該未屆期的債務人也可以放棄期限利益而主張抵銷。

（四）須債務的性質可以抵銷：債務的性質具有不可抵銷性質者，例如：不作為債務、主張抵銷之人對於相對人的債權附有抗辯權（同時履行抗辯權、檢索抗辯權），性質上無從抵銷，或行使抵銷有害於相對人的權利，不可以實行抵銷。

　　此外基於契約自由原則，本條於民國88年4月21日修正公布，增列允許當事人約定債務不得抵銷，為了保護交易安全，這項約定，不得對抗善意第三人。

　老王欠老周一筆貨款10萬元，老周也欠老王5萬元借款，老周可不可以主張抵銷？

　老王與老周之間，雙方所負的債務種類相同，都是金錢債務，只要老王的債務與老周的債務，都已到清償期，老周就可以主張抵銷，從而老王只要再支付5萬元給老周即可。

第335條（抵銷之方法與效力）
抵銷，應以意思表示，向他方為之。其相互間債之關係，溯及最初得為抵銷時，按照抵銷數額而消滅。
前項意思表示，附有條件或期限者，無效。

解說

　抵銷的方式應該向對方以意思表示為之，這是屬於有相對人的單獨行為。一經過抵銷之後，當事人相互間債的關係，溯及至最初可以抵銷的時候，按照抵銷的數額消滅。

　抵銷的意思表示附有條件或期限時，抵銷無效。

　老王積欠老李20萬元，老李也欠老王貨款10萬元。老王主張抵銷，但是老王是向老李的朋友老周說，是否發生抵銷的效力？

　老王是與老李相互間互負債務，而不是與老周互負債務，老王要主張抵銷，應向老李為意思表示，才會發生抵銷的效力，老王向老周為抵銷的意思表示，不發生抵銷的效力。

第336條（清償地不同之債務抵銷）
清償地不同之債務，亦得為抵銷。但為抵銷之人，應賠償他方因抵銷而生之損害。

解說

　　清償地不同的債務，只要符合抵銷的要件，仍然可以主張抵銷。但是為抵銷的人，必須負擔他方當事人因抵銷結果所生的損害。

第337條（時效消滅債務之抵銷）
債之請求權雖經時效而消滅，如在時效未完成前，其債務已適於抵銷者，亦得為抵銷。

解說

　　互負債務的當事人，若有一方對他方的債權請求權時效已經完成，是否還可以主張抵銷，可以依下列原則遵循：
（一）主張抵銷的當事人在對於他方的債權請求權時效完成前，其對於對方的債務已屆清償期的話，則可以主張抵銷。
（二）主張抵銷的當事人在對於他方的債權請求權時效完成前，其對於對方的債務還沒屆清償期，則不可以主張抵銷。

實例

　　老王欠老李20萬元貨款，老李也欠老王借款20萬元。老王對於老李的借款請求權已於3月1日罹於時效，但是老王對於老

李的貨款債務則在2月28日屆期，老王是否還可以主張抵銷？

　　老王對於老李的借款請求權雖然已罹於時效，但是在時效消滅之前，老王對於老李的貨款債務已先到期，所以老王仍然可以主張抵銷。

第338條（禁止扣押之債不得為抵銷）
禁止扣押之債，其債務人不得主張抵銷。

解說

　　所謂禁止扣押之債，是指維持債務人及其家屬生活所必需的債權，例如：公務員撫卹金債權。債務人必須實行清償，不得主張抵銷。

　　老王曾向服務之公務機關借貸5萬元，尚未清償完畢時，老王辦理退休，老王領取退休金時，發現少了5萬元，原來是被服務的公務機關扣掉5萬元借貸債務，公務機關是否可以扣掉5萬元？

　　老王的退休金債權，是屬於禁止扣押之債，因此公務機關不得主張抵銷。

第339條（侵權行為之債不得為抵銷）
因故意侵權行為而負擔之債，其債務人不得主張抵銷。

解說

　　因故意的侵權行為所造成的債務，該債務人不得主張抵銷。

　　老王欠老李20萬元，老李向老王催討債務時發生衝突，老李把老王打傷，結果老王花了5千元醫藥費，老李可不可以主張抵銷？

　　老李打傷老王，是一種故意的侵權行為，老李對於其所負擔的債務不可以主張抵銷。

第340條（受扣押之債權不得為抵銷）

受債權扣押命令之第三債務人，於扣押後，始對其債權人取得債權者，不得以其所取得之債權與受扣押之債權為抵銷。

解說

　　債權扣押命令的第三債務人，受扣押命令拘束之後，仍得主張抵銷，但是必須以在受扣押命令拘束之前所發生的債權才可以主張抵銷。

第341條（第三人為給付之債不得為抵銷）

約定應向第三人為給付之債務人，不得以其債務，與他方當事人對於自己之債務為抵銷。

解說

　　約定應向第三人為給付，契約當事人（要約人）只能要求債務人向第三人提出給付，而不能對要約人給付，所以要約人即使與債務人相互負債務，要約人也不得主張抵銷。

第342條（抵充規定之準用）
第321條至第323條之規定，於抵銷準用之。

解說

　　抵銷制度是為了省略清償程序而設，因此關於抵充清償的原則，在抵銷制度當然也準用之，所以第321條至第323條的規定也有準用的效果。

第五款　免除

第343條（免除之效力）
債權人向債務人表示免除其債務之意思者，債之關係消滅。

解說

　　免除為單獨行為，是一種債權拋棄，債權人向債務人為免除的意思表示時，債之關係就消滅了。

　　老王與老李發生口角，老王一氣之下，狠狠地揍老李一頓，致老李受傷，花了2千元的醫藥費。事後老王向老李道

歉，並表示願意付醫藥費，但是老李說不用付，老王還有沒有損害賠償責任？

　　老李說不用付，就是免除老王債務的意思表示，因此老王的損害賠償債務就消滅了。

第六款　混同

第344條（混同之效力）
債權與其債務同歸一人時，債之關係消滅。但其債權為他人權利之標的或法律另有規定者，不在此限。

解說

　　權利與義務同歸一人時，形成自己對自己為給付，多此一舉，所以當權利與義務同歸一人時，債的關係消滅。但是在例外的情況之下，即（一）債權為他人的權利標的，例如：債權是他人的權利質權標的；（二）法律另有規定不可以混同消滅，則當債權與債務同歸一人時，債的關係不會消滅。

實例

　　A公司對於B公司有200萬元債權，嗣後A公司與B公司合併，只剩下A公司存在，對於這200萬元債權，A公司要怎麼處理？

　　A公司本來對於B公司有債權，但是經過公司合併之後，A公司概括繼受B公司的債務，所以發生債權債務混同的效果，這200萬元的債權債務就消滅了。

第二章

各種之債

在前面的債編通則中，我們已經敘述過，我國民法上債的發生原因有四大類型，分別是「契約」、「無因管理」、「不當得利」及「侵權行為」，而最常發生的類型是「契約」及「侵權行為」。「侵權行為」是由於侵權行為加害人的故意或過失所發生的債，請求損害賠償的債權人（也就是侵權行為的被害人）是基於被動的情況，而且侵權行為的樣態太多了，所以沒有辦法將侵權行為的樣態加以類型化。但是就日常生活中所最常發生的契約行為而言，因為是基於契約當事人的意思所訂立，很多契約的類型，都是一般人所經常使用且反覆發生的。為了使國民在訂立契約的時候，能夠有所遵循，我國民法債編第二章特別規定各種之債，將一般人較常使用的契約類型分別加以定義，並就其具體內容及契約當事人的權利義務，作原則性的規定。

本來民法債編第二章中總共有二十四種契約類型，在民國88年4月2日立法院修正通過的條文當中，除了針對原來各種契約類型的內容有所增益之外，另外又增訂了旅遊、合會、人事保證三種現今社會中經常使用的契約類型。

必須說明的，民法債編分則（第二章）所規定的這些契約，在學理上稱之為「典型契約」或「有名契約」，而除了民

法所規定的這些契約類型之外，社會上仍然存在著很多契約類型，例如合建契約、委建契約、醫療契約等等，這些民法所未規定的契約，在學理上則被稱為「非典型契約」或「無名契約」。基於契約自由原則，即使是民法中所規定的有名契約，也只是提供國民訂立契約時參考，除非是法律上規定當事人不得任意加以變更之條文（亦即強制或禁止規定），否則當事人可以以合意訂立契約內容，不受法律條文的約束，只不過當事人沒有特別約定的時候，就根據法律所規定條文內容來處理當事人間的關係。例如就租賃契約而言，關於租賃所產生之稅捐，當事人可以約定由出租人負擔，也可以約定承租人負擔，但是如果當事人間對於租賃物的稅捐負擔沒有約定，而對於該項稅捐負擔又有爭議的時候，就適用民法第427條之規定，由出租人負擔。

第一節 買賣

買賣，是指當事人彼此約定移轉財產權而支付價金的契約。買賣契約，在民事上的地位非常重要，各國民法，均有規定買賣契約，我國也不例外。

第一款 通則

第345條（買賣之意義及成立）
稱買賣者，謂當事人約定一方移轉財產權於他方，他方支付價金之契約。
當事人就標的物及其價金互相同意時，買賣契約即為成立。

解說

買賣契約成立的要件是，當事人一方移轉財產權給對方，對方相對應支付價金的契約。所謂財產權，包括債權、物權、準物權（礦業權、漁業權）及無體財產權（著作權、商標權）等，違章建築物雖不得為物權之登記，但仍得為買賣之標的，僅出賣人無法使買受人取得所有權。

契約的成立，依照本法第153條規定，只要當事人意思表示趨於一致，無論為明示或默示的意思表示，契約就已經成立，並不以具備何種方式為要件，買賣契約也是如此。但在買賣契約，意思表示一致是指標的物及價金兩者，因為這兩項為買賣的要素，也是必要之點，當事人就這兩項意思表示同意時，買賣契約就已經成立，至於履行期、履行地、買賣費用、擔保責任等非必要之點，當事人雖然沒有意思表示，也不影響買賣契約的成立。

第346條（價金之擬制）
價金雖未具體約定，而依情形可得而定者，視為定有價金。價金約定依市價者，視為標的物清償時，清償地之市價。但契約另有訂定者，不在此限。

解說

買賣契約，在當事人就買賣標的物已經互相表示同意，而買賣價金尚未具體約定金額，或買賣價金雖已經約定，而沒有一定價額，但是依照買賣標的物性質或買賣習慣或當事人約定等價額可得而定時，視為已訂有價金，目的在盡量使買賣契約

易於成立，符合當事人所期待的法律效果發生，也可以減少買賣無效的情形，貫徹私法自治原則。而所謂依其情形可得而定者，如買賣兩造約定依市價或約定由第三人指定。

又為避免糾紛，如果買賣對造當事人約定依市價時，除非契約另外有訂定依何時何地市價外，本法統一規定市價，是指標的物清償時清償地的市價為依據，本項規定主要在使當事人適用市價時有便利參考的準據，所以，除非當事人有明定何時何地市價，否則均適用本項本文規定。

第347條（有償契約之準用）

本節規定，於買賣契約以外之有償契約準用之。但為其契約性質所不許者，不在此限。

解說

所謂有償契約，是指契約之雙方當事人各因給付行為而取得對價的利益，如買賣、租賃、承攬，而無償契約是指僅當事人一方為給付行為，他方無對價關係的給付行為，如贈與、無約定有利息的消費借貸。買賣契約當事人既須互為給付，故為一切有償契約的典型代表，故凡屬有償契約，無論為有名契約或無名契約，無論為雙務契約或片務契約，都可以準用買賣契約之規定。而所謂準用買賣契約的規定，主要是指瑕疵擔保問題及危險負擔的規定，可以比照適用。

不過雖然屬於有償契約，但在法律性質上所不許者，仍不得準用買賣契約的規定，例如保險契約，因為保險契約屬於射倖契約，保險人（公司）本來就是以擔保被保險人（對方）的

危險為目的，沒有瑕疵擔保或危險負擔的問題；另外勞務契約縱然屬於有償契約，也不能準用買賣契約的規定，因為法律性質不同。

第二款　效力

第348條（出賣人移轉財產權及交付標的物之義務）
物之出賣人，負交付其物於買受人，並使其取得該物所有權之義務。
權利之出賣人，負使買受人取得其權利之義務，如因其權利而得占有一定之物者，並負交付其物之義務。

解說

　　所謂買賣是指以移轉財產權為目的，出賣人於買賣契約有效成立後，就負有移轉財產權於買受人的義務，這項義務的履行，須視標的物為物或權利而有所不同。

　　在物（動產或不動產）的出賣，出賣人均須將該物交付（移轉占有）於買受人始可。交付方法除現實交付外，觀念交付（簡易交付、占有改定、指示交付，參考本法第761條）也可以。又物的出賣人負有使買受人取得該物所有權的義務，就是說出賣的物，若為出賣人自己所有時，則出賣人須移轉所有權給買受人；若為其他第三人所有時，則出賣人須先取得所有權而後移轉，或直接使第三人移轉所有權給買受人。而所有權移轉方法，依照本法物權編的規定，在動產場合，於交付標的物同時，所有權即移轉；在不動產場合，須訂立書面契約，並經過移轉登記才可以。

在權利出賣，權利出賣人負有使買受人取得權利的義務，而所謂權利，是指所有權以外財產權；故權利出賣人若權利為自己所有，則自己應移轉權利給買受人；若權利為他人所有，則應該先取得權利而後移轉，或直接使第三人將權利移轉給買受人。權利包括債權、物權、準物權、無體財產權及股票等。

在各種權利中，若有因為權利而得占有一定的標的物，如依租賃權得占有租賃物，依農育權、地上權得占有土地等，出賣人移轉所有權時並負有交付標的物於買受人的義務。另外占有不是物權，也可以成為買賣的標的，所以在占有的移轉，無論為動產或不動產占有，只要交付占有物就可以，沒有移轉權利的問題。

第349條（標的物權利瑕疵之擔保）
出賣人應擔保第三人就買賣之標的物，對於買受人不得主張任何權利。

解說

本條規定權利瑕疵擔保責任，就是出賣人對於買賣標的物權利的瑕疵，應負擔保責任。按出賣人的義務，在擔保沒有任何第三人就買賣標的物，對於買受人主張任何權利；若有第三人對買受人主張權利，則出賣人負有除去的義務，也就是追奪擔保責任。換言之，如有任何第三人基於所有權、用益權或抵押權，將買賣的標的物，自買受人手中追奪時，出賣人就應該對買受人負擔保責任。

又權利瑕疵擔保內容有二：一為權利無缺擔保，就是出賣

人應擔保買賣標的的權利完整無缺，進一步而言，買賣標的物的權利，雖然存在，但權利如不完整，如第三人有得主張的權利時，出賣人應該負責；而所謂第三人有得主張的權利，例如權利一部或全部都屬於第三人時，或權利受第三人權利限制，如標的物出賣時，雖出賣人有所有權，但第三人在標的物上有地上權、典權、農育權，以至於租賃權時，如此買受人所取得的標的物，可能不能完全使用收益，可能因第三人行使權利，造成買受人所有權喪失或受到限制等。

二是權利存在擔保，就是出賣人應擔保買賣標的物權利的存在，若不存在出賣人就要負責，不存在也包括權利本身不存在，與上述權利欠缺不同，權利的欠缺是指權利本身雖然存在，但為第三人所有或第三人在標的物上有權利造成權利不完整，在這裡並非第三人有何權利，而是買賣標的權利本身並不存在。

第350條（債權或其他權利之權利瑕疵擔保）
債權或其他權利之出賣人，應擔保其權利確係存在，有價證券之出賣人，並應擔保其證券未因公示催告而宣示無效。

解說

按債權或其他權利的出賣人對於買受人，應擔保這些權利確保存在，所謂確保存在，不僅指權利確實有效成立，而且還要沒有消滅才可以，否則若沒有有效成立（如出賣債權時當事人無行為能力、買賣契約無效），或雖然有效成立但已經消滅（如出賣的債權，已經因為買受人清償債務而消滅），出賣人

都要負責。例如甲寄存一輛汽車在乙處，乙未經甲授權即轉讓給丙，假設甲出面主張汽車屬於他所有，則乙要負賠償責任。又如著作權、商標權的出賣，也應由出賣人擔保擁有著作權或商標專用權。

又有價證券常有因遺失或被盜，造成有價證券持有人依公示催告程序（民訴§539以下），聲請法院為公示催告後宣告無效的情形，此時有價證券就如同廢紙一般；如此證券所表彰的權利，雖然存在，但依照這張無效的證券，卻不能行使權利，故所出賣的證券，若為業經公示催告宣告為無效者，則出賣人對買受人應負責任。至於該證券若是經人偽造時，則屬於權利不存在。

第351條（權利瑕疵擔保之免責）
買受人於契約成立時，知有權利之瑕疵者，出賣人不負擔保之責。但契約另有訂定者，不在此限。

解說

按權利瑕疵擔保責任的成立，不但權利須有瑕疵，且瑕疵須在買賣契約成立當時就已經存在才可以，因為瑕疵擔保是屬於自始不能問題，而非嗣後不能（為給付不能、債務不履行一種）。又瑕疵擔保責任的成立，雖與出賣人善意（知情）、惡意（不知情），有過失、無過失無關，但是買受人必須是善意才可以（即不知道權利有瑕疵），否則若為惡意，就是明知故買、心甘情願，並不是不可預測的損害，法律就沒有保護的必要。本條所謂「知」，是指契約成立當時知之者，若買賣契約

成立當時不知情，事後知情者，出賣人仍應負責。

又本法對於買受人知道有瑕疵出賣人就不負責這一點，並不是強行擬定，如果當事人買賣契約有訂定，雖然買賣契約成立時，買受人知道有瑕疵，而出賣人仍然願意負擔保責任者，自然以當事人的約定為準，這是本條但書規定內容意旨。

既然買受人的善意，為瑕疵擔保責任的成立要件，但法律卻規定以買受人的惡意為出賣人的負責要件，所以買受人是否明知有瑕疵，應由主張之一方出賣人負舉證責任。

第352條（債務人支付能力之擔保責任）
債權之出賣人，對於債務人之支付能力，除契約另有訂定外，不負擔保責任，出賣人就債務人之支付能力，負擔保責任者，推定其擔保債權移轉時債務人之支付能力。

解說

依法律得不受瑕疵擔保責任的事項，當事人也可以約定令出賣人負責。如債權的出賣人對於債務人的支付能力，本來不負擔保責任，只要擔保債權存在即可，但是當事人也可以用特約方式要求出賣人擔保。

當事人如以特約方式就債務人的支付能力擔保時，自然應該明定擔保債務人何時的支付能力，如果沒有明文約定，本法推定是以擔保債權移轉時債務人的支付能力為基準。這是因為債權的移轉，就是債權買賣契約的履行，也就是清償行為，因買賣契約所發生移轉債權的債務，就此買賣契約歸於消滅，故出賣人所擔保債務人的支付能力，應該是以買賣契約完成時為

準。又本條規定僅為一種推定效力，也就是當事人可依其他證據推翻，如當事人能證明特約擔保是依債務清償期屆至時的支付能力，或是依買賣契約訂立時的支付能力為準，都依照特約規定。

　　支付能力的擔保，雖名為擔保，但與本法上的保證不同，支付能力擔保是就「自己」原債務人的債務負責，而保證是就「他人」債務人的債務負責，這種加重擔保責任的特約，對於買受人而言最為有利，有加強買賣制度信用的作用，法律上當然承認是有效的特約。

第353條（權利瑕疵擔保之效果）
出賣人不履行第348條至第351條所定之義務者，買受人得依關於債務不履行之規定，行使其權利。

解說

　　前述第348條至第351條的規定，都是出賣人應履行的義務，足以保護買受人的利益，出賣人如不履行這些義務，就與本法債編總論所規定的債務不履行相同；所以具備前述要件後，出賣人的瑕疵擔保責任就成立，買受人可以依債務不履行的規定行使權利。

　　在權利無缺擔保情形，如權利的全部或一部屬於第三人而被追奪時，則買受人得依給付不能的規定行使權利，也就是全部不能時可以請求損害賠償，一部不能時，若其他部分的履行，於買受人無利益，買受人可以拒絕該部分的給付，而請求全部不履行的損害賠償（民§226），或直接解除契約而請求

損害賠償（民§256、§260）。如果權利受到第三人權利的限制時，屬於給付不完全，買受人可以請求出賣人設法除去該項限制，或不請求除去該項限制，而拒付受到限制部分的價金（如買到的不動產上設定有抵押權，買受人可以拒付相當於抵押權所擔保的債權價金），或解除契約，請求損害賠償，如有約定違約金時，也可以一併請求違約金。

在權利存在擔保情形，如果債權或其他權利根本不存在時，是屬於自始不能，本當依本法第246條規定，買賣契約根本歸於無效，但是基於買賣契約的有償性，本法又特別設有權利瑕疵擔保規定，令出賣人負權利瑕疵擔保責任，使買受人可以依給付不能規定（民§226），請求損害賠償或解除契約並請求損害賠償（民§256、§260），雙方約定有違約金者，也可以請求違約金。

雖然權利瑕疵擔保的效力，使買受人可以依債務不履行的規定行使權利，但是，權利瑕疵擔保責任並不是債務不履行責任，而是無過失責任，出賣人善意、惡意與否不論，但以買受人善意為要件，而債務不履行責任，則以可歸責於出賣人的事由為必要，買受人善意或惡意在所不問。故權利瑕疵擔保責任成立後，買受人可以依債務不履行的規定行使權利，只不過兩者效力相同而已。

第354條（物之瑕疵擔保責任與其效果）
物之出賣人對於買受人，應擔保其物依第373條之規定危險移轉於買受人時無滅失或減少其價值之瑕疵，亦無滅失或減少其通常效用或契約預定效用之瑕疵。但減少之程度，無關

重要者，不得視為瑕疵。

出賣人並應擔保其物於危險移轉時，具有其所保證之品質。

解說

　　本條專指物的瑕疵擔保責任，乃是物的出賣人就物本身上的瑕疵，應負的擔保責任。法條明定為物的出賣人，不包括權利的出賣人，不過，權利的出賣人，如因權利得占有一定的物者，如占有物有瑕疵時，解釋上亦得類推適用物的瑕疵擔保規定。

　　物的瑕疵擔保責任的內容有三：

（一）價值瑕疵擔保：就是物的出賣人應擔保物沒有滅失或減少本身價值的瑕疵；物的價值有交換價值與使用價值分別，在此是指交換價值。一般情形，滅失或減少效用的瑕疵，當然同時也是滅失或減少價值的瑕疵，如西瓜腐爛，效用滅失，價值也自然滅失；又滅失與減少兩者情形不同，滅失是全部喪失價值，減少是尚未全部喪失價值，僅減少一部分的意思。

（二）效用瑕疵擔保：效用是指使用價值，物的出賣人應擔保物沒有滅失或減少通常效用或契約預定效用的瑕疵。所謂通常效用，是一般交易觀念上應有的效用，如保溫壺的保溫、電冰箱的冰凍等，如果保溫壺不保溫、電冰箱不結冰，出賣人應負瑕疵擔保責任；所謂契約預定的效用，是指該物在一般交易觀念上未必有這種效用，但當事人特別以契約預定它的效用，如汽車時速未必達200公里，但當事人約定購買時速達200公里的汽車時，200公里就是契約預定的效用。

（三）物的瑕疵存在時限：物的瑕疵擔保責任的成立，不但須物有瑕疵，且這項瑕疵須於危險移轉時已經存在才可以。所謂「危險移轉」有兩種情形：一是買賣當事人以契約訂定危險移轉時，二為當事人無特別約定，就以買賣標的物交付時為危險移轉時點。

　　本條第2項是為品質保證的特約規定，品質有上等品、中等品、真品、膺品區分，出賣人可以就標的物的品質為特約擔保（如銀樓賣金飾附有保證書），而特約擔保也是以危險移轉時，作為擔保時限，如屆時標的物不具有所保證的品質，就要負品質保證責任。此項責任為物的瑕疵擔保責任的加重特約規定。

第355條（物之瑕疵擔保責任之免除）
買受人於契約成立時，知其物有前條第1項所稱之瑕疵者，出賣人不負擔保之責。
買受人因重大過失，而不知有前條第1項所稱之瑕疵者，出賣人如未保證其無瑕疵時，不負擔保之責。但故意不告知其瑕疵者，不在此限。

解說

　　買受人於締結買賣契約時，假設已經明知買賣標的物的價值或效用有滅失或減少的瑕疵，就把他當作拋棄基於瑕疵而請求擔保的權利，而不必再使出賣人負瑕疵擔保責任。而所謂「知」是指契約成立時知道標的物有瑕疵情形，若契約成立以後才知道，出賣人仍應負責，故買受人為惡意時，出賣人即不

負擔保責任，明知有瑕疵而仍加以購買，法律即無特別保護的
必要。

又買受人縱然不知情（善意），但有「重大過失」（就
是依一般人的注意可得知，卻怠於注意而不知）時，出賣人亦
不負擔保責任。所謂買受人因重大過失而不知事例，如買東西
時不要求出示標的物，或對標的物不作任何檢視。惟買受人因
重大過失而不知道有瑕疵，雖然不值得保護，但出賣人故意不
告知瑕疵時，不僅不值得保護，且應該加以制裁，故兩者權衡
比較，仍應保護買受人，使出賣人負瑕疵擔保責任較適合。本
項例外僅針對買受人有重大過失情形而規定，假若買受人明知
（惡意）標的物有瑕疵，縱使出賣人保證無瑕疵或故意不告知
有瑕疵，出賣人亦不負瑕疵擔保責任。

第356條（買受人之通知檢查義務）
買受人應按物之性質，依通常程序從速檢查其所受領之物，
如發見有應由出賣人負擔保責任之瑕疵時，應即通知出賣
人。
買受人怠於為前項之通知者，除依通常之檢查不能發見之瑕
疵外，視為承認其所受領之物。
不能即知之瑕疵，至日後發見者，應即通知出賣人，怠於為
通知者，視為承認其所受領之物。

解說

買賣標的物的價值及效用，有無滅失或減少的瑕疵，出賣
人固應負瑕疵擔保義務，買受人也應負檢查及通知責任，本項

義務的違反，法律上並無積極的制裁，只是令買受人喪失瑕疵擔保請求權，屬於間接義務；買受人按物的性質依通常程序，立刻檢查所受領的標的物，所以檢查應於標的物受領後為之。而所謂受領，是指出賣人將標的物放置在買受人可得檢查的狀態下，買受人是否以受領清償的意思而受領，在所不問。又檢查後如發現有應由出賣人負擔保責任的瑕疵時，也應立即通知出賣人。而所謂通知，是指將物有瑕疵的事實，通知出賣人而言，若買受人怠為此項通知，視為承認所受領的標的物，事後縱標的物有瑕疵，買受人亦不得主張權利。

又怠於為前述通知義務是原則，尚有例外情形：一是依通常檢查標的物不能發現的瑕疵，雖怠於通知，也不能視為承認所受領的物，如生力麵是否含防腐劑過量，非經化驗不可，無法對出賣人立即通知；二是不能即知的瑕疵，倘日後發見者，應立刻通知出賣人，怠於為通知者，視為承認所受領的標的物。所謂不能即知的瑕疵，是指受領時無法即行查知的情形，如汽車引擎的瑕疵，非行駛相當里程無法發現，此種情形雖然受領時沒有立刻通知出賣人，但日後發現再通知，仍舊可以。

第357條（檢查通知義務之免除）
前條規定，於出賣人故意不告知瑕疵於買受人者，不適用之。

解說

依前條規定，買受人負有檢查通知的義務，有怠於通知的制裁，都是在出賣人不知道標的物有瑕疵所設的規定；若出

賣人明知標的物有瑕疵，而故意不向買受人告知，顯然違反交易上誠實信用原則，此時不適用前條規定，仍使出賣人負擔保責任，以保護買受人的利益。也就是買受人雖然怠於為檢查通知，仍不能視為承認所受領的標的物，因為買受人固然有所懈怠，出賣人卻是詐偽，兩相比較，仍然保護買受人。

第358條（異地送到之物之保管、通知、變賣義務）
買受人對於由他地送到之物，主張有瑕疵，不願受領者，如出賣人於受領地無代理人，買受人有暫為保管之責。
前項情形，如買受人不即依相當方法證明其瑕疵之存在者，推定於受領時為無瑕疵。
送到之物易於敗壞者，買受人經依相當方法之證明，得照市價變賣之。如為出賣人之利益，有必要時，並有變賣之義務。
買受人依前項規定為變賣者，應即通知出賣人。如怠於通知，應負損害賠償之責。

解說

　　在現地買賣的情況，如果買受人主張物有瑕疵，因為出賣人跟買受人地理上相隔甚近，買受人除了依第356條向出賣人為通知外，也可以立即將瑕疵品送還給出賣人。但是在異地買賣的情形，買賣標的物是由他地送來，如果物有瑕疵，買受人並無法立刻返還給出賣人，而出賣人假使在受領地又沒有代理人時，應該使買受人有暫為保管之責任。

　　而因為買賣標的物並未馬上返還給出賣人，為了使瑕疵責

任明確，買受人須立即以相當之方法證明有瑕疵存在，以免爭議。如果買受人不即以相當之方法證明有瑕疵存在，則推定為沒有瑕疵。所謂相當之方法，例如透過公證行、鑑定公司、專家甚至商會或法院的訴訟均可以。

而如果由他地運到之物有容易敗壞而不適合保管者，應該容許買受人有變賣物品的權利，否則一旦物品敗壞，將會衍生保管責任之糾紛，對社會經濟也無利益。原條文規定買受人須先經過物之所在地之行政官署、商會或公證人等許可之下，才可以變賣標的物，在時間上恐怕緩不濟急，因此本次民法修正時特別規定，只要買受人經依相當方法可以證明該些物品易於敗壞便可以拍賣，而不須經過行政官署、商會或公證人等之許可。而且，如果買賣標的易於敗壞，而且為出賣人之利益有必要時，甚至課予買受人變賣的義務，以免買受人任令物品敗壞，產生責任歸屬的紛爭。

買受人因物品容易敗壞而須變賣時，須負通知出賣人的義務；倘若買受人懈怠未盡通知義務，則買受人須負賠償責任。

第359條（物之瑕疵擔保之效力（一）──解約或減少價金）
買賣因物有瑕疵，而出賣人依前五條之規定，應負擔保之責者，買受人得解除其契約或請求減少其價金。但依情形，解除契約顯失公平者，買受人僅得請求減少價金。

解說
物的瑕疵擔保效力可分為一般效力與特殊效力，本條是規

定買受人在一般情形下有兩種權利：

（一）契約解除權：此解除權與價金減少請求權，原則上雖然可以選擇一項來加以行使，但如果依照當時情形解除契約顯失公平者，買受人只能請求減少價金而不能行使解除契約權。如購買一打籃球，使用後發現其中一個球有漏氣瑕疵，此時不能解除契約，因其他沒有瑕疵的球已使用過，不易再賣，而買受人少一個球並無多大妨礙，若容許解除契約，出賣人的損失更大，有失公平，此時買受人僅能請求減少價金。

（二）價金減少請求權：買賣因物有瑕疵，而出賣人依法應負擔保責任者，買受人得請求減少價金，而與解除契約選擇一項行使。減少價金的數額應為有瑕疵的實際價額，與無瑕疵物買賣的差額、減少的部分，如價金尚未支付時就可以免除支付，如已經支付時可以請求返還。

第360條（物之瑕疵擔保之效力（二）——請求不履行之損害賠償）

買賣之物，缺少出賣人所保證之品質者，買受人得不解除契約或請求減少價金，而請求不履行之損害賠償；出賣人故意不告知物之瑕疵者亦同。

解說

　　本條主要是規定物的瑕疵擔保特殊效力中，屬於買受人的損害賠償請求權：一為買賣物品缺少出賣人所保證的品質，是屬於加重擔保責任的特約，在出賣人保證品質，而買賣物品缺

少該品質時，買受人可以解除契約或請求減少價金，此時買受人也可以不解除或請求減價，而請求債務不履行的損害賠償。因為出賣人既然以特約擔保品質，在品質缺少時，就是債務不履行。

　　二是出賣人故意不告知物的瑕疵，在出賣人縱使沒有保證買賣標的物的品質，卻故意不告知買受人物的瑕疵時，與一般債務不履行相同，買受人也可以不解除契約或請求減少價金，而請求不履行的損害賠償。

第361條（解除之催告）
買受人主張物有瑕疵者，出賣人得定相當期限，催告買受人於其期限內是否解除契約。
買受人於前項期限內不解除契約者，喪失其解除權。

解說

　　因為契約解除權是屬於一種破壞性的權利，它的存在對交易安全有妨礙，會使法律秩序陷於不穩定狀態，故本條規定，買受人主張物有瑕疵時，出賣人得定相當期限，催告買受人於期限內是否解除契約，買受人在催告期限內不解除契約者，就令他喪失解除權。不過解除契約權雖然喪失，但其他瑕疵擔保請求權仍然可以行使。

第362條（解除與主物從物之關係）
因主物有瑕疵而解除契約者，其效力及於從物。
從物有瑕疵者，買受人僅得就從物之部分為解除。

解說

依本法總則編規定，從物是非主物成分，常助主物效用而同屬於一人者，為附屬於主物的物品，且主物的處分，效力及於從物（民§68），而從物的處分不及於主物。故在主物有瑕疵場合而解除契約時，效力及於從物，在從物有瑕疵時，買受人僅得就從物部分解除契約，不能同時解除主物部分契約。如購買汽車時附有備胎，汽車與備胎的關係，猶如主物與從物，在僅備胎有瑕疵時，買受人僅能就備胎部分解除契約，不能連汽車全部解除契約。

第363條（解除與數物併同出賣之關係）
為買賣標的之數物中，一物有瑕疵者，買受人僅得就有瑕疵之物為解除，其以總價金將數物同時賣出者，買受人並得請求減少與瑕疵物相當之價額。
前項情形，當事人之任何一方，如因有瑕疵之物，與他物分離而顯受損害者，得解除全部契約。

解說

在買賣標的物有數個時，若一物有瑕疵，買受人只能就有瑕疵的物品部分解除契約，如交易時買賣雙方是以總價金將數個物同時賣出，此時買受人可以請求減少與瑕疵同等的價額；也就是說，只有一物有瑕疵時，只能就該物解除契約，不能解除全部契約，故契約既然已經一部解除，則相當於解除部分的價金，也應該隨著減少，減少的方法，以是否依總價金將數物出賣而有所不同：一是數個標的物個別談妥價錢時，買受人

可就解除契約的部分請求減價，已經付款時可請求返還，如一買賣契約，同時購買《天龍八部》及《六法全書》各一套，買賣時講明《天龍八部》為3,000元，《六法全書》為550元，若《六法全書》有瑕疵時，買受人僅可以就《六法全書》解約，減少550元的支付。另一種情形為以總價金對數個標的物同時賣出時，則買受人解除契約後，可以請求減少與瑕疵相當的價額，如上例若買賣時僅說明《天龍八部》與《六法全書》總價金為3,550元，未說明《六法全書》占多少元，此時仍可以請求減少550元左右的價款。

又數個買賣標的物中一物有瑕疵不能解除全部契約，只是原則而已，倘若買賣當事人任何一方，如因有瑕疵的物品與其他買賣物品分離而顯然受到損害時，得解除全部契約；如購買傢俱一組，其中桌子部分有瑕疵，則買受人得解除全部傢俱一組的契約，如買受人不主張全部解除，而僅就桌子部分解除時，出賣人也可以主張全部解除，因為桌子為傢俱組的一部分，構成完整一組，若和其他傢俱分離，在買受人方面，缺少一樣，一組不完整，可以全部解除契約；而在出賣人方面，如只收回該桌子時，也不容易單獨出售，損害也很大，所以可以解除全部契約。

第364條（物之瑕疵擔保之效力（三）——另行交付無瑕疵之物）
買賣之物，僅指定種類者，如其物有瑕疵，買受人得不解除契約或請求減少價金，而即時請求另行交付無瑕疵之物。
出賣人就前項另行交付之物，仍負擔保責任。

解說

　　本條是規定買受人的另行交付請求權，這種請求權只限於在種類買賣中適用，如購買傢俱一組，缺少茶几一個，則買受人可以請求另行交付完整的一組傢俱，當然另行交付請求權可以和契約解除權及價金減少請求權選擇一項行使，但是如果出賣人願意另行交付沒有瑕疵的物品，買受人如果沒有特殊理由，就不能主張解除契約，否則容易構成本法總則編所說的「權利濫用」。又另行交付請求權應該立刻行使，也就是不能遲緩，因為時間已久，可能出賣人沒有同類物品，或買受人已使用過瑕疵物品，這時候如果仍然可以請求另行交付，對於出賣人就不太公平。

　　此外，出賣人對於另行交付的買賣標的物，仍然應該負瑕疵擔保責任，出賣人不能因為已經另交物品，而主張無論交付物品有無瑕疵均可以免責，如此才可以保護買受人的利益。

第365條（解除權或請求權之消滅）

買受人因物有瑕疵，而得解除契約或請求減少價金者，其解除權或請求權，於買受人依第356條規定為通知後六個月間不行使或自物之交付時起經過五年而消滅。

前項關於六個月期間之規定，於出賣人故意不告知瑕疵者，不適用之。

解說

　　買受人因買賣標的物有瑕疵，依本法之規定得行使解除契約或請求減少價金者，原條文規定必須在買賣標的物交付後

六個月內行使，如果不行使，買受人之解除權或請求權因時效超過而消滅。但是由於現在科技發達，有許多建築物、土地上之工作物或工業產品之瑕疵，並不易於短期間內發現。原條文規定買賣標的物交付後六個月內買受人不行使權利就會消滅，這個時間似嫌過短，而且也無法與民法第356條配合。因為通常買受人接到瑕疵品並檢查瑕疵後，依照民法第356條應該立即通知出賣人，此時應該有一個合理的期間讓出賣人處理，而不宜令買受人通知出賣人物品有瑕疵之後，立即興訟，如此才可減少不必要的訟爭。因此本條修正時規定買受人對於解除權或減少價金請求權之行使時效，並不是以物之交付為時效起算點，而是以買受人依民法第356條規定通知出賣人時起算，六個月仍然不行使解除權或減少價金請求權，時效才消滅。

不過為避免標的物交付過久，瑕疵舉證困難，責任歸屬不易確定，本條增設五年除斥期間之規定，也就是在買賣標的物交付五年後，則不論買受人有無發現瑕疵或者有沒有依民法第356條規定通知出賣人，買受人的解除權或減少價金請求權都因五年除斥期間經過而消滅。

不過在出賣人明知物有瑕疵而卻故意不告知情形時，買受人的解除權或請求權不受前項關於通知後六個月期間必須行使權利的限制，也就是在出賣人故意不告知瑕疵的情形下，買受人即使通知出賣人物品有瑕疵之後六個月還是沒有行使權利，買受人的解除權或減少價金請求權還是不會消滅。不過不管是不是有出賣人故意不告知瑕疵的情形，物品交付後經過五年，則買受人的解除權或請求權還是會因除斥期間經過而消滅。

又本條有關瑕疵權擔保請求權時效的規定，是指在當事人沒有約定的情形下權利行使期間，如果當事人對於瑕疵擔保期間有更長時間的規定，則適用當事人之約定。

第366條（免除或限制擔保義務之特約）
以特約免除或限制出賣人關於權利或物之瑕疵擔保義務者，如出賣人故意不告知其瑕疵，其特約為無效。

解說

　　買賣當事人得訂立特約，排除或限制本法上物的瑕疵擔保責任，如雙方約定出賣人完全不負物的瑕疵擔保責任，是屬於擔保責任的免除，又如雙方約定無論任何情形下，只能減少價金，不能解除契約，是屬於擔保責任的限制，當事人雙方既然有約定，本應尊重此項約定，賦予民事上的效力，但在出賣人故意不告知物有瑕疵的情形下，這種特別約定就無效，也就是出賣人的擔保責任，仍然不能減免。因為出賣人明知權利有瑕疵而故意不告知買受人，企圖矇混，並希望藉由特別約定減免責任，顯然違背誠信原則及公序良俗，法律上當然不會加以鼓勵。

第367條（買受人之義務）
買受人對於出賣人，有交付約定價金及受領標的物之義務。

解說

　　本條是規定買受人對於出賣人的義務有二：一是價金支付的義務，價金是移轉財產的對價，標的物必須是金錢，若是金錢以外的財產權就變成互易，而不是買賣，若對價為勞務，就變成僱傭或承攬，都不是買賣。至於價金的數額，由買賣雙方當事人具體約定，以便讓買受人支付，又雖然沒有具體約定

數額，而依當時約定情形可得而定時，視為定有價金，例如約定由第三人指定價金或依照市價決定等，若未約明為何地市價時，就以標的物清償時清償地的市價為準。

　　二是受領買賣標的物，在一般債務，債權人的受領給付乃是債權人的權利，而不是義務，因為若不受領，僅是權利不行使，成為受領遲延，而不是給付遲延，但在買賣場合，買受人有受領標的物的義務，若不受領，不僅受領遲延，也是給付遲延。又受領只是一種事實，受領方法可能是事實行為，如單純物品的接受，也可能是以法律行為方式，如物權移轉的接受。當然，買受人受領義務發生的前提是出賣人已經依照買賣的本旨，將標的物種類、品質、數量依買賣契約所定合法提出，否則買受人仍然可以拒絕受領。

> **第368條**（買受人價金支付拒絕權）
> 買受人有正當理由，恐第三人主張權利，致失其因買賣契約所得權利之全部或一部者，得拒絕支付價金之全部或一部。
> 但出賣人已提出相當擔保者，不在此限。
> 前項情形，出賣人得請求買受人提存價金。

解說

　　由於買受人支付價金，是以由出賣人完全取得財產權為對價，故倘若權利有瑕疵可能時，也就是買受人有正當理由，恐第三人主張權利造成失去買賣契約所得權利之全部或一部時，當然可以拒絕支付價金的全部或一部，這就是買受人的價金支付拒絕權。這項權利是為保全買受人的權利而設，屬於抗辯權

的一種，假設出賣人尚未請求支付價金時，買受人就不能行使。倘若因出賣人請求支付後再行使拒絕權，亦無須負給付遲延責任，但假設出賣人提出相當擔保時，買受人就不能主張拒絕支付。

又出賣人雖然沒有提出相當擔保，也可以請求買受人提存價金，這是出賣人的價金提存請求權；因為買受人的價金若不能立刻支付，萬一將來第三人沒有主張權利，或雖然主張權利，買受人卻未喪失權利，難免會發生價金無法支付的情形，所以，為保護出賣人，賦予得向買受人請求提存價金的權利。請求提存價金既為出賣人的權利，買受人被出賣人請求而不提存時，當然不能拒絕價金的給付。

第369條（標的物與價金交付時期）
買賣標的物與其價金之交付，除法律另有規定或契約另有訂定或另有習慣外，應同時為之。

解說

買賣標的物與價金的支付應同時為之對交，亦即一般俗稱的銀貨兩訖，較符合雙務契約的本質，因此在買賣契約，當事人雙方均有本法第264條的同時履行抗辯權，除非有下列例外情況：

（一）法律另有規定時：例如本法第396條規定拍賣應於成立時或公告內所定的時間以現金支付買價。

（二）契約另有訂定時：如在預約買賣情形為先付錢而後交貨，或在賒欠買賣是先交貨而後付錢，或在分期付價買賣，則為分期付款。

（三）另有習慣時：如訂牛乳，習慣上是喝完一個月後再付費。

　　上述三項例外，以契約約定為最優先適用，其次是依法律的特別規定，最後再適用習慣，若無三項例外情形，就適用原則——標的物與價金同時交付。

第370條（價金支付期限之推定）
標的物交付定有期限者，其期限，推定其為價金交付之期限。

解說

　　標的物與價金同時支付，既然是原則，故標的物交付如定有期限者，其期限推定為價金交付的期限。當然前述情況是指當事人未另定價金交付的期限而言，倘若已另定期限，就不適用。又僅就價金定有交付期限，則該期限卻不能反面推定為標的物的交付期限，因為，在一般情況下多是先交貨後付錢。

第371條（價金支付之處所）
標的物與價金應同時交付者，其價金應於標的物之交付處所交付之。

解說

　　本條規範意旨是，應該在買賣標的物交付時支出價金的情況，應該在標的物交付處所支付價金，以節省勞力。如果價金

不與標的物同時交付時，則價金的交付處所依本法第314條規定決定清償處所。

> **第372條**（價金之計算）
> 價金依物之重量計算者，應除去其包皮之重量。但契約另有訂定或另有習慣者，從其訂定或習慣。

解說

計算買賣標的物的價金，有時依總價金計算，有時為按件計算，有時為按重量計算，各依當時的情況，由買賣雙方決定。如果價金是按照物的重量計算時，應除去包裝的重量，因為買受人所想要購買的是淨貨不是包裝，故計算價金時應該以淨貨為準，包裝的重量不應計算在內才合理，不過有兩種例外情形：

（一）契約另有訂定時：如雙方約定，包裝的重量也要計算在內，或計算一部分時，自以約定為準，以符合當事人的意思。

（二）另有習慣時：有習慣者自應從習慣，惟倘若當事人習慣與約定不同時，應以當事人的約定為準，蓋本法以意思自治為最高準則。

> **第373條**（對待給付危險之負擔）
> 買賣標的物之利益及危險，自交付時起，均由買受人承受負擔。但契約另有訂定者，不在此限。

解說

本條乃規定買賣雙方利益承受和危險負擔的時點。利益承受指買賣標的物所生利益的取得。所謂利益，如天然孳息、法定孳息等。危險負擔指買賣標的物，因不可歸責於雙方當事人的事由，發生毀損、滅失時，該項危險損失的承擔。又所謂不可歸責於雙方當事人的事由，如天災地變、第三人的侵權行為等均是。

對於標的物利益承受及危險負擔，本條規定以「交付」為界限；採交付主義決定利益承受及危險負擔的人。換言之，在買賣契約成立後、標的物交付前，利益仍由出賣人承受，危險也仍由出賣人負擔，在標的物交付後，利益即歸買受人承受，而危險也由買受人負擔。所謂交付乃移轉占有的意思，不僅包括現實交付、觀念交付中之簡易交付、占有約定及指示交付（民§761）也包括在內。例如母羊買賣，定於1月10日交付，而母羊恰好在1月9日晚生產小羊，則小羊仍歸出賣人取得，反之若10日上午買受人來牽羊，甫帶回家即生小羊，小羊應歸買受人取得。同樣例子，若9日晚因被人下毒母羊暴斃，該項損失應由出賣人負擔，無法取得價金，若母羊隔日交付給買受人後突因地震被壓死，該項損失自然由買受人負擔，買受人仍然要支付價金。

在利益承受，例外也有不以交付為準者，如契約另有約定或所有權已經移轉時，依本法第766條規定：「物之成分及天然孳息於分離後，除法律另有規定外，仍屬於其物之所有人。」也就是原則上標的物的利益應歸屬所有權人，因而標的物雖然還沒有交付，而所有權已經移轉於買受人時，仍適用本條規定，由承買人以所有權人資格承受標的物的利益。

在危險負擔，也有例外情況，如契約另有訂定，或法律另有規定（民§374），至於在所有權已經移轉時，在不動產買賣及動產買賣都有先交付而後移轉所有權的情形，此時，不僅利益的承受適用本條規定，關於危險負擔，也應適用本條，因標的物已置於買受人支配的情況下，不能再令出賣人負擔危險；倘若先移轉所有權而後交付時，法院判例以交付為準定危險的負擔，但是所有權既然已經移轉，標的物縱然沒有交付，危險也應由買受人負擔，因為買受人已經取得所有權，依「天災歸所有人負擔」的法諺，由所有權人負擔危險才合理。

第374條（送往清償地以外標的物之危險負擔）
買受人請求將標的物送交清償地以外之處所者，自出賣人交付其標的物為運送之人或承攬運送人時起，標的物之危險，由買受人負擔。

解說

依前條之規定，一般買賣標的物之危險，自交付日期均由買受人承受負擔，本條則是例外的規定。本條是規定在代送買賣的情形，危險之移轉以出賣人將買賣標的物交付為運送之人或承攬運送人時，危險就由買受人負擔。

因為出賣人雖然有在清償地交付買賣標的物的義務，但沒有向清償地以外之處所交付的義務。在代送買賣的情形，既然是買受人請求將標的物送交清償地以外之處所，所以不能因為買受人這種請求，而增加或延長出賣人的責任。因此，標的物雖然還沒有交付給買受人，但只要交付給為運送之人或承攬運

送人時起，標的物之危險就由買受人負擔。

　　原條文規定出賣人交付標的物於「運送承攬人」之時，作為標的物危險移轉之時點，但是不只是運送承攬人，舉凡運送人或其他選定運送之人或運送機構，亦應包括在內，為求取法律上的明確，因此本次修正將「為運送之人」亦包括在條文裡面。

第375條（交付前負擔危險之買受人費用返還義務）
標的物之危險，於交付前已應由買受人負擔者，出賣人於危險移轉後，標的物之交付前，所支出之必要費用，買受人應依關於委任之規定，負償還責任。
前項情形，出賣人所支出之費用，如非必要者，買受人應依關於無因管理之規定，負償還責任。

解說

　　在本法第373條例外情況，標的物危險於交付前應由買受人負擔時，標的物的利益也同時歸由買受人承受，此時，在出賣人方面，雖然已經不須負擔標的物的危險，但也不能取得標的物的利益，只能占有標的物代為看管而已，在這段期間，若對標的物有費用支出時，當然應該由買受人負責償還，所以，本條規定標的物危險在交付時已應由買受人負擔時，出賣人於危險移轉後標的物交付前所支出的必要費用，買受人應依關於委任規定，負償還責任。如出賣人所支出的費用非必要者，應依關於無因管理的規定，負償還責任。

　　所謂必要費用，即不可或缺的費用，如甲將房屋出賣於

乙，約定20日危險即由買受人負擔（如已辦妥所有權移轉登記），交屋前出賣人為避免屋頂被風吹走即時墊款修繕所支出的費用，該項費用（必要費用）就可依本法第546條第1項規定，請求買受人償還，並得請求給付支出時起的利息。

所謂非必要費用，指有益費用。如前例出賣人除修繕屋頂外，並將屋內牆壁粉刷，這種費用不支出也可以，但支出也不是無益，故買受人應依無因管理規定償還。也就是說，費用的支出，有利於買受人並不違反買受人明示或可得推知的意思時，可得請求買受人償還費用及自支出時起的利息。

第376條（出賣人違反特別指示之損害賠償）
買受人關於標的物之送交方法，有特別指示，而出賣人無緊急之原因，違其指示者，對於買受人因此所受之損害，應負賠償責任。

解說

本文規定關於標的物的送交方法，買受人有特別指示，而出賣人沒有緊急原因卻違背買受人指示時，對於買受人因此所受的損害，應負賠償責任。如買受人指示用空運送貨，而出賣人無緊急原因，竟以火車運送，結果火車出軌造成貨物喪失，就應該負責賠償。

第377條（以權利為標的危險負擔之準用）
以權利為賣賣之標的，如出賣人因其權利而得占有一定之物者，準用前四條之規定。

解說

　　有關權利買賣利益的承受及危險的負擔，有下列兩種不同的情形：

（一）權利買賣不必占有一定的物：例如單純的債權買賣、專利權及著作權買賣等，其利益的承受應從上開權利移轉當日起，由買受人取得；其危險的負擔亦是從權利移轉當時以後，由買受人負擔。例如，張三向李四買10萬元之債權，買賣契約成立後、債權移轉前，其危險（如李四的債務人王五可能支付能力有問題）由出賣人負擔；債權移轉之後，則此債權買賣的危險應由買受人自己負擔。

（二）權利買賣而占有一定的物：例如地上權、農育權及典權的買賣，都必須占有不動產，就地上權、農育權及典權本身的利益及危險歸屬而言，應適用前述（一）以權利移轉之日決定的標準，另因上開權利而占有物的利益及危險，本條則規定應準用本法第373條至第376條有關物之買賣，自交付時起，均由買受人承受負擔及其他相關的規定。

第378條（買賣費用之負擔）

買賣費用之負擔，除法律另有規定或契約另有訂定或另有習慣外，依左列之規定：

一　買賣契約之費用，由當事人雙方平均負擔。

二　移轉權利之費用，運送標的物至清償地之費用及交付之費用，由出賣人負擔。

三　受領標的物之費用，登記之費用及送交清償地以外處所之費用，由買受人負擔。

解說

　　買賣契約的成立及履行，不免支出費用，這種費用應該由誰負擔，有三種情形：（一）由買賣雙方平均負擔；（二）由出賣人負擔；（三）由買受人負擔。依本條規定：

（一）買賣契約的費用，由當事人雙方平均負擔：而所謂買賣契約的費用，指買賣契約成立所需的費用，如證書作成費、標的物估價費、公證費及印花稅等均是。

（二）移轉權利的費用、運送標的物至清償地的費用及交付的費用，由出賣人負擔：所謂移轉權利的費用，如移轉所有權或其他權利所需的開支，但登記費用如應由買受人負擔，則不包括在內。所謂運送標的物至清償地的費用，像運費，清償地有可能是買受人的住所地或其他處所，出賣人有送往該地的義務，應該負擔費用。至於交付費用，就是交付標的物的費用，如運送到清償地後搬運貨物的工資、茶水費等。

（三）受領標的物的費用、登記的費用及送交清償地以外處所費用，由買受人負擔：所謂受領標的物的費用，如將貨物搬到倉庫的費用。所謂登記的費用，如向地政機關辦理所有權移轉或抵押權設定登記的費用。所謂送交清償地以外處所的費用，即因買受人指示送交原清償地以外處所的費用。

　　上述各項費用負擔的規定，是原則規定，如果法律另外有規定時（民§381），或契約另有訂定時，或另有習慣時，由

於本條非強行規定，當然可以例外依約定、或依法律、或依習慣決定費用負擔的歸屬。

第三款　買回

第379條（買回之要件）
出賣人於買賣契約保留買回之權利者，得返還其所受領之價金，而買回其標的物。
前項買回之價金，另有特約者，從其特約。
原價金之利息，與買受人就標的物所得之利益，視為互相抵銷。

解說

　　買回是出賣人以將來買回其所出賣的標的物為目的，而於買賣契約中保留買回權利的再買賣契約。故買回是一種特種買賣，但並非獨立成立，必附隨於原買賣契約才可以，而買回的標的物為原買賣契約的標的物，且須於買賣契約同時加列特約，保留買回權才可以。否則，一旦賣出標的物，如出賣人日後另與買受人訂約買回，但並非本條所稱的買回。本法設買回制度，在使出賣人可籌得較多現款，而日後尚可收回賣出的標的物，在買受人方面而言，一方面可以取得物的所有權，而為使用收益，一方面也可取得較確實的擔保，而安心出借資金，如日後出賣人不買回時，更能永遠取得物的所有權，同時可避免抵押權或質權禁止流質的規定（民§873-1、§893Ⅱ）適用，所以買回制度對於資金融通頗有助益。

　　本條規定買回權，是一種形成權，出賣人須以保留買回

權的方法為之，且須對保留買回權的意思，在原買賣契約中事先約定表現出來，而買回所需的價金，原則上就是原價金，所以，買回契約成立後，只能保留買回權，屬於一種附停止條件的法律行為，非等到條件成就（出賣人向買受人行使買回的意思表示），尚不發生買回效力。故買回權是一種財產權，在我民法具有債權性質，當然可以讓與或繼承，當行使買回權時就是條件完成，買回契約也因而生效。

第2項是規定買回一經生效，買回人就發生價金支付的義務，而價金數額，原則上應與原買賣契約的價金相同，但當事人另有特約者，從其特約，如原買賣契約價金為6萬元，則買回價金也是6萬元，但如約定多於或少於6萬元也可以。

其次返還價金時，是否要加算利息？本條第3項規定原價金的利息與買受人就標的物所得利益，視為互相抵銷，這就是法定抵銷。所謂抵銷是買回人毋庸返還價金的利息，而相對人也不用返還標的物，這樣可以避免計算的困難，使法律關係單純容易完結。

第380條（買回之期限）

買回之期限，不得超過五年，如約定之期限較長者，縮短為五年。

解說

按買回權須於買回期限內行使，方為有效，而期限的長短，得由當事人約定，本條規定是在限制買回期限不得超過五年，如當事人約定期限較長時，縮短為五年，故五年為法定期

限，也是約定期限的一種限制。

倘若當事人沒有約定買回期限時，以五年的法定期限為準，不得因為未定期限，就認為無期限。而五年的期限，自買回成立之日起算。至於法律為何對於買回設定短期限制，主要因為期限過長，不利流通。

又上述期限，無論是法定或約定，均屬於終期，而非始期，換言之，五年期滿買回權就不能行使，並非五年屆至才開始行使買回權。

第381條（買賣費用之償還與買回費用之負擔）
買賣費用由買受人支出者，買回人應與買回價金連同償還之。
買回之費用，由買回人負擔。

解說

本條是規定買回人費用償還的義務，買賣費用由買受人支出時，買回人應與買回價金一併連同償還，如受領標的物的費用、登記的費用，依法由買受人支出時，於買回情況下買回人應償還這些費用。

前述為買賣契約的費用，若是買回的費用，依本條第2項，則由買回人負擔。因為買回是為買回人的利益。

第382條（有益費用之償還）
買受人為改良標的物所支出之費用及其他有益費用，而增加價值者，買回人應償還之。但以現存之增價額為限。

解說

　　買受人為改良標的物所支出的費用及其他有益費用，而增加價值時，買回人應該償還，但以現在所增加的價額為限。例如標的物為電腦1台，買受人新裝雷射印表機一個價值5萬元，買回時雷射印表機值5萬元，此時，買回人就應該償還這筆價額。

第383條（原買受人之義務及責任）
買受人對於買回人，負交付標的物及其附屬物之義務。
買受人因可歸責於自己之事由，致不能交付標的物或標的物顯有變更者，應賠償因此所生之損害。

解說

　　本條是規範買回相對人的義務，第一為交付標的物及其附屬物的義務，所謂附屬物就是本法第68條所稱的「從物」。從物不論是否為買受人原所受領者，或其後新添置，都應該返還。前條規定，買回人應償還改良及其他有益費用，添置從物的支出，屬於有益費用的一種，該項費用既然由買回人償還，則利益也應由買回人取得，如此權利義務才相當。

　　本條第2項是規定買回相對人損害賠償義務，買受人因可歸責於自己的事由，致不能支付標的物或交付標的物顯有變更者，應賠償因此所生的損害。所謂不能交付標的物，如買受人將標的物贈與給第三人，或由買受人過失（未妥善保存）導致標的物被竊等；所謂標的物顯有變更，如買受人對標的物型態、種類變更。一發生這些情形，就屬於給付不能，買受人應

負損害賠償責任，不過，這項責任存在的前提是可歸責於買受人自己的事由為限。

第四款　特種買賣

> **第384條**（試驗買賣之意義）
> 試驗買賣，為以買受人之承認標的物為停止條件而訂立之契約。

解說

　　試驗買賣是以買受人承認標的物為停止條件的買賣，而附停止條件的買賣，未必全屬試驗買賣，必須條件以「買受人承認標的物」為內容才是試驗買賣；所謂承認標的物就是買受人滿意，這種買賣契約須經買受人將標的物加以試驗，認為滿意後才能生效。如買賣語言學習機，雙方說好試用七天，滿意後買賣生效，如不滿意買賣就不生效。這種停止條件既然以買受人滿意為內容，屬於一種純粹的任意條件，故買受人滿意與否，任其自由，不滿意時，也不需要說明理由，不僅如此，如不經試驗而直接認為滿意時可以成立，如不經試驗，而直接認為不滿意時也可以。

> **第385條**（試驗之容許）
> 試驗買賣之出賣人，有許買受人試驗其標的物之義務。

解說

　　試驗買賣一經成立，出賣人就有容許買受人試驗標的物的義務，因此，買受人因試驗必要而請求交付標的物時，出賣人不得拒絕，否則，買受人不但得訴請強制執行，而且可以此為理由解除契約。其次，試驗為買受人的權利，不試驗也可以，但不經試驗卻拒絕承認時，依情形可能構成權利濫用的問題。至於因試驗而支出費用時，由當事人約定由誰負擔，倘若沒有約定，則由買受人負擔較適合，因試驗買賣為買受人的利益而存在。

第386條（試驗買賣拒絕之擬制）
標的物經試驗而未交付者，買受人於約定期限內，未就標的物為承認之表示，視為拒絕；其無約定期限，而於出賣人所定之相當期限內，未為承認之表示者亦同。

解說

　　試驗買賣，經買受人承認標的物則有效，拒絕則無效。而拒絕除明示不承認外，法律又設有擬制的規定：
（一）標的物經試驗而未交付，在買受人於約定期限內未就標的物為承認之表示時，視為拒絕。如買賣小提琴，約定買受人到出賣人處試拉琴七天，買受人試拉琴七天後即安靜離去，沒有作任何表示（既不承認，也沒表示不承認），在法律上視為拒絕，於是條件不成就，而該試驗買賣就確定不生效力。
（二）標的物經試驗而未交付，並無約定期限者，買受人於出

賣人所定相當期限內未為承認之表示者，也視為拒絕。
因為未約定試驗期限，雖然買受人沒有承認的表示，也
不能當然視為拒絕，因為買受人還沒有試驗完畢，不知
道試驗結果，可是也不能長期試驗，致法律關係懸而不
決，所以法律允許出賣人定一相當期限，作為試驗的限
制。如果期滿買受人未為任何表示者，也視為拒絕。

　　前述兩種情形，之所以視為拒絕，是因為買賣標的物既然
還沒有交付，在通常情形，買受人試驗結果，如承認時一定會
有所表示，以便請求交付標的物，既然沒有表示，可以推知就
是不承認。

第387條（試驗買賣承認之擬制）
標的物因試驗已交付於買受人，而買受人不交還其物，或於
約定期限或出賣人所定之相當期限內不為拒絕之表示者，視
為承認。
買受人已支付價金之全部或一部，或就標的物為非試驗所必
要之行為者，視為承認。

解說

　　試驗買賣的承認，是一種觀念通知，方法以口頭、書面、
明示或默示均可，且設有擬制規定：

（一）標的物因試驗已交付買受人，而買受人不交還物品，或
　　　在約定期限或出賣人所定相當期限內，不為拒絕表示
　　　時，視為承認。因為，買賣標的物已交付於買受人，如
　　　買受人不承認，一定交還標的物，或在期限內為拒絕表

示，買受人倘不尋此途，法律就擬制其承認。

（二）買受人已交付價金的全部或一部，或就標的物作並非試
　　驗所必要的行為，視為承認。按試驗買賣生效與否，既
　　然還沒有確定，通常多是買受人承認才支付價金，如果
　　買受人沒有表示承認，但已經支付價金的一部或全部
　　時，就間接表示有承認意思，於是法律就擬制買受人已
　　經承認。又買受人雖然沒有支付價金，但已經就標的物
　　為某種處分行為，而該行為非試驗所必要時，如已將該
　　物轉賣或出租第三人，這時法律也擬制買受人承認。

第388條（貨樣買賣）
**按照貨樣約定買賣者，視為出賣人擔保其交付之標的物與貨
樣有同一之品質。**

解說

　　貨樣買賣乃是依貨樣而定標的物的一種買賣契約。所謂
貨樣，是指實物的樣品而言，如果圖樣或模型能顯示出標的物
的種類和品質，也可以包括在內。貨樣買賣的特點在於依貨樣
決定標的物，藉以確保標的物的種類和品質，而「依貨樣決定
標的物」一點，須構成買賣契約的一部，若僅在買賣契約成立
前，提示貨樣作為要約的引誘，則尚不足以成為貨樣買賣。貨
樣買賣既然是依貨樣以決定標的物，則出賣人交付於買受人
者，自應與貨樣同種類同品質，法律上也視為出賣人對於其
交付之標的物，當然保證與貨樣有同一品質（如均為上等鮑
魚），若交付的標的物，不具有與貨樣同一品質時，出賣人即

須負物之瑕疵擔保責任，得依本法第359條規定解除契約或請求減少價金，或依本法第360條規定請求不履行損害賠償，或如為種類買賣可依本法第364條規定，請求另行交付符合貨樣品質的物品。

> **第389條**（分期付價之買賣）
> 分期付價之買賣，如約定買受人有遲延時，出賣人得即請求支付全部價金者，除買受人遲付之價額已達全部價金五分之一外，出賣人仍不得請求支付全部價金。

解說

本條規定分期付價買賣是附有分期付價約款的買賣，所謂分期付價，就是將買賣價金，劃分為若干部分，而分月或分年定期支付，這種買賣的特點，就是價金支付的方法不同，其他和一般買賣並無差異。

分期付價買賣屬於賒欠買賣的一種方式，出賣人既然現實上沒有收到價金，則不免冒有風險，有時會附加有利約款，以沖銷不利。惟附加條款，有時對買受人過於苛酷，為保護買受人起見，遂設有限制。本條就是期限利益喪失約款的限制。所謂期限利益喪失約款，就是當事人約定，買受人支付價金，如有遲延時，出賣人可以請求全部價金的給付，既然分期付價的期限，是屬於買受人的利益，如附有類似約款，則買受人期限利益，就有隨時被剝奪的可能，倘若一有遲延就須支付全部價金，顯有失公平，故本條限制出賣人須具備下列條件時，才有請求全部價金給付的權利：如購買冰箱3萬元，分十五期付

款，每期2千元，若連續兩期遲延，則遲付金額為4千元，還不及全部價金的五分之一，則出賣人仍不得請求全部價金。

第390條（解約扣價約款之限制）
分期付價之買賣，如約定出賣人於解除契約時，得扣留其所受領價金者，其扣留之數額，不得超過標的物使用之代價，及標的物受有損害時之賠償額。

解說

本條為解約扣價約款的限制規定。所謂解約扣價約款，又稱失權約款，也就是當事人約定出賣人於解除契約時，得扣留所受領的價金。按出賣人解除契約的法律效果，依本法第259條規定為回復原狀，但出賣人往往約定解除契約時，得扣留已受領的價金，即所謂解除契約扣價約款。這種約款對於買受人不利，如分二十期付款，每期3千元，買受人第七期遲付，出賣人解除契約取回標的物，同時取得1萬8千元扣款，買受人損失不少，因此，本條限制扣款的數額不得超過標的物使用的代價及標的物受有損害時的賠償款。如上例，假設標的物（汽車）租給他人使用，每月可獲租金500元，則六個月總計3千元，出賣人解除契約時只能扣留這數額，而不能對受領的1萬8千元全部扣留。又標的物受有損害時，損害額亦得一併扣留，如承上例標的物汽車，因可歸責於買受人的事由發生損害，損害額為5千元，則出賣人解除契約時，除上述使用代價外，並得扣留此數，兩者合計扣留8千元，超過數額則不得扣留，應返還給買受人。

第391條（拍賣之成立）
拍賣，因拍賣人拍板或依其他慣用之方法為賣定之表示而成立。

解說

拍賣乃由多數應買人公開出價中，擇取最高者，與之訂立契約的一種競爭買賣。所謂競爭買賣，係對自由買賣而言，也就是對同一標的，同時由多數應買人競爭購買者，和自由買賣個別議價者不同。拍賣既有多數人應買出價，最後究竟和誰訂立買賣契約？以出價最高者為準。即公開出價中，何人出價最高，即以該人為買受人，而與之訂立買賣契約。

至於拍賣何時成立，本條規定，拍賣因拍賣人拍板或依其他慣用方法，為賣定的表示而成立，故賣定的表示就是承諾，方法通常以拍板為之，但依其他慣用方法（如按鈴）也可以。故拍賣屬於一種要式行為。

第392條（拍賣人應買之禁止）
拍賣人對於其所經管之拍賣，不得應買，亦不得使他人為其應買。

解說

按拍賣為公開競爭買賣應買人的資格，本不受重視，可是本法仍設有限制，規定拍賣人對於自己經營的拍賣，不得為應買的表示，也不得使他人為自己應買。細分有兩種情形：

（一）出賣人委託他人為拍賣人時：此拍賣人為出賣人的代理

人，若同時允許自己應買，就構成所謂自己代理，為本法第106條所禁止。又出賣人自己不親自應買，而使他人為應買，仍不失為自己應買，同樣也是禁止。

（二）出賣人自己為拍賣人時：此時自己不得為應買人，因為拍賣為任意拍賣性質，而非強制拍賣，故自己無應買的實益。

第393條（拍賣物之拍定）

拍賣人除拍賣之委任人有反對之意思表示外，得將拍賣物拍歸出價最高之應買人。

解說

按拍賣究竟應該拍歸何人？因出賣人是自己拍賣，或委託他人拍賣而有所不同。若出賣人自己拍賣，當然由出賣人自己決定，拍歸出價最高的應買人。若委託他人拍賣時，則拍賣人除拍賣的委任人有反對的意思表示外，得將拍賣物拍歸出價最高的應買人，但如認為不足，也可以不為賣定的表示，而撤回拍賣物。又拍賣人雖已認為滿足，但委任人有反對意思表示如應買最高價為10萬元，但委任人曾經指示非15萬元不賣，也可以不拍歸出價最高的應買人，而終止拍賣。倘若拍賣人仍然為賣定的表示時，並非拍賣無效，只是對委任人負損害賠償責任。

第394條（拍賣物之撤回）
拍賣人對於應買人所出最高之價，認為不足者，得不為賣定之表示而撤回其物。

解說

　　拍賣造成最高價的方法，既然採取由應買人競相出價的方式，而不採取拍賣人漸次落價方式，則拍賣的表示（如陳列拍賣場或說明底價）僅屬一種要約引誘（若採取逐次落價方式），則拍賣的表示就是要約，一經應買人同意照價購買就屬承諾、拍賣成立，故拍賣人可不受拘束，本條即規定拍賣人對於應買人所出最高價認為不足時，得不為賣定的表示，而撤回拍賣物。因此，應買人的應買表示（出價）才是要約，而拍賣人的賣定表示方是承諾，而應買表示前拍賣人所為的拍賣表示，不過為要約的引誘而已，並無法律上拘束力。

第395條（應買表示之效力）
應買人所為應買之表示，自有出價較高之應買或拍賣物經撤回時，失其拘束力。

解說

　　拍賣人於拍賣表示後，即應由應買人為應買表示，也就是競相出價，是為要約，應買人應受本身出價額的拘束（民§154），拍賣人如為拍定的意思表示，則應買人不得不買，但這種要約的拘束力，有無時間上的限制？按一般要約，如以對話方式（直接溝通）為之，非立即承諾，就失去拘束力，故

本條規定，應買人所為應買表示，自有出價較高的應買，或拍賣物經撤回時，失去拘束力，屬於本法第156條的特別規定，因此，應買表示失去拘束力的事由有二：

（一）有出價較高的應買時：如甲出價5萬元後，乙又出價5萬5千元時，甲的5萬元應買表示就失去拘束力，又若丙出價5萬8千元時，則乙的應買表示也失去拘束力。

（二）拍賣物經撤回時：應買人為應買的表示，雖已經無人再出較高的價額，但拍賣人不為賣定表示，而撤回拍賣物時，就等於要約的拒絕，故應買的表示就失去拘束力。

第396條（以現金支付買價及支付時期）
拍賣之買受人，應於拍賣成立時或拍賣公告內所定之時，以現金支付買價。

解說

拍賣一經拍賣人為賣定的表示，則買賣契約就成立，買受人就發生受領標的物和支付價金的義務，本條即規定支付價金的時期及方法為：

（一）價金支付的時期：在一般買賣價金的交付，原則上應與標的物的交付同時為之，在此則必須於拍賣成立時為之，如拍賣公告內另有規定時期時，則須於該時期為之，也就是不以與標的物的交付同時為必要。

（二）價金支付的方法：在一般買賣，價金雖然當然為金錢，但支付非必以現金為之（常以簽發票據方式為之），在拍賣則必須以現金，以期簡便而避免糾紛。

第397條（不按時支付價金之效力）
拍賣之買受人如不按時支付價金者，拍賣人得解除契約，將其物再為拍賣。
再行拍賣所得之價金，如少於原拍賣之價金及再行拍賣之費用者，原買受人應負賠償其差額之責任。

解說

　　一般而言，如果契約當事人之一方遲延給付，而他方當事人想要解除契約時，必須依照民法第254條之規定，先定期限催告遲延給付之一方履行，在該遲延給付之一方不於期限內履行時，才可以解除契約。而本條則是特別規定，只要拍賣的買受人不按拍賣公告或契約定的期限內付款，拍賣人即得解除契約，並得將標的物再行拍賣。

　　而再行拍賣時，如果能拍得更高的價錢，則對原拍賣人並不會有任何損害。反之，若少於原來拍賣之價金及再行拍賣之費用時，則對於拍賣人會造成不利益。而因為此情況是原買受人遲延給付價金所造成的，因此應由其賠償差額之責任。例如第一次拍賣拍定的價格是新台幣50萬元，但因第一次拍賣之買受人遲延給付價金，致拍賣人解除契約而再行拍賣，如果再行拍賣時支出費用新台幣3萬元，而再行拍賣之賣價只有40萬元，則第一次拍賣價新台幣50萬元再加上再行拍賣費用新台幣3萬元，與再行拍賣的價款新台幣40萬元，中間的差額新台幣13萬元必須由原來遲延付款之第一次拍賣之買受人賠償。

　　本條第2項原條文為「再行拍賣所得之利益，如少於原拍賣之價金及費用者，原買受人應負賠償其差額之責任。」但到底什麼是利益，概念不甚清楚，因此本次修正時改為以「價

金」計算，以資明確。而且依照原條文之規定，「如少於原拍賣之價金及費用者，原買受人均應賠償」，則第一次拍賣之費用也變成由原買受人負擔，這樣會產生不公平現象。因為不論原買受人有無遲延給付，第一次拍賣之費用均須由拍賣人負擔，而不是由原買受人負擔。因此本次條文修正時，規定原買受人負擔之差額係再行拍賣之費用，至於原拍賣之費用，並不須負擔。

第二節　互易

第398條（準用買賣之規定）
當事人雙方約定互相移轉金錢以外之財產權者，準用關於買賣之規定。

解說

「互易」是當事人雙方約定互相移轉金錢以外財產權的契約。互易的標的，為金錢以外的財產權，包括債權、物權、準物權及無實體財產權。互易必須當事人雙方互相移轉金錢以外財產權，若只有一方移轉財產權，他方無須給付，就是「贈與」，若他方給付金錢時則為「買賣」，若他方給付勞務時則屬於「僱傭」，都不是「互易」。

又互易除雙方均為金錢以外給付，和買賣一方為金錢給付有所不同外，其他和買賣大都相同，故本條規定互易準用關於買賣的規定，也就是當事人應互相負有移轉財產權的義務，互負瑕疵擔保責任及標的物受領義務，而利益承受及危險負擔也

準用關於買賣的規定。

第399條（附有金錢交付之準用）

當事人之一方，約定移轉前條所定之財產權，並應交付金錢者，其金錢部分，準用關於買賣價金之規定。

解說

互易以是否僅以金錢以外財產權的交換為標準，可分為一般互易和附補足金的互易兩種：

（一）一般互易又分為單純互易及價值互易兩種。單純互易乃當事人互相移轉財產權，而不具有嚴格對價，如畫家的畫作品互易；價值互易，乃標的物的交換，常以該物的金錢價值為標準，也就是具有同一金錢價值的財產權為互易前提，如A以小提琴一支價值15萬元與中古汽車（價值也是15萬元）一輛互易，實際上就如同併存的買賣契約。

（二）附補足金的交易，乃當事人一方移轉（金錢以外）財產權，他方除也移轉（金錢以外）財產權外，並應交付金錢時，就是附補足金的交易，例如A以價值10萬元的中古汽車和B價值8萬元的電腦互易，並由B補足現金2萬元的差額。又既然稱作附補足金的互易，則須該項金錢給付，居於從屬地位才可以，若金錢的給付和其他財產權的移轉，處於同等地位時，則屬於買賣與互易的混合契約。又附補足金的互易，關於金錢部分，準用關於買賣價金的規定。

第三節　交互計算

第400條（交互計算之意義）

稱交互計算者，謂當事人約定，以其相互間之交易所生之債權、債務為定期計算，互相抵銷，而僅支付其差額之契約。

解說

　　交互計算是當事人約定以相互間交易所生債權債務為定期計算，互相抵銷，而僅支付差額的契約。按交互計算契約的當事人，民法沒有限制身分，外國法有限制必須商人與商人間為限，也有以商人與非商人間為限，本法則認為任何人均得適用。而交互計算的內容，首先重於定期計算，計算標的為當事人相互間因交易所生的債權債務，此債權債務須具備下列特點：

（一）須為金錢之債：因定期計算後尚須互相抵銷而支付差額，故以金錢之債較適用抵銷。

（二）須為因交易所生的債：主要指運送業者間、銀行業者間、銀行和客戶間，或者其他一般人間基於契約所生的債權債務。

（三）須為雙方相互間所生的債：若僅基於當事人一方所生者，如果分為向總店進家電用品貨，約定每季結帳，一次付款，並非差額支付，則不屬於交互計算。

（四）須為一定期間內所生的債：既然是定期計算，則列入計算的債權債務，須於該一定期間內所生才可以。

　　交互計算於定期計算的結果，須雙方的債權債務因計算

所得的總額互相抵銷，只餘差額，這差額則單獨成為一方的債權，他方的債務，而債務的一方須支付差額。

第401條（票據及證券記入交互計算項目之除去）
匯票、本票、支票及其他流通證券，記入交互計算者，如證券之債務人不為清償時，當事人得將該記入之項目除去之。

解說

　　交互計算當事人須對雙方相互間的債權債務，分別記入交互計算而成為交互計算的一項目。一經記入，則各該債權債務就一時停止作用，各當事人不得就各項債權單獨行使權利，也不能單獨讓與、出質、抵銷，在債務人方面也不得單獨履行債務，第三人也不能就計算中的債權扣押，這就是交互計算的不可分性。

　　惟項目一經記入，就不能除去，這只是原則，在當事人雙方同時，就可以除去。另外匯票、本票、支票或其他流通證券，記入交互計算時，如證券的債務人不為清償，當事人就可以將記入的項目除去。所謂匯票、本票、支票及其他流通證券記入交互計算，指將取得該證券的對價債務，計入交互計算而言，並非將證券本身記入交互計算，因為該證券所表彰的債權需要個別行使，不能記入。如甲向乙購買匯票乙紙，對價5萬元，甲雖然取得匯票，卻不須現實支付5萬元，只要記入交互計算帳即可（甲負債增加5萬元）。但日後甲以該匯票請求匯票承兌人丙付款遭受拒絕時（即丙無法清償匯票債務），則甲變成一無所得，此時法律允許甲將5萬元除去，不用再列為債務。

第402條（交互計算之期間）
交互計算之計算期，如無特別訂定，每六個月計算一次。

解說

　　交互計算的計算期，得由當事人任意訂定，例如每週末、每月底、每季、每年終均可，假如雙方沒有特別約定時，則每六個月計算一次，不致過長或過短。而計算方法有三：一得由當事人雙方會同為之；二由雙方各自單獨為之；三僅由一方單獨為之，除雙方會同為之外，其餘兩種方法都要送達計算書給他方。

第403條（交互計算之終止）
當事人之一方，得隨時終止交互計算契約而為計算。但契約另有訂定者，不在此限。

解說

　　因交互計算契約具有互相信用的性質，故當事人間假設不願繼續這項信用關係，自然可以隨時終止契約，而使交互契約結束，但這並非強行規定，如契約另有訂定於特定時期以前不得終止時，就不能隨時終止。

　　交互計算當事人的一方受破產宣告時，交互計算就當然終止，於是各當事人得停止計算，請求差額給付，此時差額債權若為破產一方所有時，則劃入破產財團，若為對方所有時，則成為破產債權，故交互計算契約於當事人一方受破產宣告時，就等於計算期終了。

第404條（利息之附加）
記入交互計算之項目，得約定自記入之時起，附加利息。
由計算而生之差額，得請求自計算時起，支付利息。

解說

　　交互計算債權債務算出總額、互相抵銷後，則得出差額，差額經雙方承認就確定。這項差額債權既是舊債權的殘餘，也是新債權，當事人可就新債權單獨請求，而當被告有爭執時，原告只要證明差額債權經對方承認就可以，而不須就記入交互計算的各項目一一舉證，又由計算而生的差額，得請求自計算時起，支付利息。而利率得由當事人約定，如無約定，則依法定利率計算。本項利息基於差額為新債權的觀點，單純為遲延利息，並無複利問題。

第405條（交互計算項目之確定）
記入交互計算之項目，自計算後，經過一年，不得請求除去或改正。

解說

　　列入交互計算書的債權債務中，如有無效債權債務，或債權債務早已消滅，或並非交互計算範圍內的債權債務，或數額有錯誤，或有應記載而漏未記載時，當事人自得請求除去、更正或補正，但本條規定記入交互計算的項目，自計算後，經過一年不得請求除去或改正，以避免法律關係久懸不決。這一年期間是所謂的「除斥期間」，並不是「消滅時效」期間，故不能延長。

第四節 贈與

第406條（贈與之意義及成立）
稱贈與者，謂當事人約定，一方以自己之財產無償給與他方，他方允受之契約。

解說

　　本條修正前之原條文為「贈與，因當事人一方以自己之財產無償給與於他方之意思表示，經他方允受而生效力。」則依原條文之內容，對於贈與到底是什麼樣的內容，並沒有定義。而且原條文中有所謂「經他方允受而生效力」，則到底所謂「經他方允受」是契約成立要件或者是生效要件，容易產生法律上的疑義。因此，民國88年4月21日修正時，將本條文修正為贈與契約定義之規定。

　　所謂贈與，並不是贈與之一方表示贈與就會成立，必須要受贈與之一方同意接受贈與，契約才會成立。贈與之標的，必須是財產，如果是無償提供勞務的話，就不是贈與。至於所謂財產包括動產、不動產、債權、物權、準物權、無實體財產權等其他具有財產價值之權利。贈與之主要內容就是給付財產，也就是贈與人方面財產之減少（包括本應增加而未增加），而直接使受贈人方面財產之增加（包括本來應減少而未減少），所以直接做債權的讓與，固然是贈與，而債權之拋棄，債務之免除等，亦均為贈與之行為。贈與行為必須課徵贈與稅，因此什麼樣的行為會構成贈與，也可參酌遺產及贈與稅法第4條及第5條之規定。

第407條（刪除）

解說

　　本條原規定「以非經登記不得移轉之財產為贈與者，在未為移轉登記前，其贈與不生效力」，但是贈與是債權契約，依民法第153條規定，只要贈與人與受贈人雙方互相意思表示一致契約即成立，不應該以移轉登記為契約生效要件，原條文之規定使贈與契約之履行與生效要件混為一談，容易產生疑義，因此刪除。

第408條（贈與之撤銷及其例外）

贈與物之權利未移轉前，贈與人得撤銷其贈與。其一部已移轉者，得就其未移轉之部分撤銷之。

前項規定，於經公證之贈與，或為履行道德上義務而為贈與者，不適用之。

解說

　　在契約成立之後，如果契約當事人之一方要撤銷契約，必須要有法定之原因才能夠撤銷，不可以任意撤銷。但因為贈與是無償契約，贈與人並沒有獲得對價，所以法律特別允許贈與人可以在贈與物之權利尚未移轉前，任意撤銷贈與契約。如果權利已經部分移轉者，贈與人也可以就未移轉之部分撤銷之。例如老張與老周約定由老張贈送老周電腦主機及顯示器及印表機，在該三物品所有權未移轉給老周前，老張可以隨時撤銷贈與，不須任何理由，即使老張已經將電腦主機及顯示器之所有

權移轉給老周，對於印表機部分，老張仍可撤銷贈與。

但是有二種情形，雖然贈與物品尚未交付，贈與人還是不可以撤銷贈與契約，就是（一）經過公證之贈與；（二）為了履行道德上之義務而為贈與者。在前者，因為公證通常是經過當事人深思熟慮，且為求慎重才會公證，既然是由贈與人與受贈人雙方慎重為之者，不宜任意由贈與人撤銷。而在後者，例如對於幫忙照顧年邁多病的父母之友人所為之贈與，或者對於義務擔任孩子家教之熱心友人所為之贈與均屬之。

本條未修正前規定立有字據之贈與，贈與人即不得撤銷，現在法律已經修正，因此縱算是立有字據之贈與，如果沒有經過公證，在贈與物之權利沒有移轉給受贈人之前，贈與人仍然可以任意撤銷贈與。

第409條（受贈人之權利）
贈與人就前條第2項所定之贈與給付遲延時，受贈人得請求交付贈與物；其因可歸責於自己之事由致給付不能時，受贈人得請求賠償贈與物之價額。
前項情形，受贈人不得請求遲延利息或其他不履行之損害賠償。

解說

依前條第1項之規定，贈與物未交付前，贈與人得隨時撤銷其贈與，因此即使贈與人遲延不願意給付贈與之標的，受贈與人亦無權要求贈與人給付贈與物，否則贈與人只要撤銷贈與就好了。但是依前條第2項之規定，經過公證與或履行道德上

之義務而為之贈與，不得任意撤銷。此時若贈與人遲延給付贈
與物，受贈人可以請贈與人交付贈與物。如果因為可歸責於贈
與人之事由致給付不能，受贈人還得請求交付贈與物之價額。
例如老張與老陳約定由老張贈與一輛價值5萬元之機車給老
陳，並約定於公證後二十天內為給付，如果公證後二十天老張
遲遲不肯給付，則老陳可以請求老張交付該機車。如果該輛機
車因為可歸責於老張之事由致給付不能，老陳還可以請求賠償
該贈與物之價額，也就是該機車的價值5萬元整。

　　但無論如何，贈與契約到底是無償性質的契約，因此縱使
在經過公證或為履行道德義務而為之贈與，贈與人不能撤銷，
而且贈與人依本條規定，須負給付遲延及給付不能的責任，但
還是不宜使贈與人負擔太大的責任。在遲延給付之情形，依照
民法第231條之規定「債務人遲延者，債權人得請求其賠償因
遲延而生之損害。前項債務人，在遲延中，對於因不可抗力而
生之損害，亦應負責。但債務人證明縱不遲延給付，而仍不免
發生損害者，不在此限。」依民法第233條之規定，債權人還
可以請求遲延利息。而在給付不能的情形，依照民法第226條
之規定，債權人也可以請求其他賠償。但是基於贈與是無償契
約，不能課予贈與人太大的責任。因此本條第2項規定，受贈
人除了依照本條第1項可以在贈與人遲延時請求交付贈與物，
而且在贈與物因可歸責於贈與人之事由致給付不能時，受贈人
可以請求賠償贈與物之價額，除此之外，受贈人不得請求遲延
利息，也不得請求其他不履行之損害賠償。

第410條（贈與人之責任）

贈與人僅就其故意或重大過失，對於受贈人負給付不能之責任。

解說

　　贈與因是無償契約，因此法律特別減輕贈與人的責任。以一般契約而言，依民法第222條之規定，債務人就其故意過失之行為，應該負責任。但贈與是無償行為，贈與人並沒有獲得任何對價，因此本條規定，贈與人僅就故意或重大過失，對受贈人負給付不能之責任。至於債務不履行中的給付遲延責任，除了前條所規定之情形之外，贈與人即使有故意或重大過失，仍然不需要負責。

　　老張和老李口頭約定，說老張要將家中的舊電視送給老李，但老張卻遲遲沒有交付給老李，此時老張不負任何責任。但如果老張當初明明知道老李要在大特價期間購買新電視，卻虛與委蛇向老李說要將電視送給老李，以致老李誤了大特價期間。而老張又將本來要送給老李之電視故意毀壞，以至於老李不得不以原價購買電視，沒有辦法享受到大特價的利益，此時，老李所增加之費用，就可以向老張請求賠償。

第411條（贈與人之瑕疵擔保責任）

贈與之物或權利如有瑕疵，贈與人不負擔保責任。但贈與人故意不告知其瑕疵或保證其無瑕疵者，對於受贈人因瑕疵所生之損害，負賠償之義務。

解說

　　本條規定贈與的物或權利如有瑕疵，贈與人不負擔保責任，但贈與人故意不告知瑕疵或保證無瑕疵時，對於受贈人因瑕疵所生損害負賠償義務，也就是贈與人原則上沒有瑕疵擔保責任，無論權利瑕疵或物瑕疵都不負責任，而只有在故意不告知瑕疵或保證無瑕疵兩種例外情況下才使贈與人負責，使贈與人對受贈人因瑕疵所生損害負賠償義務，如贈送他人貨車一部，結果剎車失靈，贈與人卻故意不告知，結果受贈人遭受車禍損害，此時贈與人就要負賠償義務。

第412條（附負擔之贈與）
贈與附有負擔者，如贈與人已為給付而受贈人不履行其負擔時，贈與人得請求受贈人履行其負擔，或撤銷贈與。
負擔以公益為目的者，於贈與人死亡後，主管機關或檢察官得請求受贈人履行其負擔。

解說

　　一般贈與，受贈人沒有負擔任何義務，在法律性質上是純粹的無償片務契約，受贈人除了享受贈與物之贈與外，沒有負擔任何義務。但是附負擔贈與乃是使受贈人負一定給付義務的贈與，也就是受贈人除了享受贈與物的贈與之外，還負有一定的義務。

　　負擔的內容，不一定要具有財產價格，有時候是約定受贈人必須為一定的行為或不為一定的行為，而且享受該負擔行為利益的人，也不一定要贈與人本人，其他第三人或一般公眾

均可以。例如張小姐送李先生1輛汽車，但約定李先生必須每天載張小姐上班，又例如老陳贈與1棟房屋給老周，但約定老周必須在每年寒暑假的時候，將房子提供給孤兒院舉辦活動等等。在附有負擔之贈與，如果贈與人已經將贈與物給付給受贈人，而受贈人不履行該負擔時，贈與人可以請求受贈人履行其負擔或者將贈與撤銷。

如果負擔的內容是以公益為目的，在贈與人死亡後，主管機關或檢察官，仍然可以請求受贈人履行其負擔。例如老陳送給老周1棟房屋，並約定老周必須在暑期開放提供給孤兒院活動之用，在老陳死後，老周不再繼續開放，則主管機關及檢察官可以請求老周履行該負擔。

第413條（附負擔贈與受贈人之負擔限度）
附有負擔之贈與，其贈與不足償其負擔者，受贈人僅於贈與之價值限度內，有履行其負擔之責任。

解說

在贈與受贈人負有履行負擔的義務，履行也是一種債的清償，所以應該依照負擔的本意實行，但附有負擔的贈與，若贈與價額不足償還負擔時，此時受贈人僅在受贈與的價值限度內，有履行負擔的責任。既然是贈與，當然是贈與人施利益給受贈人，如果贈與價值少，而負擔價值大，竟使受贈人發生損失時，就和贈與的本質不合，所以法律上容許受贈人於贈與價值限度內負履行負擔責任，不使受贈人責任過大。如甲以汽車借給乙使用，不收租金，卻要乙擔任勞務工作來抵償租金，如

果勞務工作繁重，超過使用汽車的租金，顯然和贈與本意有違，故受贈人僅在汽車租金價額限度內負履行勞務責任。

第414條（附負擔贈與之瑕疵擔保責任）
附有負擔之贈與，其贈與之物或權利如有瑕疵，贈與人於受贈人負擔之限度內，負與出賣人同一之擔保責任。

解說

　　按一般贈與，純為無償契約，贈與人對於贈與的物或權利，原則上沒有瑕疵擔保責任，但在附有負擔的贈與，如果贈與的物或權利有瑕疵，此時受贈人必然因瑕疵而減少所受的利益，卻仍須依約履行負擔，而受贈人所得利益與負擔，既然不具有相當價值，定有不當的損失，為保護受贈人利益而言，自應使贈與人於受贈人負擔限度內，負與出賣人同一的擔保責任。因為附有負擔的贈與雖不像買賣為有償契約，但受贈人對於贈與物，究竟不是無償取得，而仍須履行負擔，故準用有償契約的規定，要求贈與人在受贈人負擔限度內，負與出賣人同一的瑕疵擔保責任。

第415條（定期贈與）
定期給付之贈與，因贈與人或受贈人之死亡，失其效力。但贈與人有反對之意思表示者，不在此限。

解說

　　定期給付贈與又稱定期贈與或定期迴環贈與，屬於定期地

繼續為財產給付的贈與，這種贈與和一般贈與不同，並不是一次履行完畢，而是繼續的給付，如定期每月初送5千元，或每年年初送5萬元等都是。

上述的特種贈與有時有約定存續期限，如約定「五年間」每月初給5千元，有時沒有約定存續期限，只言明每月初給1萬元，沒有說明何時給付完畢，可稱之為有期贈與和無期贈與，但無論屬於哪一種，凡是定期給付贈與，皆因贈與人或受贈人死亡而失效，也就是說不論贈與人死亡，或是受贈人死亡，贈與契約就失去效力，結果在贈與人死亡時受贈人對於贈與人的繼承人或遺產，不得再請求給付；在受贈人死亡時，贈與人對於受贈人的繼承人或債權人，也不再負擔任何義務。因為在定期贈與的場合，贈與人僅願本身負責，不一定願意讓自己的繼承人負責，而贈與人賦予恩惠的對象，也多限於受贈人一人，未必及於其他人。不過本條並不是強行規定，如果贈與人有反對意思表示時，自然應該尊重贈與人意思，如贈與人表示受贈人雖然過世，仍然願意對繼承人給付，自然以贈與人的表示為準。

第416條（贈與人之撤銷權）

受贈人對於贈與人，有左列情事之一者，贈與人得撤銷其贈與：

一　對於贈與人、其配偶、直系血親、三親等內旁系血親或二親等內姻親，有故意侵害之行為，依刑法有處罰之明文者。

二　對於贈與人有扶養義務不履行者。

前項撤銷權，自贈與人知有撤銷原因之時起，一年內不行使而消滅。贈與人對於受贈人已為宥恕之表示者，亦同。

解說

按贈與為一種無償契約，如果受贈人有加害或者忘恩負義之行為，則應賦予贈與人有撤銷之權利，以資平衡。蓋一般贈與依民法第408條之規定，必須在物之權利未移轉前才可以撤銷。而本條是規定在受贈人有加害或者忘恩負義之行為，法律所特別賦予贈與人之法定撤銷權，因此即使在贈與物之權利已經移轉給受贈人之後，贈與人仍可撤銷贈與。

法定撤銷贈與的原因有二種：

（一）受贈人對於贈與人或其配偶、其直系血親、其三親等內旁系血親或二親等內姻親，有故意侵害之行為，依刑法有處罰之明文者。須注意者有二：(1)必須是對贈與人或本條所列之親戚所為之故意侵害行為，如果是對於贈與人之其他親屬有侵害之行為，則不得撤銷；(2)必須是依刑法有處罰之明文者。例如對於這些人傷害、殺害、背信等侵害行為，如果是刑法未規定者，例如感情上之欺騙是刑法不處罰之行為，則贈與人不得撤銷贈與。

（二）對於贈與人有扶養義務不履行者。例如父親將僅有的一棟房子贈與給兒子之後，兒子棄父親於不顧，不履行扶養義務。

本條第2項規定前項撤銷權，自贈與人知有撤銷原因之時起一年內不行使而消滅。這一年期間為除斥期間，必須贈與人知道有撤銷原因時才起算。另外即使受贈人有本條所規定之行為，但如果贈與人對於受贈人這些行為寬恕或原諒時，撤銷權同時消滅，贈與人不再主張撤銷。

第417條（繼承人對於贈與之撤銷權）

受贈人因故意不法之行為，致贈與人死亡或妨礙其為贈與之撤銷者，贈與人之繼承人，得撤銷其贈與。但其撤銷權自知有撤銷原因之時起，六個月間不行使而消滅。

解說

　　受贈人因故意的不法行為，造成贈與人死亡，使贈與人無法行使撤銷權，法律上准許贈與人的繼承人行使撤銷權，例如由於受贈人甲的殺害或槍擊致死，或教唆第三人乙槍殺贈與人甲都是，但必須限於是不法行為，若因正當防衛或其他阻卻違法事由（如緊急避難），就不適用。

　　又受贈人如果因故意的不法行為妨礙贈與的撤銷，如以恐嚇手段，或將贈與人綑綁，使他無法行使撤銷權，此時，贈與人雖然沒有死亡，但撤銷贈與受有阻礙。

　　又贈與人之繼承人的撤銷權，從知有撤銷原因之時起，六個月間不行使而消滅。

第418條（贈與履行之拒絕）

贈與人於贈與約定後，其經濟狀況顯有變更，如因贈與致其生計有重大之影響，或妨礙其扶養義務之履行者，得拒絕贈與之履行。

解說

　　贈與履行的拒絕，乃贈與人因情事變更，對於受贈人的請求履行加以拒絕，這就是所謂「情事變更原則」，學者稱為

「窮困的抗辯」，行使這項抗辯權，必須在贈與約定後，標的物未交付前才可以，假若標的物已經交付，贈與人就沒有本項抗辯權，或是標的物雖然沒有交付，但受贈人也不請求履行時，贈與人也沒有行使這項抗辯權的必要。

又行使這項撤銷權必須贈與人的經濟狀況顯有變更，而且變更的結果，仍然履行贈與時，對於贈與人生計有重大影響或妨礙扶養義務的履行，贈與人就可以行使這項抗辯權以拒絕贈與的履行，至於這種抗辯權的效力，只能暫時拒絕履行，而不能永久無限期抗辯。

第419條（撤銷贈與之方法及效力）
贈與之撤銷，應向受贈人以意思表示為之。
贈與撤銷後，贈與人得依關於不當得利之規定，請求返還贈與物。

解說

贈與的撤銷，應向受贈人以意思表示來行使，這種意思表示不論為明示或默示都可以，例如贈與人雖然沒有向受贈人表示撤銷，卻逕行向受贈人索回贈與物。又贈與一經撤銷，則贈與契約視為自始無效！也就是贈與契約溯及地消滅，此時若沒有履行時，自然可以拒絕履行，假設已經履行時，則贈與契約撤銷後，贈與人得依不當得利規定，請求返還贈與物。但要注意的是，如果是履行道德義務的贈與，因受贈人的忘恩背義行為而撤銷，雖然也是不當得利，但依本法第180條第1款規定，仍不得請求返還。

第420條（撤銷權之消滅）

贈與之撤銷權，因受贈人之死亡而消滅。

解說

贈與人的撤銷權，因受贈人的死亡而消滅，蓋撤銷的原因在於受贈人，則受贈人死亡，就不得對他的繼承人撤銷。如果贈與已經履行，就不能再向受贈人的繼承人請求返還。假若還沒有履行贈與行為，仍然可以拒絕履行。

第五節　租賃

第421條（租賃之意義）

稱租賃者，謂當事人約定，一方以物租與他方使用、收益，他方支付租金之契約。

前項租金，得以金錢或租賃物之孳息充之。

解說

本條係就租賃的定義所作的規定。茲析述如次：

（一）租賃係契約的一種：本法債編各論就租賃設有規定，故租賃屬有名契約的一種。其他法規就租賃的規定亦甚多，此些規定對本法而言，居於特別法的地位，根據特別法優於普通法的原則，當然應先適用特別法的規定，此時本法僅居於補充的地位而已。

（二）租賃係當事人約定一方以物租與他人使用收益的契約：租賃契約的當事人有二：一為出租人，即以物租給他人

使用收益的人：另為承租人，即支付租金而使用收益租賃物之人。其次，有關租賃的客體為物，包括動產及不動產兩者，且必須為有體物始可，但不限於物的全部，如為物的一部亦得成立租賃。至於，租賃的內容則重在租賃物的使用及收益，所謂「使用」，係指不毀損物體本身或變更物之性質，而依物的用法加以利用而言，例如，租房屋以供居住之用、出租汽車以供代步之用等；所謂「收益」係指收取租賃物的天然孳息或法定孳息而言，例如租屋乙棟將房間轉租出去以收租金。

（三）租賃係當事人約定他方支付租金的契約：承租人必須支付租金給出租人，而租金則是使用收益租賃物的對價，通常係以金錢支付，且租賃契約必須約定有租金，故租賃係屬有償契約的性質，此與使用借貸的無償性質不同。

　　租金既為租賃契約成立的要素之一，故其支付的種類法律上遂有明定的必要，本條則規定租金得以金錢或租賃物的孳息充當。

第422條（不動產租賃之方式）
不動產之租賃契約，其期限逾一年者，應以字據訂立之，未以字據訂立者，視為不定期限之租賃。

解說

　　租賃契約原則上只要當事人意思合致，即可成立並生效力，有無方式及期限，均非所問，但本條就期限逾一年的不動

產租賃契約，則為例外的規定。其要件如下：（一）須為不動產的租賃契約，如為動產的租賃事宜即不在此限；（二）須租賃期限逾一年，不包括一年在內，因此若租賃未定期限或不滿一年的期限，均無本條的適用。符合上開條件的租賃契約必須以字據（即書面）訂立，如果未以字據訂立，租賃契約並非無效；只是視為不定期限的租賃，此時各當事人皆不受期限的拘束，而可依本法第450條第2項的規定隨時終止租賃契約。

第422條之1（地上權登記之請求）
租用基地建築房屋者，承租人於契約成立後，得請求出租人為地上權之登記。

解說

　　按租賃為債權契約，債權契約是適用債權平等原則，債權人不管訂立契約先後，在法律上地位均為平等，因此即使契約成立在先之債權人，其權利並無優先效力。例如老張以其所有之土地與老李簽定基地租賃契約由老李建築房屋，之後，老張又跟老周簽定同樣內容的租賃契約，此時老李並不能以契約成立在前而主張老張不能將土地交給老周建築，如果老張執意要將土地交給老周建築，老李只能依民法債務不履行之規定請求老張賠償，但終究無法取得該基地作為建築之用。因此以債權的保障而言就比較不足。

　　但物權契約就不一樣，依民法第758條之規定「不動產物權，依法律行為而取得、設定、喪失及變更者，非經登記，不生效力。」因此物權行為必須經過登記才產生效力，也因為登

記有產生公示的作用，對於權利人的保護較完整。而且物權行為有優先性質，登記在先者，其效力亦比登記在後者優先。例如在上述之例子，如果老張和老李簽定基地租賃契約後有去登記地上權，地上權是一種物權，則老張縱使事後又和老周成立一個基地租賃契約，但是因為老李的地上權已登記在先，因此老張和老周後來所簽立的基地租賃契約，就不能影響老李之權利。

本條是民國88年4月21日增訂公布，規定租用基地建築房屋者，承租人於契約成立後，得請求出租人為地上權之登記，在為地上權登記之後，承租人（地上權人）的權利就會獲得確保。另外須注意者，土地法第102條之規定「租用基地建築房屋，應由出租人與承租人於契約訂立後二個月內，聲請該管直轄市或縣（市）地政機關為地上權之登記。」依照實務之見解，該二個月期間為訓示的規定，因此即使經過二個月後，承租人仍然可以請求出租人為地上權之登記。

第423條（出租人對於租賃物之交付及合用之保持義務）
出租人應以合於所約定使用、收益之租賃物，交付承租人，並應於租賃關係存續中，保持其合於約定使用、收益之狀態。

解說

出租人就其出租之物負有交付及合於用益狀態保持的義務，茲析述如次：

（一）租賃物的交付：租賃的目的，對承租人而言在於對租賃
物為使用收益，因此出租人必須將租賃物交付於承租人

始可，且其所交付之物必須為合於所約定的使用收益狀態，否則即與債的本旨不符，出租人應負債務不履行之責任。例如，約定的租賃物為供全家人居住的房屋乙棟，如出租人竟交付小套房一間，則此租賃物即不合於所約定使用的狀態，出租人對此仍須負責。

（二）保持租賃物合於用益的狀態：出租人不但須交付合於使用收益狀態的租賃物於承租人，其後更須於租賃關係存續中，積極地保持租賃物合於約定使用收益的狀態。申言之，租賃物於租賃關係存續中，如遇有毀損或他人的妨害，導致無法為完全的使用收益時，出租人即負有回復原狀或除去妨害的義務。

　　前述二項義務係出租人於租賃契約的主要義務，此二義務與承租人支付租金的義務互為對價的關係，因此出租人如未為租賃物的交付或未使租賃物合於用益狀態的保持，承租人可以主張本法第264條規定的同時履行抗辯權，而拒絕支付租金。

第424條（承租人之契約終止權）
租賃物為房屋或其他供居住之處所者，如有瑕疵，危及承租人或其同居人之安全或健康時，承租人雖於訂約時已知其瑕疵，或已拋棄其終止契約之權利，仍得終止契約。

解說

　　按房屋或其他供人居住的租賃物，對承租人及其同居人等的生命及財產影響至鉅，如此等租賃物有瑕疵，且足以危及人的健康及安全時，承租人於訂約時如不知此瑕疵，其後方得

知，當然有權隨時終止租賃契約；但若承租人於訂約時已經知道租賃物有瑕疵，或已經拋棄法律賦予其終止契約的權利，此時如仍強令承租人須受其意思的拘束，不許終止契約，則不但會產生生命及健康上的危險，且有違背公共秩序及善良風俗，因此本條為保護承租人人身安全的利益，准許承租人仍有權終止租賃契約。

第425條（所有權移轉不破租賃原則）

出租人於租賃物交付後，承租人占有中，縱將其所有權讓與第三人，其租賃契約，對於受讓人仍繼續存在。

前項規定，於未經公證之不動產租賃契約，其期限逾五年或未定期限者，不適用之。

解說

本條即所謂「買賣不破租賃原則」之規定。為了保護承租人的權益，即使房子已經不屬於原來出租人所有，租賃契約仍然存在於承租人與房子受讓人之間。茲將本條之要件分析如下：

（一）須出租人將租賃物交付給承租人之後才有本條之適用，在出租人還沒有將租賃物交付給承租人之前，仍然無本條之適用。

（二）必須租賃物在承租人占有中，買賣不破租賃原則之所以能夠確立並且不會影響第三人承受之利益，是因為第三人受讓租賃標的物時，可以就租賃物之占有狀態，知道有租賃契約存在，而第三人也可以知道，這個租賃契約

仍然可能繼續存在。因此必須讓第三人可以由占有之狀態中，瞭解其所承受之標的物是不是有買賣不破租賃原則之適用。因此承租人占有租賃標的物，對於第三人的保護，非常重要。所以本條規定必須承租人占有租賃物，才有本條之適用。

（三）另外，因本條買賣不破租賃有債權物權化之效果，在長期及未定期限之契約，對於受讓人之影響甚鉅，尤其實務上債務人常常在遭受強制執行時，與其他人虛偽訂立不定期限的租賃契約，藉以妨礙債權人的強制執行，因為一般人想到有買賣不破租賃原則之適用，即使拍得該不動產仍然必須忍受承租人繼續使用該不動產，則一般人參與競拍的意願自然會降低，往往因此而使拍賣標的物無法拍賣出去。為了減少這種爭議並維護公平起見，因此本條第2項特別增訂，在未經公證之不動產租賃契約，其期限逾五年或未定期限者，不適用買賣不破租賃之原則。以現在法院的公證實務而言，要公證不定期限的不動產租賃契約，一般而言公證人不會答應。而且公證時，都會要求提出土地及建物登記簿謄本，如果公證人能夠嚴格把關，則公證人可以從土地及建物登記簿謄本上瞭解是不是有被查封的狀態。如果有被查封狀況，則公證人也不會為該土地及建物公證，以免影響拍賣的進行，如此就能夠防止債務人藉由買賣不破租賃原則阻撓強制執行。

第425條之1（土地所有人與房屋所有人之租賃關係）

土地及其土地上之房屋同屬一人所有，而僅將土地或僅將房屋所有權讓與他人，或將土地及房屋同時或先後讓與相異之人時，土地受讓人或房屋受讓人與讓與人間或房屋受讓人與土地受讓人間，推定在房屋得使用期限內，有租賃關係。其期限不受第449條第1項規定之限制。

前項情形，其租金數額當事人不能協議時，得請求法院定之。

解說

　　理論上，土地及房屋為個別之不動產，各得單獨為交易之標的物，不過土地之上可以沒有房屋，但房屋不可能沒有附著於土地之上而憑空蓋成。如果土地及其上之房屋本來同屬於一個人所有，但該所有人僅將土地或僅將房屋所有權，或將土地及房屋同時或先後讓與不同人，此時土地及其上之房屋所有權分屬不同的人所有，土地所有人因有房屋存在而無法對土地為享受完全之利益，而房屋所有人如果不向土地所有人取得使用土地之正當權限，則該房屋根本無所附麗。

　　依歷年實務上之見解，除了當事人之間有特別規定之外，應該推定土地之所有權人和房屋所有權人間有租賃權存在，並且要由房屋所有權人支付土地所有權人相當於租賃的對價，如此當事人之間的權益才能保持平衡，而且房屋所有權人使用土地作為房屋基地的權源，才能獲得解決。因此，本條規定如果僅就土地或僅將房屋所有權讓與他人或將土地及房屋同時或先後讓與相異之人時，土地受讓人或房屋受讓人與讓與人間或房屋受讓人與土地受讓人間，推定在房屋得使用期限內有租賃關

係。例如老周原來擁有某筆土地及該土地上之房屋，其後老周將房屋賣給老李，而自己保有土地所有權，則推定老李承租老周之土地。而如果老周是將土地賣給老陳，而自己保有房屋所有權，則推定老周承租老陳之土地而有租賃契約存在。如果老周將土地賣給老張，而將房屋賣給老金，則推定老金承租老張之土地，而有租賃之存在。

另外，按民法第449條第1項之規定「租賃契約之期限，不得逾二十年。年逾二十年者，縮短為二十年。」即租賃契約原則上以二十年為限，但是一般房屋的使用期間常常不只二十年，如果要受到民法第449條之限制，則在二十年之後，該房屋還是在可以使用之狀態，但因為房屋所有權人與土地所有權人不同，如果租賃契約從此消失，就會產生土地與房屋所有權人之間權源的爭議。因此本條規定該房屋的租賃契約其租賃期限是該房屋可以使用的期限，不受民法第449條第1項二十年之限制。

而因為本條是法律所擬制的租賃契約，當事人之間本來並沒有租賃契約存在，因此關於租金的多寡，當事人通常亦不可能事先就有約定，因此本條第2項特別規定，此種租賃契約的租金先由當事人協議，協議不成才由法院裁決。

第426條（出租人就租賃物設定物權之效力）
出租人就租賃物設定物權，致妨礙承租人之使用收益者，準用第425條之規定。

解說

出租人如果對租賃物設定物權，有可能妨礙承租人之使

用權益，則其情形和買賣之情形相類似，因此本條特規定在這種情形下也準用第425條買賣不破租賃原則之規定。其要件如下：

（一）須出租人已經將租賃物交付承租人，如果在交付之前設定之物權，則無本條之適用。

（二）須出租人設定該物權時，承租人仍然在占有租賃物的狀態之中。如果承租人沒有占有租賃物，則因為第三人沒有辦法從占有狀態中得知是否有租賃契約存在，為了保護第三人利益及交易安全，不宜有本條之適用。

（三）出租人所設定之物權必須妨礙承租人對於租賃物的使用權益，理論上出租人所設定的物權，不管是用益物權或者是擔保物權，均有本條之適用。不過用益物權比較可能會妨礙承租人的使用收益，至於擔保物權中，動產質權因為有移轉占有，因此可能會妨礙承租人的使用收益，但不動產抵押權並不移轉占有，權利人也未對抵押標的物使用收益，因此不會妨礙承租人之使用收益。

第426條之1（房屋所有權移轉時承租人之效力）
租用基地建築房屋，承租人房屋所有權移轉時，其基地租賃契約，對於房屋受讓人，仍繼續存在。

解說

在前述民法第425條之1的解說中，已經說明過房屋必須要附著於土地之上，房屋不可能憑空蓋起來。在租用基地建築房屋的情形，房屋所有權人和土地所有權人是不同的人，如果房

屋所有權人（基地承租人）將房屋所有權移轉時，而房屋的
受讓人與土地所有人間又沒有存在基地承租權，則基地所有人
可以請求拆除房屋，收回基地，如此顯然有違公平並且違背當
初租地建物之目的。既然當初土地所有權人和原房屋所有權人
訂立土地租賃契約時，土地所有人就已經知道該基地租賃契約
是作為建築房屋之用，而房屋所有人也可能將房屋移轉給其他
人，因此本條規定在租用基地建築房屋的情形，如果承租人的
房屋所有權移轉時，其基地租賃契約，對於房屋受讓人仍繼續
存在，由法律擬制房屋的受讓人與土地所有人間成立租賃契
約，如此不只對房屋的使用保存有其利益，而且對於基地所有
人也不會產生任何損害。

第426條之2（租用基地建築房屋之優先購買權）
租用基地建築房屋，出租人出賣基地時，承租人有依同樣條
件優先承買之權。承租人出賣房屋時，基地所有人有依同樣
條件優先承買之權。
前項情形，出賣人應將出賣條件以書面通知優先承買權人。
優先承買權人於通知達到後十日內未以書面表示承買者，視
為放棄。
出賣人未以書面通知優先承買權人而為所有權之移轉登記
者，不得對抗優先承買權人。

解說

　　在房屋和土地所有權人不一樣時，雖然法律已擬制在房屋
和土地所有權人之間有租賃契約存在來解決其間之關係，但是

在這種情形之下，土地所有人因為其土地上蓋有房子，沒有辦法對土地作完整的使用與收益，而房屋所有權人需要每個月給付租金，總有寄人籬下之感覺，使用與所有不能合一，長遠而言，對社會經濟不利，且容易產生糾紛。只有讓所有與使用合一，才是長久之計，本條文就在解決這樣的問題。

　　如果基地出租人要出賣基地或基地承租人要出賣房屋，應利用此機會，讓所有及使用合一。因此，本條規定用承租基地建築房屋，出租人出賣基地時，承租人有依同樣條件優先承買之權；承租人出賣房屋時，基地所有人有依同樣條件優先承買之權。行使優先權時，不論是基地出賣人或房屋出賣人，必須將其出賣條件以書面通知優先承買權人，優先承買權人於通知達到後十日內，未以書面表示承買，則視為放棄優先承買權，而如果出賣人未以書面通知優先承買權人而為所有權之移轉登記者，則該移轉之行為不得對抗優先承買權人。

　　老周的房屋是承租老李的土地興建的，老周要以新台幣300萬元出賣房屋時，必須通知基地所有權人老李，如果老李在十日內沒有以書面表示要承買的話，老周才能夠出賣給其他人。而如果新台幣300萬元賣不出去，老周要降低賣價為新台幣280萬元，必須再通知老李一次，老李十日內未表示承買，老周才可以280萬元出賣房屋。若老周未通知老李而出賣房屋給老張，即使房屋已經登記給老張，這個移轉登記仍然不可對抗老李，老李仍然可行使優先承買權，以老張承買的相同條件承買該房屋。

第427條（出租人之負擔稅捐義務）
就租賃物應納之一切稅捐，由出租人負擔。

解說

租賃物上應納的一切稅捐，因均係以租賃物為標的，而租賃物的所有權人為出租人，因此，如租賃契約並無特別的約定，原則上仍應由出租人負此稅捐繳納的義務，以期合理、公平。

第428條（動物飼養費之負擔）
租賃物為動物者，其飼養費由承租人負擔。

解說

以動物為租賃的標的時，其日常飼養該動物以保持動物生產力所必須支付的費用，本為承租人所得預期者，因此，本條明定由承租人負擔飼養動物的義務，以符合當事人的本意。

第429條（出租人之修繕義務）
租賃物之修繕，除契約另有訂定或另有習慣外，由出租人負擔。
出租人為保存租賃物所為之必要行為，承租人不得拒絕。

解說

租賃物的修繕，原則上由出租人負擔。租賃物修繕義務的

發生，係於租賃物損毀，不合於約定的使用收益狀態時，出租人應予以修復，此修繕義務係屬出租人保持租賃物合於所約定用益狀態義務的範圍，亦為出租人保存其出租之物的具體手段及方法，故如租賃契約並無特別訂定或無其他習慣，原則上應由出租人負擔修繕的義務。

　　修繕租賃物的義務，在另一方面而言亦為出租人的權利，因租賃物的所有權係屬出租人，出租人自有保存其所有物的權利，故本條第2項明定出租人於為保存租賃物的必要行為時，承租人必須配合而不得拒絕。例如，出租房屋的衛浴設備損毀，有必要更新或修繕時，如需工人施工及搬運物品，則承租人不但不得拒絕，尚須容忍並配合移動家具，以便修繕工程的順利進行。

第430條（修繕義務不履行之效力）
租賃關係存續中，租賃物如有修繕之必要，應由出租人負擔者，承租人得定相當期限，催告出租人修繕，如出租人於其期限內不為修繕者，承租人得終止契約或自行修繕而請求出租人償還其費用或於租金中扣除之。

解說

　　租賃物必須是有修繕的必要，以及有修繕的可能，出租人的修繕義務始能成立，此義務成立後，出租人即應履行，若不履行時，依本條規定在租賃關係存續中：（一）承租人得定相當期限，先催告出租人修繕租賃物，此為承租人的催告權；（二）出租人如於承租人所定期限內不為修繕時，承租人有下

列兩種方法可以選擇，一為終止契約，另為自行修繕。如承租人選擇終止租賃契約，其尚得請求損害賠償；如承租人選擇自行修繕租賃物，其有權向出租人請求償還修繕的費用，或於應付的租金中扣除（即以代墊的修繕費與租金相互抵銷），以確保承租人的利益。

> **第431條**（有益費用之償還及工作物之取回）
> 承租人就租賃物支出有益費用，因而增加該物之價值者，如出租人知其情事而不為反對之表示，於租賃關係終止時，應償還其費用。但以其現存之增價額為限。
> 承租人就租賃物所增設之工作物，得取回之。但應回復租賃物之原狀。

解說

　　承租人就其租賃之物支出費用，因而增加物的價值時，本於不當得利的法則，出租人應負擔償還費用的義務，惟其須具備下列要件：

（一）承租人所支出的必須是有益費用：有益費用與必要費用不同，有益費用非必不可缺，其不支出亦可，但如支出則可增加物的價值。例如，房屋漏水予以修補的費用，屬於不可或缺的必要費用，但如將房屋重新粉刷、裝潢所支出的費用則屬可增加房屋價值的有益費用。

（二）有益費用的支出須因而增加租賃物的價值：如果有益費用的支出實際上並未使租賃物的價值增加，出租人對此本無須負擔償還的責任。

（三）須出租人知其情事而不為反對的表示：有益費用的支出
如准許無條件地由出租人償還，則承租人將毫無顧忌地
任意花費，以圖謀自己的利益，此時出租人必無法負
荷，因此為保護出租人，本條規定承租人就租賃物有益
費用的支出，雖不必積極地取得出租人的同意，但仍須
出租人明知且消極地不為反對，始得向出租人請求償
還。

具備前述三要件時，出租人有義務償還承租人為租賃物所
支出的有益費用，其償還的時間應於租賃關係終止時，償還的
數額則以契約終止時，現存的增加價額為限，如租賃物增加的
價額於契約終止時已不存在，出租人自無須償還。

其次，承租人如就租賃物增設其他工作物，例如為租用的
房屋增添窗戶及門，若不欲請求償還或出租人不願償還此費用
時，承租人有權取回其工作物，但應回復租賃物原有的狀態，
此為承租人工作物的取回權。

第432條（承租人之保管義務）
承租人應以善良管理人之注意，保管租賃物，租賃物有生產
力者，並應保持其生產力。
承租人違反前項義務，致租賃物毀損、滅失者，負損害賠償
責任。但依約定之方法或依物之性質而定之方法為使用、收
益，致有變更或毀損者，不在此限。

解說
承租人對於租賃物所負保管的義務，應以善良管理人的

注意程度為之，租賃物若有生產能力，則應保持其生產力。例如，租用苗圃乙塊，須時時灌溉、施肥，以免地力枯竭而喪失生產的能力。

　　承租人如違反善良管理人的注意義務，或不保持租賃物的生產力，致租賃物因而毀損滅失時，自應負損害賠償的責任，但依租賃契約所訂的方法或依租賃物本身性質而定的方法為使用收益，致租賃有變更或毀損，則屬當然且可預料的結果，此種情形，承租人即無須負賠償的責任。例如，租用房屋乙棟，約定為開設連鎖便利商店，因出入的客人頻繁，貨物堆積眾多，致房屋的地石及牆壁磨損，此結果乃屬必然，故法律上承租人得以免責。

> **第433條**（就第三人行為之責任）
> 因承租人之同居人或因承租人允許為租賃物之使用、收益之第三人應負責之事由，致租賃物毀損、滅失者，承租人負損害賠償責任。

解說

　　租賃物的毀損滅失如係由於承租人的同居人，或因承租人允許為租賃物的使用收益的第三人，應負責的事由所致，承租人仍應就第三人的行為，向出租人負損害賠償的責任。所謂承租人的同居人，不以承租人的家屬為限，承租人的使用人或客人均包括在內；所謂承租人允許為租賃物使用收益的第三人，係指向承租人借用租賃物之人而言，並不包括轉租的承租人，因本法第444條第2項就轉租的效力另有規定。

第434條（失火責任）
租賃物因承租人之重大過失，致失火而毀損、滅失者，承租人對於出租人負損害賠償責任。

解說

　　承租人所負的責任，原則上是抽象輕過失責任（即須盡善良管理人的注意義務），但在租賃物的失火責任方面，則有例外，本條就租賃物因失火而致毀損滅失的情況，明定非承租人有重大過失，即無須負責。此失火責任較前條所定的責任為輕，其理由乃係基於失火本非承租人所願，且其財物亦不免遭到焚燬，賠償無力又值得同情，因此法律遂減輕承租人的責任，使承租人顯然在未盡一般人注意義務的情況下，始負失火的責任。至於故意放火，則不但須負刑事責任，民事責任當然更不能免。

第435條（租賃物一部滅失之效果）
租賃關係存續中，因不可歸責於承租人之事由，致租賃物之一部滅失者，承租人得按滅失之部分，請求減少租金。
前項情形，承租人就其存餘部分不能達租賃之目的者，得終止契約。

解說

　　租賃關係存續中，租賃物如有一部滅失，而其滅失的原因係不可歸責於承租人的事由所致（例如天災地變等不可抗力的因素，以及第三人的故意或過失而致），倘租賃物存餘的部分

還可以使用收益，而達租賃的目的時，承租人自得按其使用收益範圍縮小的比例，請求減少租金。

租賃物一部滅失後，如其存餘的部分，無法達到原本租賃的目的時，為保護承租人的利益，法律特別賦予承租人終止契約的權利。

第436條（權利瑕疵之效果）
前條規定，於承租人因第三人就租賃物主張權利，致不能為約定之使用、收益者準用之。

解說

租賃契約為有償契約，因此有關本法第347條買賣瑕疵擔保的規定，亦有準用，其結果出租人應擔保第三人就租賃的標的物，對於承租人不得主張任何權利；然若承租人因第三人就租賃物主張權利，導致其對於租賃物的一部，不能為約定的使用收益，則承租人得根據本條準用前條的規定，依照不能使用收益的部分，請求減少租金，若就存餘的部分仍無法達到租賃的目的，承租人則得終止租賃契約。

第437條（承租人之通知義務）
租賃關係存續中，租賃物如有修繕之必要，應由出租人負擔者，或因防止危害有設備之必要，或第三人就租賃物主張權利者，承租人應即通知出租人。但為出租人所已知者，不在此限。
承租人怠於為前項通知，致出租人不能及時救濟者，應賠償出租人因此所生之損害。

解說

　　承租人的主要義務係保管租賃物的義務，從屬於此義務之一的是承租人的通知義務。此一義務成立的要件如次：

（一）應通知的事項須已發生：通知必須有應通知的事項發生，本條明定其事項有：(1)租賃物有修繕的必要，且應由出租人負擔者；(2)因防止危害有設備的必要；(3)第三人就租賃物主張權利者。

（二）應通知事項須為出租人尚未知悉的事項：出租人若業已知悉的事項，承租人自不必再為通知，但承租人是否業已知悉，當事人間如有爭執時，須由承租人負舉證出租人已知的責任，否則承租人仍不得免除其未為通知的責任。

　　其次，如承租人違反前項規定的通知義務，致出租人不能及時為補救或救濟的措施時，則應就出租人因此所生的損害負賠償之責。例如，公寓陽台的鐵欄杆生鏽，出租人並不知悉，承租人知道卻未通知出租人修繕，結果欄杆掉落傷及路人，出租人因而賠償路人所生的損害，此時承租人就出租人支出的賠償金額，仍須負責。

第438條（承租人依約定方法使用收益之義務）
承租人應依約定方法，為租賃物之使用、收益；無約定方法者，應以依租賃物之性質而定之方法為之。
承租人違反前項之規定為租賃物之使用、收益，經出租人阻止而仍繼續為之者，出租人得終止契約。

解說

　　承租人只有依照約定的方法，使用收益租賃物的權利，若無約定方法時，承租人亦只有依照租賃物的性質而定的方法，為使用租賃物的權利，而不得違反契約或租賃物性質而定的方法為使用及收益。

　　承租人如果違反前項規定的方法為使用收益租賃物，法律准許出租人有阻止的權利，倘承租人經阻止後仍繼續其違反的行為，出租人尚有終止租賃契約的權利，以維護出租人的權益。

第439條（支付租金之時期）

承租人應依約定日期，支付租金；無約定者，依習慣；無約定亦無習慣者，應於租賃期滿時支付之。如租金分期支付者，於每期屆滿時支付之。如租賃物之收益有季節者，於收益季節終了時支付之。

解說

　　租金的支付時期，本法採原則上先使用收益租賃物，而後才付租金的「後付主義」。本條就租金支付的時期，詳細規定如次：

（一）承租人應依約定的日期支付租金：租金的後付並非強行規定，當事人得以特約約定預收租金，此時承租人自應依照約定日期先付租金。

（二）支付時期無約定者，依照習慣支付租金：例如，在我國房屋租金是以月為單位支付，則契約未定支付期限時，應按月繳納租金。

（三）無約定亦無習慣者，租金以後付為原則：所謂後付，係
指租金一次支付者，應在租賃期滿時支付；租金分期支
付者，應於每期屆滿時支付；租賃物有收益的季節者，
租金則應於收益終了時支付。

第440條（支付租金遲延之效力）
承租人租金支付有遲延者，出租人得定相當期限，催告承租
人支付租金，如承租人於其期限內不為支付，出租人得終止
契約。
租賃物為房屋者，遲付租金之總額，非達二個月之租額，不
得依前項之規定，終止契約。其租金約定於每期開始時支付
者，並應於遲延給付逾二個月時，始得終止契約。
租用建築房屋之基地，遲付租金之總額，達二年之租額時，
適用前項之規定。

解說

　　承租人應依民法第439條之日期支付租金給出租人，如果
有所遲延，應該負給付遲延的責任，此時出賣人可以定相當期
限催告承租人支付租金，若承租人仍不支付租金，出租人可以
終止租賃契約。

　　依本條第2項之規定，只要承租人在出租人催告期限內不
支付，出租人即可終止租約。但如果租賃物為房屋，通常承租
人是租屋作為居住之用，法律為了保護承租人居住之安定性，
本條第2項規定，必須要承租人遲付租金之總額，達到二個月
之租金額，出租人才可終止契約。例如，每個月之租金新台

幣5萬元，則必須要承租人所遲延給付的租金達到10萬元時，出租人才可以依本條之規定，終止契約。如果承租人所遲延支付的租金總額未超過二個月租金額10萬元，則出租人不可終止契約。而如果租金約定於每期開始支付者，除了承租人遲延給付租金總額達到二個月以上，還必須要承租人遲延給付租金超過二個月的時間，才可以終止租約。例如，老周向老陳承租房屋，約定每個月初一給付租金，老周在5月1日未給付租金，到6月1日時，老周亦未給付，則其積欠之租金總額已達到二個月，但是因為租金是約定在期初支付，6月1日時，雖已欠租達二個月出租額，但因為老周5月1日才開始遲延給付租金，到6月1日只有一個月期間，依本條規定，必須要到7月1日遲延給付才達到二個月期間，此時老陳才能終止租約。

　　至於在租賃基地建築房屋的情形，本來依土地法第103條第4款就有規定「承租人積欠金額，除以擔保現金抵償外，達二年以上時」，出租人才可以終止租約，本次修正時參酌土地法第103條規定，增訂第3項。

第441條（不得減免租金之事由）
承租人因自己之事由，致不能為租賃物全部或一部之使用、收益者，不得免其支付租金之義務。

解說

　　按本法第435條規定，因不可歸責於承租人的事由，致租賃物的一部滅失者，承租人得依滅失的部分，請求減少租金；相反地，若租賃物全部或一部不能使用收益的原因，係由於承

租人自己的事由所致，承租人當然不得免除支付租金的義務，以免出租人遭受不當的損失。

> **第442條**（因情事變更之租金增減請求權）
> 租賃物為不動產者，因其價值之昇降，當事人得聲請法院增減其租金。但其租賃定有期限者，不在此限。

解說

　　基於「契約應予嚴守」的法律原則，租金的數額如經當事人約定，自不容再任意增減，但如遇有情事變更，則本條例外地准許租金的變動，其適用須具備下列要件：

（一）租賃物須為不動產：本條的適用係以不動產（即土地及其定著物，如房屋等）的租賃為限。動產租賃則無此適用的餘地。

（二）須租賃物的價值有升降：即指租賃物本身的價值有漲跌而言，尚非指一般物價的漲跌，而此價值係指交易價值，並非不動產出租人自行申報的價值。例如，出租後的房屋增加了智慧型監控電腦設備，該房屋本身的價值即因之而增加，故可成為請求增加租金的理由。

（三）須為不定期的租賃：租賃契約定有期限者，可認為當事人有於此期限內不變更租金的意思，因此縱有情事變更，亦不得於租賃期限內請求增減租金。

　　具備前述三要件後，不動產價值升高時，出租人可向法院聲請增加租金的權利；不動產價值降低時，承租人有向法院聲請減少租金的權利，此項當事人雙方皆得享有聲請權，無須取

得對方的承諾，只須向法院聲請並經法院判決，即可變更租賃關係的內容，故其性質係屬形成權，其訴訟為形成之訴，其判決結果可以形成另一種新的權利義務關係。

第443條（租賃物之轉租）

承租人非經出租人承諾，不得將租賃物轉租於他人。但租賃物為房屋者，除有反對之約定外，承租人得將其一部分轉租於他人。

承租人違反前項規定，將租賃物轉租於他人者，出租人得終止契約。

解說

　　租賃物的轉租係指承租人不脫離租賃關係，而將租賃物轉租於次承租人而言，於此，轉租人即俗稱所謂的「二房東」。例如，甲出租房屋一間於乙，乙又將房屋內之房間轉租給丙、丁，此時乙一變而為出租人，法律上稱轉租人，丙、丁則為次承租人。租賃物的轉租是否可以自由為之，本條則以不許轉租為原則，許可轉租為例外，其例外的情形有下列二種：

（一）轉租經出租人的承諾：因租賃契約乃係基於出租人信任承租人而訂立的契約，如出租人不信任其人，自不能強使出租人出租其物，故轉租關乎承租人人格信用問題甚大，在未經出租人承諾之前，承租人自不得將租賃物轉租於他人。

（二）租賃物為房屋：租賃物的標的物如為房屋，在我國習慣上多許承租人轉租，故除當事人有反對的約定外，承租

人得將房屋的一部轉租於他人以解決社會上「住」的問題。須注意者，租賃物須為房屋，如係土地則不在此限；須僅轉租一部分，若轉租全部的房屋則為不准；且須無反對的約定，即於原租賃契約中如曾約定不許轉租，有此約定方能拘束承轉人，倘無此約定，僅臨時出租人片面反對轉租，承租人仍得轉租。

符合前述二種情形的轉租是為「合法轉租」。相反地，如承租人未經出租人承諾，竟將一般租賃物轉租他人，或將契約訂定不得轉租的房屋轉租於他人，或契約雖未為不得轉租的規定，承租人以房屋的全部轉租於人，此些情形皆屬「非法轉租」，其結果出租人有權終止租賃契約，並得依本法第263條的規定，同時向承租人請求損害賠償；如出租人不終止租賃契約時，對於承租人仍然有支付租金的請求權。

第444條（轉租之效力）
承租人依前條之規定，將租賃物轉租於他人者，其與出租人間之租賃關係，仍為繼續。
因次承租人應負責之事由所生之損害，承租人負賠償責任。

解說

經出租人承諾的轉租，或雖未經出租人的承諾，但租賃物為房屋，且當事人間並無反對的約定，而承租人將房屋的一部轉租於他人等情形，此等轉租既為合法的轉租，出租人當然無權終止其與承租人間的租賃關係，申言之，即出租人與承租人間的租賃契約依然有效存在，彼此分享權利、互負義務。

　　至於，合法轉租後，因次承租人應負責的事由所生的損害，本條第2項則明定由承租人負賠償責任，且不問承租人有無過失，均應為其轉租後之次承租人的行為向出租人負責。此一規定的理由，乃係基於出租人與次承租人間並無租賃關係，因此出租人無直接向次承租人請求給付租金的權利，而轉租人（即原承租人）和次承租人的轉租，與出租人和承租人的租賃，雖屬各別的法律關係，然原租賃關係並不因轉租而消滅，仍為存續，故次承租人所加於租賃物的損害，應由承租人對於出租人負賠償的責任，是屬當然的結果。

第445條（不動產出租人之留置權）
不動產之出租人，就租賃契約所生之債權，對於承租人之物置於該不動產者，有留置權。但禁止扣押之物，不在此限。
前項情形，僅於已得請求之損害賠償及本期與以前未交之租金之限度內，得就留置物取償。

解說

　　承租人對於出租人負有給付租金的債務，有時尚可能發生損害賠償的債務，法律為保護不動產出租人的利益，並確保承租人履行上述債務，於是有法定擔保物權——留置權的規定，其要件及效力如次：

（一）留置權的權利人須為不動產出租人：即指房屋或土地的出租人而言。動產出租人則無此留置權。

（二）留置權的標的物須為承租人的動產：如為他人（例如承租人的同居人、客人）之物，則出租人不得留置，且承

租人的動產須置於出租的不動產之上方得予以留置，而出租人是否占有該動產，則非所問。但屬於禁止扣押之物，則仍不得留置，例如承租人所必需的日常用品，以及藉以謀生的職業上所使用的工具等（強§53）。

（三）留置權所擔保的債權須為就租賃契約所生的債權：所謂就租賃契約所生的債權，主要係指租金，但依本法第432條至第434條，以及第437條所發生的損害賠償債權，亦包括在內。

（四）不動產出租人得就留置物取償：出租人對於已得請求的損害賠償及本期以前未交付的租金限度內，得就留置物取償。所謂已得請求的損害賠償，係指已經發生且得請求的賠償而言；所謂本期的租金，係指出租人行使留置權時，當期租金而言；所謂以前未交付的租金，係指上一期之前各期所延欠的租金而言；所謂取償，係指就留置物賣得的價金，充償出租人的債權。

第446條（留置權之消滅與出租人之異議）
承租人將前條留置物取去者，出租人之留置權消滅。但其取去係乘出租人之不知，或出租人曾提出異議者，不在此限。承租人如因執行業務取去其物，或其取去適於通常之生活關係，或所留之物足以擔保租金之支付者，出租人不得提出異議。

解說

不動產出租人就承租人的動產行使留置權的要件，必須是

留置物係置於該不動產者為限，若承租人已將其留置物取走，則物已脫離得以留置的範圍，出租人的留置權當然消滅。但承租人取去留置物係乘出租人不知道的時候，或係在出租人知情但有異議的情況下而仍取去，則有違誠實信用原則，應使出租人的留置權依然存續，以昭公允。

其次，承租人取去的動產，如係屬因執行業務，或適於通常生活關係，非取去無法維持其通常生活，或其置留的動產還足夠擔保租金的支付等情況，基於人道主義及一般情理的考量，此時出租人對於承租人取去其物不得提出異議，縱有異議，亦為無效。

第447條（出租人之自助權）

出租人有提出異議權者，得不聲請法院，逕行阻止承租人取去其留置物；如承租人離去租賃之不動產者，並得占有其物。

承租人乘出租人之不知或不顧出租人提出異議而取去其物者，出租人得終止契約。

解說

為使不動產的出租人，得以完全的行使留置權，則有必要賦予出租人可以自己的力量，阻止承租人取走留置物，如承租人離去租賃不動產所在地時，出租人並有得占有其物的權利，以便出租人因租賃契約所生的債權能夠完全受償。基於上述理由，本條遂明定出租人對承租人取去留置物的行為有提出異議時，有權不向法院聲請而逕行阻止承租人取去其物，如果承租

人離去其承租的不動產時，出租人並有權占有其物，是為出租
人的自助權。

　　承租人係乘出租人不知情，或承租人不管出租人所提出之
異議，而仍取去其物的情況，法律為保護出租人的利益，賦予
出租人得終止租賃契約的權利。

第448條（留置權因承租人提供擔保而消滅）
承租人得提出擔保，以免出租人行使留置權，並得提出與各
個留置物價值相當之擔保，以消滅對於該物之留置權。

解說

　　承租人提出擔保以避免出租人行使留置權，或提出與各個
留置物價值相當的擔保，以消滅對於該特定物的留置權，此等
擔保的提出對於出租人的債權滿足不但無害，甚至亦有相當的
保障，因此法律准許承租人另提擔保以消滅出租人的留置權。
須注意者，本條特別允許承租人提出與各個留置物價值相當的
擔保，以消滅出租人部分的留置權，此與本法物權編所規定的
留置權具有不可分性，有所不同，此為留置權不可分性的例外
規定。

第449條（租賃期限）
租賃契約之期限，不得逾二十年。逾二十年者，縮短為二十
年。
前項期限，當事人得更新之。
租用基地建築房屋者，不適用第1項之規定。

解說

　　租賃契約是所有權人將其所有物之使用收益權利出租給承租人，在租賃期限內，出租人有所有權，但並不能使用收益。因此，如果租賃期限太過長久，對於雙方當事人約束太大，且長期存在使用權與所有權不合一之情況，對於社會經濟也有所影響，也容易產生糾紛，因此租賃期限不宜太久。

　　而租賃契約可分為定有期限之「定期租賃」及未定期限之「不定期租賃」兩種。在不定期租賃契約，雙方當事人都可以依法律所規定的終止租約之權利終止租約，但是在定期租賃情況之下，當事人不能在期限前終止租約，如果租賃的期限過於長久，則當事人雙方都受此期限約定拘束，並不適宜。因此本條規定租賃契約的期限最長不得超過二十年，超過二十年者，縮短為二十年。法律一方面是要使租賃契約期限不要太過長久，以免當事人受到太長期間契約之拘束；另一方面，如果當事人間契約關係維持良好，在租賃期限屆滿，當然允許其可以更新租約，不過期限亦不可以超過二十年。

　　但如果是租用基地建築房屋者，則情形不同，因為其租賃之目的是在建築房屋，而房屋的使用通常較二十年更為長久，且出租人在將土地出租的時候，就已預期該房屋在使用期限內，會長久存在於出租人所有土地之上，出租人既然有此預期，而且對社會經濟來講，也一定要租賃契約和房屋的使用年限相當，才能達到使用房屋之社會經濟上的效益，否則房屋使用期內租賃期限屆滿，則房屋所有人無正當權源繼續使用該房屋，如此易衍生糾紛而有弊端。因此租用基地建築房屋者，不適用租賃期限二十年之定，如果超過二十年，仍然有效。

第450條（租賃契約之消滅）

租賃定有期限者，其租賃關係，於期限屆滿時消滅。

未定期限者，各當事人得隨時終止契約。但有利於承租人之習慣者，從其習慣。

前項終止契約，應依習慣先期通知。但不動產之租金，以星期、半個月或一個月定其支付之期限者，出租人應以曆定星期、半個月或一個月之末日為契約終止期，並應至少於一星期、半個月或一個月前通知之。

解說

　　租賃契約定有期限時，租賃關係在期限屆滿時即歸於消滅，此為當然的結果。

　　租賃契約未定期限的情形有三種：一為租賃契約訂立時，當事人即未對租賃定有期限；二為不動產的租賃契約，其期限超過一年，因為沒有以字據訂立，而視為不定期限的租賃（民§422）；三為租賃期限屆滿後，承租人仍使用收益租賃物，而出租人不立刻表示反對的意思，則視為以不定期限繼續租賃的契約（民§451），此三種未定期限的租賃，各當事人均得隨時終止契約，而無須具備任何理由，但若另有利於承租人的習慣，則應從其習慣。

　　其次，任何一方的當事人欲隨時終止契約，或依習慣終止契約時，皆負有通知相對人的義務，以便相對人得有所準備，並避免遭到不測的損害。但不動產的租金如係以星期、半個月或一個月而定其支付期限時，出租人應以星期的末日、半個月的末日或一個月的末日為契約終止期，並至少應於一星期前、半個月前或一個月前通知承租人，以保護承租人的利益。

第451條（租賃契約之默示更新）
租賃期限屆滿後，承租人仍為租賃物之使用收益，而出租人不即表示反對之意思者，視為以不定期限繼續契約。

解說

租賃如定有存續期限，則期限屆滿契約當然消滅，但如符合本條所規定的情形，本應消滅的定期租賃契約，即可轉變為不定期的租賃契約，其要件如次：

（一）承租人須於租賃期限屆滿後，仍為租賃物的使用收益：承租人如於租期滿後，未為租賃物的使用收益，則租賃契約當然消滅，無法轉變為不定期限的租賃。

（二）出租人須不即表示反對的意思：出租人如就承租人繼續使用收益租賃物的行為，於租約屆滿時，即表反對的意思，租賃契約亦當然消滅，而不能再轉變為不定期租賃，故必出租人未即表示反對的意思，始能轉變為不定期的租賃契約。

第452條（承租人死亡之契約終止）
承租人死亡者，租賃契約雖定有期限，其繼承人仍得終止契約。但應依第450條第3項之規定，先期通知。

解說

承租人死亡，租賃契約雖然定有期限，如果承租人的繼承人有無須繼續租賃關係的情形，應使其於租賃期限屆滿前，仍得隨時終止契約，以符人情常理。但繼承人在終止契約時，須依照本法第450條第3項的規定，負先期通知的義務，以免事出

突然，導致出租人準備不及。

第453條（定期租約之終止）
定有期限之租賃契約，如約定當事人之一方於期限屆滿前，
得終止契約者，其終止契約，應依第450條第3項之規定，
先期通知。

解說

　　租賃的期限既經約定，當事人固應受期限的拘束，但若亦
約定有當事人一方得在期限屆滿前解除契約（即契約解除權的
保留），則為法律所准許的，只是一方在終止契約時，仍須依
照本法第450條第3項的規定，負先期通知的義務，使他方當事
人有所準備，以示公平。

第454條（租約終止之效力（一）——預收租金之返還）
租賃契約，依前二條之規定終止時，如終止後始到期之租
金，出租人已預先受領者，應返還之。

解說

　　租賃契約依前二條的規定，因承租人死亡而由其繼承人
聲明終止，或當事人一方根據契約的約定而於期限屆滿前終止
時，如承租人已預付終止後始到期的租金，則出租人就此預先
受領的租金部分，構成不當得利，故出租人負有返還的義務，
以維護承租人的利益。

第455條（租約終止之效力（二）——租賃物之返還）
承租人於租賃關係終止後，應返還租賃物；租賃物有生產力
者，並應保持其生產狀態，返還出租人。

解說

　　租賃關係消滅後，除因租賃物全部滅失以外，承租人尚有
返還租賃物的義務，且租賃物本有生產力者，承租人尚應保持
其生產狀態，以返還於出租人。例如，租賃雞群生蛋之用，承
租人應善加飼養，並使雞群的生產能力保持良好，而不得以殺
雞取卵的方式，只顧生蛋，不顧飼養，否則出租人因此所受的
損害，應由承租人負責。

第456條（租賃契約之短期時效及其起算點）
出租人就租賃物所受損害對於承租人之賠償請求權，承租人
之償還費用請求權及工作物取回權，均因二年間不行使而消
滅。
前項期間，於出租人，自受租賃物返還時起算；於承租人，
自租賃關係終止時起算。

解說

　　出租人就租賃物所受的損害，對於承租人的損害賠償請求
權，因二年期間的經過不行使權利而消滅；承租人對於出租人
的費用償還請求權及工作物取回權，亦因二年時效的經過不行
使而消滅。法律為使上開權利的法律關係得以迅速確定，故以
二年的短期消滅時效為其權利行使的期限。

其次，為便於適用，本條第2項就前項二年時效的起算點亦有明確的規定，即前項所列之權利於出租人自受租賃物返還時起算，經過二年不行使而消滅；於承租人自租賃關係終止時起算，經過二年不行使而消滅。

第457條（耕作地租賃之租金減免請求權）
耕作地之承租人，因不可抗力，致其收益減少或全無者，得請求減少或免除租金。
前項租金減免請求權，不得預先拋棄。

解說

今日社會雖已趨向工商化，但農業的重要性，仍不減當年，為保護耕農，法律上有關耕作地的租賃遂設有許多特殊規定，例如土地法中規定有關耕作地租用之項目，及耕地三七五減租條例的規定等，其與本法在適用上的次序，則須視規律的對象及依特別法優於普通法的原則決定。本條係就耕作地的承租人，因不可抗力的事由，致其耕作地的收益減少或全無時，有請求減少或免除租金的權利。

又法律為特別保護經濟上弱者起見，也為避免耕作地承租人受出租人的壓迫，而預先拋棄租金減免的請求權，於本條第2項特設禁止預先拋棄租金減免請求權的規定。

第457條之1（耕作地預收地租之禁止與承租人得為部分租金）

耕作地之出租人不得預收租金。

承租人不能按期支付應交租金之全部，而以一部支付時，出租人不得拒絕收受。

解說

我國民法是在民國18年公布，並於19年施行，當時並無耕地三七五減租條例、土地法等農地政策法令之規定。而依耕地三七五減租條例第14條之規定「出租人不得預收地租及收取押租」、土地法第112條第1項規定「耕地出租人不得預收地租」，本次修正時，為了加強對耕作地承租人之保護，參照耕地三七五減租條例第14條，增訂民法第457條之1第1項之規定。不過依照實務見解，雖然出租人不得預向承租人收取地租，但如果承租人願預付地租給出租人，就為法所不禁（見最高法院52年台上字第2208號判例），因此如果耕作地承租人願預付租金給出租人，則並非法所不准。

另外依土地法第113條之規定「承租人不能按期支付應交地租之全部，而以一部支付時，出租人不得拒絕收受，承租人亦不得因其收受而推定為減租之承諾。」本次修正時，增訂民法第457條之1第2項之規定，在一般租賃，承租人必須完整一次給付租金。例如一個月租金新台幣5萬元，承租人必須一次給付新台幣5萬元整，如果承租人未支付5萬元，因為承租人並沒有依債之本旨為給付，出租人可以拒絕收受租金，但為了保護經濟上較弱之耕作地承租人，因此，本條特別規定耕作地承租人支付一部分租金時，出租人不得拒絕收受。

第458條（耕作地終止契約之限制（一））

耕作地租賃於租期屆滿前，有左列情形之一時，出租人得終止租約：

一　承租人死亡而無繼承人或繼承人無耕作能力者。

二　承租人非因不可抗力不為耕作繼續一年以上者。

三　承租人將耕作地全部或一部轉租於他人者。

四　租金積欠達兩年之總額者。

五　耕作地依法編定或變更為非耕作地使用者。

解說

　　在所有租賃契約中，如果承租人有民法第440條欠租之情形以及民法第443條轉租之情形，出租人都可依該二條之規定，終止租約。而在定有期限的耕作地租賃契約，除了上述二種情形之外，本條特規定在下列五種情形之下，即使租賃期限尚未屆滿，出租人還是可以提前終止契約。

（一）承租人死亡而無繼承人或繼承人無耕作能力者：既然是耕作地租賃契約，則租賃目的是為耕作之用，如果承租人死亡後，沒有繼承人或繼承人中都沒有耕作能力，則承租人方面沒有辦法將土地作為耕作之使用，已失其耕作之目的，出租人當然可以提前終止契約。

（二）承租人非因不可抗力不為耕作繼續一年以上者：既然租賃的目的是在耕作，如果承租人在沒有不可抗力之情形之下，卻不繼續耕作達一年以上，任由該農地荒廢，對社會經濟顯為不利，此時出租人亦可終止契約。

（三）承租人將耕作地全部或一部轉租於他人者：租賃物不得轉租，本來就是一般原則的規定（見民§443），如果

承租人將耕作地全部或一部轉租於他人者，出租人當然可以終止租約。

（四）租金積欠達二年之總額者：依民法第440條第1項之規定，一般租賃，租金積欠達二個月租金額就可以終止租約，為了保護耕地承租人，本條規定積欠租金總額達二年之總額時，出租人才可終止租約。

（五）耕作地依法編定或變更為非耕作地使用者：既然農地已經編定或變更為非耕作地使用，則失其耕作地租賃目的，出租人可終止租約。

第459條（耕作地終止契約之限制（二））

未定期限之耕作地租賃，出租人除收回自耕外，僅於有前條各款之情形或承租人違反第432條或第462條第2項之規定，得終止契約。

解說

前條民法第458條是對於定期耕作地租賃契約，規定出租人在什麼情況下可以終止租約，本條則是對未定期限之耕作地租賃，規定出租人在什麼情況下可以終止租約。

（一）出租人收回自耕：保持農地農用，是國家之基本政策，既然耕作地所有人要自行耕作，則該農地還是可以保持農業使用，而在不定期租賃時，出租人如果自己想耕作，卻不賦予他終止耕作地租約之權限，則變成耕作地出租人無法終止租約，而必須向他人承租土地來耕作，顯然失其公平，因此應允許出租人在收回自耕時，可以終止租約。

（二）有民法第458條之情形：在定期租賃契約，租期屆滿前，出租人得依民法第458條之規定，終止租約，則不定期租賃更應允許出租人可依民法第458條終止契約。

（三）承租人違反民法第432條之規定：也就是承租人違反善良管理的義務，以致耕作地毀損滅失之情形。

（四）承租人違反民法第462條第2項之規定：即承租人因可歸責於自己之事由，將租賃清單所載之附屬物滅失而不為補充時。

第460條（耕作地終止契約之時期）
耕作地之出租人終止契約者，應以收益季節後，次期作業開始前之時日，為契約之終止期。

解說

　　出租人終止耕作地租賃契約的時期，應於收穫時節之後，次期耕作著手前的時日為之，否則於已耕作的時期終止耕地租約，不免有使耕作地產生荒蕪現象之虞，且易生經濟上的損害，故設有此一限制。

第460條之1（耕作地之優先承買或承典權）
耕作出租人出賣或出典耕作地時，承租人有依同樣條件優先承買或承典之權。
第426條之2第2項及第3項之規定，於前項承買或承典準用之。

解說

　　租賃契約之存在會使租賃物之所有權與使用權分別屬於不同的人，出租人保有物的所有權，而承租人則享有物的使用收益權，這種所有與使用不同一之情形，總是容易產生糾紛，宜使所有權與使用權合一，才是長久之計。在耕作地租賃之情形，考量到耕作地承租人均是經濟上弱者，既然耕作地出租人要出賣或者處理耕作地，自然應該使承租人有依同樣條件優先承買或承典之權。因為在同樣的出賣條件之下，出租人出賣給誰，其所得到之利益均相同。但是從耕作地承租人而言，其既然在該耕地上已耕作多時，如果能夠讓承租人能夠繼續擁有並且耕作該土地，對農業效益最為有利，因此本條規定耕作地出租人出賣或出典耕作地時，承租人有依同樣條件優先承買或承典之權。

　　而民法第426條之2亦是出租人與承租人間優先承買權之規定，性質相類似，其中有關出賣人書面通知之規定，及未通知時所為之所有權移轉不得對抗優先承買權人之規定，在本條亦準用之。

第461條（收穫孳息及耕作費用之償還）
耕作地之承租人，因租賃關係終止時未及收穫之孳息所支出之耕作費用，得請求出租人償還之。但其請求額不得超過孳息之價額。

解說

　　按我民法對於天然孳息的取得採「原物主義」的結果，租

賃契約終止時，未及收穫的孳息，應由出租人取得；惟該項孳息本為承租人施以勞力及花以費用的結果，出租人本無權無償取得，否則即構成不當得利，故法律仍使出租人負償還為該項孳息所支出的耕作費用，以示公平，而出租人償還的數額，則以不超過孳息的價額為限。

第461條之1（承租人對耕作地之特別改良）
耕作地之承租人於保持耕作地之原有性質及效能外，得為增加耕作地生產力或耕作便利之改良。但應將改良事項及費用，以書面通知出租人。
前項費用，承租人返還耕地時，得請求出租人返還。但以其未失效能部分之價額為限。

解說

　　本條係參照土地法第119條、第120條之規定以及耕地三七五減租條例第13條之規定所增訂之條文。土地法第119條規定「於保持耕地原有性質及效能外，以增加勞力資本之結果，致增加耕地生產力或耕作便利者，為耕地特別改良。前項特別改良，承租人得自由為之。但特別改良費之數額，應即通知出租人。」土地法第120條規定租賃契約終止後，承租人得請求特別改良之費用。耕地三七五減租條例第13條規定「承租人對於承租耕地之特別改良得自由為之，其特別改良事項及費用數額，應以書面通知出租人，並於租佃契約終止返還耕地時，由出租人償還之。但以其未失效能部分之價值為限。」

　　本條規定耕作地之承租人，於保持耕地之原有性質及效

能外，得為增加耕作地生產力或耕作便利之改良。但應將改良事項及費用，以書面通知出租人。例如，本來耕地從事溫室蔬菜栽培，為了使溫室蔬菜栽培生產效能增進，加蓋新的溫室外罩，使溼度及溫度的調節的功能增加，這種增加耕作地生產力的行為，承租人得任意為之，但因為根據本條第2項之規定，這些改良費用有可能在返還耕作地時由出租人負擔，因此承租人從事這些改良時，必須將改良事項及費用數額，以書面通知出租人，使出租人明瞭而有心理準備。

原則上，前項改良措施，如果是在租賃期限內，就已失去效能，則因為所有的改良行為所造成的生產力增加及工作便利，都是由承租人享受，因此這些費用自然應該由承租人負擔。但是如果這些改良行為造成之效能還沒有喪失，而租約就已經到期，承租人必須返還耕地時，承租人可以請求出租人返還該些費用。例如，上述例子中耕作地承租人對於溫室的改良，如果只有五年效用，而五年後租賃契約尚未到期，則因為五年之效用，全部由承租人享受，因此承租人不得向出租人請求任何改良費用，但是如果承租人從事該改良後二年租賃就已經到期，而承租人必須返還耕作地，則因為其改良所造成的增加生產之效能還有三年，此時承租人可以請求未喪失效能部分之價額，以折舊方式計算，請求出租人返還。

第462條（耕作地附屬物之範圍及其補充）
耕作地之租賃，附有農具，牲畜或其他附屬物者，當事人應於訂約時，評定其價值，並繕具清單，由雙方簽名，各執一份。

清單所載之附屬物，如因可歸責於承租人之事由而滅失者，由承租人負補充之責任。

附屬物如因不可歸責於承租人之事由而滅失者，由出租人負補充之責任。

解說

　　耕作地的租賃可分為附有附屬物與不附有附屬物兩種，在附有附屬物的情況，當事人應於訂約時，評定其價值，並作成清單，由雙方簽名，各執乙份為據。所謂附屬物，主要係指農具及牲畜而言，其他附屬物，如種籽、肥料等亦包括在內，此之附屬物與本法第383條第1項所稱的附屬物，範圍並不完全相同，因該條的附屬物係指從物而言，本條的附屬物則不以從物為限。

　　將附屬物記載於清單，可發生下列效力：

（一）如因可歸責於承租人的事由，而致清單所載的附屬物滅失時，承租人須負補充附屬物的責任；承租人竟不予補充，出租人得依本法第459條的規定，終止耕作地租賃的契約。

（二）清單所載的附屬物，如因不可歸責於承租人的事由而致滅失時，由出租人負補充附屬物的責任；倘出租人不予以補充時，承租人得依本法第435條規定，請求減少耕地租金或終止契約。

第463條（耕作地附屬物之返還）

耕作地之承租人依清單所受領之附屬物，應於租賃關係終止

時，返還於出租人；如不能返還者，應賠償其依清單所定之
價值。但因使用所生之通常折耗，應扣除之。

解說

租賃關係終止時，承租人應將其依清單所受領的附屬物，
返還於出租人，如有不能返還的情形，則應賠償其依清單所定
的價值，但為保護出租人的利益，上開賠償金額尚應扣除附屬
物因使用所生的通常折耗，以期公允。

第463條之1（權利租賃之準用）
本節規定，於權利之租賃準用之。

解說

依民法第421條關於租賃之定義規定為「稱租賃者，謂當
事人約定，一方以物租與他方使用、收益，他方支付租金之契
約。」因此租賃契約之本質應該是「物」的租賃。但是關於權
利，也可以租賃之方式出租，例如著作權法第29條第1項「著
作人專有出租其著作之權利。」既然權利也可以作為租賃之標
的，則「權利租賃」到底如何規範，應有所遵循，因此本條特
別規定，民法本節之規定於權利之租賃準用之。

第六節　借貸

第一款　使用借貸

第464條（使用借貸之意義）

稱使用借貸者，謂當事人一方以物交付他方，而約定他方無償使用後返還其物之契約。

解說

　　本條係就使用借貸之意義及法律性質所做的規定，茲分析如下：

（一）使用借貸之當事人為貸與人及借用人：貸與人就是將物品借給其他人使用的人，借用人是從貸與人取得借用物而為使用之人。

（二）使用借貸係要物契約：按契約有諾成契約及要物契約之分，諾成契約只須當事人對於契約之內容合意，契約即成立；要物契約則除了當事人間意思的合致之外，還必須要有物的交付才成立。使用借貸是要物契約，必須要貸與人將借用物交付給借用人時，使用借貸契約才成立。

（三）使用借貸係一種無償契約：使用借貸之借用人並不須給付給貸與人對價，如果是有對價的話，就變成租賃契約，此乃借貸契約與租賃契約之最大差別。

　　使用借貸之標的物，可以是動產，也可以是不動產，而借用人使用借用物必須以「不消費」之方式使用，才成立使用借

貸，如果以消費的方式使用，則係屬於民法第474條所規定之「消費借貸」，而不是這裡所說之「使用借貸」。使用借貸，借用人使用後，必須返還原來的借用物，這一點也是和消費借貸最大的不同，消費借貸是借用人將借用物消費後，以同種類、同品質、同數量之物返還。例如借用電視機使用而返還原電視機，是使用借貸，借用洋酒充作擺設之用之後將該洋酒原物返還，也是使用借貸，但是如果借用洋酒喝掉之後再以同樣種類的洋酒返還，就成為消費借貸。至於權利的借貸，理論上並不屬於民法所稱的使用借貸，只是權利借貸可以準用使用借貸的規定。

第465條（刪除）

第465條之1（使用借貸之預約）
使用借貸預約成立後，預約貸與人得撤銷其約定。但預約借用人已請求履行預約而預約貸與人未即時撤銷者，不在此限。

解說

使用借貸為要物契約，必須貸與人將物交付給借用人時，使用借貸契約才會成立，但是在契約成立之前，當事人雙方常預先有將物交付給借用人的約定，此即為使用借貸之預約。例如老周和老李3月8日約定在3月10日時，老周要將其跑車借給老李使用，則3月8日雙方所成立的是使用借貸的預約，而使用

借貸的本約，是在3月10日當老周將跑車交付給老李，使用借貸契約才成立。而因為使用借貸是無償契約，不應該使貸與人負有太大的義務，如果預約貸與人不願意接受預約之拘束，應該允許其自由撤銷才合理，因此本條規定「使用借貸預約成立後，預約貸與人得撤銷其約定」，不過如果「預約借用人已請求履行預約而預約貸與人未即時撤銷者」，則預約借用人已經有履行契約的期待，此時貸與人就不能任意撤銷借貸預約。

第466條（貸與人之擔保責任）
貸與人故意不告知借用物之瑕疵，致借用人受損害者，負賠償責任。

解說

　　按使用借貸的貸與人乃係無償的在約定期間內將物貸與借用人使用，因此貸與人所負的義務，並無可取償，此與一般的債務人因負擔義務，相對得以取得權利的情形不同，為公平起見，貸與人就其借用物原則上並不負擔瑕疵擔保的責任，但貸與人如係故意不告知借用人關於物的瑕疵，致借用人因借用物的瑕疵而受有損害時，仍應負損害賠償的責任。例如，張三向李四借用掃帚1支，但因該帚之握柄部分略有斷裂，致張三手指遭到竹木割傷，上開情形，如李四不知其帚的瑕疵，則不須對張三的損害負責；惟如李四知其帚有瑕疵，卻故意不告知張三時，則其應就張三所受的傷害，負損害賠償的責任。

第467條（借用人依約定方法使用之義務）

借用人應依約定方法，使用借用物；無約定方法者，應以依借用物之性質而定之方法使用之。

借用人非經貸與人之同意，不得允許第三人使用借用物。

解說

　　借用人對於借用物，應盡其注意義務妥為保管，因此借用人使用借用物時，如曾就使用方法有所約定，則應依照約定的方法使用，例如借書約定僅供閱讀使用；借筆僅供書寫之用等。惟應注意者，約定的使用方法不得違背公序良俗，否則無效，例如借槍約定供殺人用。如未約定使用方法，當然應依借用物本身的性質，以定其使用的方法，例如借用轎車以載客代步，不得以之運送動物；借用水牛以耕田地之用，不得以之運送貨物。

　　由於使用借貸的成立多係基於當事人間的特殊關係，方得毫無報償地貸與使用，因此法律上乃就借用人以外第三人的使用借用物，明文予以限制，亦即非經取得貸與人的同意，借用人不得允許第三人使用借用物，例如借用人借書乙本，在取得貸與人的同意之前，不得將書轉借他人、出租他人或贈送、賣與他人。

第468條（借用人之保管義務）

借用人應以善良管理人之注意，保管借用物。

借用人違反前項義務，致借用物毀損、滅失者，負損害賠償責任。但依約定之方法或依物之性質而定之方法使用借用物，致有變更或毀損者，不負責任。

解說

因使用借貸係屬無償契約的性質，在借用人而言，所受利益甚多，故應從重定其所負的責任，而使其負善良管理人的注意義務（即負抽象輕過失的責任）。借用人如違反上開義務，致其借用之物有毀損或滅失的情況，自應負損害賠償責任；惟借用人倘係依照約定的方法或物的性質所定的方法使用借用物，縱有變更或毀損的情形發生，亦無須負責，例如借用鋼筆而耗減墨水；借用轎車而磨損輪胎，上開情形，皆屬依物的性質於通常使用所必須付出的折耗，借用人依本條第2項的規定不必負責。

第469條（通常保管費之負擔及工作物之取回）
借用物之通常保管費用，由借用人負擔。借用物為動物者，其飼養費亦同。
借用人就借用物支出有益費用，因而增加該物之價值者，準用第431條第1項之規定。
借用人就借用物所增加之工作物，得取回之。但應回復借用物之原狀。

解說

依照前條之規定，借用人就其所借用之物，負有保管之義務。因此借用物之通常保管之費用，當然應由借用人負擔。例如借用機械設備必須添加潤滑油加以保養的費用，應該由借用人負擔；借用物是動物時，其飼養費用也應該由借用人負擔。例如，老張將其馬匹借給老李一個禮拜，餵馬的草料費用，就

應該由身為借用人的老李負擔。

　　通常保管費用是維繫該物品保持正常狀態的費用，係由借用人負擔，但是如果借用人就借用物支出之有益費用且因而增加該物之價值者，則準用第431條第1項關於承租人就租賃物支出之有益費用之規定負擔之。也就是如果借用人就借用物支出有益費用，因而增加該物之價值，而且貸與人知其情事而不為反對之表示意思者，於使用借貸契約終止時，償還其費用，但以現存之增加額為限。例如，老李向老陳借用電腦一部使用，老李為了使功能增加，裝上原來老陳沒有之音效設備，因而增加電腦的價值，如果老陳明知老李要加裝音效設備而無反對之意思，將來老李將電腦返還給老陳時，則老李支出之加裝音效設備之費用可以向老陳請求返還。

　　至於借用人就借用物所增加之工作物，借用人可以取回，但應回復借用物之原狀。例如老林向老陳借用腳踏車一部，老林裝上兒童座椅，老林將腳踏車返還給老陳時，老林可以將兒童座椅取回。

第470條（借用物之返還義務）
借用人應於契約所定期限屆滿時，返還借用物；未定期限者，應於依借貸之目的使用完畢時返還之。但經過相當時期，可推定借用人已使用完畢者，貸與人亦得為返還之請求。
借貸未定期限，亦不能依借貸之目的而定其期限者，貸與人得隨時請求返還借用物。

解說

借用物返還的時期，依本條規定可分下列兩種情形：

（一）約定有期限：使用借貸契約就借用物的返還時期定有期限時，借用人應於約定期限屆滿時返還借用物。

（二）未定有期限：使用借貸契約並未約定借用物返還的期限，則分兩種情況予以處理：(1)得依借用目的認為使用完畢的情況，借用人應依借貸的目的，於使用完畢時返還借用物，例如借用轎車乙輛供作禮車，則婚禮完畢後當然應視使用業已完畢，貸與人自得向借用人請求返還轎車；(2)不能依借用的目的而定返還期限的情況，法律為避免無謂的爭議，明文規定貸與人得隨時請求返還借用物，例如借用剪刀乙支，當事人雙方並未約定返還的期限，且亦無法按照借用的目的而定返還時期，此種情形貸與人即有權隨時向借用人請求返還該剪刀。

第471條（共同借用人之連帶責任）

數人共借一物者，對於貸與人，連帶負責。

解說

使用借貸的借用人僅有一人時，借用物的保管及返還等義務，自應由該人單獨負責，然同一物的借用人有數人時，為特別保護貸與人，法律明定該數人應對於貸與人負連帶責任，例如張三與李四共同向王五借用轎車乙輛，期滿張三雖表示欲將轎車返還於王五，但李四仍繼續使用該車，此時張三仍應與李四就該車的遲延返還共同負責。

第472條（貸與人之終止契約權）

有左列各款情形之一者，貸與人得終止契約：

一　貸與人因不可預知之情事，自己需用借用物者。

二　借用人違反約定或依物之性質而定之方法使用借用物，
　　或未經貸與人同意允許第三人使用者。

三　因借用人怠於注意，致借用物毀損或有毀損之虞者。

四　借用人死亡者。

解說

　　貸與人有下列情形之一發生時，有權終止使用借貸契約，
以消滅使用借貸的關係：

（一）貸與人因不可預知的情事，自己需用借用物的情形：例
　　　如借出轎車供作禮車，惟因家人遠自國外回來而需自
　　　用，則貸與人得終止使用借貸契約。

（二）借用人違反約定或依物的性質而定的方法使用借用物，
　　　或未經貸與人同意允許第三人使用借用物的情形：借用
　　　人如違反本法第467條所定借用物使用上的限制，法律
　　　上即賦予貸與人得終止契約的權利。

（三）因借用人怠於注意，致借用物毀損或有毀損之虞的情形：
　　　例如借用轎車乙輛，因借用人怠於注意而與他車擦撞，
　　　致轎車車門及車燈毀損，此種情形亦屬借用人違反其
　　　保管借用物的義務，貸與人自可終止使用借貸的契約。

（四）借用人死亡：由於使用借貸契約的成立多係基於當事人
　　　間的特殊關係，倘借用人死亡，其間的特殊關係即因而
　　　中斷，故得成為使用借貸契約終止的原因；此時使用借
　　　貸契約縱然定有返還借用物的期限，貸與人亦得於期限
　　　未滿之前終止契約。

第473條（消滅時效期間及其起算）
貸與人就借用物所受損害，對於借用人之賠償請求權、借用人依第466條所定之賠償請求權、第469條所定有益費用償還請求權及其工作物之取回權，均因六個月間不行使而消滅。
前項期間，於貸與人，自受借用物返還時起算。於借用人，自借貸關係終止時起算。

解說

　　依民法第468條之規定，借用人如果違反善良管理人之注意義務導致借用物毀損滅失者，貸與人可以向借用人請求損害賠償。依民法第466條之規定，如果借用物有瑕疵，而貸與人故意不告知致使借用人因此受損害時，由貸與人負責賠償。依民法第469條之規定，借用物之通常保管費用，由借用人負擔。借用物為動物者，其飼養費亦同。借用人就借用物支出有益費用，因而增加該物之價值者，準用第431條第1項之規定。借用人就借用物所增加之工作物，得取回之。但應回復借用物之原狀。上述這些請求權及取回權均因六個月不行使而消滅。而這六個月的期間，就貸與人方面的請求權，是從借用物返還時開始起算；就借用人可以請求之權利，則是從借貸關係終止時起算。

第二款　消費借貸

第474條（消費借貸之意義）
稱消費借貸者，謂當事人一方移轉金錢或其他代替物之所有權於他方，而約定他方以種類、品質、數量相同之物返還之契約。

> 當事人之一方對他方負金錢或其他代替物之給付義務而約定
> 以之作為消費借貸之標的者，亦成立消費借貸。

解說

　　本條係消費借貸之意義及法律性質所作之規定，茲分析如下：

（一）消費借貸的當事人是「貸與人」與「借用人」，貸與人是以自己之物移轉所有權給他人使用消費之人，借用人則是向貸與人借用物品以作為消費之人。

（二）消費借貸是要物契約：按契約有諾成契約及要物契約之分，諾成契約只須當事人對於契約之內容合意契約即成立，要物契約則除了當事人間意思的合致之外，還必須要有物的交付才成立。消費借貸是要物契約，必須要貸與人將借用物交付給借用人時，消費借貸契約才成立。

（三）消費借貸的契約標的物，必須是可以消費之代替物：例如，名畫家的名畫，當然係不可代替物，只能成立使用借貸，而電視是代替物，可以找到同種類、同品質的電視，但是因為電視通常不是以消費之方式使用，所以電視通常只能成立使用借貸。能夠成立消費借貸的必須代替物中可以消費而且通常也用為消費者，例如借用洋酒品酌；借用1斤米食用。

（四）消費借貸係借用人以種類、品質、數量相同的物返還，因為消費借貸的標的物經使用人消費使用後，已經無法以原物返還，因此消費借貸的借用人所返還是跟原借用物種類、品質、數量相同物品，而非原來的物。例如老周向老李借用1斤麵粉，製成麵包，此時老周已無法以

原來的那1斤麵粉返還，所以老周返還老李的是種類、
品質、數量相同的1斤麵粉，而不是原來之1斤麵粉。

（五）消費借貸不一定是無償契約：使用借貸是無償性的契
約，借用人使用借用物並不須付任何對價，但消費借貸
就不一定是無償性的，也可能是有償性的。例如：在金
錢的借貸中，可能會有利息的約定，所以此時就不是完
全無償的借貸。

第475條（刪除）

解說

　　原條文規定易使人誤會物之交付為消費借貸之生效要件，
為了配合前條之修正並避免疑義，本條爰予刪除。

第475條之1（消費借貸之預約）
**消費借貸之預約，其約定之消費借貸有利息或其他報償，當
事人之一方於預約成立後，成為無支付能力者，預約貸與人
得撤銷其契約。**
**消費借貸之預約，其約定之消費借貸為無報償者，準用第
465條之1之規定。**

解說

　　消費借貸為要物契約，必須要消費借貸標的物所有權移轉
時，契約才會成立，在此之前雙方當事人若已經有關於消費借
貸之約定，這種約定就是消費借貸的預約。例如老周於3月8日

和老李約定在3月10日將交付新台幣50萬元給老李作為消費借貸，則3月8日雙方當事人成立的是消費借貸預約，而消費借貸本約在3月10日才成立。

本條所規定之「消費借貸之預約，其約定之消費借貸有利息或其他報償」，則此時消費借貸已不是單純無償性質的借貸關係，如果當事人之一方於預約成立後，成為無支付能力者，就必須考慮契約繼續存在的合理性。如果是貸與人方成為無支付能力者，則其已無法再交付該消費借貸之標的物，自應容許其撤銷消費借貸預約。而如果是消費借貸預約的借用人成為無支付能力者，因為在消費借貸期限後，借用人必須以種類、品質、數量相同的物返還與貸與人，借用人既然在預約成立之後成為無支付能力，則將來可能無法以種類、品質、數量相同的物品返還，此時，也應賦予預約貸與人撤銷預約之權利。

上述狀況是約定消費借貸有利息或其他報償的情況，如果消費借貸之約定是沒有報償的，則此時為無償性的，因為無償性的消費借貸，貸與人本身沒有獲得利益，自然應減輕貸與人的責任及履行之義務，因此本條第2項特別規定「消費借貸之預約，其約定之消費借貸為無報償者，準用第465條之1之規定。」也就是消費借貸預約成立，預約貸與人可以撤銷其約定，但預約借用人已請求履行預約而預約貸與人未即時撤銷者，不在此限。

第476條（物之瑕疵擔保責任）
消費借貸，約定有利息或其他報償者，如借用物有瑕疵時，貸與人應另易以無瑕疵之物。但借用人仍得請求損害賠償。

消費借貸為無報償者，如借用物有瑕疵時，借用人得照有瑕疵原物之價值，返還貸與人。

前項情形，貸與人如故意不告知其瑕疵者，借用人得請求損害賠償。

解說

消費借貸的貸與人無償貸與他人使用物品時，相對地，其亦無須負任何義務；但在消費借貸的借用人就其使用借用物須支付報酬的情形，法律為維持公平的交易起見，特別規定當借用物有瑕疵時，貸與人應另易以無瑕疵之物給借用人，同時倘若借用人因借用物有瑕疵而受到損害，尚有損害賠償的請求權，此為貸與人的瑕疵擔保責任規定。

又消費借貸如係無須支付報償的情形，原則上貸與人無須負瑕疵擔保的責任，但因借用人並未取得借用物的完全利用價值，故其所負返還的義務僅限於照該有瑕疵原物的價值返還即可，如仍責令借用人須按無瑕疵之物的價值返還，則顯然有失公平。其次，無償消費借貸的貸與人原則上雖無瑕疵擔保的責任，然在故意不告知瑕疵的情形，貸與人仍須負損害賠償的責任。

第477條（借用人支付利息或其他報償之時期）

利息或其他報償，應於契約所定期限支付之；未定期限者，應於借貸關係終止時支付之。但其借貸期限逾一年者，應於每年終支付之。

解說

消費借貸契約如約定借用人須支付報償時，其支付的時期依有無約定而不同：

（一）約定有期限：當事人雙方就消費借貸的利息或其他報償，約定有支付的期限時，借用人即應依照約定的期限支付，以示誠信。

（二）未約定期限：當事人雙方就消費借貸的利息或其他報償並未約定支付期限時，為避免爭議，本條明定借用人應於使用借貸關係終止時支付；但借貸逾一年時，借用人則應於每年終了之時支付。

第478條（返還借用物之義務）

借用人應於約定期限內，返還與借用物種類、品質、數量相同之物，未定返還期限者，借用人得隨時返還，貸與人亦得定一個月以上之相當期限，催告返還。

解說

消費借貸借用人有返還借用物的義務，至於其應返還的時期，則視契約有無約定而異：

（一）約定有期限：消費借貸當事人雙方就借用物的返還時期相互約定者，借用人應於約定的期限，將與借用物種類、品質、數量相同的物，返還於貸與人。

（二）未定有期限：依本法第315條的規定，一般債務如未定有清償期者，原則上債權人有權隨時向債務人請求清償，而債務人亦得隨時向債權人為清償。惟根據本條的

規定未定有返還期限的消費借貸，僅借用人有權隨時返還借用物，貸與人則不得隨時請求返還借用物，而必須定一個月以上的相當期限催告借用人返還始可。至於期限是否相當，則須視實際交易情況而定，但至少需有一個月以上的時間方為足夠。

第479條（返還不能之補償）
借用人不能以種類、品質、數量相同之物返還者，應以其物在返還時、返還地所應有之價值償還之。
返還時或返還地未約定者，以其物在訂約時或訂約地之價值償還之。

解說

　　消費借貸借用人原則上應返還其原所受領之物的種類、品質、數量相同之物於貸與人，但有不能返還的情事發生時，根據本條第1項的規定，借用人仍應以金錢償還，而不能免除返還的義務。其理由乃係基於借用物的價值業已被借用人享用，雖然發生不能返還同種類、品質、數量之物的情事，仍然不得不返還借用物的價值，以示公平。例如借用沙拉油乙桶，之後因為廠商不再生產該種沙拉油，致借用人無法返還同種類、品質、數量之沙拉油於貸與人。此時借用人即應以金錢返還其價值。

　　至於返還的價值，則應以借用物在返還時、返還地所應有的價值計算，然此僅限於當事人有約定返還時日及返還地點的情形，方有適用。

　　倘當事人並未約定借用物的返還時及返還地，依本條第2項的規定，借用人應以借用物在訂約時或訂約地的價值償還。

其情形可分為三種：（一）僅約定返還時、未約定返還地，則應以返還時訂約地的價值計算償還借用物之金額；（二）僅約定返還地、未約定返還時，則應以借用物訂約時返還地的價值計算償還金額；（三）約定時及約定地皆無時，則以訂約時訂約地的價值為準。

第480條（金錢借貸之返還）

金錢借貸之返還，除契約另有訂定外，應依左列之規定：

一　以通用貨幣為借貸者，如於返還時已失其通用效力，應以返還時有通用效力之貨幣償還之。

二　金錢借貸，約定折合通用貨幣計算者，不問借用人所受領貨幣價格之增減，均應以返還時有通用效力之貨幣償還之。

三　金錢借貸，約定以特種貨幣為計算者，應以該特種貨幣，或按返還時、返還地之市價，以通用貨幣償還之。

解說

　　按金錢借貸，一般係以通用貨幣為標的，然因社會經濟情況的變遷，貨幣的價值亦隨著變動，甚至借用時的貨幣，於數年後返還時已經失其原本通用的效力，而必須將其折合現在通用的貨幣計算。另有金錢借貸係約定以特種貨幣計算的情況，返還時究竟應以何種貨幣償還，為避免日後糾紛，本條遂明白規定金錢借貸的返還方法如次：

（一）以通用貨幣為借貸者，如於返還時，已失其通用效力，應以返還時有通用效力的貨幣償還：例如在日據時代借用之金錢為日幣，台灣光復後日幣已不流通於市面，則

應以當時通用的台幣返還。

（二）金錢借貸約定折合通用貨幣計算者，不問借用人所受領貨幣價格之增減，均應以返還時有通用效力之貨幣償還：例如借貸100英鎊，約定依當時台幣兌英鎊為一比五十的匯率計算，返還時不論一英鎊漲為新台幣60元，或跌為新台幣40元，借用人仍應依當時的約定返還100英鎊乘以50等於5000元的新台幣返還之。

（三）金錢借貸約定以特種貨幣為計算者，應以該特種貨幣或按返還時返還地的市價，以通用貨幣償還之：例如借用日幣，且約定以日幣計算，返還時借用人自應依約定的日幣償還貸與人；或者按照返還時、返還地的市價，以新台幣償還。

第481條（貨物折算金錢之消費借貸）
以貨物或有價證券折算金錢而為借貸者，縱有反對之約定，仍應以該貨物或有價證券按照交付時交付地之市價所應有之價值，為其借貸金額。

解說

為了防止貸與人巧取利益，並且為了計算之方便，如果當事人約定之消費借貸方式是以貨物或有價證券折算金錢而為借貸者，縱有反對之約定，仍應以該貨物或有價證券按照交付時交付地之市價所應有之價值，為其借貸金額。例如老李向老陳借用新台幣10萬元，老陳沒有現金，因此答應以其所擁有當天價值10萬元之股票借給老李，但第二天股票交給老李時，股價

已經成為新台幣10萬5千元，這時候所計算消費借貸金額，就是10萬5千元，而不是原先約定之10萬元。

第七節　僱傭

第482條（僱傭之意義）
稱僱傭者，謂當事人約定，一方於一定或不定之期限內為他方服勞務，他方給付報酬之契約。

解說

　　本條係就僱傭的意義及性質所做的規定。茲析述如次：

（一）僱傭為契約的一種：僱傭契約的當事人，一為僱用人，一般稱為雇主，另一為受僱人，即提供勞務予雇主之人；僱用人可為自然人或法人，但受僱人則必須是自然人，因勞務的提供必須親自作為，而法人無法親自服勞務，故以自然人為限。

（二）僱傭係當事人一方在一定或不定的期限之內為他方服勞務的契約：僱傭既以受僱人勞務的提供為標的，因此，屬於勞務契約的一種；受僱人服勞務的期限，可為定期或不定期，一般皆於僱傭契約上定有明文。

（三）僱傭係由僱用人給付報酬予受僱人的契約：受僱人服勞務的對價即係僱用人給付的報酬。此報酬通常係以金錢支給，但以物或物的使用，甚至其他方法為給付，均無不可；報酬的種類，法律雖無明文限制，但必須支給報酬，故僱傭契約係屬有償契約的一種。

第483條（報酬及報酬額）
如依情形，非受報酬即不服勞務者，視為允與報酬。
未定報酬額者，按照價目表所定給付之；無價目表者，按照
習慣給付。

解說

　　僱傭契約既然為有償契約，其報酬通常在契約中會有明
定，如契約就僱傭的報酬並未有所約定，則依本條的規定，應
參照僱佣人所服勞務的性質，及其職業上的身分，甚或是一般
交易的習慣，以及彼此雙方間的關係，以定其是否屬於非受報
酬即不提供勞務的情形，如是，則契約縱無規定，亦視為僱用
人允與報酬。因此，服勞務而不索取報酬的情形，不得稱為僱
傭。例如：學生為學校打掃環境。又例如，清潔公司為車站打
掃清理，係靠其勞務的提供以換取收入、維持公司及員工的生
存，則僱傭契約訂定時雖未約定報酬的給與，僱用人仍必須支
付報酬予清潔公司。

　　至於，僱傭報酬的數額，原則上應依當事人間的約定給
與，但當事人並未約定此報酬之數額時，本條規定，如有價目
表，則照價目表所定給付，如無價目表，則按照習慣給付，以
免爭議。

第483條之1（僱用人對受僱人之保護義務）
受僱人服勞務，其生命、身體、健康有受危害之虞者，僱用
人應按其情形為必要之預防。

解說

　　基於社會政策及受僱人權益之考量，世界各先進國家均有明文規定，對於生命、身體、健康有受危害之危險時，應該由僱用人按其情形為必要之防範。我國在勞動基準法及其他相關法令中，也有類似的規定，但是在我國民法中，卻獨漏此規定。因此，本條特增設此規定。例如甲公司僱用老周從事大樓外牆清洗的工作，因為大樓外牆清洗具有相當的危險性，可能遭致生命、身體的損害，此時僱用人甲公司應該定期維護工具，確保機器不會掉落地面遭受傷害，並且在清洗時，必須架設必要之防護網或警告標誌，以免造成更大的危險。

第484條（勞務之專屬性）
僱用人非經受僱人同意，不得將其勞務請求權讓與第三人，受僱人非經僱用人同意，不得使第三人代服勞務。
當事人之一方違反前項規定時，他方得終止契約。

解說

　　僱傭契約係以服勞務為目的，則受僱人必須提供其勞務予僱用人，但因勞務的供給常常因人而異，如准由他人代服勞務，則常有難達契約目的之情況產生，為保護僱用人的利益，本條第1項後段規定，非經僱用人的同意，受僱人不得使第三人代其服勞務，如受僱人違反此規定，僱用人則得依本條第2項的規定，終止僱傭契約，此乃勞務的供給具有專屬性的表現。又僱用人究竟為何人，對受僱人的影響可謂甚為重大，故本條第1項前段亦相對地規定，非經受僱人的同意，僱用人不

得將其對受僱人的勞務請求權讓與第三人，如違反此一禁止讓
與的規定，受僱人亦有終止僱傭契約的權利。

第485條（特種技能之保證）
受僱人明示或默示保證其有特種技能時，如無此種技能時，
僱用人得終止契約。

解說

　　受僱人本來只負單純提供勞務的義務，而無須具備特種技
能為必要，但受僱人如向僱用人明示或默示保證其具有特種技
能，事實上卻無此種技能時，僱用人得終止僱傭契約。例如，
張三徵求司機乙名，李四前來應徵，面談時李四向張三保證其
具有駕駛的以及簡易修護車輛的技能，因此雙方訂定僱傭契
約，惟張三事後發現李四實際上並不具備上開二技能中之任何
一項技能，其自得依本條的規定終止僱傭契約。

第486條（報酬給付之期限）
報酬應依約定之期限給付之；無約定者，依習慣；無約定亦
無習慣者，依左列之規定：
一　報酬分期計算者，應於每期屆滿時給付之。
二　報酬非分期計算者，應於勞務完畢時給付之。

解說

　　本條係就僱傭報酬的給付時期所做的規定。茲析述如下：
（一）報酬原則上應依約定的期限給付：當事人雙方如就僱傭

的報酬訂有給付時期，自應依照此約定的期限給付報酬。例如，司機李四的報酬約定應於每個月的第五日給付，則僱用人於每月五日應定期支付報酬與李四。

（二）報酬如無約定的給付期限，則應依照習慣上所定的期限給付：例如，僱傭菲律賓女傭清掃整理家務，雖就報酬的給付時間並未約定，然依照一般僱傭女傭的習慣，係於每月最後一日給付報酬時，僱用人依此習慣自應於每月的終了之日給與報酬於女傭。

（三）在無約定亦無習慣的情形，本法特別規定：(1)報酬如係分期計算，僱用人應於每期屆滿時給付報酬。例如，僱一司機開車，簽約的服務年限一年，薪資則按一年十二個月分期計算，則雇主應於每月到期時給付司機報酬；(2)報酬如未分期計算，僱用人應於勞務完畢時給付報酬。例如，前例中僱傭契約僅約定受僱人服勞務的期限，而未約定是否按月分期給付，則僱用人應於司機一年服勞務完畢時給與全部的報酬。

　　從前面規定觀之，僱傭報酬是採後付主義，亦即受僱人有先提供勞務與僱用人的義務，而不得以僱用人未支付報酬為由拒絕提供勞務；換言之，受僱人原則上不得主張本法第264條第1項但書所規定的同時履行抗辯權。

第487條（僱用人受領遲延受僱人之報酬請求）
僱用人受領勞務遲延者，受僱人無補服勞務之義務，仍得請求報酬。但受僱人因不服勞務所減省之費用，或轉向他處服勞務所取得，或故意怠於取得之利益，僱用人得由報酬額內扣除之。

解說

　　受僱人提供勞務與僱用人後，即有向僱用人請求報酬的權利，縱使僱用人受領勞務遲延，受僱人亦無補服勞務的義務，仍得就其已經提供的勞務請求僱用人支付報酬。此乃因債權人受領延遲時，債務人本須將其給付予以提存，以免債務不履行的責任，但在以勞務為給付標的情形，則無法將勞務予以提存於法院而免責，故法律准許受僱人不必補服僱用人遲未受領部分的勞務，而且仍得請求報酬；但受僱人因不服勞務所減省的費用，或因此而轉向他處提供勞務所取得的利益或故意未取得的利益，僱用人皆得從原定的報酬額中扣除，以避免受僱人雙重得利之不當，並兼顧僱用人的利益。

第487條之1（受僱人之請求賠償）
受僱人服勞務，因非可歸責於自己之事由，致受損害者，得向僱用人請求賠償。
前項損害之發生，如別有應負責任之人時，僱用人對於該應負責者，有求償權。

解說

　　按一般的損害賠償，依民法之原則，應該是有故意過失者，才負損害賠償責任。但如果為自己利益使用他人從事具有一定危險性之事務者，因為利益歸自己享有，因此縱無過失，亦應賠償他人因從事該項事務所遭受之損害。此乃無過失責任之歸責原則中，所謂危害責任原則之一類型。因為圖自己利益，使他人從事具有危險性之事務，他人若因此遭受損害，其

受損害係因圖自己之利益而起，因此要求圖自己利益而使他人從事危險事務者，縱然沒有過失也應該要其負損害賠償責任。本法第546條第3項規定，受任人處理委任事務，因非可歸責於自己之事由，致受損害者，得向委任人請求賠償，就是這樣的原理。而在委任契約就已有這樣的規定，僱傭契約與委任契約同屬勞務契約，且受僱人之服勞務，須絕對聽從僱用人之指示，自己無獨立裁量之權；而受任人之處理委任事務，雖亦須依委任人之指示（民§535參照），但有時亦有獨立裁量之權（民§536參照），受任人於處理委任事務，因非可歸責於自己之事由，致受損害者，應由委任人負擔，則受僱人於服勞務時，因非可歸責於自己之事由致受損害者，更應該向僱用人請求賠償。

例如受僱於甲公司從事於外牆清潔工作的老周，因為突然遭受強風吹襲，掉落地面，以至於腳斷掉，必須休養二個月沒有工作，因此遭有損害。此時並不是可歸責於老周之原因而遭受損害，但縱算甲公司沒有任何的過失，也必須賠償老周之損害。而如果損害發生有其他應該負責任之他人時，僱用人對於該他人有求償權。例如B公司僱用老李駕駛公務車，被老陳撞傷，如果老李沒有過失，即使B公司沒有過失，也應先賠償老李。但因為老李所遭受之損害是由老陳引起的，因此B公司可以向老陳求償。

第488條（僱傭關係之消滅）
僱傭定有期限者，其僱傭關係，於期限屆滿時消滅。
僱傭未定期限，亦不能依勞務之性質或目的定其期限者，各

當事人得隨時終止契約。但有利於受僱人之習慣者，從其習慣。

解說

　　當事人雙方如就僱傭定有一定的期限，其僱傭關係在約定期限屆滿時即歸於消滅。如未約定僱傭的期限，本條規定以雙方均得隨時終止僱傭契約為原則，但有下列兩種例外情形：

（一）依勞務的性質或目的可定其期限的情況，仍應待期限屆滿時，僱傭關係方歸於消滅，而不得隨時終止契約。例如，僱傭助理乙名輔助廠長處理外勞過渡時期之業務，依此助理提供勞務的性質，應以廠長處理業務所需被輔助的期限，定其僱傭的期限；又如僱傭女傭乙名看管雇主出國期間的家務，則依此僱傭的目的觀之，其僱傭的期限即為雇主出國的期限。

（二）有利於受僱人的習慣，則依習慣定僱傭的期限。例如，僱用人欲終止僱傭契約時，習慣上須於一個月前通知受僱人，則此有利於受僱人的習慣，自應被遵從；又例如聘僱教師習慣上以一年為期限，次年再予以續聘，故校長如無正當理由，不得隨時終止聘僱契約，必須俟一年期限屆滿後，始得另為續聘與否的決定。

第489條（遇重大事由之契約終止）
當事人之一方，遇有重大事由，其僱傭契約，縱定有期限，仍得於期限屆滿前終止之。
前項事由，如因當事人一方之過失而生者，他方得向其請求損害賠償。

解說

　　僱傭未定有期限時，根據前條的規定各當事人得隨時終止契約，反觀，僱傭定有期限時，當事人則不得隨時終止契約，以示誠信，但當事人之一方，遇有重大事由時，雖其僱傭契約定有期限，仍得於期限屆滿前終止契約。所謂重大事由，係指該事由發生後，如不准當事人終止僱傭關係，將造成相當不公平或不妥適的結果而言；且此重大事由不限於欲終止契約的當事人方面所產生的事由，即使是他方當事人方面所生的事由，當事人一方亦得以其為由終止僱傭契約。例如，受僱人患有重病無法行動，即得據此為其終止契約的重大事由；又如，受僱人無故洩漏雇主的家庭隱私於報社，僱用人自得以此重大事由，終止其與受僱人間的僱傭關係。

　　又前開所規定重大事由的發生，如係因該當事人的過失而造成者，他方當事人有權向其請求損害賠償。例如，受僱人無故洩漏僱用人的家庭隱私或營業祕密，僱用人不但得於僱傭期限屆滿前終止契約，甚至有權向受僱人請求損害賠償。另有關重大事由的發生，如係由於不可抗力（例如戰爭、地震導致休業或法律事後禁止營業等），則當事人雙方均得據以終止彼此的僱傭關係，惟因此等事由的發生並非任一當事人的過失行為所致，故無損害賠償的問題。

第八節　承攬

第490條（承攬之意義）

稱承攬者，謂當事人約定，一方為他方完成一定之工作，他

方俟工作完成，給付報酬之契約。

約定由承攬人供給材料者，其材料之價額，推定為報酬之一部。

解說

本條係對於承攬的意義及法律性質的定義性規定。在承攬關係中，為人工作的稱作承攬人，而向承攬人定作工作，等承攬工作完成後必須給付報酬的人稱做定作人。

承攬和僱傭常常會造成混淆。不過二者在法律的意義上，有很大的差別，僱傭是由受僱人為僱主服勞務，但是承攬主要在於為定作人完成工作。承攬及僱傭在實務上運作最大的差別，比較如下：

（一）從有無完成一定工作來區分：僱傭只是單純為僱用人服勞務，不管有無結果，只要有付出勞務，都可以取得僱傭的報酬，但是承攬則一定要完成承攬的工作，如果承攬的工作沒有完成，不能請求報酬。

（二）在勞務提供的指揮方面：受僱人必須完全服從僱用人指揮，本身比較沒有獨立性，但是承攬人主要是本著自己的知識，從事工作物之完成，因此雖然定作人在承攬工作進行中，也會參與意見，但承攬人通常具有獨立性，不完全受定作人之指揮。

（三）在勞務的專屬性：因為僱主對於受僱人有較高的勞務指揮控制權，因此通常受僱人在一定期限內只受僱於一個僱用人，但承攬契約因為著重工作的完成，因此可能在同一時間內，可以同時接受不同的定作人定作不同的工作。例如以軟體的設計而言，如果電腦設計工程師是固

定每天上下班，為雇主檢查修改公司使用的電腦程式，則是屬於僱傭契約，但是假如是公司員工以外的人，為公司承作某件電腦設計，等其完成後向公司請求報酬，則是屬於承攬。前者因為是僱傭契約，因此只要每天固定上下班，從事老闆所指揮必須檢修的電腦修改工作，就可以領得薪水。但在後者因為是以該軟體設計完成作為給付報酬要件，因此如果該軟體沒有設計完成，承攬人不能請求報酬。

一般在社會上經常出現的，例如承包裝潢、承修水電、承包婚禮攝影工作、承製拍製影片、承包印刷、承包軟體設計、承包展覽會等等，均是屬於承攬性質，如果該約定的工作沒有完成，承攬人不能夠請求報酬。

而承攬人所要完成的工作，有可能材料是由定作人提供。例如定作人交付鑽石一顆，由切割師負責將該鑽石切割完成。但是在大部分情形，承攬工作所需要的材料都是由承攬人供應，此時該材料的價額，依照本條第2項之規定，如果當事人沒有特別約定，則推定為報酬之一部分。例如承建房屋，除非另外有約定，否則承攬人在承建房屋中所使用的鋼筋、水泥、砂石之材料價格，則視為報酬之一部分。不過如果當事人約定，材料價格與施工費用分開計算的話，則材料價格就不是報酬一部分，材料價格在性質上會被認為買賣之一部分。前者是所謂的包工包料，後者是所謂的包工不包料。

第491條（報酬與報酬額）
如依情形，非受報酬即不為完成其工作者，視為**允與報酬**。

未定報酬額者，按照價目表所定給付之；無價目表者，按照習慣給付。

解說

　　報酬為承攬之一要件。為人完成工作而不索取報酬者，不得謂之承攬。定作人於承攬人完成一定工作後，有給他方報酬的義務，即採後付主義。報酬的數額應依當事人的約定。報酬數額未約定者，按照價目表所定給付，無價目表者，則按照習慣給付。

第492條（承攬人之擔保責任（一）——品質保證）
承攬人完成工作，應使其具備約定之品質及無減少或滅失價值或不適於通常或約定使用之瑕疵。

解說

　　工作承攬人的義務應與買賣物品出賣人相同，故承攬人對於其工作物的品質、價值及效用，負有瑕疵擔保的責任。

第493條（承攬人之擔保責任（二）——瑕疵修補）
工作有瑕疵者，定作人得定相當期限，請求承攬人修補之。
承攬人不於前項期限內修補者，定作人得自行修補，並得向承攬人請求償還修補必要之費用。
如修補所需費用過鉅者，承攬人得拒絕修補，前項規定，不適用之。

解說

　　「瑕疵修補」係承攬人對其工作物瑕疵擔保責任效力之一。因承攬人所應完成的是無瑕疵的工作，如其工作有瑕疵，則應該修補。反之，承攬人如拒絕修補瑕疵，定作人可以自己自行修補，並向承攬人請求償還支出的必要費用。

第494條（承攬人之擔保責任（三）——解約或減少報酬）
承攬人不於前條第1項所定期限內修補瑕疵，或依前條第3項之規定拒絕修補或其瑕疵不能修補者，定作人得解除契約或請求減少報酬。但瑕疵非重要，或所承攬之工作為建築物或其他土地上之工作物者，定作人不得解除契約。

解說

　　「減少報酬請求權或契約解除權」係承攬人對其工作物瑕疵擔保責任效力之二。定作人如果依本法第493條請求修補瑕疵之目的不能達成，定作人可以選擇解除契約或減少報酬，但基於公益的考量，在瑕疵甚小或承攬之工作物係建築物或其他土地上之工作物的情況下，定作人只能請求減少報酬，而無解除契約之權。

第495條（承攬人之損害賠償責任）
因可歸責於承攬人之事由，致工作發生瑕疵者，定作人除依前二條之規定，請求修補或解除契約，或請求減少報酬外，並得請求損害賠償。

前項情形，所承攬之工作為建築物或其他土地上之工作物，
而其瑕疵重大致不能達使用之目的者，定作人得解除契約。

解說

依照前二條之規定，定作人可以請求瑕疵修補或解除契約
或請求減少價金。但除此之外工作物的瑕疵也可能造成定作人
的損害，這時候定作人也可以請求損害賠償。例如定作裝潢，
約定一個月可以完工，但結果完工後有重大瑕疵，修補期間又
花了半個月，使得定作人這半個月不能使用而必須在外租屋居
住，這個半月租金的損害，定作人可以向承包裝潢工程的承攬
人請求賠償。

另外，依民法第494條但書規定，承攬之工作為建築物或
其他土地上之工作物者，縱因可歸責於承攬人之事由致有瑕疵
時，定作人仍不得解除。但是如果瑕疵嚴重以致不能達到使用
之目的時，例如承攬人利用海砂作為建材建築或者承攬人使用
之鋼筋有輻射鋼筋，此時房子根本沒有辦法使用，若依民法第
494條之規定，定作人不得解除契約，如此顯失公平。因此本
條第2項特別規定「前項情形，所承攬之工作為建築物或其他
土地上之工作物，而其瑕疵重大致不能達使用之目的者，定作
人得解除契約。」但如果瑕疵並非重大，還可以使用，則依民
法第494條但書之規定，定作人不得解除契約。

第496條（瑕疵擔保責任之免除）
工作之瑕疵，因定作人所供給材料之性質或依定作人之指示
而生者，定作人無前三條所規定之權利。但承攬人明知其材
料之性質或指示不適當，而不告知定作人者，不在此限。

解說

工作之瑕疵如係因定作人供給材料之性質或依其指示所發生者，本應由定作人自負責任，故不能有承攬契約的解除權、瑕疵修補、減少報酬或損害賠償之請求權。但承攬人如明知定作人供給之材料性質或指示有所不當，而故意不告知定作人者，因有違背交易之誠信原則，故仍使定作人得行使本法第493條至第495條之權利。

第497條 （定作人之瑕疵預防請求權）

工作進行中，因承攬人之過失，顯可預見工作有瑕疵或有其他違反契約之情事者，定作人得定相當期限，請求承攬人改善其工作或依約履行。

承攬人不於前項期限內，依照改善或履行者，定作人得使第三人改善或繼續其工作，其危險及費用，均由承攬人負擔。

解說

進行中之工作，因承攬人的過失，明顯也可預見工作有瑕疵或有其他違反契約之情事產生者，定作人有定期請求承攬人改善或依約履行。如果承攬人逾期未為改善或不依約履行時，定作人得以第三人代替承攬人改善或繼續工作，但因瑕疵所生的危險及第三人改善或繼續工作所生之費用，均由承攬人負擔，此乃為定作人之利益而設之瑕疵預防請求權之規定。

第498條（一般瑕疵發見期間）
第493條至第495條所規定定作人之權利，如其瑕疵自工作交付後經過一年始發見者，不得主張。
工作依其性質無須交付者，前項一年之期間，自工作完成時起算。

解說

　　本條係針對一般瑕疵發見期間所做之規定。本法第493條至第495條所規定定作人的權利，均以迅速行使、及早確定為宜，亦即定作人須於工作交付或完成後一年內向承攬人主張瑕疵擔保責任。如在應行交付之工作自交付後經過一年始發現瑕疵者，則不得主張其權利，其工作屬無須交付之性質者，自工作完成時起，經過一年的時間亦不得主張。

第499條（土地工作物之瑕疵發見期間）
工作為建築物或其他土地上之工作物或為此等工作物之重大之修繕者，前條所定之期限，延為五年。

解說

　　建築物或其他土地上之工作物，或為此等工作物之重大修繕者，因其瑕疵在通常之情況下並非即時可發現，或為保護定作人的利益，本條將定作人行使權利之期間予以延長為五年。

第500條（瑕疵發見期間之延長）

承攬人故意不告知其工作之瑕疵者，第498條所定之期限，延為五年，第499條所定之期限，延為十年。

解說

　　本條係基於法律不保護惡意當事人，而將瑕疵發現期間延長，以維護善意當事人權利之特別規定。所謂承攬人故意不告知其工作物之瑕疵者，係指承攬人明知定作人所供給材料之性質，或其指示不適當，足以發生瑕疵，而故意不告訴定作人而言。

第501條（瑕疵發見期間之半強制性）

第498條及第499條所定之期限，得以契約加長。但不得減短。

解說

　　本條明示第498條及第499條有關瑕疵發見期間之規定，係半強制之性質；換言之，基於公益的考量，此種期限法律只許當事人以契約延長，而不許以契約縮短。

第501條之1（特約免除承攬人瑕疵擔保義務之例外）

以特約免除或限制承攬人關於工作之瑕疵擔保義務者，如承攬人故意不告知其瑕疵，其特約為無效。

解說

　　依照本法之規定承攬人所應負責之瑕疵擔保義務，當事人仍然可以免除或限制之。例如在承攬裝潢的情形，依民法第498條之規定，在裝潢完成後，承攬之設計師必須要負一年的瑕疵擔保責任，但這個瑕疵擔保責任，可以經由當事人特別約定免除，或者一年之擔保時間減為半年。但如果承攬人故意不告知有瑕疵，則依本條之規定，該免除或限制承攬人瑕疵擔保義務之特約無效。例如裝潢契約中約定承攬的設計師只保固半年，但結果設計師在天花板的內部電線裝置上使用了不良品，設計師知情卻沒有告知定作人，這個時候，承攬的設計師還是要負擔一年的保固責任，不得以當初之特約而主張半年的保固責任。

第502條（承攬人完成工作遲延之效果）
因可歸責於承攬人之事由，致工作逾約定期限始完成，或未定期限而逾相當時期始完成者，定作人得請求減少報酬或請求賠償因遲延而生之損害。
前項情形，如以工作於特定期限完成或交付為契約之要素者，定作人得解除契約，並得請求賠償因不履行而生之損害。

解說

　　承攬可能有定期限完成與不定期限完成，如果因可歸責於承攬人的事由以至於工作逾期沒有辦法完成或者超過相當之時間工作物仍然沒有辦法完成，此時會對定作人造成損害，則定

作人可以請求減少報酬，或者請求賠償遲延之損害。例如為了新婚而裝潢之房屋，結果承攬裝潢的設計師不能夠在婚期以前完成，以至於定作人結婚之後，必須在外面租房屋居住，此時定作人可以請求減少報酬，或者因遲延而產生之損害。

　　而在承攬人遲延完成工作的情形，如果該工作是必於特定期限完成或交付為工作之要素者，定作人還可以解除契約，並得請求賠償因不履行而生之損害。例如為了結婚而定作白紗禮服，結果設計師在婚期之前，一直未能完成該件白紗禮服，只好臨時另外租一件禮服。而原來定作的白紗禮服在婚期後完成，已經沒有穿戴的價值。此時定作人可以解除契約，如果有損害，也可以請求賠償。

第503條（期前遲延之解除契約）

因可歸責於承攬人之事由，遲延工作，顯可預見其不能於限期內完成而其遲延可為工作完成後解除契約之原因者，定作人得依前條第2項之規定解除契約，並請求損害賠償。

解說

　　依照前條第2項之規定，如果承攬人沒有在特定期間完成工作，定作人可以解除契約，但如果在一定的期間之前，因可歸責於承攬人之事由遲延工作，顯可預見承攬人已經不能按期完成工作者，也不必等到期限屆至才可解除契約。例如某縣政府為了迎接區運，發包給某營造廠興建體育館，依正常的工作期間，工程須要十個月完成，如果因可歸責於該營造廠商之事由，工程進行緩慢，距離區運時間只剩下四個月期間，工程才

完成10%，則即使四個月日夜趕工，估計也只能完成70%，此時也不必等到預定之完工期間，該縣政府可以依本條之規定先行解約，並且可以請求損害賠償。

第504條（遲延責任之免除）
工作遲延後，定作人受領工作時不為保留者，承攬人對於遲延之結果，不負責任。

解說

定作人欲行使第502條及第503條之權利時，必須於受領工作之同時聲明保留；如不為保留之聲明，可得主張之減少報酬請求權及契約解除權，皆因定作人之受領而推定拋棄其權利，承攬人即不負遲延之責任。

第505條（報酬給付之時期）
報酬應於工作交付時給付之，無須交付者，應於工作完成時給付之。
工作係分部交付，而報酬係就各部分定之者，應於每部分交付時，給付該部分之報酬。

解說

承攬須於工作交付時支給報酬，此乃雙務契約，雙方當事人之義務應同時履行之原則。如果工作之性質係無須交付者，則應於工作完成時給付報酬。至於，工作如屬分部交付之性

質，其報酬亦係就各部分而定者，應於每部分工作交付時，給付各該部分之報酬。

第506條（報酬估計概數不符時之處置）

訂立契約時，僅估計報酬之概數者，如其報酬，因非可歸責於定作人之事由，超過概數甚鉅者，定作人得於工作進行中或完成後，解除契約。

前項情形，工作如為建築物或其他土地上之工作物或為此等工作物之重大修繕者，定作人僅得請求相當減少報酬，如工作物尚未完成者，定作人得通知承攬人停止工作，並得解除契約。

定作人依前二項之規定解除契約時，對於承攬人，應賠償相當之損害。

解說

　　本條係就承攬之實際報酬超過其原本預估概數過鉅之處理方式所作之規定。訂立承攬契約時，在承攬人僅估計報酬之概數，未確定實際上工作所需費用之情況下，如工作進行中或完成後才發覺實際報酬應較概數超出甚多，而超過概數甚多的原因並非可歸責於定作人，法律為保護定作人的利益，明文規定定作人有隨時解除契約之權利。又上述情形的工作如係建築或其他土地上的工作物，或為此等工作物的重大修繕，只有在工作尚未完成的情況下，才允許定作人於通知承攬人停止工作後解除契約，否則，承攬人將遭受極大的損失。假設承攬人工作已經完成，為維護承攬人的利益，法律僅賦予定作人請求減少

相當報酬的權利，而不准解除契約。本條雖賦予定作人有解除契約的權利，但也不能因此而有害承攬人的利益，故定作人在依法行使解除契約權利之同時，亦應對於承攬人因此所受之損害負起賠償的責任。

第507條（定作人之協助義務）
工作需定作人之行為始能完成者，而定作人不為其行為時，承攬人得定相當期限，催告定作人為之。
定作人不於前項期限內為其行為者，承攬人得解除契約，並得請求賠償因契約解除而生之損害。

解說

　　有些工作必須要定作人的配合，才能夠完成。例如定作西裝，須要定作人配合量身材，才有辦法完成。委託設計師裝潢房屋，也需要定作人提供裝潢現場，否則設計師沒有辦法完成工作。在需要定作人配合之情形，如果定作人遲延不配合，承攬人無法完作工作。此時依本條第1項之規定，承攬人得定相當期限，催告定作人配合工作。定作人不於承攬人所催告之期限內配合動作時，承攬人得解除契約，並得請求賠償因契約解除而生之損害。

第508條（危險負擔）
工作毀損、滅失之危險，於定作人受領前，由承攬人負擔，如定作人受領遲延者，其危險由定作人負擔。

定作人所供給之材料，因不可抗力而毀損、滅失者，承攬人
不負其責。

解說

　　本條文係就工作危險負擔之責任歸屬所作之規定。工作具
有毀損滅失的危險，因工作受領之前、後不同，而異其責任之
歸屬，定作人受領工作前，因工作物仍於承攬人之占有中，故
危險由承攬人負擔，定作人受領工作後，工作物既已為其所占
有，危險理應由定作人負擔；但在定作人受領遲延的情況，縱
然工作物於承攬人的占有中，為公平起見，定作人仍應負擔受
領遲延中的危險責任。定作人所提供的材料，由於不可歸責於
雙方當事人之不可抗力事由而毀損時，仍應由材料所有人——
定作人負此危險責任，而不得要求承攬人負責。例如：定作人
提供蓋房子之用的木材，因洪水而遭沖失或浸泡而腐壞，此一
材料的損失，應由定作人自己承擔。

第509條（可歸責於定作人之履行不能）

於定作人受領工作前，因其所供給材料之瑕疵或其指示不適
當，致工作毀損、滅失或不能完成者，承攬人如及時將材料
之瑕疵或指示不適當之情事通知定作人時，得請求其已服勞
務之報酬及墊款之償還，定作人有過失者，並得請求損害賠
償。

解說

　　本條文係就因可歸責於定作人之事由，導致承攬人之工

作履行不能時，其危險負擔之責任歸屬所做之規定。在定作人
受領工作之前，因其本身提供材料的瑕疵，或其本身指示的不
當，所導致工作的毀損、滅失或不能完成的情況，如果承攬人
曾於事前及時將上開材料之瑕疵，或指示之不當告知定作人，
此等工作履行不能之責任應由定作人自己負擔，承攬人不但有
請求已服勞務之報酬及墊款之償還請求權，甚至在工作的毀
損、滅失或不能完成，定作人確有過失之情況下，並得請求損
害賠償。本條設立之意旨，即在不能歸責於承攬人之履行不
能，自不應使承攬人受到損害，以確保承攬人之利益。

第510條（工作物之受領）
前二條所定之受領，如依工作之性質，無須交付者，以工作
完成時視為受領。

解說

　　本條係就工作之性質屬無須交付者，其受領之時點為何，
所做之明文規定，以杜爭議。承攬人依據契約完成工作時，定
作人有受領該工作的義務，而工作的性質通常須由承攬人交付
與定作人，此一交付之時期即為定作人受領之時點；惟依工作
之性質，屬無須交付者，法律以承攬人工作完成之時，視為定
作人受領之時。例如，承攬人完成之畫作須交付與定作人，定
作人受領該畫時，即完成其受領工作的義務；歌星唱歌，依其
性質無須交付，故於演唱完畢時，視為定作人已經受領。

第511條（定作人之終止契約）

工作未完成前，定作人得隨時終止契約。但應賠償承攬人因契約終止而生之損害。

解說

　　承攬契約除了定作人在承攬人拒絕修補工作物瑕疵（民§494），或可歸責於承攬人事由致工作無法預期完成或遲延工作（民§502、§503），或報酬超過概數過鉅者（民§506）之情況下，有解除契約之權，以及承攬人於定作人不為完成工作的協助義務時（民§507）可解除契約，使得承攬契約消滅以外，法律另賦予定作人於承攬工作完成之前，得隨時終止契約，使承攬契約歸於消滅的權利。此乃為保護定作人的利益所設。惟承攬人如因定作人行使契約終止權而受有損害時，為顧及承攬人之利益，法律相對地課予定作人應賠償承攬人所受損害之責。

第512條（承攬契約之當然終止）

承攬之工作，以承攬人個人之技能為契約之要素者，如承攬人死亡或非因其過失致不能完成其約定之工作時，其契約為終止。

工作已完成之部分，於定作人為有用者，定作人有受領及給付相當報酬之義務。

解說

　　承攬之工作，如係以承攬人個人之技能為契約之要素，

則此種工作具有不可替代性，因此在承攬人死亡，或非因承攬人之過失致不能完成原本約定工作之情況下，承攬工作因無他人能夠代為完成，承攬契約當然終止。但承攬工作如已完成部分，且此部分對於定作人而言係屬有用者，為保護承攬人的利益，法律課以定作人有受領工作物並給付相當報酬的義務。

第513條（承攬人之法定抵押權）
承攬之工作為建築物或其他土地上之工作物，或為此等工作物之重大修繕者，承攬人得就承攬關係報酬額，對於其工作所附之定作人之不動產，請求定作人為抵押權之登記；或對於將來完成之定作人之不動產，請求預為抵押權之登記。
前項請求，承攬人於開始工作前亦得為之。
前二項之抵押權登記，如承攬契約已經公證者，承攬人得單獨申請之。
第1項及第2項就修繕報酬所登記之抵押權，於工作物因修繕所增加之價值限度內，優先於成立在先之抵押權。

解說

　　本條是所謂「法定抵押權」的規定。按一般而言，抵押權都須要由當事人雙方合意簽訂抵押權設定契約才可以成立，本條法定抵押權是由法律所規定的抵押權，不論定作人願不願意成立抵押權，承攬人均可依本條之規定，請求登記法定抵押權。

　　法定抵押權的成立，必須工作物為建築物或其他土地上之工作物或此等工作物之重大修繕者，如果工作的內容不屬這些範圍，即不能成立法定抵押權。

依照舊法之規定，法定抵押權不須登記，但原則上抵押權必須以登記為要件，因此在實務上常導致與定作人有授信往來之債權人，因為不知道該不動產有法定抵押權之存在，而受到不測之損害，為了確保承攬人之利益，且兼顧交易安全，因此本條修正時規定承攬人得請求定作人會同辦理抵押權登記，也就是法定抵押權也需要登記，俾保護交易安全。

法定抵押權是承攬人對於其承攬的建築物或其他土地上之工作物，或為此等工作物之重大修繕所產生，因為這些工作項目，承攬人的工作會增加工作物的價值，因此使承攬人擁有法定抵押權，尚符合公平。例如一棟價值500萬元的房子，因為有設計師做了100萬元的裝潢，會使此房子的價值增加到600萬元，甚至於700萬元，而這個房子所增加的價值，是來自於設計師的裝潢，所以使設計師對於其因承攬關係所得請求之100萬元報酬，有法定抵押權並不會不公平。因為如果沒有裝潢，這房子的價值就只有500萬元而已。

本條第1項規定，例如營造商承包興建體育館的工作，承包商可以就其報酬，請求定作人對於該體育館為抵押權登記。承攬人請求法定抵押權之登記，不管在工作中或完成後，均可請求，而依本條第2項之規定，甚至於在開始工作前也可以請求預為抵押權之登記。而如果承攬契約已公證者，承攬人甚至以不須定作人配合，承攬人得單獨申請為登記之行為。

抵押權為物權，因為物權有次序性，先取得者其效力就優於後取得者，因此如果依照抵押權登記的順序，後取得之法定抵押權，其效力劣於先取得之一般抵押權，但法定抵押權因工作物修繕而增加工作物的價值，最後完成的工作才增加工作物的價值，所以本條第4項特別規定第1項及第2項就修繕報酬所

登記之抵押權，於工作物因修繕所增加之價值限度內，優先於成立在先之法定抵押權。例如500萬的房子，甲設計師先裝潢增加了50萬的價值，一個月後，乙設計師又裝潢增加了100萬的價值，乙設計師的法定抵押權效力優於甲設計師的法定抵押權。

第514條（權利行使之期間）
定作人之瑕疵修補請求權、修補費用償還請求權、減少報酬請求權、損害賠償請求權或契約解除權，均因瑕疵發見後一年間不行使而消滅。
承攬人之損害賠償請求權或契約解除權，因其原因發生後，一年間不行使而消滅。

解說

　　本條文係有關承攬章節中各項權利之短期消滅時效之規定，依照承攬章節之規定，定作人方面可能產生的有瑕疵修補請求權、修補費用償還請求權、減少報酬請求權、損害賠償請求權或契約解除權，定作人這些權利必須在瑕疵發現後一年間行使，否則會因逾時效而消滅。而另一方面，依照本章承攬之規定，承攬人可能產生有損害賠償請求權及契約解除請求權，其權利也是原因發生後一年間不行使而消滅。

第八節之一　旅遊

第514條之1（旅遊營業人及旅遊服務之定義）

稱旅遊營業人員，謂以提供旅客旅遊服務為營業而收取旅遊費用之人。

前項旅遊服務，係指安排旅程及提供交通、膳宿、導遊或其他有關之服務。

解說

　　近來年由於交通便利，國民生活水準提高，休閒旅遊的觀念，頗受國人重視，也成為國民日常生活時重要生活項目，但我國民法中對於旅遊契約卻未有規定，因此旅遊糾紛發生時，常無所遵循。本次民法修正時特別增訂旅遊一節，使旅客與旅遊營業人之間的法律關係明確，以資遵循。

　　本條第1項是對於旅遊營業人的定義規定。所謂旅遊營業人，是指以提供旅客旅遊服務為營業而收取旅遊費用之人。一般而言，旅遊營業人即所謂旅行社，不過如果不是旅行業者而提供旅遊服務，其未成立旅行社提供旅遊服務之行為，雖然違反旅遊相關法規而須受行政處分，但其提供旅遊服務的行為，仍然受本法的規範。

　　本條第2項是對於旅遊營業的定義規定。所謂旅遊營業是指安排旅程及提供交通、膳宿、導遊或其他有關之服務。旅遊服務中，由旅遊業者代為安排行程是旅遊服務中不可缺少之項目，至於除了安排行程外，可能還包括提供交通、膳宿、導遊或其他有關之服務。

　　旅遊契約之當事人為旅遊業者及旅客。旅遊業者提供旅遊服務，其義務就是要提供旅遊服務；相對地，旅客是享受旅遊服務的人，旅客的義務是要給付費用給旅遊營業人。

　　旅遊契約中比較特別的是，旅遊營業人向旅客所收取的費用，並不是旅遊營業人能夠獲得之全部報酬，因為旅遊費用中包括代為安排交通、膳宿等費用。例如在旅遊行程中所住的飯店，通常並不是由旅遊營業人經營，而住宿契約也存在於飯店與旅客之間，而不是與旅遊營業人之間，而旅客所給付之費用中，則包括住飯店的費用。又例如，旅客所搭乘的遊覽車，其費用雖然是委由旅遊營業人代繳，但運送契約是存在於遊覽車公司與旅客之間，而不是存在於旅遊營業人與旅客之間，這是旅遊契約特殊的地方。

第514條之2（旅遊書面之規定）

旅遊營業人因旅客之請求，應以書面記載左列事項，交付旅客：

一　旅遊營業人之名稱及地址。

二　旅客名單。

三　旅遊地區及旅程。

四　旅遊營業人提供之交通、膳宿、導遊或其他有關服務其品質。

五　旅遊保險之種類及其金額。

六　其他有關事項。

七　填發之年月日。

解說

　　旅遊契約如果沒有訂立書面，容易對旅遊契約之內容產生爭議，因此本條特別規定，如果旅客請求，旅遊營業人應以書面記載下列事項，交付旅客：

（一）旅遊營業人之名稱及地址：可以使旅客明確知道旅遊契約之相對人是誰，尤其常常有好幾個旅遊營業人將其所招攬之旅客合併成一團（即所謂湊團），然後由其中一個旅行社帶團出發，如果知道旅遊營業人的姓名，可以使旅客知道有無湊團之情況，而如果有糾紛時，也可以知道該向哪一個旅遊營業人追討。

（二）旅客名單。

（三）旅遊地區及旅程：旅遊地區及旅程是旅遊服務中最重要的事項，而旅客所最在意的也是旅遊地區及旅程，將之書面化，則旅客可以藉由書面核對旅遊營業人所提供之服務，是否符合原先的說明及雙方之約定。

（四）旅遊營業人提供之交通、膳宿、導遊或其他有關服務其品質：交通工具，例如是搭遊覽車或搭飛機，其所需要之費用及時間相差甚遠，而提供膳宿之等級不同，也影響旅遊費用之多寡，將這些項目明文化，可作為旅客判斷是否違約之依據。

（五）旅遊保險之種類及其金額：應將其保險種類，金額記明，讓旅客知道保險契約之保險範圍。

（六）其他有關事項：例如到雪地旅遊的特殊約定、參加潛水的特殊約定等。

（七）填發之年月日。

第514條之3（旅客之協力義務）

旅遊需旅客之行為始能完成，而旅客不為其行為者，旅遊營業人得定相當期限，催告旅客為之。

旅客不於前項期限內為其行為者，旅遊營業人得終止契約，並得請求賠償因契約終止而生之損害。

旅遊開始後，旅遊營業人依前項規定終止契約時，旅客得請求旅遊營業人墊付費用將其送回原出發地。於到達後，由旅客附加利息償還之。

解說

有些旅遊行為需要旅客之行為配合始能完成。例如要旅客提供護照及身分證資料，才能為其辦理相關入境資料及手續，如果旅客不願意提供這些資料，則旅遊營業人得定相當期限催告旅客為之。而依本條第2項之規定，旅客不於所定之期限內為其行為者，旅遊營業人得終止契約，並得請求賠償因契約終止而生之損害。例如旅遊營業人和旅客訂立旅遊契約後，已經開始訂房間，可是因為旅客不願意提供護照及相關文件，以至於旅遊營業人終止旅遊契約，而旅遊營業人先前訂旅館的訂金也被沒收，此時旅遊營業人訂金被沒收的損害，可以要求旅客賠償。

而如果旅客不願意配合之情形，是發生在旅遊開始後，旅遊營業人一樣可以終止契約。例如旅行團預定要到A、B兩個國家旅行，到達A國旅遊完之後，要進入B國時，旅客老周拒絕提供護照及相關資料讓該旅行業者申辦進入B國的手續，此時旅遊營業人一樣可以催告老周交出必要之證件，逾期老周仍不履行時，旅遊營業人可以終止契約。

而因為旅遊已經開始，契約終止時，旅客人還在國外，此時旅客可請求旅遊營業人墊付費用將旅客送回原出發地。但是因為終止契約的原因是因為旅客不配合所致，所以將旅客送回原出發地之費用旅遊營業人不必負責，而是由旅客自己負責，因此旅客必須於到達原出發地後附加利息返還給旅遊營業人。

第514條之4（第三人參加旅遊）

旅遊開始前，旅客得變更由第三人參加旅遊。旅遊營業人非有正當理由，不得拒絕。

第三人依前項規定為旅客時，如因而增加費用，旅遊營業人得請求其給付。如減少費用，旅客不得請求退還。

解說

旅遊契約簽訂後而旅遊還沒有開始前，旅客因為某種因素無法參加旅遊，此時旅客得變更由第三人參加旅遊，旅遊營業人非有正當理由，不得拒絕。所謂正當理由應考慮該旅遊之性質、行程、目的等因素，例如行程是到急流泛舟，是適合年輕力壯、心臟好的人參加，如果原來30歲的老周無法參加，想要由60歲患有心臟病的老李參加，則旅遊營業人可以拒絕老李替代老周。

而由第三人代替原來的旅客出遊時，如果因而增加費用，旅遊營業人得請求其給付。例如一個旅行團16人，剛好八男八女，可以訂八個房間，但如果其中一個女生無法參加，而要由男生代替，則會變成九男七女，就必須訂九間房，如此會增加費用，此時旅遊營業人得請求原來旅客給付因而增加的房間費

用。但如果因為第三人替代而減少費用，旅客不得請求退還，以免影響到旅遊營業人原來契約上就可以享有的利益。

第514條之5（變更旅遊內容）

旅遊營業人非有不得已之事由，不得變更旅遊內容。

旅遊營業人依前項規定變更旅遊內容時，其因此所減少之費用，應退還於旅客；所增加之費用，不得向旅客收取。

旅遊營業人依第1項規定變更旅程時，旅客不同意者，得終止契約。

旅客依前項規定終止契約時，得請求旅遊營業人墊付費用將其送回原出發地。於到達後，由旅客附加利息償還之。

解說

旅遊內容為旅遊當事人雙方所最在意的事情，旅客之所以參加某個旅行團，之所以願意和某個旅遊營業人簽訂旅遊契約，也是為了享受原約定的旅遊內容。以前常有旅遊營業人任意變更旅遊內容而產生糾紛，因而本條第1項規定，旅遊營業人非有不得已之事由，不得變更旅遊內容，以杜爭議。所謂不得已之事由，例如颱風、地震等天災地變，或者本來要前往之旅遊景點已經關閉，在此種不得已之情形下，旅遊營業人可以變更旅遊內容，但因此所減少之費用，應該退還給旅客。例如本來要前往一個主題樂園，但因為該主題樂園整修內部，暫停營業，因此無法前往，則因為沒有前往該主題樂園而減少之門票費用，必須退還給旅客。另一方面，如果變更旅遊內容而增加費用時，旅遊營業人也不得向旅客收取。

　　此外，在有不得已之事由時，法律雖然容許旅遊營業人可以變更旅遊內容，但如前所述，旅遊內容是當初旅客加入旅行團的最重要目的，如果該旅遊內容之變更已經無法達成旅遊目的時，此時應賦予旅客終止契約的權利。本條第3項就賦予旅客在旅遊營業人依第1項規定變更旅程時，旅客不同意者，得終止契約之權利。

　　而在旅客不同意變更旅遊行程而終止契約之情形，如果旅行團已經出發而遠在異地，身上不見得有金錢可以返回原出發地，此時旅客得請求旅遊營業人墊付費用將其送回原出發地。於到達後，再由旅客附加利息償還給旅遊營業人。

第514條之6（旅遊服務之品質）
旅遊營業人提供旅遊服務，應使其具備通常之價值及約定之品質。

解說

　　旅遊服務因為各個旅行團不同的性質、目的、行程、住宿安排、交通安排及費用需求，而有不同之品質。本條規定旅遊營業人提供旅遊服務，應使其具備通常之價值及約定之品質。通常之價值就是在同樣費用水準之下所可以享受到旅遊品質。例如，一樣是前往泰國的五天行程，團費2萬元及3萬元，當然會有不同之品質，費用2萬元的團也許只能住到一般的飯店，而費用3萬元的團也許可以住到五星級的飯店。3萬元的團跟2萬元的團當然會有品質上差異，旅遊營業人則應該使旅遊服務具備該費用下所應該有之通常價值及品質。而旅遊營業人和旅

客契約中所約定的價值及品質，旅遊營業人也應該提供，例如前述2萬元的團可能不應該住到五星級的飯店，可是在旅遊契約中如果特別有約定提供五星級的飯店，則旅遊營業人就應該提供，因為當初旅客可能就是以其能夠提供五星級的飯店而參加，而旅遊營業人也是以其所能提供之品質而招攬生意，當然應該使旅客享受其契約中約定之品質，否則旅遊營業人應負第514條之7瑕疵擔保責任。

第514條之7（旅遊營業人之瑕疵擔保責任）

旅遊服務不具備前條之價值或品質者，旅客得請求旅遊營業人改善之。旅遊營業人不為改善或不能改善時，旅客得請求減少費用。其有難於達預期目的之情形者，並得終止契約。因可歸責於旅遊營業人之事由致旅遊服務不具備前條之價值或品質者，旅客除請求減少費用或並終止契約外，並得請求損害賠償。

旅客依前二項規定終止契約時，旅遊營業人應將旅客送回原出發地。其所生之費用，由旅遊營業人負擔。

解說

　　旅遊營業人依前條之規定負瑕疵擔保責任，若旅遊服務不具備前條之價值或品質者，旅客得請求旅遊營業人改善之。旅遊營業人不為改善或不能改善時，旅客得請求減少費用。其有難於達預期目的之情形者，並得終止契約。例如某旅行社推出東南亞超級郵輪頭等艙之旅，結果沒有辦法提供頭等艙，只能提供普通艙的艙位，此時旅客可以請求旅遊營業人改善為頭等

艙，如果旅遊營業人不為改善或不能改善，旅客可以請求頭等艙及普通艙價格差別的費用。如果某旅客以前已經參加過普通艙之旅，這次是為了體驗頭等艙而來，而不能換為頭等艙，將使該旅客之目的無法達到，這個時候，該旅客可以解約。

　　如果旅遊服務無法具備民法第514條之6的價值或品質，是可歸責於旅遊營業人之事由的話，則旅客除了請求減少費用或並終止契約外，還可以請求損害賠償。

　　旅客依本條第1項、第2項規定終止契約時，因為都是旅遊營業人的因素所導致，因此旅遊營業人應將旅客送回原出發地，而其所產生的費用，也均由旅遊營業人負擔。

第514條之8（旅遊時間浪費之求償）
因可歸責於旅遊營業人之事由，致旅遊未依約定之旅程進行者，旅客就其時間之浪費，得按日請求賠償相當之金額。但其每日賠償金額，不得超過旅遊營業人所收旅遊費用總額每日平均之數額。

解說

　　旅遊營業人按照既定行程提供旅遊，如果因為可歸責於旅遊營業人之事由，致旅遊未依約定之旅程進行者，旅客就其時間之浪費，得按日請求賠償相當之金額。例如在旅遊行程中，有一天是早上八點從甲地搭乘飛機一個小時到乙地，從九點後開始進行在乙地整天的遊覽，可是因為旅遊營業人沒有安排好行程，沒有訂到飛機票，結果必須搭乘巴士由甲地到乙地，以致當天傍晚才到乙地，本來在乙地參觀的整天行程，完全沒有

辦法進行，導致旅客時間的浪費，此時旅客得按日請求賠償相當之金額。

　　不過旅客依本條規定可以請求之賠償金額，不得超過旅遊營業人所收旅遊費用總額每日平均之數額。例如旅行團七天行程共2萬1千元，則平均每天是3千元的數額，旅客依本條請求時間浪費的賠償時，每天不得超過3千元之金額。本條所規定之賠償是非財產上之損害賠償，因為是時間上之浪費，因此所賠償金額是由法院依照精神賠償之判斷方式來決定賠償金額的多寡。

第514條之9（旅客隨時終止契約之規定）
旅遊未完成前，旅客得隨時終止契約。但應賠償旅遊營業人因契約終止而生之損害。
第514條之5第4項之規定，於前項情形準用之。

解說

　　在旅遊沒有完成前，旅客可以在任何時間終止契約，但應賠償旅遊營業人因契約終止而生之損害。例如，旅遊營業人已經付清旅館的費用，而在旅客終止旅遊契約後，即使旅館沒有去住，旅館也不會退錢給旅遊營業人，則旅遊營業人所付的旅館費用，應由旅客負責賠償。而旅客如果在旅遊未完成前終止契約，經常身處異地。所以本條第2項規定，準用第514條之5第4項之規定，允許旅客請求旅遊營業人墊付費用，將旅客送回原出發地，再由旅客加利息償還墊付費用給旅遊營業人。

第514條之10（旅客在旅遊途中發生身體或財產上事故之處
置）
旅客在旅遊中發生身體或財產上之事故時，旅遊營業人應為
必要之協助及處理。
前項之事故，係因非可歸責於旅遊營業人之事由所致者，其
所生之費用，由旅客負擔。

解說

　　旅遊營業人既然提供旅遊服務，則在旅遊過程中，旅遊
營業人應有照顧旅客身體或財產上之責任，如果旅客在旅遊中
發生身體或財產上之事故時，旅遊營業人應為必要之協助及處
理。例如旅客在旅遊途中發生病痛，則旅遊營業人應協助找當
地之醫師診治，如果財物失竊，旅遊營業人也應該協助前往當
地警局報案，或為其他必要之處理。而如果這些事故發生，是
不可歸責於旅遊營業人之事由所致者，其所生之費用，由旅客
負擔。例如上述財務失竊之情況，如果是當地宵小所為，並非
旅遊營業人未盡義務所致，則旅遊營業人雖有協助旅客報警處
理的義務，但是報警所產生之費用，例如來回車資等，則應由
旅客負擔。

第514條之11（旅遊營業人協助旅客處理購物瑕疵）
旅遊營業人安排旅客在特定場所購物，其所購物品有瑕疵
者，旅客得於受領所購物品後一個月內，請求旅遊營業人協
助其處理。

解說

　　旅行途中，旅遊營業人經常安排旅客在特定場所購買物品，該特定場所通常並非旅遊營業人所經營，而且購買物品所成立之買賣契約，也是存在於旅客與該場所之人之間，與旅遊營業人本來無關。惟既然是旅遊營業人所安排之特定場所，則雖然旅遊營業人不負瑕疵擔保責任，但旅客透過旅遊營業人之安排，而到特定場所購物，通常該場所與該旅行社之間比較有接觸，而且旅遊營業人基於其專業常識，對於旅遊地之語言、法令及習慣等均較旅客熟稔。因此，雖然所購之物品有瑕疵時，旅遊營業人不必負擔責任，但旅客於買賣物品一個月內發現物品有瑕疵，仍然可以請求旅遊營業人協助處理。

第514條之12（短期之時效）
本節規定之增加、減少或退還費用請求權，損害賠償請求權及墊付費用償還請求權，均自旅遊終了或應終了時起，一年間不行使而消滅。

解說

　　本節所規定之增加、減少或退還費用請求權，損害賠償請求權及墊付費用償還請求權，基於旅遊的時間都極為短暫，而且請求權大多可以在旅遊途中發覺，或者旅遊結束後馬上可以發覺，為了能夠早日確定雙方之關係，這些請求權宜從速行使。因此，本條規定這些請求權之時效，應自旅遊終了或應終了時起，一年間不行使而消滅，促使雙方盡早行使權利。

第九節　出版

第515條（出版之意義）
稱出版者，謂當事人約定，一方以文學、科學、藝術或其他之著作，為出版而交付於他方，他方擔任印刷或以其他方法重製及發行之契約。
投稿於新聞紙或雜誌經刊登者，推定成立出版契約。

解說

本條是對於出版契約的意義所做的規定。而出版契約之內容，必須是文學、科學、藝術或其他之著作為限。本條之所規定之文學、科學、藝術或其他之著作，係在民國88年4月21日修正時，參酌著作權法對於著作權定義之條文所做之修正。因此，什麼樣的內容構成著作，也必須參酌著作權法之規定。至於出版方式，現在的科技發達，出版方式繁多，除以印刷方式出版外，尚有以其他方法重製者，例如以CD、DVD、電腦網站錄影、錄音帶。舊法只限於印刷方式出版，顯然無法涵蓋，因此本條修正時，增加以其他方法重製也可以構成出版之內容。

至於投稿於新聞紙或雜誌經刊登者，究竟當事人之法律關係為何，舊法未加定義。因此，本條第2項規定，如果投稿於新聞紙或雜誌經刊登者，推定著作人與新聞社或雜誌社成立出版契約，以著作人為出版權授與人，並以新聞社或雜誌社成為出版人。

第515條之1（出版權之授與及消滅）

出版權應於出版權授與人依出版契約將著作交付於出版人時，授與出版人。

依前項規定授與出版人之出版權，於出版契約終了時消滅。

解說

出版契約必須要有出版權之授與，出版人才能承擔著作之重製發行之行為。因此本條特別規定，於出版權授與人依照出版契約之約定將著作交付於出版人時，出版權在法律上就認定為授與出版人。例如，著作人老張將其所創作之小說依照與甲書局所簽定之出版契約，交付於甲書局時，則該小說的書籍出版權認定為授與甲書局。但是如果該出版契約中，並沒有約定書局可以將該小說錄成有聲書出版品或製成錄影帶，則甲書局只能夠出書，而不能出錄影帶或有聲書，因此出版權之授與，仍受到出版契約之約束。

出版權授與人所授與出版人之出版權，於出版契約終了時消滅。所以出版契約終了時，出版人就不能再出版該著作。

第516條（出版權之移轉與權利瑕疵擔保）

著作財產權人之權利，於合法授權實行之必要範圍內，由出版人行使之。

出版權授與人，應擔保其於契約成立時，有出版授與之權利，如著作受法律上之保護者，並應擔保該著作有著作權。

出版權授與人，已將著作之全部或一部，交付第三人出版，或經第三人公開發表，為其所明知者，應於契約成立前將其情事告知出版人。

解說

　　著作人的著作權可分為著作人格權及著作財產權，著作人格權專屬於著作人，不得讓與或繼承。而在出版契約中，所需要授與之權利，也只限於著作財產權部分。而著作財產權部分也包含很多種權利，本條規定在出版契約中，著作財產權的權利於合法授權實行必要範圍內，由出版人行使。例如，著作人將其小說之文字印刷出版授權給甲出版社，則在執行出版授權的必要範圍內，該著作人之小說文字印刷重製權，由甲出版社行使之。不過，因為著作人所授與甲出版社的僅僅是文字部分的重製權，而將該小說改編成電影、電視、劇集的權利，著作人並沒有授權給甲出版社，甲出版社不得行使之，因此著作人仍可將該小說改編為電影、電視的權利，授權給其他電影公司、電視公司。

　　出版契約之出版權授與人，既然要將其權利授權給著作人，則其應擔保在契約成立時，有出版授與之權利。如果著作受法律上之保護者，並應擔保該著作有著作權。例如，某著作之作者老李授權老張在台灣地區尋找適合之出版社出版老李之作品，授權期間為二年，在這二年期間內，老張因為有合法授權，可以將著作授權給出版社出版，但是如果老張授權給出版社的契約期間超過二年，就有問題。因為老張只有老李二年的代理權合約，因此最長的時間只能夠授權二年，如果老張授權給出版社三年，便違反了代理權限而違背本條第2項規定的擔保義務。

　　而如果出版契約是獨家出版，問題比較單純，但有時候並不是授權獨家出版，可能同一個著作授權給數個出版人出版。如果出版權授與人在簽訂出版契約時，已經將該著作之全部或

一部分交付給第三人出版或經第三人公開發表，為出版權授與人所明知者，則出版權授與人應於契約成立前將其情事告知出版人。如果出版人知道這些情事，還願意幫出版權授與人出版，則出版人自然有其商業上及市場上的考慮。因此，只要出版權授與人有將非獨家出版之情事告知出版人，則出版權授與人就沒有違背本條之告知義務。

第517條（出版權授與人之不作為義務）
出版權授與人於出版人得重製發行之出版物未賣完時，不得就其著作之全部或一部，為不利於出版人之處分。但契約另有訂定者，不在此限。

解說

　　既然出版權授與人已經授與出版社重製發行出版物，則出版人自然要將該重製發行之出版物在市場上進行銷售，並藉以獲取銷售之利益。因此，著作人在出版人所重製發行之出版物全數賣完之前，自然不得為不利於出版人之處分。例如老周將其著作授權給甲出版社發行一版5千本，在甲出版社沒有將書賣完之前，老周如果把著作權讓與給老張，因為老張不一定會授權給甲出版社，因此甲出版社能否繼續賣書，就會產生疑問，如此會侵犯到甲出版社之權益。因此，依本條之規定，老周不得就其著作之全部或一部，為不利於甲出版社之處分。

　　不過契約另有訂定者，不在此限。因為既然雙方對於著作權讓與或處分之情形有特別約定，則顯見其雙方已經對於這種情形有預見與考慮，則不虞其權利受到損害。

第518條（出版人續版之義務）

版數未約定者，出版人僅得出一版。

出版人依約得出數版或永遠出版者，如於前版之出版物賣完後，怠於新版之重製時，出版權授與人得聲請法院令出版人於一定期限內，再出新版。逾期不遵行者，喪失其出版權。

解說

　　通常在出版契約中會對於出版之版數為約定，如果有約定，則出版人可以出版之版數應該依契約之約定，但如果在契約中沒有明定，依本條之規定，出版人僅得出版一版。

　　而如果出版契約中約定出版人可以出數版或者永遠出版者，如果前版之出版物已經賣完，出版人有義務繼續出新版。因為出版權授與人受出版契約之約束，不能將出版物交給其他出版人出版，如果出版人不願意出新版的話，則一方面消費者買不到該出版品，另一方面出版權授與人所可獲得之版稅利益，也會受到影響。因此本條規定出版人怠於新版之重製時，出版權授與人得聲請令出版人於一定期限內，再出新版。逾期不遵行者，喪失其出版權。

第519條（出版人之發行義務）

出版人對於著作，不得增減或變更。

出版人應以適當之格式重製著作。並應為必要之廣告及用通常之方法推銷出版物。

出版物之賣價，由出版人定之。但不得過高，致礙出版物之銷行。

解說

依照著作權法第17條之規定「著作人享有禁止他人以歪曲、割裂、竄改或其他方法改變某著作之內容、形式或名目致損害其名譽之權利」。此為著作人格權中之同一性保持權，因此本條規定出版人對於著作，不得增減或變更，以維護著作人之著作人格權。而出版人對於著作有重製發行之義務，其應以適當之格式重製著作，並應為必要之廣告及用通常之方法推銷出版物。例如書中有彩色照片者，必須用銅版紙來印刷，才可以顯示彩色照片之效果，此時就不能用普通的道林紙或聖經紙印刷，以表現該照片著作的品質。

至於出版物之賣價，原則上應由出版人依其專業知識及市場要求判斷後決定。但如果過高，可能會造成出版物之滯銷。而因為出版權授與人所可以得到之利益經常是依照銷售的數量來計算，如果出版物的賣價過高，會妨礙著作物之銷行，對於著作權授與人之權益有相當影響。因此，本條規定出版物之賣價，由出版人定之。但不得過高，致礙出版物之銷行。

第520條（著作物之訂正或修改）
著作人於不妨害出版人出版之利益，或增加其責任之範圍內，得訂正或修改著作。但對於出版人因此所生不可預見之費用，應負賠償責任。
出版人於重製新版前，應予著作人以訂正或修改著作之機會。

解說

　　隨著時空的演進，著作權人完成著作後，也許有續為修改著作內容之必要，尤其是知識性的書籍，更需要引用最新的資料，以豐富書籍的內容，才能跟得上時代之潮流。所以本條規定著作人於不妨害出版人出版之利益，或增加其責任之範圍內，能許著作人得訂正或修改著作。但對於出版人因此所生之不可預見之費用，應負賠償責任。事實上依社會現況而言，著作人及出版社莫不力求出版品之內容不斷更新，以便跟得上時代潮流，對於不合時宜或資料上過分陳舊的書，其銷售量一定減低。因此在大部分情況下，不只著作人有權要求出版社給予修改內容之機會，甚至出版社也會主動要求著作人更新書中資料。本條第2項規定出版人於重製新版前，應給予著作人以訂正或修改著作之機會。在實務上，很多出版社都不待著作人要求便主動請求著作人訂正或修改著作物。

第521條（著作物之併合或各別出版）
同一著作人之數著作，為各別出版而交付於出版人者，出版人不得將其數著作，併合出版。
出版權授與人就同一著作人或數著作人之數著作為併合出版，而交付於出版人者，出版人不得將著作，各別出版。

解說

　　如果同一個著作人有數個不同的著作，則該數個不同的著作可能是性質不同的著作，也可能是系列性的著作。如果是性質不同的著作，著作人交給出版人出版時，出版人也必須依照

著作人之原意分別出版，而不得併合出版。例如同一著作人所著作之二部小說，著作人本來就是要出版二本，此時出版社不得將這二本小說合併成一本出版。

相反的，如果出版權授與人係就同一著作人或數著作人之數著作為併合出版而交付於出版人時，出版人也不得將該些著作各別出版。例如某著作人為了一系列同性質的小說，例如公園系列小說、心情系列小說，則著作人是將該系列中數個小說視為不可割之部分，此時出版人不得將該數個小說各別出版。或者數個著作人的著作原本就是要合併出版，例如數個管理學家所寫的管理系列，原意就是要合併出版，此時出版人也不得將該數個著作個別出版。

第522條（刪除）

第523條（著作物之報酬）
如依情形非受報酬，即不為著作之交付者，視為允與報酬。
出版人有出數版之權者，其次版之報酬，及其他出版之條件，推定與前版相同。

解說

出版契約並不是一定要以支付報酬為成立要件，可以有償，也可以無償。但如果依照情形，出版權授與人非受報酬，即不為著作之交付者，稱為允與報酬。例如商業鉅子將自己隨性創作交付出版，可能只是興趣之抒發，而不在版稅的獲得，

此時如果沒有約定版稅，就是無償的出版契約。但如果是靠版稅為生的作家，則幾乎不可能不收版稅而交付著作物，所以和作家間的出版契約，即使雙方沒有約定，也視為允與報酬。在出版契約中出版人有出數版之權利者，除非契約雙方有約定，否則其次版之報酬及其他出版之條件，推定與前版相同。

第524條（報酬給付之時期）
著作全部出版者，於其全部重製完畢時，分部出版者，於其各部分重製完畢時應給付報酬。
報酬之全部或一部，依銷行之多寡而定者，出版人應依習慣計算，支付報酬，並應提出銷行之證明。

解說

出版人有支付報酬之義務。本條第1項規定，如果約定是著作全部出版者，在著作全部重製完畢時，分部出版者，於其各部分重製完畢時，出版人應給付報酬。所謂全部出版，通常是指沒有分集的出版情形，大部分的書籍都沒有分集。而所謂分部出版，例如有第一集、第二集、第三集的情形，則應於各集重製完畢時給付報酬。

不過本條第1項之情形，是指不以銷售量之多寡作為給付要件者。現在一般出版報酬給付，即所謂版稅之給付，通常是以銷行量之多寡決定報酬之多寡，這就是本條第2項所規定之情形，如果以銷行量之多寡決定報酬之多寡時，則出版人依習慣計算支付報酬，並應提出銷行之證明。一般而言，出版社是按該版重製之數量於重製完畢後，計算版稅付給著作人，或

按半年、一年為期計算行銷量之多寡，計算版稅給出版權授與
人。

第525條（著作物交稿後因不可抗力而滅失之負擔）
著作交付出版人後，因不可抗力致滅失者，出版人仍負給付
報酬之義務。
滅失之著作，如出版權授與人另存有稿本者，有將該稿本交
付於出版人之義務。無稿本時，如出版權授與人係著作人，
且不多費勞力，即可重作者，應重作之。
前項情形，出版權授與人得請求相當之賠償。

解說

　　出版權授與人將其著作交付出版人後，危險負擔也隨之移
轉給出版人，由此在著作交付出版人後，因不可抗力，例如天
災地變致著作物滅失者，出版人雖因著作物滅失無法出版，但
仍負給付報酬給出版權授與人之義務。但如果出版權授與人另
外存有稿本，而出版人還是有給付報酬之義務，則出版權授與
人應該將另存之稿本交付給出版社出版，才符公平。如果無稿
本時，在出版權授與人係著作人，且不多費勞力即可重作之情
形，應重作之。

　　在重作之情形，出版權授與人得請求相當之賠償。因為出
版權授與人的重作使得出版人還是可以出版，不過出版權授與
人必須重作，到底還是多付出了一些心力。因此，可以請求相
當之賠償。

第526條（出版物印刷完畢因不可抗力而滅失之處置）
重製完畢之出版物，於發行前，因不可抗力，致全部或一部滅失者，出版人得以自己費用，就滅失之出版物，補行出版，對於出版權授與人，無須補給報酬。

解說

　　出版物重製完畢後，如果於發行前，因不可抗力致全部或一部滅失者，出版人得以自己費用，就滅失之出版物，補行出版。例如第一版書要發行5千本，結果印刷好之後全部遭到颱風淹沒，此時出版人得以自己之費用，重新再印製5千本發行，而不須再重複向出版權授與人給付報酬，亦即只要給付第一次5千本之報酬，重印的5千本不須再另給付版稅。因為這是補行重製，而非續版，出版人並沒有享受雙重利益，所以不需要重複給出版權授與人報酬。

第527條（出版關係之消滅）
著作未完成前，如著作人死亡，或喪失能力，或非因其過失致不能完成其著作者，其出版契約關係消滅。
前項情形，如出版契約關係之全部或一部之繼續，為可能且公平者，法院得許其繼續，並命為必要之處置。

解說

　　著作係具有創作獨特之個性，所著重的是著作人之創作，而著作人之創作，並無法由其他人加以代替，因此著作未完成前，如果著作人死亡或喪失能力，或非因其過失致不能完成其

著作者，則因無法假手他人完成，沒有著作，其出版契約關係
也應歸於消滅。例如著名作家簽訂出版契約後開始著手創作小
說，但只寫了一半就不幸病故，因為該出名作家之創作能力是
無法代替的，而且由其他人創作，也會影響購買意願。既然這
小說無法完成，出版契約當然歸於消滅。

　　如果著作人死亡或喪失能力，或非因其過失致不能完成其
著作，但出版契約關係之全部或一部仍可能繼續完成，而且公
平的話，法院得允許該出版契約之效力持續，並命為必要之處
置。例如物理學大師和出版社簽訂契約創作物理學導論一書，
預計五章，結果完成四章之後，不幸病故，但剩餘之一章其大
綱已經完成，可以由這位大師的子弟或其他物理學家來完成，
則前四章創作仍可以配合其他人完成之第五章創作繼續出版，
此時就不會因為物理大師的死亡而使出版關係當然消滅。在必
要時，法院也可以命為必要之處置。

第十節　委任

第528條（委任之意義）
稱委任者，謂當事人約定，一方委託他方處理事務，他方允
為處理之契約。

解說

　　委任之意義及委任契約成立之要件，乃係當事人雙方約
定，一方（委託人）委託他方處理事務，他方（受託人）允為
處理，委任契約即行成立。例如：張三委託房地產專家李四處

理其與他人之房地糾紛事項，李四答應張三處理上開事務時，委任契約成立。所謂「事務」，指與日常生活有關的一切事項而言，惟依事件本身性質如屬不得委任者，或委任有背公序良俗者，則不得委任。例如：結婚應由當事人親自出席參加婚禮，不得委任他人為之。至於「處理」，則指處分、管理而言。

第529條（勞務契約之適用）
關於勞務給付之契約，不屬於法律所定其他契約之種類者，適用關於委任之規定。

解說

在吾人日常生活中，委任契約之應用範圍極廣，屬於典型之勞務供給契約。因此，有關勞務之供給契約，法律如有明文規定，則應適用各該規定，例如：民法債編各論明文規定之僱傭、承攬、出版、居間、寄託及運送；如無規定者，則應適用委任之規定，俾使有所準據。

第530條（允受委託）
有承受委託處理一定事務之公然表示者，如對於該事務之委託，不即為拒絕之通知時，視為允受委託。

解說

委任契約係屬諾成及不要式契約，於雙方意思表示一致

時，即行成立，原則上亦無須履行一定的方式，故有承受他人委託事務的公然表示者，例如：醫師開業、律師及會計師掛牌等，如不欲允為處理該事物，自應為積極拒絕之表示，若竟不即為拒絕之通知，為使法律關係得以從速確定，法律明定視為允受委託。

第531條（委任事務處理權之授與）
為委任事務之處理，須為法律行為，而該法律行為，依法應以文字為之者，其處理權之授與，亦應以文字為之。其授與代理權者，代理權之授與亦同。

解說

　　委任契約為不要式契約，原則上不一定要以書面為之，但是如果委任事務之處理須為法律行為，而該法律行為依法應以文字為之者，其處理權之授與，也應該以文字為之。例如依照本法第422條就超過一年的不動產訂定租賃契約，必須以文字為之。如果老周委任老張，就老周所有之房子與承租人訂立超過一年的不動產租賃契約，因為老張在簽訂租賃契約時必須要以書面為之，此時老周和老張之間成立之委任契約也必須以書面為之。

　　而依本條後段所增訂之規定，如果該委任事項之處理必須以文字為之，而且必須由委任人授與代理權的話，該代理權的授與也必須以文字為之。一般而言，委任不一定授與代理權，例如出國時委託鄰居看管房屋，鄰居並沒有獲得任何代理權。但有些委任事務之處理，必須由委任人授與代理權，例如代為

簽訂契約、代為簽署和解書等，都需要有代理權之授與，如果代理的行為依法律規定必須以文字為之，則委任人授與代理權時，也必須要以書面的方式為之。

第532條（委任人之權限）
受任人之權限，依委任契約之訂定；未訂定者，依其委任事務之性質定之。委任人得指定一項或數項事務而為特別委任，或就一切事務而為概括委任。

解說

按受任人有為委任人處理事務的權限。此一處理事務之權限範圍，如於委任契約已有明定時，自應依其所定，惟若委任契約未訂定其權限時，則應依其委任事務之性質定之，以便事務之處理。又委任人得依其自由意思就受任人之權限為「特別委任」或「概括委任」；所謂「特別委任」者，係委任人指定一項或數項之特種事務而為委任者；「概括委任」者，則係委任人就一切事項悉行委任而言。例如：張三委任律師李四處理其不動產買賣糾紛，如張三僅指定李四就不動產買賣糾紛中之「和解」與「起訴」二事項，為其處理事務之範圍，則屬特別委任；反之，如張三就其不動產買賣糾紛之一切事務委託李四處理，則張三所為者係概括委任。

第533條（特別委任）

受任人受特別委任者，就委任事務之處理，得為委任人為一切必要之行為。

解說

受任人受委任人之特別委任者，其就特種委任事務之處理，得為一切必要之行為。所謂「一切必要之行為」，係指在處理該事物所必需之範圍為限，無論法律行為或非法律所為，均得為之。例如：受委託之醫生，不但得診斷病情，尚得醫治病人。

第534條（概括委任與特別授權）

受任人受概括委任者，得為委任人為一切行為。但為左列行為，須有特別之授權：

一 不動產之出賣或設定負擔。

二 不動產之租賃其期限逾二年者。

三 贈與。

四 和解。

五 起訴。

六 提付仲裁。

解說

依民法第532條之規定，委任事務有特別委任及概括委任。概括委任係就一切事務委託受託人處理，而受委任處理之事務，也不限於法律行為，事實行為也包括在內。受任人受概

括委任時，得為委任人為一切的行為，不過本條所規定之六項事情，茲事體大，對當事人權益及利害關係也甚為重大，因此除了概括委任之外，必須有特別之授權，委任人才可以處理，此六項事務為：

（一）不動產之出賣或設定負擔：如設定抵押權、地上權等。

（二）不動產之租賃其期限逾二年者：如果動產租賃或不動產租賃而未超過二年之期限，也不需要特別委任。

（三）贈與。

（四）和解：包括訴訟上的和解及訴訟外的和解。

（五）起訴。

（六）提付仲裁。

第535條（受任人之服從指示與注意義務）
受任人處理委任事務，應依委任人之指示，並與處理自己事務為同一之注意，其受有報酬者，應以善良管理人之注意為之。

解說

委任人處理委任事務有服從指示與注意的義務，因其處理之結果均須歸由委任人承擔，故其處理方法應依照委任人之指示為之，如受任人處理事務並未受有報酬，仍應與處理自己事務一般，盡同一之注意義務，受有報酬者，自必特加注意，須以善良管理人之注意，為委任人處理事務。此乃為保護委任人之利益所設。

第536條（變更指示）
受任人非有急迫之情事，並可推定委任人若知有此情事亦允許變更其指示者，不得變更委任人之指示。

解說

　　受任人處理委任事務，其利害既皆歸屬於委任人，且受任人係為委任人之利益處理委任事務，故應依委任人之指示處理，原則上不得變更委任人之指示，除非受任人有：（一）急迫情事；（二）並可推知委任人若知有此情事亦允許變更其指示之條件下，法律例外許可受任人變更委任人之指示。

第537條（自己處理原則與複委任）
受任人應自己處理委任事務。但經委任人之同意或另有習慣或有不得已之事由者，得使第三人代為處理。

解說

　　按委任關係，係基於當事人間之信任，故委任人因信賴受任人而委任其處理自己的事務，因此，受任人原則上應親自委任事務。但如經過委任人的同意，或另有習慣，或有不得已的事由，受任人得使第三人代其處理委任事務，此即所謂「複委任」。法律例外許可複委任之理由，不外因特殊情況下，受任人無法親自處理委任事務，如不能由第三人代為處理，則事情反而滯留未決，與原本之委任意旨相違，故允受任人得使第三人代為處理。

第538條（複委任之效力（一））
受任人違反前條之規定，使第三人代為處理委任事務者，就該第三人之行為，與就自己之行為，負同一責任。
受任人依前條之規定，使第三人代為處理委任事務者，僅就第三人之選任及其對於第三人所為之指示，負其責任。

解說

　　受任人違反前條規定所為違法之複委任，須就該第三人的行為，與就自己的行為，負同一的責任。

　　受任人依前條規定所為合法之複委任，僅就對第三人的選任及其對於第三人的指示，負其責任。

第539條（複委任之效力（二）──對第三人之直接請求權）
受任人使第三人代為處理委任事務者，委任人對於該第三人關於委任事務之履行，有直接請求權。

解說

　　受任人使第三人代為處理事務之複委任不論合法與否，委任人對於該第三人關於委任事務的履行，均有直接請求權。此為避免輾轉請求之繁所設。例如：甲委託乙處理事務，乙複委任丙代其處理，甲與丙之間雖無委任關係之存在，但甲無須經由乙，即有直接請求丙履行委任事務之權。

第540條（委任人之報告義務）
受任人應將委任事務進行之狀況，報告委任人，委任關係終
止時，應明確報告其顛末。

解說

　　受任人既允為委任人處理委任事務，自應將其進行之狀
況，隨時向委任人報告。至關係終止時，並應將其處理事務之
始末，詳細明確地報告於委任人。此乃受任人之報告義務。例
如：商號經理人係商號所有人委託經營商號之受任人，其應隨
時向商號所有人報告商號事務進行之狀況；且於離職（委任關
係終結）時，並應將其處理商號事務之始末，詳細地報告於商
號所有人。

第541條（委任人之金錢物品及孳息交付義務）
受任人因處理委任事務，所收取之金錢、物品及孳息，應交
付於委任人。
受任人以自己之名義，為委任人取得之權利，應移轉於委任
人。

解說

　　受任人於處理委任事務時，因委任之故而收取之金錢、
物品及孳息，本屬委任人所有，故應交付於委任人。如受任人
係以自己的名義，為委任人取得權利，此權利既係為委任人而
取，故應移轉於委任人。例如：張三委任李四處理其與王五間
一張50萬元之支票債務，李四以其自己的名義，為張三訂立契

約向王五取得50萬元之債權，王五向張三清償上開50萬元債務後，張三應將其所受領之50萬元移轉於李四，以盡其為李四受任人之金錢、物品及孳息交付之義務。

第542條（交付利息與損害賠償）
受任人為自己之利益，使用應交付於委任人之金錢或使用應為委任人利益而使用之金錢者，應自使用之日起，支付利息；如有損害，並應賠償。

解說

　　受任人將前條規定應交付於委任人之金錢，或應為委任人之利益而使用之金錢，為其本身之利益而自行使用、消費者，為保護委任人之利益，應使受任人支付自使用日起之利息；如因而致委任人受有損害時，受任人應負賠償之責。

第543條（委任事務請求權讓與之禁止）
委任人非經受任人之同意，不得將處理委任事務之請求權，讓與第三人。

解說

　　委任人對於受任人有委任事務處理之請求權，此一請求權具有專屬性，故委任人未經受任人之同意，不得將此委任處理事務為標的之權利，讓與第三人。

第544條（委任人之損害賠償責任）
受任人因處理委任事務有過失，或因逾越權限之行為所生之損害，對於委任人應負賠償之責。

解說

依民法第535條之規定，受任人處理委任事務時，如果是無償的話，應該與處理自己事務為同一之注意，如果是受有報酬，應盡善良管理人之注意，因此有償委任跟無償委任，受任人之注意義務有所不同。但無論受任人所負的注意義務為何種，如果受任人因處理委任事務有過失，或因逾越權限之行為所生之損害，對於委任人應負賠償之責。例如老周委任老李以3萬元購買一架電視，但老李自作主張，未殺價就以3萬2千元購買，則多出來的2千元，老李應自行負責。

第545條（委任人預付必要費用義務）
委任人因受任人之請求，應預付處理委任事務之必要費用。

解說

受任人因處理委任事務而須支出費用時，原則上並無先代委任人墊付之義務，故委任人在受任人之請求下，有預付處理委任事務之必要費用的義務，以利受任人進行委任相關事務，惟因恐委任人將來資力發生變化，為保障債務得以全部清償，受任人得請求委任人就未至清償期之債務，提出相當擔保。

第546條（委任人之費用償還義務）

受任人因處理委任事務，支出之必要費用，委任人應償還之。並付自支出時起之利息。

受任人因處理委任事務，負擔必要債務者，得請求委任人代其清償，未至清償期者，得請求委任人提出相當擔保。

受任人處理委任事務，因非可歸責於自己之事由，致受損害者，得向委任人請求賠償。

前項損害之發生，如別有應負責任之人時，委任人對於該應負責者，有求償權。

解說

委任人處理委任事務時，有時候須支出必要之費用，因為處理事務之最終之得利者是委任人，因此這些必要費用當然應由委任人償還之，而且應該從受任人支出時起算利息一併償還於受任人。例如老陳託老張帶東西給住在美國的親戚，如果因為多託帶老陳的東西導致老張行李過重，必須增加運費，則該增加之運費，老陳就應該負擔償還。

但有時候受任人處理委任事務，必須要負擔債務的話，此時受任人也可以請求委任人代其清償，如果清償期限還沒有到的話，也可以請求委任人提出相當之擔保。例如老周汽車壞掉，因為沒空而委託友人老李到修車場修理，而修車廠要求老李以信用卡刷卡付帳，老李可以要求老周支付該修車款或者提供擔保。

另外受任人處理委任事務，因非可歸責於自己之事由，致受損害者，得向委任人請求賠償。例如住在台中的老張委託住在高雄的老陳在颱風過後，去看看老張在高雄的別墅有無損

害，結果老陳在前往查看的途中，不幸遭遇颱風吹落的招牌打到受傷，此時老陳可以向老張請求損害賠償。不過損害之發生，如果是有應該負責任的人時，委任人對於應該負責之人有求償權。例如在上述例子中，老陳如果前往查看老張別墅途中，是遭老李騎機車撞到受傷，此時老張雖應該賠償老陳之損失，但因為車禍應該負責的人是老李，因此老張可以向老李求償。

第547條（委任人之支付報酬義務）
報酬縱未約定，如依習慣或依委任事務之性質，應給與報酬者，受任人得請求報酬。

解說

委任為有償者，當事人間就報酬多有約定，如未約定，依習慣或依委任事務之性質，應給與報酬者，受任人自得請求給付。所謂「習慣」，係指一般地方習慣而言。所謂「委任事務之性質」，例如：委託律師、會計師處理訴訟、財務事宜，此等須由具備專業知識之人方得勝任之事務性質，自須給予受任人相當之報酬。

第548條（請求報酬之時期）
受任人應受報酬者，除契約另有訂定外，非於委任關係終止及為明確報告顛末後，不得請求給付。
委任關係，因非可歸責於受任人之事由，於事務處理未完畢前已終止者，受任人得就其已處理之部分，請求報酬。

解說

當事人間除另有先付報酬之約定外，報酬之給付原則上應於委任關係終止及為明確報告始末後，受任人方得請求給付。至於，受任人處理之事務是否成功，則非所問。

委任事務處理未完畢前終止委任契約時，須具備以下兩要件，受任人亦有請求給付報酬：（一）於事務處理未完畢前，委任契約已終止，例如：律師受委託為張三辯護，訴訟進行一半，委任關係終止，改由李四為張三之辯護人；（二）委任關係之終止須非可歸責於受任人之事由，例如：上開案例，律師之解任係因張三與李四係舊識，而李四剛取得律師資格，張三遂終止前委任關係，另委任李四處理其訴訟事務。須注意者，受任人僅得就其已處理之部分請求報酬。

第549條（委任契約之終止）
當事人之任何一方，得隨時終止委任契約。
當事人之一方，於不利於他方之時期終止契約者，應負損害賠償責任。但因非可歸責於該當事人之事由，致不得不終止契約者，不在此限。

解說

由於委任係基於當事人之信賴關係，當主觀信念上對於他方之信任有所改變時，不問客觀上是否有正當理由，均得隨時終止委任契約，使委任關係歸於消滅，是為委任契約當事人之任意終止權。

委任契約既得由當事人一方任意終止，故終止契約之一方

須就他方所受之損害負賠償責任。

第550條（委任關係之消滅）

委任關係，因當事人一方死亡、破產或喪失行為能力而消滅。但契約另有訂定或因委任事務之性質不能消滅者，不在此限。

解說

本條規定，如有法定事由之發生，當事人縱未依前條規定行使任意終止權，原則上委任契約亦當然終止，除非委任契約另有訂定，或因委任事務之性質，委任關係仍不消滅。所謂「法定事由」，係指當事人死亡、破產或喪失行為能力而言，茲分述如次：（一）死亡，因委任係基於人格信賴關係，故僅及於人之一身。因此，不論委任人死亡，或受任人死亡，或二者同時死亡，委任關係均歸於消滅。（二）又當事人一方為法人時，其因解散而喪失法人人格時，與自然人死亡同。

第551條（委任人繼續處理事務之義務）

前條情形，如委任關係之消滅，有害於委任人利益之虞時，受任人或其繼承人或其法定代理人，於委任人或其繼承人或其法定代理人能接受委任事務前，應繼續處理其事務。

解說

委任關係消滅後，受任人在符合下列要件下，乃有為委任

人繼續處理事務之義務：

（一）委任關係因法定事由而消滅，即委任關係因當事人一方
死亡、破產或喪失行為能力而消滅。

（二）有害於委任人利益之虞。例如，委任人喪失行為能力，
委任關係消滅，其繼承人或法定代理人一時皆遠在他
方，無法立即趕回處理，此時如受任人不繼續處理委任
事務，則必有害於委任人之利益。

受任人繼續處理委任事務之義務，應至何時為止？本條明
定，受任人須一直處理至委任人或其繼承人或其法定代理人能
接受時為止。如上例委任人喪失行為能力，受任人應繼續處理
至委任人回復為有行為能力時，或委任人之繼承人或法定代理
人能趕回接受事務時為止。

第552條（委任關係存續之擬制）

委任關係消滅之事由，係由當事人之一方發生者，於他方知
其事由或可得而知其事由前，委任關係視為存續。

解說

本條係就委任之擬制存續所做的規定，要件如次：

（一）委任關係消滅之事由須當事人之一方發生。例如：委任
人或受任人其中一方死亡、破產或喪失行為能力。

（二）他方知其事由或可得而知之前，即以當事人之善意且無
過失為要件。如他方業已知悉委任關係消滅事由，或係
有過失而不知者，即使無法接受處理，只能適用前條有
關受任人繼續處理義務之規定。

具備前述二要件，則委任關係視為存續，等到他方已知或可知本法而知時，始歸消滅。除非他方知悉後，仍無法接受處理事務時，方有本法第551條受任人繼續處理義務之適用。本條之立法意旨在於為保護一方之利益，又不使他方遭受不利益之調和規定。

第十一節　經理人及代辦商

第553條（經理人之意義及經理權之授與）
稱經理人者，謂由商號之授權，為其管理事務及簽名之人。
前項經理權之授與，得以明示或默示為之。
經理權得限於管理商號事務之一部或商號之一分號或數分號。

解說

本條第1項是對於經理人之定義，所謂經理人必須要有（一）獲得商號之授權；（二）其所獲得之授權是管理事務及代為簽名之權。所以如果沒有商號之授權，就不會成為經理人。而所謂管理事務及為其簽名，管理事務通常指內部事務的管理，簽名一般是指對外為簽名之權，如果有獲得授權為商號管理事務及其簽名之人，法律上就稱為經理人。

經理權之有效授與，並不需要以書面為之，也未必要明示，默示亦可以。經理人被授予管理事務及為其簽名之權限，不一定要及於商號之全部，可以將經理權限於商號之一部，或商號之一分號或數分號。例如公司的會計經理，只就公司會計

部門有管理及簽名之權限，而業務經理也只就業務部門有管理及簽名之權，分區經理則只就該區域下之分公司有管理及簽名之權限，而總經理因為是獲得整體的授權，因此對於商號的所有事務有管理及簽名的權限。

第554條（經理人之經理權（一）──管理權）

經理人對於第三人之關係，就商號或其分號，或其事務之一部，視為其有為管理上之一切必要行為之權。

經理人，除有書面之授權外，對於不動產，不得買賣，或設定負擔。

前項關於不動產買賣之限制，於以買賣不動產為營業之商號經理人，不適用之。

解說

經理人對於第三人之關係，就商號或其分號，或其事務之一部，視為其有為管理上之一切必要行為之權。例如業務部經理，在其業務部門之事務權限範圍內，有向第三人訂貨、訂設備、簽約等管理一切必要行為之權。

而經理人對於管理上一切必要行為，理論上不需要經過商號的授權即可為之。唯一例外是對於不動產買賣或設定負擔，依本條第2項之規定，必須要有商號之特別書面授權，才可以為之，因為不動產買賣或設定負擔，價值較高、利害影響較大，所以要有書面的授權。

不過，如果商號是以經營不動產為營業者，則商號之經理人，對於不動產的買賣或設定負擔，並不需要以書面為之，因

為既然該商號是以經營不動產為營業，則授與經理權就當然包含不動產買賣事務之授權，不需另外再有書面授權。

第555條（經理人之經理權（二）——訴訟行為）

經理人，就所任之事務，視為有代理商號為原告或被告或其他一切訴訟上行為之權。

解說

經理人對內為管理內部事務，對外為商號之代理人，有代理商號之權利，因此經理人就所任之事務，當然視為有代理商號為原告或被告或其他一切訴訟上行為之權。事實上，在民事訴訟上也均將經理人視為商號之代理人，有為一切訴訟行為之權利。

第556條（共同經理人）

商號得授權於數經理人。但經理人中有二人之簽名者，對於商號，即生效力。

解說

商號所有人授權於數經理人者，是為共同經理，對外則屬共同代理。按本法第168條規定，共同代理人關於代理行為應共同為之，故共同經理人對外為代理行為時，本應共同為之，但為便利交易、爭取時效，本條對於共同經理明定有二人之簽名，即對商號發生效力，不必全體共同為之，以免延誤商機，

惟乃不可單獨為之，否則對於商號仍不生效力。

第557條（經理權之限制）
經理權之限制，除第553條第3項、第554條第2項及第556條
所規定外，不得以之對抗善意第三人。

解說

　　經理權對外本有概括的代理權性質，如商號所有人予以限
制，則此一限制內容未必為第三人所得而知者，法律為保護交
易安全，除了第553條第3項就主管事務部門之限制、第554條第
2項就不動產買賣或設定負擔之書面授權限制及第556條就共同
經理須有二人簽名之限制以外，商號所有人及商號經理人均不
得以經理權範圍受限制為由，對抗善意第三人。須注意者，經
理權之意定限制，雖不得對抗善意第三人，惟得對抗惡意第三
人，至於法定之經理權限制，則無論善、惡意均得對抗之。

第558條（代辦商之意義及其權限）
稱代辦商者，謂非經理人而受商號之委託，於一定處所或一
定區域內，以該商號之名義，辦理其事務之全部或一部之
人。
代辦商對於第三人之關係，就其所代辦之事務，視為其有為
一切必要行為之權。
代辦商除有書面之授權外，不得負擔票據上之義務或為消費
借貸或為訴訟。

解說

茲將代辦商之意義，析述如次：

（一）代理商係受商號之委託，辦理其事務之人。代辦商所辦
之事務並非自己之事務，而係他商號之事務，故與經理
人類似，均係為他人服務。

（二）代辦商於一定處所或一定區域內辦理事務之人。所謂
「一定處所」，即於特定地點；所謂「一定區域」，即
周行於特定地帶。因代辦商係獨立於委託商號之外辦理
事務，故為獨立的商業輔助人，與經理人係屬商號內之
員工，有所不同。本條乃明定「代辦商非經理人」。

（三）代辦商係以商號之名義辦理其事務之全部或一部之人。
代辦商處理商號委託之事務，對外須以該商號之名義為
之，具有代理的性質，又稱「代理商」。至於，辦理事
務之種類，法雖無限制，但必須係委託商號營業範圍內
之業務，其範圍則不僅指事務種類之全部或一部，其辦
理過程之全部或一部亦包括在內。

代辦商對於第三人之關係，與經理人對第三人之關係相
同，只要就其代辦事務之必要，無論係法律行為或事實行為，
均得為之。

代辦商雖得就其代辦事務為一切必要行為之權，但就負擔
票據上之義務、消費借貸及訴訟三者利害關係影響較為重大之
事項，除非有書面之授權以外，不得代為之。

第559條（代辦商之報告義務）

代辦商就其代辦之事務，應隨時報告其處所或區域之商業狀
況於其商號，並應將其所為之交易，即時報告之。

解說

代辦商所代辦事務之結果，均須由商號直接承受，故代辦商有向商號隨時報告商業狀況之義務。所謂「商業狀況」即商業行情，故於一定處所辦理事務之代辦商，應報告其處所之商業行情；於一定區域辦理事務之代辦商，應向委託之商號報告其區域之商業行情。至於，代辦商所為之交易（例如訂定買賣契約），則應即時向商號報告之，以便商號統籌計畫，並收迅速指示之效果。

第560條（代辦商之報酬請求權）
代辦商得依契約所定，請求報酬或請求償還其費用；無約定者，依習慣；無約定亦無習慣者，依其代辦事務之重要程度及多寡，定其報酬。

解說

代辦商對於委託之商號有報酬給付請求權及費用償還請求權。茲分述如次：

（一）報酬請求權：代辦商以代辦為營業，故得請求報酬，其數額如有約定，當依代辦契約之所定；如無約定，則依習慣；無約定亦無習慣者，法律明定依其代辦事務之重要程度及多寡，即視事務之質與量，以決定其報酬。

（二）費用償還請求權：代辦商代替委託之商號墊付費用，得否請求該費用之償還，本應依代辦契約之規定，如契約規定只能請求報酬，不得請求費用，則代辦商就其墊付之費用，不得求償。如得請求費用，則其數額當以實際支出計算之。

第561條（代辦權之終止）

代辦權未定期限者，當事人之任何一方得隨時終止契約。但應於三個月前通知他方。

當事人之一方，因非可歸責於自己之事由，致不得不終止契約者，得不先期通知而終止之。

解說

代辦契約如就代辦權之存續期間有所約定，代辦關係自於期限屆滿時終止。如契約並未定有期限，依契約之一般原則，當事人之一方得隨時終止契約；惟為避免因一方終止契約，導致他方措手不及而遭損害之結果，本條明定終止契約之一方，應於三個月前通知他方，亦即終止契約之通知到達他方後，須經過三個月始生代辦關係消滅之效果。

另欲終止代辦契約之一方，因非可歸責於自己之事由，致不得不終止契約者，則例外地無須先期通知，即得終止契約。例如：委託之事務，因政府命令暫禁交易，致代辦商不得不終止代辦契約。

第562條（經理人及代辦商之不競業義務）

經理人或代辦商，非得其商號之允許，不得為自己或第三人經營與其所辦理之同類事業，亦不得為同類事業公司無限責任之股東。

解說

代辦商係為委託商號之商業輔助人，對於商號本有忠於職

責之義務，如未經商號之允許，一方面為商號辦理營業事務，另方面又為自己或第三人同類事務，成為同類事務之無限責任股東，則此同業競爭之結果，必將損及商號之利益，故本法絕對禁止經理人及代辦商為競業之行為。另公司法第32條亦就經理人競業禁止設有規定。

第563條（違反競業禁止之效力──商號之介入權）
經理人或代辦商，有違反前條規定之行為時，其商號得請求因其行為所得之利益，作為損害賠償。
前項請求權，自商號知有違反行為時起，經過二個月或自行為時起，經過一年不行使而消滅。

解說

經理人或代辦商，有違反民法第562條所規定競業禁止之行為時，該商號得請求因競業禁止之行為所得之利益，作為損害賠償。例如，甲為A汽車仲介公司之經理人，卻私下幫B仲介公司買賣汽車並獲得B公司給付之佣金新台幣5萬元，甲既然是A公司之經理人，應盡力為A公司仲介銷售，但甲私下幫B仲介汽車獲利5萬元，此時甲違背民法第562條之競業禁止義務，不管A公司有無損失，甲所獲得佣金5萬元，A公司均可向甲請求作為賠償。

這個權利法律上又稱為商號之介入權，介入權之行使，商號必須自知有違反競業禁止之行為時起二個月行使之，如果自商號知道前述行為開始二個月內不行使介入權，商號就不能夠再行使，而不管商號知不知情，只要行為時起超過一年除斥期間，商號仍然沒有行使介入權，商號也不得再行使。

第564條（經理權或代辦權消滅之限制）

經理權或代辦權，不因商號所有人之死亡、破產或喪失行為能力而消滅。

解說

商號所有人之死亡、破產或喪失行為能力，並不當然影響其商號之繼續與存在，故經理權或代辦權不因商號所有人之情況而有所改變，除非該商號本身之營業廢止或解散，代辦及經理關係方因之而終止。此與委任關係因當事人之一方死亡、破產或喪失行為能力而消滅，有所不同。

第十二節　居間

第565條（居間之意義）

稱居間者，謂當事人約定，一方為他方報告訂約之機會或為訂約之媒介，他方給付報酬之契約。

解說

茲將居間之意義及居間契約成立之要件，分析如次：

（一）居間係當事人一方為他方報告訂約之機會或為訂約之媒介之契約：居間人之任務係為他方報告訂約之機會，或為訂約之媒介。所謂「報告訂約之機會」，係受他人委託尋找可與之訂約之對象，而提供訂約之機會。所謂「訂約之媒介」，係指介紹雙方訂定契約，此種居間人之任務係受契約雙方當事人之委託，居中斡旋處理雙方

事務，與單純向當事人一方報告訂約機會之居間人，有所不同。

（二）居間係他方給付報酬之契約：居間係有償契約，委託人委託居間人代覓並報告訂約之機會，或為訂約之媒介，自應給付報酬。

第566條（報酬與報酬額）

如依情形，非受報酬即不為報告訂約機會或媒介者，視為允與報酬。

未定報酬額者，按照價目表所定給付之；無價目表者，按照習慣給付。

解說

　　按居間係有償契約，其報酬以雙方當事人之約定為原則，如未約定，而依情形，非受報酬即不為報告訂約之機會或媒介者，為保護居間人的利益，視為委託人允與報酬。

　　又報酬之數額通常係依當事人之約定計算之，如契約並未訂定，為公平計，法律明文應按照一般公定之價目表給付，無價目表者，則按照習慣定此報酬之數額。

第567條（居間人據實報告及妥為媒介之義務）

居間人關於訂約事項，應就其所知，據實報告於各當事人。對於顯無履行能力之人，或知其無訂立該約能力之人，不得為其媒介。

> 以居間為營業者，關於訂約事項及當事人之履行能力或訂立該約之能力，有調查之義務。

解說

　　居間人之行為就是報告訂約之機會，或為訂約之媒介，則關於訂約之事項，居間人應該就其所知道，據實報告於各當事人。例如標的物的價值、契約當事人的信用等等，這些在交易上都是重要的事項，居間人應該就其所知據實報告，不可隱瞞。對於顯無支付能力之人（例如受破產宣告之人或沒有資力清償債務之人），或無訂約能力之人（例如無行為能力人），居間人更不得為其媒介。因為沒有支付能力的人以及沒有訂約能力的人，訂約之後，勢必沒有辦法履行，或者會造成履行契約上的糾紛，徒生紛爭而已。因此，本條第1項規定，對於這二種人不得為媒介。

　　如果是以居間為營業者，例如現在社會上存在之不動產仲介業以及汽車仲介業等，均是以居間為營業的人，對於這些人，因為以此為業並藉以獲利，則其應比一般偶爾為居間的人付出更多的時間與精力，以保障訂約之秩序，且其所居間而成立的契約數量會比較多，為了維持交易及秩序，本條第2項特別規定，以居間為營業者，關於訂約事項及當事人之履行或訂立該約之能力，有調查之義務。例如房屋仲介業者，對於房屋的產權是否清楚、訂約當事人在信用上是不是曾有重大信用瑕疵、訂約時有無獲得房地所有權人同意等等事項，均應該調查清楚。

第568條（報酬請求之時期）
居間人以契約因其報告或媒介而成立者為限，得請求報酬。
契約附有停止條件者，於該條件成就前，居間人不得請求報酬。

解說

居間之報酬，原則上採「後付主義」，本條規定居間人，以契約因其報告或媒介而成立者為限，方得請求報酬，故居間契約若未成立，居間人縱為報告訂約之機會或為訂約之媒介，仍不得請求居間之報酬。

又居間契約雖已成立，但附有停止條件者，於該條件成就前，居間人亦尚不得請求報酬。蓋附有停止條件之契約，其將來是否生效，繫於條件之成就與否，條件成立之前，契約是否生效尚處於不確定之狀態，故居間人不得請求報酬，須俟將來條件成就時，居間契約確定生效，居間人方得請求報酬。

第569條（居間費用償還之限制）
居間人支出之費用，非經約定，不得請求償還。
前項規定，於居間人已為報告或媒介而契約不成立者適用之。

解說

居間人因居間所需支出之費用，通常包括於報酬之內，除非經過特別的約定，居間人不得請求委託人償還該費用。例如，土地代書受張三委託代覓買賣土地之機會，土地代書所支

付之水、電、打字及刊登廣告之費用，原則上皆屬其營業本應支出之費用，故非經特別約定，尚無向其顧客張三請求償還該費用之理。

又居間人所支出之費用，縱然居間人已為報告訂約之機會或為訂約之媒介，如居間契約並未成立，非經約定，仍不得向委託人請求償還該費用。

第570條（報酬之給付義務人）

居間人因媒介應得之報酬，除契約另有訂定或另有習慣外，由契約當事人雙方平均負擔。

解說

居間之報酬應由何人給付，視居間之種類而定。在媒介居間，不論居間人係受一方或雙方之委託，因其實際上係為訂約雙方之利益而從事活動，故原則上由訂約之雙方當事人為報酬之給付義務人，數額則由雙方平均負擔之。在報告居間，因居間人僅為單方報告訂約之機會，其報酬自應單獨由委託人給付之，此與媒介居間並不相同。

第571條（報酬及償還費用請求權之喪失）

居間人違反其對於委託人之義務，而為利於委託人之相對人之行為，或違反誠實及信用方法，由相對人收受利益者，不得向委託人請求報酬及償還費用。

解說

居間人受委託人之委託，本有就其受託之事忠實盡力之義務，如居間人竟違反上開義務，而為利於委託人之相對人之行為，或以違背誠信之方法，由相對人處收得其他利益時，為保護委託人之利益，並制裁居間人之行為，本條明定，居間人喪失向委託人請求報酬及償還費用之權利。

第572條（報酬之酌減）

約定之報酬，較居間人所任勞務之價值，為數過鉅失其公平者，法院得因報酬給付義務人之請求酌減之。但報酬已給付者，不得請求返還。

解說

居間人的報酬為其代為報告或媒介契約之勞務代價，其報酬數額之多寡，依當事人之約定，但如果約定之報酬，較居間人所任勞務之價值超過甚鉅而顯然失去公平性，此時法院得因報酬給付義務人之請求酌減之。不過衡量勞務價值是否顯失公平，應該考慮該媒介之性質。例如一般不動產仲介，佣金均有一定的百分比，而成交金額較低之不動產仲介居間人所能取得之佣金百分比，與成交金額較高之不動產買賣仲介人所能夠分得之百分比又常有不同之比例，此時勞務是否相當，以及是否顯失公平，仍然取捨於一般社會上之慣行與行情。尤其是居間能否成功往往還需要居間人與雙方當事人的交情，交情深厚者，也許不需付出太多勞務，反之交情淺薄者可能居間人需付出較多之時間、精力。因此是否有失公平，仍應參酌各項因

素，不能僅以所使用的時間與精力來考慮，還需考量社會一般常情。而如果報酬約定過高，法院得因報酬給付義務人之請求酌減報酬。但報酬已給付者，不得請求返還。

第573條（婚姻居間約定報酬之無效）
因婚姻居間而約定報酬者，就其報酬無請求權。

解說

　　婚姻之居間，是居間人為委託人報告婚姻之機會或為婚姻之媒介而受報酬，往昔社會中甚至有以媒婆為行業者。不過婚姻是終身大事，著重當事人之誠心與真意，而且婚姻並非兒戲，如果居間人可以就婚姻之居間而獲取報酬，則可能為了貪圖金錢利益之故，而有不當促成當事人結婚之事產生，因此，本條規定因婚姻居間而約定報酬者，無請求報酬之權利，以防弊端。

　　本條在修正前規定因婚姻居間而約定報酬者，其約定無效，使婚姻居間者不可能請求報酬。不過近代工商業發達，社會上道德標準亦有轉變，且民間已有專門居間報告結婚機會或介紹婚姻而酌收費用之行業，而此項服務，亦漸為社會所接受。因此本次修法，改為因婚姻居間而約定報酬者，就其報酬無請求權。另一方面，可以遏阻居間人意圖獲得不當之利益而就婚姻居間為不實之報告與媒介；另一方面，如果當事人對居間之成果甚為滿意，願意給付報酬，則該報酬給付也不會因而無效，也就是居間人不得主動請求報酬，但委託人如果主動願意給付報酬，則為法所不禁。

第574條（居間人無為給付或受領之權）
居間人就其媒介所成立之契約，無為當事人給付或受領給付之權。

解說

居間人之任務，僅係報告訂約之機會或為訂約之媒介。契約成立後，當事人間之給付或受領義務，居間人不負履行之責，須由各當事人自己為之。

第575條（居間人之不告知與履行義務）
當事人之一方，指定居間人不得以其姓名或商號告知相對人者，居間人有不告知之義務。
居間人不以當事人一方之姓名或商號告知相對人時，應就該方當事人由契約所生之義務，自己負履行之責，並得為其受領給付。

解說

當事人之一方，如指定居間人不得將其姓名或商號名稱告知相對人時，居間人即應依其指示，負有不告知之義務。此種為保持交易上之秘密，當事人之一方不願將姓名或商號告知契約相對人之居間，是為「隱名居間」，且限於媒介居間方有適用。

在隱名居間，當事人之一方係隱而不現，相對人既不知其姓名或商號，自無法向其請求契約之履行，法律為保護相對人起見，明定居間人有代隱名當事人履行及受領之義務，是為「居間人之介入義務」。

第十三節　行紀

第576條（行紀之意義）
稱行紀者，謂以自己之名義，為他人之計算，為動產之買賣或其他商業上之交易，而受報酬之營業。

解說

本條係就行紀之意義所作之規定。茲析述如次：

（一）行紀係一種營業：行紀須依法為商業之登記，並繳納營業稅。

（二）行紀係以自己之名義為他人計算之營業：所謂「為他人之計算」，乃係由自己行為所生經濟上之利益或不利益，其結果皆歸諸於他人而言。例如：行紀人張三以高於委託人李四所訂之價額，為李四賣出電腦一批，此一利得均歸屬於委託人李四。又行紀雖係為他人為商業上之交易，但行紀人仍須以自己的名義為之，亦即行紀人無須向相對人表明其委託人為何，以其本身之名義即可與該相對人訂立契約。

（三）行紀係為他人為動產之買賣或其他商業上交易之營業：行紀之業務限於為動產之買賣，以及其他與此相類似之商業上之交易，故不動產之買賣並不包括在內。

第577條（委任規定之準用）
行紀，除本節有規定者外，適用關於委任之規定。

解說

　　行紀契約，性質上屬於委任契約，故本節有規定的內容，依據本節的規定；本節沒有規定的，適用本法委任章節的規定。

第578條（行紀人與相對人之權義關係）
行紀人為委託人之計算所為之交易，對於交易之相對人，自得權利並自負義務。

解說

　　行紀人與相對人之關係乃行紀之外部關係，亦即雙方所為商業上交易行為之關係。行紀人雖係受委託人之委託，而與相對人從事商業上之交易行為，惟其係以自己的名義為之，故為謀交易安全，法律明定行紀人對於交易相對人取得權利並負擔義務，亦即行紀人就該交易行為，係處於當事人之地位，為該交易行為之權利及義務之主體。至於相對人是否知悉委託人為何，於該交易行為並無影響。

第579條（行紀人之直接履行義務）
行紀人為委託人之計算所訂立之契約，其契約之他方當事人不履行債務時，對於委託人，應由行紀人負直接履行契約之義務。但契約另有訂定或另有習慣者，不在此限。

解說

　　行紀人對外所為之交易行為既係自己處於當事人之地位，

則交易相對人履行債務之對象即係行紀人，而非委託人，之後，再由行紀人將其受領之結果移轉給委託人。惟若交易相對人不履行契約時，本法明定除另有約定或另有習慣，行紀人對於委託人應負直接履行契約之義務。

第580條（行紀人補償差額之效力）
行紀人以低於委託人所指定之價額賣出，或以高於委託人所指定之價額買入者，應補償其差額。

解說

　　行紀人係以自己之名義為動產之買賣，因此為行紀而簽立之買賣契約，該買賣契約是存在於行紀人與相對人之間，並不是存在於委託人與相對人之間，因此行紀人以低於委託人所指定之價額賣出，或以高於委託人所指定之價額買入者，應補償其差額。例如老張委託老周以行紀之方式出賣老張之名畫，老張委託價為800萬元，結果老周係以780萬賣出，此時差額20萬元老周應補給老張。又如老李委託老陳以行紀之方式買入古董一件，老李之委託價為100萬元，結果老陳以110萬元買進該古董，則相差之10萬元，老陳應補給老李。

第581條（高價賣出或低價買入利益之歸屬）
行紀人以高於委託人所指定之價額賣出，或以低於委託人所指定之價額買入者，其利益均歸屬於委託人。

解說

　　行紀人之義務，係為委託人之計算而從事商業上之交易行為，自應為委託人謀取最大之利益。故本條明定行紀人如以高於指定之價額賣出，或以低於指定之價額買入，其所得之利益，皆歸屬於委託人。

第582條（行紀人之報酬及費用償還之請求）
行紀人得依約定或習慣請求報酬、寄存費及運送費，並得請求償還其為委託人之利益而支出之費用及其利息。

解說

　　行紀人提供服務於委任人，自應享有報酬及請求償還費用之權利，故本條規定行紀人對於委託人得有如次之權利：
（一）報酬請求權：行紀人提供勞務之對價即為行紀之報酬，俗稱「傭金」。此一報酬及其數額原則上應由當事人雙方約定之，如無約定，則依習慣定之。
（二）費用請求權：行紀人得向委託人請求之費用有：(1)寄存費；(2)運送費；(3)其為委託人之利益而支出之費用。所謂「寄存費」及「運送費」，係指行紀人為委託人擔任寄存或運送所應收入之費用；如行紀人代委託人墊付寄存或運送之費用，則應係屬行紀人為委託人之利益而支出費用之情形。上開各項費用之請求，當亦以契約有明定，或習慣有所依據者，方得為之，並得請求自支出費用時起計算之利息。

第583條（行紀人之保管義務）
行紀人為委託人之計算所買入或賣出之物，為其占有時，適用寄託之規定。
前項占有之物，除委託人另有指示外，行紀人不負付保險之義務。

解說

　　行紀人受委託人之委託而買入或賣出物品時，其占有該物品之期間，自應負有保管之責。所謂「買入之物」，係指向他人為委託人買入之動產；所謂「賣出之物」，係指委託人委託行紀人賣出而交付之物品。因貨物買入尚未移交於委託人及貨物賣出尚未交付於買受人以前，行紀人之占有物品與受寄人之占有寄託物之情形無異，故本條明定行紀人應依寄託之規定保管其占有之物品。

第584條（行紀人之委託物處置義務）
委託出賣之物，於達到行紀人時有瑕疵，或依其物之性質易於敗壞者，行紀人為保護委託人之利益，應與保護自己之利益為同一之處置。

解說

　　行紀人之處置義務，其要件有三：（一）須係委託人託賣之物；（二）須託賣物於到達行紀人時有瑕疵或依其物之性質易於敗壞；（三）行紀人為保護委託人之利益。符合上開三要件時，行紀人對於該物即應與保護自己之利益為同一之處置。

至於其處置之手段為何，則視情況而定，如屬易於敗壞之物，行紀人得將之冷藏或逕為拍賣；如係瑕疵之物，行紀人應迅速通知委託人或為委託人保留損害賠償之請求權。

> **第585條**（行紀人之買入物之拍賣提存權）
> 委託人拒絕受領行紀人依其指示所買之物時，行紀人得定相當期限，催告委託人受領，逾期不受領者，行紀人得拍賣其物，並得就其對於委託人因委託關係所生債權之數額，於拍賣價金中取償之，如有賸餘，並得提存。
> 如為易於敗壞之物，行紀人得不為前項之催告。

解說

　　行紀人如已依照委託人之指示買入貨物，而委託人卻拒絕受領該物時，本條賦予行紀人有定期催告委託人受領之權；如委託人逾期仍不受領，則行紀人有將其買入之物拍賣或提存之權。行紀人行使此一買入物之拍賣提存權，須符合下列三要件：

（一）委託人拒絕受領行紀人依其指示購入之貨物：假如行紀人未依委託人之指示所買入之物，委託人當然有權拒絕受領非其所需之物。

（二）行紀人已定相當期限催告委託人受領貨物：行紀人得以口頭或書面之方式催告委託人，惟須予委託人相當之期限回覆是否受領，至於期限之長短是否相當，通常應視具體情況而定。例如：行紀人為委託人買入水果罐頭一貨櫃，並以書面催告委託人一個月內答覆其是否受領貨

物，則上開一個月之期間於本例應屬相當。例如：行紀
人為遠在英國之委託人買入鋼琴十二架，並以書面催告
委託人三日內受領該貨，惟遠在英國之委託人七日後才
收到行紀人之書面催告，則行紀人所定之三日期間於本
例而言，顯不相當。

（三）委託人逾期仍不受領：行紀人定期催告後，委託人逾期
不受領行紀人依其指示買入之物，此時，行紀人即得拍
賣其物。

法律為避免行紀人因委託人之拒絕受領而遭受損害，不但
賦予行紀人拍賣貨物之權，甚至得就拍賣所得之價金，就其對
於委託人因委託關係所生債權之數額取償之。行紀人就拍賣價
金取償後如仍有贓餘，得將之依法提存，以免代為保管之責。

又行紀人依委託人指示所買入之物，如為易於敗壞之物，
則不及定期催告委託人受領，此一情形，法律例外允許行紀人
得不經催告的程序，逕行拍賣貨物，以維護行紀人之利益。

第586條（行紀人之委託物之拍賣提存權）
委託行紀人出賣之物不能賣出或委託人撤回其出賣之委託
者，如委託人不於相當期間取回或處分其物時，行紀人得依
前條之規定，行使其權利。

解說

委託行紀人出賣之物，若不能賣出或撤回出賣之委託時，
委託人本應取回其物或另行處分該物，以免行紀人為其保管
之煩。惟委託人竟不於相當期間內取回或處分其物，行紀人亦

得依前條有關拍賣或提存買入物之規定，行使其權利，以免責任。

第587條（行紀人之介入權）
行紀人受委託出賣或買入貨幣、股票或其他市場定有市價之物者，除有反對之約定外，行紀人得自為買受人或出賣人，其價值以依委託人指示而為出賣或買入時市場之市價定之。
前項情形，行紀人仍得行使第582條所定之請求權。

解說

本條係就行紀人之介入權所做之規定。所謂「介入權」，係行紀人得以其本身為出賣人或買受人，而不另與第三人成立買賣契約之權而言。例如：委託人委託行紀人為其賣出股票一張，行紀人自己買受該張股票，而不賣與其他第三人，此時，行紀人與委託人直接成立買賣契約。又行紀人介入權之行使，須具備下列二要件：（一）受委託出賣或買入之物係市場定有市價之物：例如：股票、外匯、債券等；（二）行紀契約無禁止行紀人介入之約定：有此反對約定者，行紀人不得行使介入權；亦即行紀人不得自為買受人或出賣人。

行紀人之介入權一經行使，行紀人與委託人之間直接發生買賣關係，買賣價金自應以委託人指示而為出賣或買入時市場之市價定之。例如：委託人指示將其股票一張於84年3月26日賣出，則買賣價金應依該日股市掛牌之市價為準。例如：委託人指示於84年3月30日為其買入公債一張，行紀人行使介入權自為該公債之出賣人，與委託人直接成立買賣契約，則此公債

之買價應依該日公債市場之市價為準。

行紀人行使介入權，使其本身與委託人間直接成立買賣契約，與第三人和委託人間成立契約之效果相同，皆可達成其受委託之任務，故行紀人仍得向委託人請求給付報酬及償還費用。

第588條（行紀人介入權之擬制）

行紀人得自為買受人或出賣人時，如僅將訂立契約之情事通知委託人，而不以他方當事人之姓名告知者，視為自己負擔該方當事人之義務。

解說

行紀人得自為買受人或出賣人時，亦即行紀人得行使前條規定之介入權情況下，如其介入自為出賣人或買受人，本應向委託人表示其自己介入之意思；如行紀人僅以訂立契約之情事通知委託人，而未將訂約他方當事人之姓名告訴委託人，則委託人無法得知其究竟係與行紀人本身亦或其他第三人訂約。法律為保護委託人之利益且應實際上便利之需要，明文規定此一情形，視為行紀人自己介入，行紀人須自己負擔訂約他方當事人之義務。

第十四節　寄託

第589條（寄託之意義與報酬）

稱寄託者，謂當事人一方以物交付他方，他方允為保管之契約。

受寄人除契約另有訂定或依情形非受報酬即不為保管者外，不得請求報酬。

解說

本條係就寄託之意義及性質所做之規定。茲析述如次：

（一）寄託係一種契約：寄託係因寄託人交付寄託物於受寄人而成立，故為要物契約。又根據本條第2項之規定，寄託原則上為無償契約，除契約另有約定，而得例外地為有償契約。寄託契約之成立，不以具備特別之方式為必要，僅須當事人雙方意思表示合致即可，故亦為不要式契約。

（二）寄託須當事人一方交付標的物與他方：寄託人須將其動產移轉占有予受寄人保管之。例如：寄託人張三將其青瓷花瓶乙只移轉予受寄人李四占有並保管。須注意者，在一般的寄託契約，寄託人僅須移轉標的物之占有予受寄人已足，而無須移轉標的物之所有權予受寄人，除非在本法第602條規定有關消費寄託之情形，寄託人方須移轉標的物之所有權予受託人。

（三）寄託須受寄人允為寄託人保管之契約：所謂「保管」，係指受寄人占有標的物並加以保護，以維持物之原狀的

保存行為，尚不包括改良及利用標的物之管理行為。例如，張三將其青瓷花瓶乙只寄託於李四，李四就此花瓶之保護，須提供放置之適當場所，並為防止該物滅失、毀損及喪失所必要之保存行為，即已盡其受寄人之保管義務。

第590條（保管寄託物之注意義務）
受寄人保管寄託物，應與處理自己事務為同一之注意，其受有報酬者，應以善良管理人之注意為之。

解說

寄託契約係以物之保管為目的，受寄人保管寄託物自應注意為之，其注意程度依本條規定，在無償寄託之情形，受寄人應盡與處理自己事務為同一之注意，即為已足；在有償寄託之情形，受寄人應為善良管理人之注意方法，為寄託人保管其物，否則，一有過失而致寄託物毀損滅失，受寄人即應負賠償之責。本條之意旨，在區分受寄人未受報酬之情況，應較受有報酬之受寄人負擔較輕之責任，以示公平。例如：寄託物遭毀損滅失，如因受寄人之過失，則受有報酬之受寄人應負損害賠償責任；而未受報酬之受寄人，因非其本身之重大過失所致者，自不負損害賠償之責。

第591條（使用寄託物之禁止）
受寄人非經寄託人之同意，不得自己使用或使第三人使用寄託物。

受寄人違反前項之規定者，對於寄託人，應給付相當報償，如有損害，並應賠償。但能證明縱不使用寄託物，仍不免發生損害者，不在此限。

解說

寄託的目的在於保管寄託物，除非業經寄託人之同意，原則上寄託人不得使用或使第三人使用寄託物。但依寄託物之性質，於保存上必須加以使用方能盡保管之義務者，雖未經寄託人之同意，受寄人仍得加以使用，以為保管寄託物方法之一部分。例如：寄託物為必須時加運轉之機器一部，若不插電運作則必生鏽，此種情形，受寄人自得使用寄託物。

又受寄人未經寄託人之同意，擅自使用寄託物，或使第三人使用寄託物時，為保護寄託人之利益，受寄人之責任有二：（一）應給付寄託人相當之報償：因使用寄託物必受有相當之利益，此之報償即為指用之代價；（二）如有損害並應賠償：此之損害係指受寄人使用寄託物而致物之本身遭受損害而言，故須損害之發生與使用間具有因果關係；如寄託物之損害並非由於使用所致，而受寄人能證明其縱不使用寄託物，損害仍不免發生者，受寄人即可不負此一賠償責任。

第592條（寄託之專屬性）
受寄人應自己保管寄託物。但經寄託人之同意或另有習慣或有不得已之事由者，得使第三人代為保管。

解說

寄託係基於當事人間之信任關係，故當事人之人格及信用相當重要。受寄人既受寄託人之委託保管其物，自應自己妥為保管，不得將寄託物轉由第三人代為保管，致違反寄託人原本信賴受寄人之意思。但在下列三種情形，法律例外地允許受寄人得使第三人代為保管寄託物：（一）取得寄託人之同意：寄託人既已同意第三人代為保管寄託物，則法律並無禁止之必要；（二）另有習慣：例如：銀行所設之保管箱，如無足夠之保管設備，此一行業之習慣，得使他銀行代為保管之；（三）受寄人有不得已之事由：例如：受寄人臨時生病住院，無法通知寄託人取回寄託物，不得已之情況下，方將寄託物轉交第三人代為保管。

第593條（使第三人保管之效力）

受寄人違反前條之規定，使第三人代為保管寄託物者，對於寄託物因此所受之損害，應負賠償責任。但能證明縱不使第三人代為保管，仍不免發生損害者，不在此限。

受寄人依前條之規定，使第三人代為保管者，僅就第三人之選任及其對於第三人所為之指示，負其責任。

解說

受寄人如未符合前條規定之三種例外情形，而使第三人代為保管寄託物，則屬違法的轉寄託，有背受寄之本旨，故法律課以受寄人應就第三人代為保管寄託物所生之損害，對寄託人負賠償之責。惟寄託物之損害須與使第三人代為保管之間具有

因果關係，否則受託人如能證明縱然不使第三人代為保管，寄託物仍不免發生損害者，受寄人即可不負賠償之責。

前述受寄人之轉寄託因屬違法轉寄託之故，法律課以受寄人較重之責任；在符合前條三種例外情形之合法轉寄託，受寄人僅須就第三人之選任，及對於第三人所為之指示，負過失之責。所謂「就第三人之選任有過失」，係指受寄人將寄託物轉交予不適當之第三人代為保管而言；所謂「對於第三人之指示有過失」，係指受寄人未為指示或為不妥之指示，而使第三人為錯誤之保管方法而言。若受寄人就第三人之選任確已注意，對於第三人之指示又極為適當，縱合法轉寄託之第三人因保管而導致寄託物發生損害，受寄人亦無須負損害賠償之責。

第594條（寄託物之保管方法）
寄託物保管之方法經約定者，非有急迫之情事，並可推定寄託人若知有此情事，亦允許變更其約定方法時，受寄人不得變更之。

解說

受寄人係為寄託人之利益而保管寄託物，其保管方法如有約定，自應依照寄託人之意思為之，原則上受寄人不得變更寄託物之保管方法；除非受寄人遇有急迫情事，並可推定寄託人若知有此情事，亦將允許變更其約定方法時，受寄人方得例外地變更原約定保管之方法。例如：寄託（蔬菜）貨櫃，約定以冰櫃保管之，但因電力公司限電措施，導致停電三日，此時如寄託人知情必然同意受寄人以醃漬方法保存蔬菜，故受寄人自

得變更原約定之冰存方式，改以醃漬之方法保管寄託物。另寄託物之保管方法如未經約定，受寄人自應按照寄託物之性質，選擇適當之方法而為保管。

第595條（寄託人之費用償還義務）
受寄人因保管寄託物而支出之必要費用，寄託人應償還之，並付自支出時起之利息。但契約另有訂定者，依其訂定。

解說

受寄人因保管寄託物，有時候必須支出必要費用，例如所保管之物品為易腐化之東西，必須由受寄人租冰櫃保管寄託物。而這些必要費用因為是為寄託人之利益所支出的，當然應由寄託人負擔，並應由寄託人負擔從受寄人支付該費用時起算之利息。不過當事人如果對於寄託物必要費用之負擔另有約定者，則從其約定。

第596條（寄託人之損害賠償義務）
受寄人因寄託物之性質或瑕疵所受之損害，寄託人應負賠償責任。但寄託人於寄託時，非因過失而不知寄託物有發生危險之性質或瑕疵或為受寄人所已知者，不在此限。

解說

寄託人於訂定寄託契約時，依照誠信原則本有將寄託物之性質或瑕疵告知受寄人之義務，如未告知而導致受寄人遭受

損害，寄託人自應負損害賠償之責。所謂「因寄託物之性質所受之損害」，例如：寄託物為易燃物，遇熱即爆炸燃燒，寄託人如未告知寄託物之易燃性，導致受寄人將物置於一般室內，夏季一到便起火燃燒，所受之損害即屬之。所謂「因寄託物之瑕疵所受之損害」，例如：寄託得有傳染病之牧羊犬一隻，在未通知受寄人之情況下，使得受寄人未將之與其他動物隔離，而致受寄人之牛羊豬犬一併被傳染，此種情形，受寄人即可向寄託人請求損害賠償。惟寄託人如有下列情況之一者，尚可主張免責：（一）其於寄託時，非因過失而不知寄託物有發生危險之性質或瑕疵，亦即寄託人係屬善意且並無過失；（二）受寄人已知寄託物之性質或瑕疵，亦即因寄託人之告知或其他方法使得受寄人知道寄託物有發生危險之性質或瑕疵。又寄託人如欲主張不負損害賠償之責，仍必須就上述二種情況負舉證責任，始得免責。

第597條（寄託人之返還請求權）
寄託物返還之期限，雖經約定，寄託人仍得隨時請求返還。

解說

　　寄託契約雖定有寄託物返還之時期，然寄託之目的係為寄託人之方便及利益而設，故寄託人無論何時，皆得請求受寄人返還寄託物；反之，受寄人非有不得已之情事發生，不得於約定期限之前返還寄託物，以保障寄託人寄託之期限利益。

第598條（受寄人之返還寄託物）

未定返還期限者，受寄人得隨時返還寄託物。

定有返還期限者，受寄人非有不得已之事由，不得於期限屆滿前返還寄託物。

解說

寄託物之返還，於受寄人自行返還之情況，因寄託契約有無約定期限而不同：（一）寄託未定返還期限者，受寄人得隨時將寄託物返還於寄託人；（二）寄託定有返還期限者，為保護寄託人之利益，受寄人非有不得已之事由，不得期前返還寄託物。所謂「不得已之事由」，例如：受寄人生病住院或必須遠行，無法繼續為寄託物之保管。

第599條（返還之物體）

受寄人返還寄託物時，應將該物之孳息一併返還。

解說

受寄人返還之物為原寄託物，如寄託物本身有產生孳息，例如：寄託之狗或貓，三個月後所生之小狗或小貓，則此孳息當然為寄託人應享之利益，故受寄人返還寄託物時，應將該物之孳息一併返還於寄託人。

第600條（返還之處所）

寄託物之返還，於該物應為保管之地行之。

> 受寄人依第592條或依第594條之規定，將寄託物轉置他處者，得於物之現在地返還之。

解說

　　本條係就寄託物之返還地應與保管之處所同一所做之規定。因此，寄託人應前往受寄人保管物之處所取回寄託物，而非受寄人赴至寄託人之住所交付寄託物。

　　又受寄人依本法第592條之規定，合法地使第三人代為保管寄託物，或依本法第594條之規定，因變更保管方法而變更保管場所，致寄託物轉置保管處所以外之處所時，法律為減輕受寄人之責任，允許其得於物之現在地返還，而無須於原保管之處所為之。

第601條 （報酬給付之時期）
寄託約定報酬者，應於寄託關係終止時給付之；分期定報酬者，應於每期屆滿時給付之。
寄託物之保管，因非可歸責於受寄人之事由而終止者，除契約另有訂定外，受寄人得就其已為保管之部分，請求報酬。

解說

　　寄託經當事人約定有報酬者，是為「有償寄託」，受寄人有報酬請求權，而此報酬之給付時間，本法係採「後付原則」，亦即報酬應於寄託關係終止時給付；如有分期給付報酬之約定，則寄託人應於每期屆滿時給付受寄人報酬。例如：張三將其牧羊犬一隻寄託予李四為其保管，約定半年後返還，報

酬3千元，如雙方就此報酬給付之方式，有按月給付之約定，則李四得於三十日屆滿時，向張三請求報酬500元之給付，如未約定按月給付，則李四應於半年後，寄託關係終止時，始得向張三請求全部報酬3千元之給付。

又受寄人如因非可歸責於己之事由，導致其於中途終止寄託物之保管者，除非契約另有訂定以外，原則上受寄人仍得就其已為保管之部分，請求報酬。例如：前例張三於寄託之第十五日即向李四取回牧羊犬，則李四仍得請求已為保管十五日之報酬。

第601條之1（第三人主張權利時之返還及危險通知義務）
第三人就寄託物主張權利者，除對於受寄人提起訴訟或為扣押外，受寄人仍有返還寄託物於寄託人之義務。
第三人提起訴訟或扣押時，受寄人應即通知寄託人。

解說

本條原來為第604條，但內容僅僅適用於一般寄託之情形，而不會適用於消費寄託，如果擺在第604條，從前後條文之排序，會讓人家誤以為本條也適用於消費寄託，因此將本條移到第601條之1，以杜爭議。

寄託關係結束時，應由受寄人返還寄託物於寄託人，如果第三人對寄託物主張權利時，因為受寄人並不是法院，對於第三人主張到底是真的或假的，並無判斷之能力與權限。理論上原來哪一個人將寄託物交付受寄人，就應該返還給哪一個人。因此，本條規定除非第三人對於受寄人提起訴訟或為扣押之情

形，否則即使第三人有所主張，受寄人仍應該將寄託物返還給寄託人。至於寄託人與第三人間有糾紛，第三人自可依法對寄託人訴訟或為其他法律行為以保護其利。

而受寄人對於寄託人與第三人間關於寄託物權利的糾紛，固然不可介入，也無權利判斷，但如果第三人提起訴訟或者扣押時，此時依本條第1項之規定，受寄人應該遵守法院之扣押名義為其他適當之處置，不當然會將寄託物返還寄託人。因此如果第三人提起訴訟或實行假扣押，對於寄託人之權利難免會有影響，而寄託人本身卻不見得會知道已經有訴訟或扣押的行為。因此，本條第2項規定，第三人如果提起訴訟或扣押，受寄人應該通知寄託人。

第601條之2（短期消滅時效）
關於寄託契約之報酬請求權、費用償還請求權或損害賠償請求權，自寄託關係終止時起，一年間不行使而消滅。

解說

本條也只適用於一般寄託，不適用於消費寄託。但原條文列於第605條，易讓人誤以為對於消費寄託有適用，因此修正時，特別移列於此。依照寄託關係之規定，受寄人應保管寄託物，可能對寄託人產生報酬請求權、費用償還權或損害賠償權，為使權利狀態迅速確定，避免爭議，因此，本條規定以短期時效以限制受寄人從寄託之終止時一年間，受寄人必須行使其權利，否則其請求權消滅。

第602條（消費寄託）

寄託物為代替物時，如約定寄託物之所有權移轉於受寄人，並由受寄人以種類、品質、數量相同之物返還者，為消費寄託。自受寄人受領該物時起，準用關於消費借貸之規定。

消費寄託，如寄託物之返還，定有期限者，寄託人非有不得已之事由，不得於期限屆滿前請求返還。

前項規定，如商業上另有習慣者，不適用之。

解說

　　本條是對於消費寄託之規定，消費寄託和消費借貸有點相似，都是以代替物為限，且所有權須移轉予受寄人，並由受寄人以種類、品質、數量相同之物返還寄託人，因此，消費寄託和消費借貸甚為相似。不過二者性質上仍然有差異，因為消費寄託係以保管為目的，而消費借貸則以消費為目的，且消費寄託雖然也有為受寄人利益之性質，不過主要目的係為寄託人之利益；但消費借貸之目的則是為借用人之利益，並非為貸與人之利益，因此消費寄託和消費借貸二者還是有本質上之差異。原條文規定消費寄託「適用」關於消費借貸之規定，但如前所述，二者性質終有不同，因此本條修正時改為「準用」關於消費借貸之規定。茲就消費寄託之成立分析如下：

（一）消費寄託之標的物以代替物為限：例如：米、水果等種類、品質及數量上得以替代之物品。不代替物則不得為消費寄託之標的物。例如：獨一無二之純種賽馬一匹、張大千之山水國畫一幅均不可以消費寄託之標的。

（二）消費寄託須移轉寄託物之所有權於受寄人：在一般寄託，寄託人只須移轉寄託物之占有於受寄人；在消費寄

託，不但須以代替物為標的，寄託人尚須將寄託物之占有及所有權一併移轉給受寄人。

（三）消費寄託物之返還係以種類、品質、數量相同之物為之：在消費寄託，因寄託物之占有及所有權皆移轉於受寄人，故受寄人得使用並消費該物於返還寄託物時，受寄人僅須以種類、品質、數量相同之物返還即可，而無須返還原物。

消費寄託，如寄託物之返還訂有期限者，則因為受寄人只要在期限屆滿時，以種類、品質、數量相同之物品返還就好。因此，如果寄託人在期限屆至前先行請求返還，則受寄人有時候無法有充分時間準備種類、品質、數量之物返還。因此，本條第2項規定消費寄託，如寄託物之返還，定有期限者，寄託人非有不得已之事由，不得於期限屆滿前請求返還，除非商業上另有習慣。例如老周將100斤的米寄放老陳家，約定三個月後返還，此時因為是消費寄託，所以該100斤的米所有權已屬於老陳，老陳可以先行食用，只要可以在三個月期限到之前，準備好100斤的米返還老周就可以。在這種情況下，除非有不得已之事由，老周不得於期限屆滿前請求返還白米。但如果老周係將白米寄放於米店，則因為米店隨時有白米可以返還老周，而且在商業習慣上，也應該容許老周可以提前返還白米，因此即使三個月期限未到，老周也可以請求返還白米。

第603條（法定消費寄託──金錢寄託）
寄託物為金錢時，推定其為消費寄託。

解說

　　一般的代替物可能成立一般寄託，也可能成立消費寄託。例如，名貴的葡萄酒是代替物，如果寄託人與受託人約定返還的是原先該名貴的葡萄酒，就是成立一般寄託；但如果寄託人與受寄人約定該名貴的葡萄酒所有權移轉給受寄人，受寄人則需要將種類、品質、數量相同的名貴葡萄酒返還於寄託人，則成立消費寄託。因此，代替物可能是一般寄託，也可能是消費寄託。

　　但如果是金錢，依本條之規定推定其為消費寄託。因為金錢著重貨幣之功能，寄託人交付之金錢，如果為通用之貨幣，實在很難想像該金錢之所有權不移轉，也很難想像受寄人以種類、品質、數量相同之金錢返還會對寄託人有任何不利益。因此，本條規定如果寄託物是金錢者，推定成立消費寄託。

　　此處所謂之金錢，是指現行有效之通行貨幣，如果是不再通行之貨幣，例如民國初年的龍銀，則其性質上不是通行貨幣，則要視當事人之意思是一般寄託或消費寄託，不當然成立消費寄託。

第603條之1（混藏寄託）

寄託物為代替物，如未約定其所有權移轉於受寄人者，受寄人得經寄託人同意，就其所受寄託之物與其自己或他寄託人同一種類、品質之寄託物混合保管，各寄託人依其所寄託之數量與混合保管數量之比例，共有混合保管物。

受寄人依前項規定為混合保管者，得以同一種類、品質、數量之混合保管物返還於寄託人。

解說

　　寄託除了一般寄託及消費寄託外，還有一種特殊型態的寄託，其寄託物也是代替物，其所有權雖然沒有移轉給受寄人，但受寄人可以因為取得寄託人之同意，將寄託物與自己其他各寄託人所寄託之寄託物混合保管，各寄託人則依其所寄託之數量與混合保管數量之比例共有混合保管物，這種型態的寄託，學者通稱為「混藏寄託」。例如甲、乙、丙三人同時將其所有的同種類之紀念金幣寄託給老王，甲、乙、丙三人並沒有將該金幣所有權移轉給老王之意思，不過甲、乙、丙三人任何人只要取回其中的一枚金幣就好，並不一定要取回原來其寄託的該枚金幣，因為價值都是相同的，此時老王經過甲、乙、丙同意後，可以將該三人所寄託的金幣混合保管。在寄託期滿時，老王可以將該三枚金幣任取一枚返還給甲、乙、丙，不一定要返還原先寄託的那一枚。

第604條（刪除）

第605條（刪除）

第606條（場所主人之責任）

旅店或其他供客人住宿為目的之場所主人，對於客人所攜帶物品之毀損、喪失，應負責任。但因不可抗力或因物之性質或因客人自己或其伴侶、隨從或來賓之故意或過失所致者，不在此限。

解說

　　本條是對於旅店或其他供客人住宿為目的之場所主人的特別無過失責任。按一般民法採過失責任，有過失才有責任。而本條規定旅店或其他供客人住宿為目的之場所主人對於因通常事變，例如旅客在旅館中遭第三人偷竊或者因旅館屋頂漏水所導致旅客西裝毀損等事，旅店主人都應負責。不過旅客所攜帶的物品之毀損、喪失，如果是因為不可抗力，或者因為物品之性質或因客人自己或其伴侶、隨從或來賓之故意或過失所致者，旅店主人不必負責。

第607條（飲食店浴堂主人之責任）
飲食店、浴堂或其他相類場所之主人，對於客人所攜帶通常物品之毀損、喪失，負其責任。但有前條但書規定之情形時，不在此限。

解說

　　本條也是對飲食店、浴堂或其他相類場所之主人的特別無過失責任，和前條之情形相同。飲食店、浴堂或其他相類場所之主人對於客人所攜帶通常物品之毀損、喪失，除非有前條但書之規定，否則都必須負責任。依現代社會而言，例如健身房俱樂部、高爾夫球場等場所，客人所攜帶之物品都會和場所主人產生法定寄託的關係，因此該些場所主人都負有本條之特別無過失責任。

第608條（貴重物品之責任）

客人之金錢、有價證券、珠寶或其他貴重物品，非經報明其物之性質及數量交付保管者，主人不負責任。

主人無正當理由拒絕為客人保管前項物品者，對於其毀損、喪失，應負責任。其物品因主人或其使用人之故意或過失而致毀損、喪失者，亦同。

解說

　　依照前二條之規定，旅店或其他供客人住宿為目的之場所主人、飲食店、浴堂或其他相類場所之主人，對於客人所攜帶的物品所造成之毀損、喪失須負無過失責任，不過客人所攜帶的物品，如果是金錢、有價證券、珠寶或其他貴重物品，因為其價值較鉅，而且利害關係較重大，如果客人有向主人說明，主人才會加以更高的注意義務，否則主人要負無過失之重大責任，又要賠償貴重之鉅額金錢，對於主人而言，並不公平。因此，本條規定必須關於客人之金錢、有價證券、珠寶或其他貴重物品，客人必須要將物之性質及數量向主人說明並且交付主人保管，否則主人不負責。不過客人如果已經報明其物之性質及數量並請求主人保管，但主人卻無故而拒絕保管者，則主人對於物品所造成之毀損、喪失仍須負前二條的無過失責任。如果該物品因主人或其使用人之故意或過失而致招毀損、喪失，主人也必須負責任。

第609條（免除限制揭示之無效）

以揭示限制或免除前三條所定主人之責任者，其揭示無效。

解說

　　前三條就旅店等場所、飲食店、浴堂及貴重物品等主人的賠償責任所做之規範，皆是為保護客人的利益、加強營業信譽，以及維持社會的公益所為強制性質之規定，故本條明定主人不得以揭示限制或免除前三條所定主人之賠償責任，以免主人規避法規的適用。例如：餐廳牆壁上張貼有「客人自照衣物、本店概不負責」之字樣，此一揭示無效，主人仍應對於客人衣物之毀損、喪失負損害賠償之責。

第610條（客人之通知義務）
客人知其物品毀損、喪失後，應即通知主人，怠於通知者，喪失其損害賠償請求權。

解說

　　客人所攜物品的毀損喪失，通常皆可及時補救，故客人知道其物毀損喪失以後，本應立即通知主人，以謀求補救，如竟怠於為此通知，為保護主人的利益，則可視為拋棄其向主人請求賠償的權利，主人因此而可免責。

第611條（短期消滅時效）
依第606條至第608條之規定所生之損害賠償請求權，自發見喪失或毀損之時起，六個月間不行使而消滅；自客人離去場所後，經過六個月者亦同。

解說

　　客人依第606條至第608條的規定所生的損害賠償請求權，應以從速行使、及早確定權利義務關係為宜，故本條僅賦予此等請求權六個月之短期時效，如於六個月間不行使權利，其請求權消滅。又此六個月時效期間的起算點，分為下列二種情形：（一）自客人發現物品毀損或喪失之時起算；（二）自客人離去場所後起算。第一種情形，客人必須已將物的毀損或喪失通知於主人，否則，客人即已喪失損害賠償請求權，當無本條消滅時效的適用；第二種情形，則不問客人離去後是否發現物的毀損喪失，只要離開場所後經過六個月未行使權利，其損害賠償請求權即歸於消滅。

第612條（主人之留置權）
主人就住宿、飲食、沐浴或其他服務及墊款所生之債權，於未受清償前，對於客人所攜帶之行李及其他物品，有留置權。
第445條至第448條之規定，於前項留置權準用之。

解說

　　客人就住宿、飲食、沐浴或其他服務及墊款所生之債權，應負清償之責，而主人依照法定寄託之規定，對於客人所攜帶之物品，負無過失責任，則客人對於其所應清償主人之費用或價款，主人也相對的對該些物品有留置權，以資平衡。

　　本條所規定的留置權為特殊之留置權，依物權法之規定，留置權必須該留置物與債權之發生有牽連之關係，而且必須要

留置權人占有該動產，才可行使留置權。但本條係法定留置權，因此客人所攜帶之行李及其他物品與該些服務報酬之間並不需要有牽連之關係，主人也不需要占有該些物品即可行使留置權。所以說本條之性質較接近於租賃契約中出租人對於承租人置放於不動產內物品的留置權。因此，本條第2項規定，本條所規定的法定留置權準用民法第445條至第448條之規定有關出租人行使留置權之規定。

第十五節　倉庫

> **第613條**（倉庫營業人之意義）
> 稱倉庫營業人者，謂以受報酬而為他人堆藏及保管物品為營業之人。

解說

　　本條係就倉庫營業人之意義所做之規定。茲析述如次：

（一）倉庫營業人係一營業人：所謂「營業人」，係指以營利為目的之事業。

（二）倉庫營業人係為他人堆藏及保管物品之營業人：所謂「堆藏」及「保管」，係指儲存及照管而言；換言之，倉庫營業人須有倉庫設備以儲存物品，並須照料管理該存放之物品。

（三）倉庫營業人為他人堆藏及保管物品領受報酬：不受報酬而為他人堆藏保管物品之人，並非此之倉庫營業人，故倉庫契約應屬有償契約。

第614條（寄託規定之準用）

倉庫，除本節有規定者外，準用關於寄託之規定。

解說

　　倉庫既係為他人堆藏及保管物品之營業，則倉庫的性質實與寄託類似，而為寄託之一種，亦即倉庫營業人與物品寄託人間之關係，相當於受寄人與寄託人間之關係，因此，除非倉庫一節有特別之規定以外，倉庫契約應準用關於寄託的規定。

第615條（倉單之填發）

倉庫營業人於收受寄託物後，因寄託人之請求，應填發倉單。

解說

　　倉單是一種有價證券，也是一種物權證券，依民法第618條之規定，倉單上所載之貨物，會經由倉單的背書轉讓而產生所有權移轉之效力，因此在法律上，倉單之持有及背書轉讓可以表彰倉單上所載貨物之所有權歸屬及移轉之狀態。而因為倉單是貨物所有權的表彰，因此倉庫營業人在收受寄託物時，因寄託人之請求，應填發倉單。

　　倉庫營業人必須在收受寄託物後，才可以簽發倉單，在收受寄託物前，不可以請求簽發倉單。而且倉單是因寄託人之請求，倉庫營業人才簽發。因此，如果寄託人沒有請求，倉庫營業人不見得會簽發。而且倉單與倉庫契約本身二者並不相同。倉庫契約存在於寄託人與倉庫營業人之間，而倉單則是一種有

價證券，倉單上所載之貨物所有權，會經由倉單的背書而轉讓。

第616條（倉單之法定記載事項）

倉單應記載左列事項，並由倉庫營業人簽名：

一　寄託人之姓名及住址。

二　保管之場所。

三　受寄物之種類、品質、數量及其包皮之種類、個數及記號。

四　倉單填發地及填發之年、月、日。

五　定有保管期間者，其期間。

六　保管費。

七　受寄物已付保險者，其保險金額、保險期間及保險人之名號。

倉庫營業人應將前列各款事項，記載於倉單簿之存根。

解說

倉單之發行，應由倉庫營業人簽名，其法定應記載的內容，包括下列各事項：

（一）寄託人的姓名及住址：倉單為記名式，在未依背書轉讓他人前，寄託人為受領寄託物的權利人。

（二）保管之場所：為使受領寄託物之權利人便於領取，此項受寄物之保管場所應詳加記載，例如：記載位於高雄之第十號倉庫。

（三）受寄物之種類、品質、數量及其包皮之種類、個數及記

號：例如，記載瑞士手錶2千隻、防水、防震之保麗龍密封包裝，每包20隻、每隻塑膠盒精裝，共100包，上有POP SWATCH記號。

（四）倉單填發地及填發之年月日：例如，記載於高雄市，民國84年3月30日填發。

（五）定有保管期間者，其期間：例如，記載自84年3月15日起至5月15日止，保管二個月；如未約定有保管期間，則無須記載，或僅記期間未定字樣即可。

（六）保管費：例如，記載保管費5千元。如已付清，則應記載「已付」或「付清」等字樣。

（七）受寄物已付保險者，其保險金額、保險期間及保險人之名號：受寄物如係由倉庫營業人以自己的名義，或代寄託人投保產物保險之情況，其保險金額、保險期間、保險公司之名稱皆應詳為記載；如受寄物係由寄託人自行投保時，則倉庫營業人無須記載上開保險事項於其倉單之上。

　　前列七款事項，倉庫營業人有將之記載於倉單簿存根之義務，由於空白的倉單簿共分兩聯，第一聯為倉單本身，第二聯為存根，故兩者記載必須相符，以便查對。

第617條（寄託物之分割與新倉單之填發）
倉單持有人，得請求倉庫營業人將寄託物分割為數部分，並填發各該部分之倉單。但持有人應將原倉單交還。
前項分割及填發新倉單之費用，由持有人負擔。

解說

　　倉單持有人因係寄託物的所有人，故其有權將寄託物分割為數部分，並得請求倉庫營業人填發各該部分寄託物的倉單，以便於處分各該部分之寄託物。倉單持有人在取得分割後之數分新倉單時，自應將原倉單交還倉庫營業人，以免倉庫營業人遭受重複給付倉單之危險。

　　倉單的分割及新倉單的填發，皆係純為倉單持有人之利益而設，故因分割及填發新倉單所生的費用，應由持有人負擔，以示公平。例如：將大包裝之寄託物分割為小包裝之貨物，因此所生之材料費、工資及搬移費等；又如重新填發倉單，而須另繳之印花稅及打字費等，均應由倉單持有人支付為是。

第618條（倉單之背書及其效力）
倉單所載之貨物，非由寄託人或倉單持有人於倉單背書，並經倉庫營業人簽名，不生所有權移轉之效力。

解說

　　本條係倉單移轉之方式，倉單之移轉可以產生貨物所有權移轉之效力，當倉單依本條所規定之方式由原持有人移轉給新的倉單持有人時，倉單上寄託之貨物所有權也由原倉單持有人移轉到新的持有人身上。倉單之移轉比較特殊，一般有價證券之移轉只須由持有人背書就可以產生轉讓之效果，但倉單之移轉，除了要由原持有人背書之外，還必須經過倉庫營業人簽名才會發生移轉之效果。

第618條之1（倉單遺失或被盜之救濟程序）

倉單遺失、被盜或滅失者，倉單持有人得於公示催告程序開始後，向倉庫營業人提供相當之擔保，請求補發新倉單。

解說

　　倉單既然是有價證券，如果發生遺失、被盜或滅失者，可以循民事訴訟法聲請公示催告後宣告倉單無效，並由原持有人主張倉單之權利或請求倉庫營業人補發新倉單。但是公示催告整個程序需要甚久之時間，而貨物的提領，常常有時間的急迫性，如果過了時間，貨物會腐壞或不合時宜。因此本條特別規定，原倉單持有人得在公示催告程序開始後，向倉庫營業人提供相當之擔保，請求補發新倉單，如此則原倉單持有人一方面可以持補發之倉單提領貨物，以免貨物失去時效性；一方面倉庫營業人因為有擔保品，所以不怕損失，而原倉單持有人於公示催告程序進行完後，亦可取回擔保物。如此，相關人員之權益均獲得確保，而貨物亦不會失去時效性。

第619條（寄託物之保管期間）

倉庫營業人於約定保管期間屆滿前，不得請求移去寄託物。未約定保管期間者，自為保管時起經過六個月，倉庫營業人得隨時請求移去寄託物。但應於一個月前通知。

解說

　　按保管寄託物為倉庫營業人的義務，其期間之長短如倉庫契約已有約定，倉庫營業人自不得於期間屆滿前，中途請求移

去寄託物，而拒絕履行其保管之義務。

又倉庫契約如未約定保管寄託物的期間，本條規定倉庫營業人至少須保管六個月之後，方得隨時請求移去寄託物，但須於移去寄託物之前一個月，先行通知寄託人，以便寄託人做好領取寄託物的準備。

第620條（檢點或摘取樣本之允許）
倉庫營業人，因寄託人或倉單持有人之請求，應許其檢點寄託物、摘取樣本，或為必要之保存行為。

解說

倉庫營業人是以保管他人寄託物為營業者，而在某些情況下，寄託物之寄託人或倉單持有人，可能有需要要檢點寄託物、摘取樣本，或為必要之保存行為。例如，在颱風過後，倉庫發生漏水，則寄託物所有人可能要清點貨物或採樣，看看寄託物有無損害。如果有毀損之虞，可能也需要採取一些必要的保存動作，例如罩上塑膠套等，此均為寄託物所有人保障其寄託物之必要動作，倉庫營業人不能拒絕。

第621條（拒絕或不能移去寄託物之處置）
倉庫契約終止後，寄託人或倉單持有人，拒絕或不能移去寄託物者，倉庫營業人得定相當期限，請求於期限內移去寄託物。逾期不移去者，倉庫營業人得拍賣寄託物，由拍賣代價中扣去拍賣費用及保管費用，並應以其餘額交付於應得之人。

解說

　　倉庫契約終止後，寄託人或倉單持有人本有領取寄託物，並將之移去的義務，以免占用倉庫營業人的營業空間及妨礙倉庫營業人的交易機會。如寄託人或倉單持有人拒絕或不能移去寄託物時，本條賦予寄託人有定期請求移去寄託物的權利；逾期仍未移去時，倉庫營業人尚有拍賣寄託物的權利，且得從拍賣所得價款中扣除拍賣費用及保管費用，最後，如仍有剩餘的金額，再交付予應得此一金錢的權利人。

第十六節　運送

第一款　通則

第622條（運送人之意義）
稱運送人者，謂以運送物品或旅客為營業而受運費之人。

解說

　　本條係就運送人的定義做一規定。茲析述如次：

（一）運送人係運送物品或旅客之人：此之「物品」係指動產，且為有體物，無形物則因本身性質的關係，無法成為運送之標的；所謂「運送」，係指由A地搬移至B地而言。

（二）運送人係以運送為營業：如非以運送為營業，僅偶爾運送物品或旅客之人，尚非本條規範所稱之運送人。

（三）運送人係受取運費之營業人：運費乃係運送物品或旅客之報酬，亦即運送之對價，故運送契約屬有償契約。

第623條（物品或旅客運送損害賠償請求權之短期時效）

關於物品之運送，因喪失、毀損或遲到而生之賠償請求權，自運送終了，或應終了之時起，一年間不行使而消滅。

關於旅客之運送，因傷害或遲到而生之賠償請求權，自運送終了，或應終了之時起，二年間不行使而消滅。

解說

　　本條是關於運送契約中關於物品之運送，因喪失、毀損或遲到而生之賠償請求權之短期消滅時效之規定。關於物品之運送，因為喪失毀損或遲到而產生的損害賠請求權，外國立法例大都規定因為一年間不行使而消滅，而運送契約也具有國際性，我國海商法、鐵路法及公路法中，有關於物品之運送，因喪失、毀損或遲到而生之賠償請求權，也都是規定一年間不行使而消滅。舊法的規定，不分物品及旅客運送均以二年間不行使而消滅，使民法之規定與其他法令及國際運送慣例產生脫節，因此本次修正時，關於物品之運送，因喪失、毀損或遲到而生之賠償請求權，自運送終了，或應終了之時起，一年間不行使而消滅。而關於旅客之運送，因傷害或遲到而生之賠償請求權，為了保障旅客之權益，則仍然維持二年不行使而消滅。

第二款　物品運送

第624條（託運單之填發）

託運人因運送人之請求，應填給託運單。

託運單應記載左列事項，並由託運人簽名：

一　託運人之姓名及住址。

二　運送物之種類、品質、數量及其包皮之種類、個數及記

　　　　號。

三　目的地。

四　受貨人之名號及住址。

五　託運單之填給地，及填給之年、月、日。

解說

　　託運單係記載運送主要事項的單據，亦即託運人所開立並交與運送人的物品清單，故託運單應由託運人簽名，並記載下列各事項：

（一）託運人之姓名及住址。

（二）運送物之種類、品質、數量及其包皮之種類、個數及記號：例如，載明加州蘋果、上等、6千英磅、木箱60個，上有德記洋行四字。

（三）目的地。

（四）受貨人之名號及住址。

（五）託運單之填給地及填給之年月日。

　　除了上列五款事項以外，託運人尚得於託運單上任意記載其他事項，以為備註之用。又託運單之填給，須運送人有所請求時，託運人方有發給之義務，如運送人未請求時，託運人則無須填給。

第625條（提單之填發）

運送人於收受運送物後，因託運人之請求，應填發提單。

提單應記載左列事項，並由運送人簽名：

一　前條第2項所列第1款至第4款事項。

二　運費之數額及其支付人為託運人或為受貨人。

三　提單之填發地及填發之年月日。

解說

　　提單是一種有價證券，表彰物品所有權，亦是託運人將物品交付運送人時，運送人所出具收受物品的單據。在運送目的地，提單也係作為提領運送物之憑證。本條規定運送人於收受運送物後，因託運人之請求，應填發提單。提單必須由運送人簽名，而做本條之規定，提單應記載之事項如下：

（一）託運人之姓名及住址：此與前條託運單應記載的事項相同。

（二）運送物之種類、品質、數量，亦與前條有關託運單的記載相同。

（三）目的地：此亦與託運單之內容相同。目的地除了可以確認貨物將運往何處之外，在運送契約中還有其他功能，例如依民法第638條，運送物有喪失、毀損或遲到者，其損害賠償額，應依其交付時目的地之價值計算，因此目的地為何處至為重要。

（四）受貨人之名號及住址：託運單上亦有此事項的記載。

（五）運費之數額，及其支付人為託運人或為受貨人：託運單上無須為此記載。但本條規定在提單上則應記載運費之金額及其支付人。因為運費可能由託運人先行支付，也可能是受貨人取貨時支付，也可能是其他人支付，均須載明。

（六）提單之填發地及填發之年月日：提單填發地，通常是運送人接受託運物品的地方。而提單填發的日期，則可推

定是運送物交付給運送人收受的日期。

解說

　　託運人有交付必要文件及為必要說明的義務。此之文件有三：（一）運送上所必要的文件，例如：通行證、護照等；（二）關於稅捐所必要的文件，例如：捐票免驗證、貨物完稅等證明；（三）關於警察所必要的文件，例如：已受檢查證、消毒及免疫等證件。上開文件應於交付物品運送的同時，一併交付於運送人，託運人並應就運送物品的性質、文件取得的過程及使用時應注意的事項，向運送人做必要的說明，以利運送物品之通關放行。

解說

　　提單的持有人可能為受貨人，亦或提單的受讓人，其與運送人間關於運送的事項，本條明定應依照提單的記載為準。其目的係為保護提單的善意持有人，因信賴提單內容之記載而為

交易之行為，以提高提單的流通性，故運送人僅就提單上的記載，對提單持有人負其責任，而提單持有人亦僅得就提單上的記載，向運送人主張其權利，不得以提單記載以外的約定事項變更提單的內容。以上皆為提單之文義證券性質的結果。

第628條（提單之背書性）
提單縱為記名式，仍得以背書移轉於他人。但提單上有禁止背書之記載者，不在此限。

解說

提單，除了具有前條規定的文義性，因屬有價證券的一種，故還具有背書性。提單為記名式證券，按照有價證券的法理，本不得依背書而轉讓，惟本法為使提單易於流通，並助長交易的活絡，遂明文規定提單縱為記名式，除非其上有禁止背書的記載以外，仍許提單以背書移轉於他人。

第629條（提單之物權效力）
交付提單於有受領物品權利之人時，其交付就物品所有權移轉之關係，與物品之交付有同一之效力。

解說

在具備下列二要件時，提單亦具有物權的效力：
（一）須將提單交付：即移轉提單的占有。
（二）須交付於有受領物品權利之人：孰為有受領物品權利之

人應視提單上的記載而定，通常最初的受領權人為受貨人，託運人交付提單於受貨人時，不必再為背書，受貨人即有權直接提領物品；其次由受貨人受讓物品之第三人亦得為受領物品的權利人，只要受貨人於提單背面背書並將提單交付於該第三人即可。

具備以上二要件之提單，就物品所有權移轉的關係，與運送物的交付，有相同的效力；換言之，即提單的交付等於運送物所有權的移轉。例如：運送人將提單交付給受貨人，與其已將運送物所有權移轉予受貨人之情形相同。又如受貨人將背書後之提單交付給受讓貨物的第三人，此提單的交付，即等於運送物的交付。

第629條之1（提單準用倉單遺失或被盜之救濟程序）
第618條之1之規定，於提單適用之。

解說

提單係依背書轉讓之有價證券，其性質與倉單相近似，而如果倉單遺失、被盜或滅失者，倉單持有人得於公示催告程序開始後，向倉庫營業人提供相當之擔保，請求補發倉單。提單遺失後，提單持有人也可以請求公示催告之程序，不過公示催告之程序曠時日久，當提單持有人有迫切性時，本條規定準用第618條之1之規定，於提單遺失、被盜或滅失者，提單持有人得於公示催告程序開始後，向運送人提供相當之擔保，請求補發提單。

第630條（提單之繳回性）
受貨人請求交付運送物時，應將提單交還。

解說

　　提單既為運送物品之憑證，請求交付運送物時，自須根據提單記載的內容，並交還提單於運送人，否則運送人有權拒絕交付運送物。此為提單的繳回性。

第631條（託運人之告知義務）
運送物依其性質，對於人或財產有致損害之虞者，託運人於訂立契約前，應將其性質告知運送人，怠於告知者，對於因此所致之損害，應負賠償之責。

解說

　　託運人在訂立運送契約前，應將運送物的性質告知運送人，否則運送人無從知悉運送物的處理方法及其應盡的注意程度；如果運送物對人或財產有產生損害的可能，而託運人竟未將此性質告訴運送人，為保護運送人的利益，託運人對於運送人因此所致的損害，應負賠償的責任。

第632條（運送人之按時運送義務）
託運物品，應於約定期間內運送之；無約定者，依習慣；無約定亦無習慣者，應於相當期間內運送之。
前項所稱相當期間之決定，應顧及各該運送之特殊情形。

解說

　　物品運送，除了空間上有其正確的必要性以外，在時間上亦要求準時，尤其是具有時價的商品，如有遲到的情況，價格必定大受影響。因此，運送人運送物品原則上應於約定期間內運送，如無約定期間，則依習慣運送；無約定也無習慣可以依據期間，本條規定應在相當的期間內運送，何謂「相當期間」，則必須依照運送物品的性質及每次運送的特殊情形加以決定。

第633條（運送人依從指示之義務）
運送人非有急迫之情事，並可推定託運人若知有此情事亦允許變更其指示者，不得變更託運人之指示。

解說

　　託運人在運送事項上有所指示時，運送人即有依從指示的義務，故原則上運送人不得變更託運人的指示；除非運送人遇有急迫情事，並可推知託運人如果知道此一情事的發生，亦會同意變更指示時，託運人方得變更託運人的指示。例如，託運人指示運送路線為台北至高雄的縱貫鐵路，運送人即不得任意變更此一指示；但如果中途接獲消息得知洪水沖斷鐵路，久久不能通車時，在可推知託運人若知此事必會允許改變其指示的情況下，運送人得改以台北至高雄的高速公路為其運送物品的路線。

第634條（運送人之責任）
運送人對於運送物之喪失、毀損或遲到，應負責任。但運送人能證明其喪失、毀損或遲到，係因不可抗力或因運送物之性質或因託運人或受貨人之過失而致者，不在此限。

解說

　　運送人對於運送物的喪失、毀損或遲到，應負相當的責任，此一責任的成立要件必須運送物受有喪失、毀損或遲到；所謂喪失，係指無法將運送物交付於受貨人的情形，例如，運送物被竊、遺失等；所謂毀損，係指因物質的變動而減損運送物的價值，例如，運送物因進水而生鏽；所謂遲到，係指運送物到達目的地的時間逾越運送契約約定的期間或一般運送習慣上的期間或相當期間以外。

　　雖然運送物一有喪失、毀損或遲到，運送人的損害賠償責任即告成立，但只要符合下列三條件之一，運送人即可免責：（一）運送物的喪失、毀損或遲到係由於不可抗力；（二）運送物的喪失、毀損或遲到係由於運送物本身的性質所致，例如，運送物本身屬易腐壞的農產品；（三）運送物的喪失、毀損或遲到係因託運人或受貨人的過失所導致的結果，例如，託運人指示的運送路線無法通行，導致運送遲延的結果，或受貨人自己受領貨物遲延，導致運送物腐壞生霉。上開為保護運送人利益而設的免責要件，其事實應由運送人負舉證責任。

第635條（運送物有瑕疵時之責任）
運送物因包皮有易見之瑕疵而喪失或毀損時，運送人如於接收該物時，不為保留者，應負責任。

解說

　　託運人交付運送物時,如運送物的外部包裝(即包皮)有顯而易見的瑕疵,為明確劃分責任起見,運送人在接受運送物時,即應聲明保留,否則,其後縱運送物的喪失或毀損係由於包皮的瑕疵所導致,運送人仍應負責。例如,運送物因包裝的紙箱破損而進水,致貨物因進水而不能使用的情形,如運送人在接收運送物時,就該顯而易見的瑕疵竟未為保留的聲明,則其事後不得藉口運送物的毀損係因包皮的瑕疵所致,而免除其責任。

第636條（刪除）

解說

　　原條文規定之責任,運送人本來就必須負責,而依民法第634條、第638條及第224條之規定,對相關之責任,亦可處理,故原條文為贅文,予以刪除。

第637條（相繼運送人之連帶責任）
運送物由數運送人相繼運送者,除其中有能證明無第635條所規定之責任者外,對於運送物之喪失、毀損或遲到,應連帶負責。

解說

　　運送物如果由單一運送人直接由出發地運至目的地,則其

對於運送物之喪失、毀損或遲到產生之責任非常清楚，應該由
該運送人負全部責任。但如果運送物由數運送人相繼運送者，
則到底在哪一個運送階段中發生毀損或滅失，常常不容易證
明，假使該數個運送人只就本身運送之階段負責，則彼此間必
定相互推諉責任，其結果使託運人或受貨人難以請求賠償，故
法律為保護託運人及受貨人起見，明定數個運送人相繼而為運
送時，除非能證明運送物的喪失、毀損或遲到係因不可抗力，
或因運送物之性質，或因託運人或受貨人之過失所導致者，否
則各階段的運送人對於運送物的喪失、毀損或遲到，應負連帶
責任。

第638條（損害賠償之範圍）
運送物有喪失、毀損或遲到者，其損害賠償額，應依其應交
付時目的地之價值計算之。
運費及其他費用，因運送物之喪失、毀損無須支付者，應由
前項賠償額中扣除之。
運送物之喪失、毀損或遲到，係因運送人之故意或重大過失
所致者，如有其他損害，託運人並得請求賠償。

解說

按本法第634條的規定，運送物一有喪失、毀損或遲到的
情事發生，運送人即應負損害賠償的責任，但運送物的價值
究應以何時何地的價值為計算標準，不無疑問，法律為杜絕爭
論，明定依照運送物應交付時目的地的價值計算運送人的損害
賠償額。

　　運費必須完成運送，運送人方得請求。運送物如已喪失或毀損，則運送人未能完成運送或未能全部運送完畢，故其運費或其他費用即全部或一部不得向託運人或受貨人請求。就託運人或受貨人而言，即得因而節省全部或一部的運費或其他費用。為公平起見，本條明定運送人於賠償託運人或受貨人的損害時，得將其所節省的運費或其他費用，從賠償額中予以扣除，以免託運人或受貨人雙重得利。但託運人如已預先支付運費或其他費用（例如：稅捐），則運送人不得扣除，而須如數賠償。

　　由於本法就運送人的責任係採較重的無過失責任主義，故本條前二項乃限制其損害賠償額的範圍，以期責任的均衡。惟若運送物的喪失、毀損或遲到是因為運送人的故意或重大過失所致時，則無限制其賠償範圍，而特別加以保護的必要，故如有其他損害，託運人得適用本法第216條有關一般損害賠償的規定，請求運送人賠償所受損害及所失利益。

第639條（貴重物品之賠償責任）
金錢、有價證券、珠寶或其他貴重物品，除託運人於託運時報明其性質及價值者外，運送人對於其喪失或毀損，不負責任。
價值經報明者，運送人以所報價額為限，負其責任。

解說
　　運送人對於貴重物品所負的特殊責任，本條規定其成立要件如次：

（一）須為金錢、有價證券、珠寶或其他貴重物品：此種貴重
　　　物品因具有體積小、易喪失但難證明；價值高、損失鉅
　　　但難賠償的特性，故法律特別另以規定。

（二）託運人於託運時須報明物品的性質及價值：為使運送人
　　　事先得以明瞭物品的性質及價值，以便估算運費並加以
　　　特別注意，本條乃以託運人報明性質及價值為運送人負
　　　責的條件。

（三）物品有喪失或毀損：運送人對於貴重物品的賠償責任事
　　　由，以物品的喪失或毀損二者為限，故物品的遲到不在
　　　此內，而僅能依照一般物品的賠償責任負責。

　　貴重物品的價值已經報明時，在物品喪失的情形，運送人
僅依託運人於託運時報明的價額為限，負責損害賠償的責任；
但在毀損的情形，運送人仍須按物品實際上所減少的價額負賠
償的責任，僅其賠償額不得超過所報的價額罷了。

第640條（遲到之限定賠償額）
**因遲到之損害賠償額，不得超過因其運送物全部喪失可得請
求之賠償額。**

解說

　　貨物的市價，漲跌無常、早晚有異，運送物雖有遲到，如
其市價並未低於應交付時的價格，運送人本無須賠償受貨人，
但運送物的市價如因遲到而較應交付時的價格為低時，受貨人
得以運送物應交付時目的地的價值，算出全部運送物的價額，
再減去依實際上運送物交付時目的地的價格，所算出全部運送

物的價額，向運送人請求賠償。惟本條就貨物因遲到而得請求的損害賠償額度，設有限制，即不得超過因其運送物全部喪失可得請求的賠償額，其理由係因貨物遲到，縱然價值跌落，或有其他損害，亦不致超過貨物全部喪失的損害，故為保護運送人的利益，而以運送物全部喪失可得請求的賠償額為其遲到責任的上限。

第641條（運送人之必要及注意及處置義務）
如有第633條、第650條、第651條之情形，或其他情形足以妨礙或遲延運送，或危害運送物之安全者，運送人應為必要之注意及處置。
運送人怠於前項之注意及處置者，對於因此所致之損害應負責任。

解說

　　運送人擔任運送責任，本來即應對貨物為必要之注意與處置，而依本法第633條、第650條、第651條之規定，已有列舉出數種情形，運送人對運送物應為特別之處置。但除該三條所列之情形外，如果有其他情形發生，也可能導致妨礙或遲延運送，或危害運送物之安全者，運送人也應為必要之注意及處置。運送人怠於前項之注意及處置者，對於因此所致之損害應負責任。例如，運送途中，某地區已發生疫情，運送的物品中某部分必須檢疫才能通行，但因此可能導致其他不須檢疫的物品也會遲延，此時運送人可以將物品分開或為其他必要之處理以免全部貨品遲延，如果運送人怠於為必要之注意及處置，因

而導致損害，運送人應負賠償責任。

第642條（運送人中止、返還等處分之義務）

運送人未將運送物之達到通知受貨人前，或受貨人於運送物達到後，尚未請求交付運送物前，託運人對於運送人，如已填發提單者，其持有人對於運送人，得請求中止運送，返還運送物，或為其他之處置。

前項情形，運送人得按照比例，就其已為運送之部分，請求運費，及償還因中止、返還或為其他處置所支出之費用，並得請求相當之損害賠償。

解說

　　運送人如果還沒有將運送物之達到通知受貨人之前，或受貨人於運送物達到後，還沒有請求交付運送物之前，依本條之規定，託運人或提單持有人均得請求中止運送，請求返還運送物或為其他之處置。因為運送人之責任，是從託運人交付運送物時起一直到貨物交付與受領止，中間這個階段的任何時候，如果託運人或提單持有人認為運送已經不需要再繼續者，均應賦予其中止運送之權利。

　　在未簽發提單之情形，因為運送契約存在於託運人與運送人之間，因此只有託運人可以中止運送。但如果有簽發提單時，依民法第629條之規定，交付提單於有受領物品權利之人，其交付就物品所有權移轉之關係，與物品之交付有同一效力。既然提單持有人已是貨物所有人，則應由其決定是否繼續運送。

　　不過託運人或提單持有人雖然可以請求中止運送，但運送人可以按照比例，就其已為運送之部分，請求運費及償還因中止、返還或為其他處置所支出之費用，並得請求相當之損害賠償。例如運送契約的旅程已經完成了80%，而託運人或提單持有人卻要求中止運送，此時運送人得按其已完成之80%之運費部分，請求運費。而且在中止契約後，常常需要將貨物返還原出發地或寄存倉庫等，均會支出相當之費用，甚至因中止契約，也可能會產生航路變更，以至於增加費用，這些費用運送人均可以請求。

第643條（運送人之通知義務）
運送人於運送物達到目的地時，應即通知受貨人。

解說

　　為使運送物的受貨人得以做受領貨物的準備，本條課以運送人在運送物到達目的地時，有立即通知受貨人的義務。

第644條（受貨人之權利）
運送物達到目的地，並經受貨人請求交付後，受貨人取得託運人因運送契約所生之權利。

解說

　　受貨人有運送物交付的請求權，此一權利的取得及行使方法，因運送人是否有填發提單而有所不同，茲析述如次：

（一）已填發提單的情形：提單持有人為唯一的權利人，故其取得運送物的交付請求權，而運送人與提單持有人之間，關於運送事項，皆須依照提單的記載決定。又提單持有人行使運送物請求權時，必須繳回提單方能換取運送物。

（二）未填發提單的情況：即本條規定受貨人取得運送物交付請求權的條件有二，一為必須運送物已達到目的地；二為受貨人已請求交付運送物；換言之，運送物喪失而不能運達目的地，或在運到目的地以前，以及受貨人未請求交付之前，受貨人尚不能取得運送物交付的權利。

第645條（運送物喪失時之運送費）
運送物於運送中，因不可抗力而喪失者，運送人不得請求運費，其因運送而已受領之數額，應返還之。

解說

　　按本法第634條規定，運送物於運送中因不可抗力而喪失時，運送人不負賠償責任，可見運送物的危險，法律規定係由託運人或受貨人負擔；而運費必須在運送完成的條件下，方得請求，可見運費的危險，係由運送人負擔。故本條就運送物於運送中，因不可抗力而喪失的情況，明定運送人不得請求運費，其因運送而已受領的數額，仍須返還，以示公平。惟須注意，不得請求的運費係指運送物在運送中因不可抗力而喪失的情形，如果，運送物已達到目的地後，才因不可抗力而喪失，此時的運送已經完成，故運送人仍得請求運費。

第646條（最後運送人之責任）
運送人於受領運費及其他費用前交付運送物者，對於其所有前運送人應得之運費及其他費用，負其責任。

解說

因運費必須運送完成始得請求，故運費通常係採後付主義。按運送人於運送物交付時，有請求支付全部運費及其他費用的權利；在數運送人為相繼運送的情況，數運送人雖分別擔任運送，但因只有一個運送契約，故運費多由最後一個運送人一併收取，如竟未能收回運費及其他費用，此時運送人應行使留置權，以保障全體運送人的運費及其他費用得以受到清償。假使最後運送人怠於代為行使留置權，而於運費及其他費用未受清償以前，將運送物交付於受貨人，導致其他運送人無法行使留置權，以為將來取償的保障時，本法明定，最後運送人對於其所有前運送人應得的運費及其他費用，負賠償責任，以示制裁。

第647條（運送人之留置權與受貨人之提存權）
運送人為保全其運費及其他費用得受清償之必要，按其比例，對於運送物有留置權。
運費及其他費用之數額有爭執時，受貨人得將有爭執之數額提存，請求運送物之交付。

解說

為保護運送人的利益，在受貨人不清償運費及其他費用的

情形下，法律特別賦予運送人在為保全其運費及其他費用可受清償的必要範圍之內，得按其比例，對於運送物行使留置的權利。此為一種特殊留置權，與本法物權編所規定之留置權，其成立要件及行使方法皆不相同。

　　因運送人有留置權，故受貨人如不支付運費或其他費用，運送人自得行使留置權而留置其運送物；惟在運費或其他費用的數額有爭執時，本條另外賦予受貨人得將有爭執的數額提存，而請求交付運送物的權利，此時運送人即不得留置運送物，必須等到爭執解決以後，確定爭執的數額歸於運送人，運送人始得從提存的數額中受償。

第648條（運送人責任之消滅與其例外）
受貨人受領運送物並支付運費及其他費用不為保留者，運送人之責任消滅。
運送物內部有喪失或毀損不易發見者，以受貨人於受領運送物後，十日內將其喪失或毀損通知於運送人為限，不適用前項之規定。
運送物之喪失或毀損，如運送人以詐術隱蔽或因其故意或重大過失所致者，運送人不得主張前二項規定之利益。

解說

　　運送人的運送責任相當重大，為平衡當事人間的責任歸屬，在符合特定條件的情況下，法律乃對運送人設有特殊免責的規定，本條即屬之。而適用本條須具備下列要件：
（一）須於受貨人受領運送物時：所謂「受領」，係指全部或

一部受領而言，並不包括全未受領的情況，故本條在運送物毀損或一部喪失的情形，亦有適用；在全部喪失的情形，則不能適用，因運送物全部喪失時，受貨人事實上並無法受領。

（二）須受貨人已支付運費及其他費用：此之支付，不限於現金的支付，支票、本票的發行或匯票的承兌，以及代物清償、抵銷等均包括在內。

（三）須受貨人不為保留：所謂「不為保留」，即未表示異議。受貨人如已受領運送物，並已支付費用，假使當時並未對於運送的一部喪失或毀損情形，表示異議與追究的意思，則事後一切情形必將舉證不易，為避免糾紛，本條乃規定運送人的責任消滅；相反地，如受貨人當時已為保留，則運送人仍無法免責。

具備前開三要件時，原則上運送人可以免責，但有下列情形之一時，運送人仍不能免責：

（一）運送物內部有喪失或毀損不易發現，而受貨人於受領運送物後十日內，已將其喪失或毀損通知於運送人的情形：運送物內部有喪失或毀損不易發現，即喪失或毀損係隱藏於內部，從外表不易查知此一狀況。例如，運送裝箱的錄放影機，內部機件於搬運過程中因震動而毀損。又受貨人於受領運送物後十日內，將其喪失或毀損的情事通知於運送人時，運送人不得因受貨人已受領運送物，並已支付費用，但未為保留，而免其責任。

（二）運送物的喪失或毀損係因運送人以詐術隱蔽，或因運送人的故意或重大過失所致的情形：本條第1項及第2項的規定，係由於運送人運送頻繁，所負責任重大，故有特

別予以保護之必要，使其迅速免除責任，**繼續其他應完成的任務**。惟運送人如係以詐術隱蔽運送物的喪失或毀損；或運送物的喪失或毀損係由於運送人的故意或重大過失所致，此種情形，法律自無特別保護運送人的必要，故運送人不得主張本法第1項及第2項的利益；換言之，即受貨人受領運送物、支付費用，縱未為保留，運送人亦不得免責；運送物內部有喪失或毀損不易發現，受貨人於受領貨物後，縱於十日內未將其喪失或毀損通知於運送人，運送人的責任亦不消滅。須注意者，主張運送人以詐術隱蔽或運送人有故意或重大過失，此二有利於受貨人的事實，必須由受貨人負舉證的責任。

> **第649條**（免責文句之效力）
> 運送人交與託運人之提單或其他文件上，有免除或限制運送人責任之記載者，除能證明託運人對於其責任之免除或限制明示同意外，不生效力。

解說

除了前條規定的情形以外，運送人是否得於提單或其他文件上記載免責的文句，以消滅其責任呢？為避免爭議，本條明定提單或其他文件上雖有免除或限制運送人責任的記載，運送人並不能因之而免責，亦即該免責文句的記載，不生效力。除非運送人能夠證明託運人對於責任的免除或限制有明示同意，方可生免責的效力；換言之，其生免責的效力必須具備三要件：（一）須於文件上記載；（二）上開文件須係交與託運人

的文件，通常為提單，其他如收據的文件方可；（三）須能證明託運人就文件上的免責或限制責任記載，已為明示同意。又具備上述三要件後，雖可發生免責或限制責任的效力，但仍應受本法第222條的限制，亦即託運人縱明示同意文件上免責或限制責任的記載，運送人的故意或重大過失責任，仍不得因此而被免除。

第650條（運送人之通知並請求指示義務及運送物之寄存拍賣權）

受貨人所在不明或對運送物受領遲延或有其他交付上之障礙時，運送人應即通知託運人，並請求其指示。

如託運人未即為指示，或其指示事實上不能實行，或運送人不能繼續保管運送物時，運送人得以託運人之費用，寄存運送物於倉庫。

運送物如有不能寄存於倉庫之情形，或有易於腐壞之性質或顯見其價值不足抵償運費及其他費用時，運送人得拍賣之。

運送人於可能之範圍內，應將寄存倉庫或拍賣之事情，通知託運人及受貨人。

解說

　　運送人之責任依民法第648條之規定，必須要受貨人受領運送物並不為任何保留時，運送人之責任才會消滅。而如果受貨人所在不明或對運送物受領遲延或有其他交付上之障礙情況存在時，因為運送人沒有辦法將貨物交給受貨人受領，則運送人之責任無法消滅。此時運送人應即通知託運人，並請求其指

示，以免運送人責任長久存續，無法消滅。

　　於上述情形，如果託運人接獲運送人的通知未即為指示，或其指示事實上不能實行，或運送人不能繼續保管運送物時，運送人得以託運人之費用，寄存運送物於倉庫。例如，因目的地有暴動，受貨人不知去向，而託運人接獲運送人之通知後，託運人指示運送人寄存於目的地的A公司，但A公司人員也不知去向，託運人之指示根本無法實行。此時，運送人得以託運人之費用，寄存運送物於倉庫。

　　如果運送物有不能寄存於倉庫之情形，或有易於腐壞之性質或顯見其價值不足抵償運費及其他費用時，運送人得拍賣之而不必將之寄存於倉庫，例如運送物為鮮花，寄存於倉庫將使鮮花凋謝而成為無價值之物，此時運送人員就不必將鮮花寄存於倉庫而可以立即將之拍賣。

　　既然有寄存於倉庫或拍賣之情事，則運送人於可能之範圍內，應將寄存倉庫或拍賣之事情，通知託運人及受貨人，以便讓託運人或受貨人知情而得以因應。

第651條（寄存拍賣規定之適用）
前條之規定，於受領權之歸屬有訴訟，致交付遲延者適用之。

解說

　　運送物受領權的歸屬如有訴訟發生，真正的權利人為何尚難立即確定，此時運送人必定無法交付運送物，而導致交付遲延的情況。例如，提單持有人有兩人以上，究竟誰為真正的權利人，在法院訴訟繫屬尚未判決確定以前，運送人尚無法

確知，故其不得將運送物交付與任一提單持有人，而生交付遲延的問題。於是，本條規定準用前條第1、2項的規定，運送人應即通知託運人，並請求其指示，如果託運人的指示事實上不能實行，或運送人不能繼續保管運送物時，運送人即得以託運人的費用，將運送物寄存於倉庫，等到運送物之受領權歸屬的訴訟確定後，再由法院判決有權受領之人領取運送物。又運送物如有不能寄存倉庫的情形，或有腐壞的性質，或顯見其價值不足抵償運費及其他費用時，本條規定準用前條第3、4項的規定，運送人得將運送物拍賣，並於可能的範圍內將寄存倉庫及拍賣的情事，通知託運人及受貨人。

第652條（拍賣代價之抵充）

運送人得就拍賣代價中，扣除拍賣費用、運費及其他費用，並應將其餘額交付於應得之人，如應得之人所在不明者，應為其利益提存之。

解說

　　運送人依本法第650條及第651條規定而為運送物拍賣時，因此種拍賣的原因並非運送人自己的過失所致，而不應使其受到意外的損失，故本條規定運送人有從拍賣代價中，扣除拍賣費用、運費及其他費用的權利，若有餘額，為避免不當得利，應交付於應得之人，如應得之人所在不明，運送人負有代為提存之義務。所謂應得之人，係指具有運送物交付請求權的人。例如，在填發提單的情形，應得之人應為提單持有人；未填發提單的情形，應得之人原則上為受貨人，如受貨人拒絕受領運

送物，應得之人則為託運人。

第653條（最後運送人之代理權）
運送物由數運送人相繼運送者，其最後之運送人，就運送人全體應得之運費及其他費用，得行使第647條、第650條及第652條所定之權利。

解說

　　數個運送人為相繼運送時，最後的運送人於物品交付時，就運送人全體應得的運費及其他費用，應負責向受貨人請求支付，如受貨人不為支給或所在不明，或拒絕受領，最後運送人應代為行使第647條規定有關運送物的留置權、第650條規定有關運後物的寄存拍賣權，以及第652條有關運送物拍賣代價中扣除運費及其他費用的權利。

第三款　旅客運送

第654條（旅客運送人之責任）
旅客運送人對於旅客因運送所受之傷害及運送之遲到應負責任。但因旅客之過失，或其傷害係因不可抗力所致者，不在此限。
運送之遲到係因不可抗力所致者，旅客運送人之責任，除另有交易習慣者外，以旅客因遲到而增加支出之必要費用為限。

解說

　　本條規定旅客運送人對於旅客因運送所受之傷害及運送之遲到應負責任，但因旅客之過失，或其傷害係因不可抗力所致者，不在此限。例如，因為旅客不遵守上下車之規定，以致被車門夾到而受傷，或者因為旅客遲延，以至於到達目的地之時間也因此拖延，此時旅客運送人不必負責。

　　如果旅客之傷害是不可抗力所導致者，例如因颱風吹壞招牌導致旅客傷害，此時旅客運送人不必負責。但運送之遲到係因不可抗力所致者，則旅客運送人仍須負責。不過遲到如果係因不可抗力所致者，則旅客運送人之責任除另有交易習慣者外，以旅客因遲到而增加支出之必要費用為限。例如旅客本來要轉機，因遲到誤了原定的班機，而改搭的班機經濟艙又客滿訂不到，只好訂商務艙，因而增加了經濟艙和商務艙的差額費用，運送人必須負責。

第655條（旅客運送人之行李返還義務）
行李及時交付運送人者，應於旅客達到時返還之。

解說

　　旅客所攜帶的物品（即行李），有交託運送與未交託運送兩種情形，於是旅客運送人的責任亦隨之而有所不同。本條規定行李及時交付於旅客運送人的情況，運送人有於旅客到達時返還的義務。所謂及時交付，係指在旅客啟運之前或同時將行李交付於旅客運送人，使得行李能夠先行運送或同時運至目的地而言。另在行李未交付或未及時交付於運送人的情況，運送

人當然不負旅客到達時返還行李的義務。

<blockquote>

第656條（旅客運送人之行李拍賣權）

旅客於行李到達後一個月內不取回行李時，運送人得定相當期間催告旅客取回，逾期不取回者，運送人得拍賣之。旅客所在不明者，得不經催告逕予拍賣。

行李有易於腐壞之性質者，運送人得於到達後，經過二十四小時，拍賣之。

第652條之規定，於前二項情形準用之。

</blockquote>

解說

　　現代商業社會，旅客之運送業務大量且頻繁，為早日免除旅客運送人保管行李之繁累及責任並兼顧旅客之利益，因此本條規定旅客於行李到達後一個月內不取回行李時，運送人得定相當期間催告旅客取回，逾期不取回者，運送人得拍賣之，而如果旅客所在不明者，得不經催告逕予拍賣。如此使旅客在一定期間內可以將行李取回，也可以使旅客運送人在旅客經過一個月不取回行李時，得以催告拍賣之方式，解除其保管行李之責任。

　　而如果行李有易於腐爛之性質者，例如是鮮花、水果，根本無法等到一個月即會腐爛，則依本條第2項之規定，經過二十四小時旅客未將行李取回，旅客運送人就可以拍賣之，以免行李腐爛而無價值。

　　在拍賣後，其取得之價金扣除拍賣費用、運費及其他費用後，旅客運送人應將餘額交付於旅客，如果旅客所在不明，應

為旅客之利益提存該餘額。

第657條（旅客運送人對交託行李之責任）
運送人對於旅客所交託之行李，縱不另收運費，其權利義
務，除本款另有規定外，適用關於物品運送之規定。

解說

　　旅客的行李，如經交託於運送人，則運送人對此交託的行
李縱不另收運費，其與旅客相互間的權利義務，實與物品的運
送無異，故為保護旅客的利益，仍適用關於物品運送的規定；
換言之，即旅客運送人對於交託的行李如果無法返還或遲延返
還，應負損害賠償的責任，至於負責的事由，應依照本法第
634條至第636條的規定適用，而賠償的範圍，則應依照本法第
638條至第640條規定為之。

第658條（旅客運送人對於未交託行李之責任）
運送人對於旅客所未交託之行李，如因自己或其受僱人之過
失，致有喪失或毀損者，仍負責任。

解說

　　按旅客自行攜帶的行李，既未交託於運送人，本來就應該
由旅客自行承擔危險，其行李的喪失或毀損，運送人本不應負
任何責任；惟行李喪失或毀損的事由如係運送人自己或其受僱
人的過失所致，旅客運送人仍應負責。旅客依本條之規定請求

損害賠償時，自應就運送人或其僱用人的過失，負舉證責任。

第659條（免責文句之效力）
運送人交與旅客之票、收據或其他文件上，有免除或限制運送人責任之記載者，除能證明旅客對於其責任之免除或限制明示同意外，不生效力。

解說

　　運送人如於交與旅客的票據或其他文件上，有免除或限制運送人責任的記載，此免責文句應認為無效，除非運送人能證明旅客對於此種免責或限制責任的記載，確曾明示同意以外，方能例外認為該免責文句的記載為有效。本條的立法意旨，與第649條有關提單上免責文句記載效力的規定相同。

第十七節　承攬運送

第660條（未攬運送人之意義）
稱承攬運送人者，謂以自己之名義，為他人之計算，使運送人運送物品而受報酬為營業之人。
承攬運送，除本節有規定外，準用關於行紀之規定。

解說

　　本條係就承攬運送人的意義所做的規定。茲析述如次：
（一）承攬運送人係以承攬運送為營業的人：承攬運送人必須

以承攬運送為營業，若非以之為營業，僅偶然的承攬運送物品，應屬一般的承攬，適用承攬的規定（第490條至第514條），而非適用本章承攬運送的規定。

（二）承攬運送人係使運送人運送物品的營業人：承攬運送人並非自己實行運送，而是使運送人運送物品，故承攬運送人必須與運送人訂立物品的運送契約，旅客運送則不包括在內。

（三）承攬運送人係以自己的名義為他人計算的營業人：承攬運送人是為他人計算，而與運送人訂立物品運送契約。所謂他人，係指委託人而言，惟此運送契約的訂立，並不以委託人的名義為之，而是以承攬運送人自己的名義訂立，故委託人與承攬運送人間所訂立的契約係承攬運送契約，而承攬運送人與運送人間則訂立運送契約。

承攬運送人是以自己的名義，為他人計算，使運送人運送物品，受以報酬；而行紀人同樣也是以自己的名義，為他人計算，為動產的買賣或其他商業上的交易行為，並受有報酬。承攬運送人與行紀人所辦的業務雖有不同，但其法律性質相同，可謂承攬運送契約具有行紀契約的性質，且為行紀契約的特殊型態，故本條第2項明定承攬運送，除本節有特別規定外，準用行紀的規定。

第661條（承攬運送人之損害賠償責任）

承攬運送人，對於託運物品之喪失、毀損或遲到，應負責任。但能證明其於物品之接收保管、運送人之選定、在目的地之交付，及其他與承攬運送有關之事項，未怠於注意者，不在此限。

解說

　　按承攬運送人與運送人所負之責任不同，承攬運送人所負的只是中間責任，因其本身並不負擔運送之行為，但運送人應負事變責任。也就是運送人對於物品之喪失、毀損或遲到，原則上應負責任。但承攬運送人如果能證明其於物品之接收保管、運送人之選定、在目的地之交付，及其他與承攬運送有關之事項，沒有怠於注意的話，則不必負責。運送人就不一樣，運送人對同樣的事情即使沒有過失或沒有怠於處理，運送人也必須負責。因此，承攬運送人所負之責任較運送人為輕。

第662條（法定留置權）
承攬運送人為保全其報酬及墊款得受清償之必要，按其比例，對於運送物有留置權。

解說

　　承攬運送人應得的報酬及墊款，本即有權請求受貨人清償，假如受貨人拒絕清償，為保全承攬運送人的利益，法律准許承攬運送人在運送物上行使留置權，但須按照報酬及墊款未受清償的比例行使留置運送物品的權利，而不得有過分留置的情形產生。此亦為一種特殊的留置權，與本法物權編規定的留置權不同，其成立要件如下：（一）留置權人為承攬運送人；（二）留置權的客體為委託人交付承攬運送人託運的物品；（三）擔保的債權須為報酬及墊款。

第663條（介入權）
承攬運送人除契約另有訂定外，得自行運送物品；如自行運送，其權利義務，與運送人同。

解說

　　本條係就承攬運送人的介入權所做的規定。此一介入權行使時，無須經由委託人的同意即可生效，但必須是沒有禁止介入的約定始可，否則承攬運送人不得行使介入權。承攬運送人行使介入權的結果，為自己實行物品的運送，故其與委託人間另外發生運送的關係，彼此間的權利義務，應依運送契約的規定解決。惟此時彼此間原本存在的承攬運送關係，並不消滅，承攬運送人原來應得的報酬，仍得向委託人請求。

第664條（介入之擬制）
就運送全部約定價額，或承攬運送人填發提單於委託人者，視為承攬人自己運送，不得另行請求報酬。

解說

　　按承攬運送人的報酬與運送人的報酬，雖然可以分別訂定，但若承攬運送人已就運送全部約定價額，或已由承攬運送人填發提單於委託人時，則與承攬運送人自己實行運送的情況無異，故法律不准承攬運送人在約定價額之外，另外還有請求報酬的權利，是為「介入的擬制」。其有下列二種情形：
（一）就運送全部約定價額：承攬運送人就其承攬運送的報酬及運送人的運費，與委託人概括的約定應支付的數額，

於此，運費即由承攬運送人與委託人約定，承攬運送人如同自居於運送人的地位，故法律視其為介入是自己實行運送，自不得另行請求報酬。

（二）自己填發提單：按提單一般係由運送人填發，如承攬運送人自己填發提單，則與運送人的地位無異，故法律亦視其為介入，亦不得另行請求報酬。

第665條（物品運送規定之準用）
第631條、第635條及第638條至第640條之規定，於承攬運送準用之。

解說

由於承攬運送的性質與物品運送相同，故本條明定第631條有關運送物依其性質對於人或財產足致損害的情況，託運人有預先告知運送人的義務，第635條有關運送物因包皮有易見的瑕疵而喪失或毀損時，運送人須預先保留的聲明，以及本法第638條至第640條有關損害賠償額的計算標準，無須支付的費用應從賠償額中扣除，故意或重大過失並應賠償其他損害，貴重物品未報明不負賠償責任，遲到損害的賠償額受有限制等規定，均準用於承攬運送人。

第666條（承攬運送人責任之短期時效）
對於承攬運送人因運送物之喪失、毀損或遲到所生之損害賠償請求權，自運送物交付或應交付之時起，一年間不行使而消滅。

解說

　　本條規定對於承攬運送人因運送物之喪失、毀損或遲到所生之損害賠償請求權的短期消滅，應自運送物交付或應交付之時起，一年間不行使而消滅。本法修正前是在二年間不行使而消滅。不過對於運送人，關於物品之運送，因喪失、毀損或遲到而生之賠償請求權，第623條已修正為一年的短期消滅時效，而承攬運送人之責任，不應較運送人為重，因此本條請求權之消滅時效期間，亦順應第623條修正為一年。

第十八節　合夥

第667條（合夥之意義）

稱合夥者，謂二人以上互約出資以經營共同事業之契約。

前項出資，得為金錢或其他財產權，或以勞務、信用或其他利益代之。

金錢以外之出資，應估定價額為其出資額。未經估定者，以他合夥人之平均出資額視為其出資額。

解說

　　本條係就合夥意義之性質所做之規定，茲分析如下：

（一）合夥是契約的一種：合夥須有二人以上組成，因此合夥多半有多方當事人，與一般契約只有雙方當事人略有不同。合夥人的資格，原則上法律並無限制，故理論上自然人、法人皆可為合夥人，不過很多法律有特別規定，特定之人不得擔任合夥人，例如公司法第13條明定公司

不得為合夥事業的合夥人。

（二）合夥的目的在於經營共同事業：數合夥人必須具有共同
目的，始能成立合夥。所經營的事業，只要不違背公序
良俗、不論營利或非營利、長久或者暫時性的，皆可為
之。所謂共同，係指該事業是為全體合夥人共同利益而
存在，其成敗對於任何一個合夥人均有利害關係而言。
若事業的經營目的僅由其中一人或數個特定合夥人享受
利益，就不是合夥。

（三）合夥須合夥人互約出資：合夥契約成立後，各合夥人均
有出資的義務，且此出資義務在合夥人之間係彼此相互
對立、互為對價的關係。合夥人之出資，可以金錢或其
他財產權，或以勞務、信用或其他利益代之。例如，得
以商標權為出資，高知名度之藝人可以其知名度為出
資，建築師可以其專業知識為出資。

　　因為出資額關係到分派損益的問題，因此出資額必須明
確，才有辦法分配損益。金錢出資當然沒有問題，但是金錢以
外之出資就必須估定價額以作為出資額。如果該價額未估定的
話，本條第3項規定，以合夥人之平均出資額視為其出資額。
例如A、B、C、D四個人合夥，A出資新台幣50萬元，B、C
各出資新台幣20萬元，D則以其個人技術作為出資，此時應該
先估算D的技術水準價值多少錢並以之作為出資額，如果沒有
估算的話，則以A、B、C三人的出資平均數30萬元作為D出資
額。

第668條（合夥財產之公同共有）
各合夥人之出資及其他合夥財產，為合夥人全體之公同共有。

解說

　　合夥契約既係合夥人互約出資經營共同事業，則各合夥人的出資及其他合夥財產，當然為全體合夥人公同共有的財產，故各合夥人在合夥關係存續中，就合夥財產不得自由處分，亦不得自由請求分割，以保全共同事業的經營。所謂其他合夥財產，例如，因執行合夥業務而取得的財產、就合夥財產所屬權利而取得的財產、或就合夥財產的毀損、喪失而受賠償所得的財產等，都包括在內。

第669條（出資之增加與補充）
合夥人除有特別訂定外，無於約定出資之外增加出資之義務。因損失而致資本減少者，合夥人無補充之義務。

解說

　　按合夥人的權利義務，皆應依照合夥契約的規定，不得任意變更，各合夥人出資的數額，雖然不必均等，但是必須確定。出資數額一經確定，法律為避免強人所難，明定除有特別約定以外，合夥人原則上無在約定出資額以外增加出資的義務；且合夥財產因損失而減少時，合夥人亦無補充出資的義務。

第670條（合夥之決議）

合夥之決議，應以合夥人全體之同意為之。

前項決議，合夥契約約定得由合夥人全體或一部之過半數決定者，從其約定。但關於合夥契約或其事業種類之變更，非經合夥人全體三分之二以上之同意，不得為之。

解說

　　合夥是人的結合，著重在合夥人全體之參與，因此任何合夥之決議，自應以合夥人全體同意為之，才能符合合夥之本質與目的。但要合夥人全體同意，總是不容易，因此可以在合夥契約中約定，合夥事項之決議得由合夥人全體或一部之過半數決定之，使合夥決議容易產生。不過關於合夥契約或其事業種類之變更，因為關係合夥事業之整體營運，不應由少數人決定之，因此本條第2項規定，關於合夥契約或其事業種類之變更，必須要經合夥人全體三分之二以上之同意，才可以作成決議。

第671條（合夥事務之執行）

合夥之事務，除契約另有訂定或另有決議外，由合夥人全體共同執行之。

合夥之事務，如約定或決議由合夥人中數人執行者，由該數人共同執行之。

合夥之通常事務，得由有執行權之各合夥人單獨執行之。但其他有執行權之合夥人中任何一人，對於該合夥人之行為有異議時，應停止該事務之執行。

解說

　　合夥的目的在於經營共同事業，則合夥事業到底由何人執行及如何執行，關係全體合夥人之權益，應該明確約定。本條明定合夥之事務，除契約另有訂定或另有決議外，原則上由全體合夥人共同執行。

　　但如果每一件事務都要共同執行，在實際運作上實在不便，所以合夥契約也可以另外約定或做成決議，將執行事務的權力交由合夥人中的一人或數人執行，以求簡速。

　　而如果合夥契約訂定或有合夥決議，執行事務委由合夥人中之數人執行時，關於合夥之通常事務，該有執行權之數個合夥人中的任何一人均可執行。所謂通常事務，係指日常例行的事務，由於此種事務關係輕微，發生次數頻繁，為爭取時效，法律准由執行業務權的合夥人一人單獨執行。例如合夥的律師事務所委由甲、乙二位律師擔任執行合夥人，則事務所之通常事務如報費的繳納、傳真紙的訂購等，甲或乙均可單獨決行，不須甲乙二人共同決行。但一人單獨執行，難免會有思慮不周及執行不當的情況產生，此時如其他具有執行權的合夥人中任何一人，對該合夥人所為的行為表示異議時，該合夥人應停止該事務的執行，否則因不停止該事務之執行所生的損害，應該由單獨執行的合夥人負責。

第672條（合夥人之注意義務）

合夥人執行合夥之事務，應與處理自己事務為同一注意。其受有報酬者，應以善良管理人之注意為之。

解說

我國民法上勞務契約之原則，未受報酬者，應與處理自己事務為同一之注意，受有報酬者，應以善良管理人之注意義務為之，此在民法第535條定有明文。合夥如果依合夥契約或合夥決議，委由合夥人中之數人執行合夥事務時，則該數個合夥人執行合夥事務時，其性質也相當於勞務之給付，適用勞務契約之原則定其注意義務，堪稱允當，本條遂依民法第535條規定執行合夥人之注意義務。

第673條（合夥人之表決權）
合夥之決議，其有表決權之合夥人，無論其出資之多寡，推定每人僅有一表決權。

解說

合夥是著重人的結合，而非著重在資本之結合，理論上參與合夥的人應對合夥事務相當投入，且依民法第668條之規定，合夥財產為全體合夥人之公同共有，依民法第681條之規定，合夥財產不足清償合夥之債務時，各合夥人對於不足之額，連帶負其責任。則各合夥人對於合夥事務之利害關係均至為重大，其對合夥事務之影響力應不分軒輊。因此本條規定合夥之決議，其有表決權之合夥人，無論其出資之多寡，推定每人均有一表決權。

第674條（合夥事務執行人之辭任與解任）

合夥人中之一人或數人，依約定或決議執行合夥事務者，非有正當事由不得辭任。

前項執行合夥事務之合夥人，非經其他合夥人全體之同意，不得將其解任。

解說

依民法第687條之規定，執行合夥事務之合夥人與其他合夥人之間，所存在的是準委任之關係，而不是真正的委任關係，原條文中有「被委任」的用語，易使人誤解為真正的委任關係，因此本次修正時，將用語修正為「依約定或決議」，使之成為類似的委任關係。而既然合夥人中之一人或數人，依約定或決議執行合夥事務，應該為合夥事務全力以赴，如果沒有正當理由，不應辭任，以不負委託。

另一方面，既然合夥人中之一人或數人已經依約定或決議擔任執行合夥人，則除非經過全體合夥人之同意，否則也不得將其解任，如此才能使執行合夥人可以專心執行事務，免受其他合夥人干擾。

第675條（合夥人之事務檢查權）

無執行合夥事務權利之合夥人，縱契約有反對之訂定，仍得隨時檢查合夥之事務及其財產狀況，並得查閱賬簿。

解說

關於合夥事務的監察，本條規定係由無執行合夥事務權利

的合夥人擔任。其監察的範圍有下列三項：

（一）隨時檢查合夥事務：例如，執行事務的合夥人與他人訂立買賣機器的契約，無執行合夥事務權利的合夥人即得隨時查詢該契約的內容，及買賣的進度和交易狀況。

（二）隨時檢查財產狀況：例如，無執行事務權利的合夥人得隨時檢查合夥資產負債的情形，以明瞭合夥財產的狀況。

（三）隨時查閱賬簿：例如，無執行事務權利的合夥人得不限於會計年度終了時，隨時查閱合夥的各種會計賬簿。

前開合夥事務及其財產的檢查及查閱權，縱然合夥契約中有反對的約定，為完成合夥事業、達成合夥目的，本條規定，此一反對的訂定並不生效力；換言之，無執行合夥事務權利的合夥人，不受該反對約定的拘束，得隨時行使法律所賦予的合夥事務監察權。

第676條（損益分配之時期）
合夥之決算及分配利益，除契約另有訂定外，應於每屆事務年度終為之。

解說

合夥利益分配的時期，原則上應依合夥契約的規定，如無約定時，則應於每屆事務年度終了時辦理決算及分配利益，亦即每年決算及分配一次，且於事務年度終了時為之。本條所謂的事務年度與公司法所稱的營業年度的意義相同，亦與商業會計法上規定的會計年度（每年的1月1日起至12月31日止）一致。

> **第677條**（損益分配之成數）
>
> 分配損益之成數，未經約定者，按照各合夥人出資額之比例定之。
>
> 僅就利益或僅就損失所定之分配成數，視為損益共通之分配成數。
>
> 以勞務為出資之合夥人，除契約另有訂定外，不受損失之分配。

解說

　　將經營合夥事業所生的利益或損失，分配於各合夥人，是為合夥損益的分配。合夥事業經營的結果，無論是有盈餘或虧損，均應分配於各合夥人，各合夥人應受分配的比例，稱為分配成數。茲將分配損益的成數方法，析述如次：

（一）依據合夥契約的規定，或另以特約約定：此種分配損益成數的方法，不問出資的種類及數額為何，均可依此約定分配。又通常同一合夥人分配利益的成數，與分配損失的成數一致，故本條第2項規定，僅就利益或僅就損失所定的分配成數，視為損益共通的分配成數，而主張損益分配的成數曾約定並非相同之人，須就此非一致成數之約定負舉證的責任。例如：合夥人由甲、乙、丙三人約定就合夥事業經營所得之盈餘平均分配，但未約定虧損分配的成數為何，則視為損失亦依平均分擔的方法分配。主張利益與損失二者分配成數不同之人，就此不同的約定應負舉證的責任。

（二）根據法律的規定：損益分配的成數，未經約定時，本條第1項明文規定，應按照各合夥人出資額的比例分配損

益；換言之，即出資額多的人，多受分配，出資額少的人，少受分配。此一分配方法在以勞務或信用出資的情況，則應將勞務或信用折合計算成數額，以便作為分配損益的根據；惟以勞務為出資方法的合夥人，除非契約另有訂定之外，原則上是不受損失的分配，僅受利益的分配，法律之所以如此規定，乃因以勞務出資的合夥人，於合夥解散清算時，無法請求返還其已付出的勞務，即無請求返還出資的權利，故原則上不使其分擔損失較為合理。

第678條（合夥人之費用償還及報酬請求權）
合夥人因合夥事務所支出之費用，得請求償還。
合夥人執行合夥事務，除契約另有訂定外，不得請求報酬。

解說

因合夥事務所支出的費用，本係為達合夥人共同的利益而支出，應由合夥人全體共同負擔，故支出此費用的合夥人對其他合夥人有求償的權利。

又合夥人執行合夥事務，雖亦係為達成合夥人共同利益而為，但執行合夥事務仍為有執行權之合夥人的義務，且合夥人得以執行業務為其勞務的出資，故除非契約另有訂定，原則上合夥人執行合夥事務不得請求報酬。

第679條（合夥執行人之對外代表權）

合夥人依約定或決議執行合夥事務者，於執行合夥事務之範圍內，對於第三人，為他合夥人之代表。

解說

　　合夥本身具有團體性，因此對外必須有代表，本條規定依合夥約定或合夥決議執行事務者作為合夥對外之代表。不過合夥事業在法律上不像法人般具有完全獨立之人格，因此在法律性質上，其所代表者是其他合夥人，也就是由執行合夥事務的合夥人，於執行合夥事務之範圍內，作為其他合夥人之代表。例如A、B、C、D四個合夥人，約定由D執行事務，則D在執行合夥事務可以全權代表其他A、B、C三人，不需要每次都經過A、B、C三人之同意，只須由D簽名即對A、B、C三人產生效力。

第680條（委任規定之準用）

第537條至第546條關於委任之規定，於合夥人之執行合夥事務準用之。

解說

　　合夥人執行合夥事務的權利義務，本應依照合夥契約的約定，如合夥契約就合夥人執行合夥事務的權利義務，並無明文規定時，為使執行事務的合夥人有所依據，本條明定合夥人執行合夥事務，準用關於委任的規定。例如，本條準用本法第537條至第539條規定，合夥人執行合夥事務，原則上應親自執

行，例外始得第三人代為執行；本條準用本法第540條規定，執行事務的合夥人有事務進行狀況及顛末的報告義務；本條準用本法第541條規定，執行事務的合夥人負有將物交付及權利移轉的義務；本條準用本法第542條規定，執行事務的合夥人有利息支付及損害賠償的義務；本條準用本法第545條規定，執行事務合夥人有費用預付請求權；本條準用本法第546條第2項規定，合夥人因執行合夥事務，負擔必要債務時，得請求合夥代其清償，未至清償期者，得請求合夥提出相當擔保；本條準用本法第546條第3項規定，合夥人執行合夥事務，因非可歸責於自己的事由，致有損害時，得向合夥請求賠償。

第681條（合夥人之補充連帶責任）
合夥財產不足清償合夥之債務時，各合夥人對於不足之額，連帶負其責任。

解說

　　本條係就合夥財產不足清償合夥的債務時，各合夥人就此不足之額應如何負擔責任，明定各合夥人就合夥債務，除以合夥財產負責外，並以個人所有的財產，負連帶的責任。按合夥雖具有團體性，但並不具有法律上的權利能力，而不得獨立為債權債務的主體，故合夥債務於實際上係為各個合夥人公同共有的債務，而合夥人間就此共同債務應負連帶責任。又本法就合夥人的連帶責任採補充主義，即合夥的債權人必須先就合夥財產求償後，如有不足，始得對於其不足額向合夥人個人所有的財產求償；換言之，合夥人個人所有的財產，僅居於補充的

地位，補充合夥財產的不足，而合夥人個人的清償責任，則屬於第二順序的責任，具有補充性。

第682條（合夥財產分析之限制與抵銷之禁止）
合夥人於合夥清算前，不得請求合夥財產之分析。
對於合夥負有債務者，不得以其對於任何合夥人之債權與其所負之債務抵銷。

解說

　　合夥財產，為合夥人全體所公同共有，其目的乃係為達經營共同事業而存在，故在合夥關係存續中，不得請求分析合夥財產，否則有違合夥的目的；惟本條非強行規定，如合夥人全體同意分出一部分合夥財產，另為他用時，根據本法第828條有關公同共有物處分的規定，全體合夥人自得為之，但若將全部合夥財產加以分析，此種情形應屬合夥的解散，須踐行清算的程序，始得分析之。

　　合夥人對於合夥負有債務時，此一債務就合夥而言乃為合夥債權，即合夥的財產，為合夥人全體所公同共有，與合夥人個人單獨所有的債權並不相同，故合夥的債務人雖然對於某一合夥人擁有債權，亦不得以該項對合夥人個人的債權，與其對合夥整體所負的債務，主張抵銷；否則，等於變相地由該合夥的債務人分析取去一部分的合夥財產，而使合夥財產減少。

第683條（股分轉讓之限制）
合夥人非經他合夥人全體之同意，不得將自己之股分轉讓於第三人。但轉讓於他合夥人者，不在此限。

解說

合夥契約，乃係因合夥人間彼此信任而成立，具有人格信用的關係，而合夥股分的轉讓因具有退夥及入夥的雙重性質，故必須經過其他合夥人全體的同意為條件，方得將股分轉讓與第三人；惟上開條件的限制，在將股分轉讓予其他合夥人的情形，則不適用，亦即合夥人得將其股分自由轉讓於其他合夥人，其將全部股分轉讓其他合夥人時，雖然相當於退夥，但因並無第三人入夥的問題，故縱未經其他合夥人全體的同意，亦得自由為之。須注意者，合夥的存續須有二合夥人以上為必要，如因合夥人間股分自由轉讓的結果，導致合夥人僅剩一人時，合夥自應解散，並進行清算的程序。

第684條（債權人代位權行使之限制）
合夥人之債權人，於合夥存續期間內，就該合夥人對於合夥之權利，不得代位行使。但利益分配請求權，不在此限。

解說

按合夥契約的成立，完全基於合夥人彼此的信任，故合夥人對於合夥的權利，具有專留權的性質，無法與合夥人的地位分離而獨立讓與他人。因此，合夥人的債權人於合夥關係存續中，就該合夥人對於合夥的權利，不得行使本法第242條規定

的代位權（民§242）；但合夥人的利益請求權則與信任無涉而無專屬性，且已成為合夥人個人獨立的財產，故合夥人的債權人就合夥人的利益分配請求權，得行使本法第242條所賦予的代位權。所謂合夥存續期間，係指合夥未解散以前，或雖已解散仍在清算程序當中而言。至於，合夥關係消滅後，合夥人的出資返還請求權及剩餘財產分配請求權，根據本法第698條及第699條的規定，當然均得為合夥人之債權人行使代位權的標的。

第685條（合夥人股份之扣押及其效力）

合夥人之債權人，就該合夥人之股份，得聲請扣押。

前項扣押實施後兩個月內，如該合夥人未對於債權人清償或提供相當之擔保者，自扣押時起，對該合夥人發生退夥之效力。

解說

　　合夥人合夥中之股份，也是合夥人財產權之一，因為合夥人的股份具有財產之價值，得在退股後，分析財產，如果有人願意加入合夥，則該合夥之股份，也可以拍賣而由其他人購買，經由拍賣轉手。合夥人退股時，依民法第682條之規定，尚可得到合夥財產之分析。因此合夥之股份，具有財產價值，而得以扣押。為了保障合夥人個人之債權人，因此本條第1項規定，合夥人之債權人，就該合夥人之股份，得聲請扣押。

　　而因為債權人扣押之實行，恐怕將會影響其他合夥人之權益，並可能對合夥事業造成影響。因此，本條第2項規定，自

扣押後二個月，如果前項扣押實施後兩個月內，如該合夥人未對於債權人清償或提供相當之擔保者，自扣押時起，對該合夥人發生退夥之效力。

第686條（合夥人之聲明退夥）

合夥未定有存續期間，或經訂明以合夥人中一人之終身，為其存續期間者，各合夥人得聲明退夥，但應於兩個月前通知他合夥人。

前項退夥，不得於退夥有不利於合夥事務之時期為之。

合夥縱定有存續期間，如合夥人有非可歸責於自己之重大事由，仍得聲明退夥，不受前二項規定之限制。

解說

退夥，係指合夥人退出已成立的合夥，而喪失合夥人資格的事實。退夥的原因可分為二種，一種是合夥人以其一方的意思主動表示退出合夥，亦即本條所稱「聲明退夥」；另一種是不須任何聲明，只要遇有法定事由的發生，即當然發生退夥的效果者，稱為「法定退夥」。

未定有存續期間的合夥契約，或訂明以合夥人中一人的終身為存續期間的合夥契約，為避免合夥人永久被合夥契約拘束之不合理現象，本條明定各合夥人無論何時均得聲明退夥。不過合夥人雖得隨時聲明退夥，但必須於兩個月以前通知其他合夥人，以便其他合夥人能有所準備並預先處理後續的事宜，如果未於兩個月以前通知其他合夥人，則非滿二個月，退夥不生效力。

另外，聲明退夥不得於不利於合夥事務的時期為之。例如，老張與老李共同合夥接下一個工作合約，約定三年到期，如有人於工作合約未到期前退出合夥，必將影響合夥事務的執行與營業收入，任何人不得於此一不利合夥業務的時期退出合夥。

合夥如定有存續期間，各合夥人原則上應受期間的拘束，不得於期中退夥；但合夥人若有非可歸責於自己的重大事由，則合夥縱然定有存續期間，亦得隨時聲明退夥，且此退夥的聲明無須受前二項規定之拘束，也就是不須於二個月前聲明，也不受不利合夥事務禁止退夥之時期限制。例如：合夥人因意外而生重病、或臨時派遣國外從事任務，此等非可歸責於合夥人自己的重大事由，縱然發生在合夥的存續期間內，合夥人仍得聲明退夥。

第687條（合夥人之法定退夥）

合夥人除依前二條規定退夥外，因下列事項之一而退夥：

一　合夥人死亡者。但契約訂明其繼承人得繼承者，不在此限。

二　合夥人受破產或監護之宣告者。

三　合夥人經開除者。

解說

本條於民國98年12月30日總統令修正公布。修正的理由是因為配合97年5月23日修正民法總則編（禁治產部分）、親屬編（監護部分）及其施行法部分條文，已將「禁治產宣告」修

正為「監護宣告」，所以將原條文第2款「受禁治產之宣告」修正為「受監護之宣告」；其餘各款沒有修正。

　　除前二條之情形外，在本條規定三種情形之下，也會構成當然退夥，此即所謂法定退夥之事由：

（一）合夥人死亡：因合夥重視人的關係，故合夥人死亡，其繼承人未必與其他合夥人合得來，因此死亡當然退出合夥關係。不過本款並非強行規定，如合夥契約明訂，合夥人死亡後，其繼承人得繼承合夥人的地位，則死亡不會構成退夥之事由。

（二）合夥人受破產或監護的宣告：合夥人一旦受破產宣告，依破產法的規定，其總財產應列入為破產財團，而合夥股份又為其總財產的一部分，亦屬破產財團的一部分。該宣告破產之合夥人又因破產宣告，對破產財團喪失管理及處分的能力，故應構成合夥人退夥之原因。又合夥人受監護宣告以後，即喪失行為能力，無法為有效的法律行為，進而難以從事合夥事業，故有使之退夥的必要。

（三）合夥人經開除：所謂「開除」，係指依本法第688條之規定，由其他合夥人共同決議剝奪其合夥人的資格而言。

第688條（合夥人之開除）
合夥人之開除，以有正當理由為限。
前項開除，應以他合夥人全體之同意為之，並應通知被開除之合夥人。

解說

　　為保護合夥人全體的公益及合夥事業的發展，合夥人如有應行開除事由的發生，自許其他合夥人共同決議將該合夥人予以開除，但應具備下列三要件：

（一）須有正當理由：理由是否正當，應視具體情形決定，通常認為合夥人因不履行其合夥出資的義務，或執行合夥事務時招搖撞騙、怠忽職守而被開除，均是正當的理由。

（二）須經其他合夥人全體的同意為之：開除合夥人在程序上須經其他合夥人全體同意始可，如有其他合夥人中一人不同意，則不生開除的效力。惟在二人合夥的情況，如二人無法和諧共事，只有解散一途，而無法以開除解決問題。

（三）須通知被開除的合夥人：開除合夥人乙事雖已經其他合夥人全體的同意，但仍須通知被開除的合夥人，始生開除的效力；否則，其開除仍不生效力。

第689條（合夥人股分之返還）

退夥人與他合夥人間之結算，應以退夥時合夥財產之狀況為準。

退夥人之股分，不問其出資之種類，得由合夥以金錢抵還之。

合夥事務，於退夥時尚未了結者，於了結後計算，並分配其損益。

解說

　　退夥人退夥時，與其他合夥人之間必須結算合夥財產的利益與損失，以便分配損益，但因合夥財產的狀況可能每天皆有所不同，應以何時為結算之時，為使有所依據，本條遂明定應以退夥時的財產狀況為準，亦即應以退夥時該合夥的資產及負債狀況為結算的標準時期。上開以退夥時為結算時期的標準，是為原則，但若合夥事務在此退夥時尚未終了，則例外地應於事務了結後結算，並分配其損益。例如：合夥從事承攬運送，運送未完成前，合夥人退夥，此時尚無法結算並分配損益於該合夥人，只有等到運送事務了結以後，再予結算，並分配其損益。

　　合夥人一旦退夥，即有從合夥財產中劃分出應返還該退夥人的部分，為兼顧返還上的便利及不影響合夥業務，本條第2項乃規定，不問退夥人出資的種類，一概得由合夥以金錢抵還。惟本項在以勞務及信用出資的情形，因合夥人在退夥時當然將其勞務及信用帶走，自不生抵還的問題，僅剩損益分配的問題。

　　合夥人退夥時，如合夥事務尚未了結，自無法計算其損益，故本條第3項明定須俟該事務了結以後，再付計算損益，並按股分分配，以示公平。

第690條（退夥人之責任）
合夥人退夥後，對於其退夥前合夥所負之債務，仍應負責。

解說

合夥人退夥後，即喪失合夥人的地位，其與其他合夥人間的結算，依前條規定係以退夥時合夥財產的狀況為準，則合夥的損益分配亦應以退夥時的狀況為準，在退夥前合夥所負的債務，退夥人仍應按股分分擔，至於退夥後合夥所負的債務，退夥人當然不再負責。為保護合夥的債權人，本條明定合夥人退夥後，對於其退夥前，合夥所負的債務，仍應負責，而無如公司法第70條就退股股東於退股登記二年後，對於登記前公司的債務，仍負連帶無限責任，設有登記後二年時間上的限制，因此，除非該退夥前債務因本身消滅時效完成以外，退夥人尚無法因退夥後時間的經過而免除其對上開債務的責任。

第691條（合夥之加入）

合夥成立後，非經合夥人全體之同意，不得允許他人加入為合夥人。

加入為合夥人者，對於其加入前合夥所負之債務，與他合夥人負同一之責任。

解說

入夥，係指由原非合夥人的第三人加入已成立的合夥，而取得合夥人資格的行為，此行為具有契約的性質，當事人一方為請求加入合夥的第三人，另一方則為合夥人全體，故承諾他人加入合夥時，須由全體合夥人的同意為之。惟本條並非強行規定，如合夥契約已有約定，由多數合夥人同意允許第三人加入合夥，為其承諾入夥的方法，亦無不可。

　　第三人入夥後當然取得合夥人的地位，並負出資的義務，對於加入後合夥所負的債務，與他合夥人負相同的責任，但是入夥人對於加入前合夥所負的債務，是否亦應負責？為避免爭議，本條第2項明定，入夥人對於其加入前合夥所負的債務，與他合夥人負同一的責任；換言之，合夥財產不足清償債務時，新加入的合夥人應與其他合夥人對於不足之額連帶負責，無論該債務係發生在入夥之前或入夥之後，一概皆須負責，以特別保護合夥之債權人的利益。

第692條（合夥解散之原因）

合夥，因左列事項之一而解散：

一　合夥存續期限屆滿者。

二　合夥人全體同意解散者。

三　合夥之目的事業已完成或不能完成者。

解說

　　合夥的解散，係指消滅合夥關係的一種程序，亦即終止合夥契約而言。又合夥因具有團體性，故以解散稱之，其解散的原因，有下列三項：

（一）合夥存續期限屆滿：合夥如定有存續期間，其期限屆滿時，合夥即歸於解散。

（二）合夥人全體同意解散：合夥係因合夥人全體的合意而成立，亦得因合夥人全體的意思而解散，此種解散事由不問合夥契約是否定有存續期限，均得適用。

（三）合夥的目的事業已完成或不能完成：合夥的目的事業如

已完成，例如，合夥承攬建築公園一座，工程完成，該
合夥事業亦已完成，此時合夥當然解散。合夥人的目的
事業如不能完成，例如，前例因公園預定地經政府變更
為體育館用地，致無法達成合夥的目的及完成合夥的事
業，此種情形，合夥亦當然解散。

　　前述三項合夥解散的事由，係本法所明文規定者，除此之
外，合夥人於合夥契約中亦可約定其他解散的事由，例如，合
夥契約中約定是破產為合夥解散的事由之一。

第693條（不定期繼續合夥契約）
合夥所定期限屆滿後，合夥人仍繼續其事務者，視為以不定
期限繼續合夥契約。

解說

　　合夥定有存續期間者，依前條規定，於其期限屆滿，合夥
即歸解散；惟有時合夥期限縱已屆滿，而合夥人全體仍默示同
意繼續從事其業務，此種情形，不外係一種未定存續期間的新
合夥，故本條明定在合夥所定期限屆滿後，合夥人仍繼續其事
務時，視為以不定期限繼續合夥契約。易言之，即合夥不歸於
解散，僅係由原本定有存續期間的合夥，變更為無存續期限的
合夥。

第694條（清算人之選任）
合夥解散後，其清算由合夥人全體或由其所選任之清算人為

之。

前項清算人之選任，以合夥人全體之過半數決之。

解說

　　合夥的清算，係指合夥解散後，為了結合夥的法律關係，消滅合夥而踐行的程序。又清算須有執行清算事務的人，稱為「清算人」，其產生的方式有下列二種：

（一）法定清算人：合夥解散後，如未選有清算人時，依法應由合夥人全體充任清算人。

（二）選定清算人：合夥人另行選任之人擔任清算人的工作，其選任的方法，依本條第2項的規定，係以合夥人全體的過半數決定；至於，清算人的資格，法無明文限制，因此由合夥人中選任一人或數人擔任，或由第三人為之，均無不可。

第695條（清算人之執行及決議）

數人為清算人時，關於清算之決議，應以過半數行之。

解說

　　有關清算的執行及決議方法，在清算人只有一人的情況，清算事務由該一人單獨執行，清算方法亦由該一人單獨決定；在清算人有數人的情況，為避免清算人專擅的弊病，以及兼顧迅速及效率，以免牽掣，本條明定清算的執行及決議，應以清算人全體過半數的表決行之，而不須經過全體的同意。

第696條（辭任解任之準用）
以合夥契約，選任合夥人中一人或數人為清算人者，適用第674條之規定。

解說

　　有關清算人的解任，本條規定適用本法第674條規定，即以合夥契約選任合夥人中一人或數人為清算人時，非有正當事由，不得隨意辭任，其他合夥人亦不得將其解任；又被選任清算人的解任，未經其他合夥人全體的同意，不得任意為之。惟上開情形所指的是在選任清算人為合夥人中一人或數人的情形，如選任清算人為第三人時，則應依照一般委任的規定，雙方當事人皆有權隨時終止契約。

第697條（清算債務與返還出資）
合夥財產，應先清償合夥之債務。其債務未至清償期，或在訴訟中者，應將其清償所必需之數額，由合夥財產中劃出保留之。
依前項清償債務，或劃出必需之數額後，其賸餘財產應返還各合夥人金錢或其他財產權之出資。
金錢以外財產權之出資，應以出資時之價額返還之。
為清償債務及返還合夥人之出資，應於必要限度內，將合夥財產變為金錢。

解說

　　合夥清算時，合夥財產應先清償合夥的債務，合夥債務如

未屆清償期或在訴訟中，則應將其清償必需支出的數額，由合夥財產中劃出保留，以保護債權人的利益。因未屆清償期的債務，尚無須清償，但合夥既已解散，自應從合夥財產中劃出該筆債務之數額，予以保留，以備清償期屆至償還；至於在訴訟中的債務，因債務是否確係存在，以及數額多少，皆有待法院判決確定後，始得而知，故必須從合夥財產中劃出保留，其保留方法，可自為保管、存入銀行或予以提存等，均無不可。

而依第1項之規定清償債務或劃出必需之數額後，其賸餘財產應返還各合夥人金錢或其他財產權之出資。至於以勞務信用或其他利益之出資者，因為性質上無從返還，也沒有財產權之價值，因此不產生返還之問題。

當初是以金錢出資者，因出資額明確，算定其應返還之數額當然沒有問題，但如果出資時是以金錢以外財產權之出資，依民法第667條第3項之規定，當初出資時已估算其出資額，則在返還時亦應該以當初出資時所估定之價額返還之。

返還出資的方法，原來如係以現物為出資，且其物仍然存在，則得返還原物；原來如係以金錢出資或以現物出資但物已不存在，為了方便合夥財產之分析，有時非將合夥財產變更為金錢不易分配合夥財產，故本條第3項規定，以必要限度為限，得將合夥財產變為金錢，以利分配。

第698條（出資額之比例返還）
合夥財產不足返還各合夥人之出資者，按照各合夥人出資額之比例返還之。

解說

合夥財產在清償債務或劃出必需的數額後，如不足返還各合夥人的出資時，此一不足的數額，即為合夥人共同所應負擔的損失，故應按照出資比例分擔損失數額；相對地，即應依照出資額的多寡，將合夥所賸的財產比例返還於各合夥人。例如：合夥財產清償債務及劃出必需數額之後，剩下18萬元，合夥人甲、乙、丙三人的出資額分別為10萬元、20萬元及30萬元，則依照出資比例1：2：3，返還甲3萬元，乙6萬元，丙9萬元。

第699條（賸餘財產之分配）
合夥財產於清償合夥債務及返還各合夥人出資後，尚有賸餘者，按各合夥人應受分配利益之成數分配之。

解說

合夥解散、清算程序進行中，如有賸餘財產應由各合夥人分割，以使清算終結。因為合夥財產本即合夥人全體所公同共有，合夥關係一消滅，自得依分割共有物的方法，將合夥財產加以分割，謂之「分配賸餘財產」。此之賸餘財產，係指清償債務及返還出資後淨餘的合夥財產，屬於出資所獲的利潤，因此，不問何種出資的合夥人，均應按照各合夥人應受分配利益的成數分配。

第十九節　隱名合夥

第700條（隱名合夥之意義）
稱隱名合夥者，謂當事人約定，一方對於他方所經營之事業出資，而分受其營業所生之利益，及分擔其所生損失之契約。

解說

本條係就隱名合夥的意義所做的規定。茲析述如次：

（一）隱名合夥為契約的一種：本法有明文規定隱名合夥的契約類型，故屬有名契約的一種。

（二）隱名合夥人與出名的營業人之間所訂約合夥契約：隱名合夥的當事人有二種，一為出資的一方，即隱名合夥人，另為經營事業的一方，即為出名的營業人。

（三）隱名合夥人須出資以分受營業利益及分擔營業損失的合夥契約：隱名合夥契約的內容，首須約定隱名合夥人負有出資的義務，至於出名營業人是否出資，則非所問，次為必須約定隱名合夥人對於出名營業人所經營的事業，有分受利益及分擔損失的權利及義務；易言之，即由出名營業人獨立經營事業，而由隱名合夥人分受營業所生的利益及分擔營業所生的損失，但無協同經營事業的義務。

第701條（合夥規定之準用）
隱名合夥，除本節有規定者外，準用關於合夥之規定。

解說

　　隱名合夥在性質上與合夥類似，如法律就隱名合夥未設特別規定，自得準用關於合夥的規定。

第702條（隱名合夥人之出資）
隱名合夥人之出資，其財產權移屬於出名營業人。

解說

　　隱名合夥人出資的歸屬，本條明定移屬於出名營業人，此之移屬，不僅指現有權利的移轉，甚至新權利的設定，皆包括在內；換言之，出名營業人繼受取得隱名合夥人的出資，取得上開出資財產的所有權。此一規定的理由，乃係基於隱名合夥僅當事人間約定一方對於他方所營之事業出資，並分配其營業所生的損益，合夥事業的營業主體仍然為出名的營業人，因此，為了事實上的便利，以及維護該業務的信譽，有使隱名合夥人的出資，其財產權移屬於出名營業人的必要。

第703條（隱名合夥人之責任）
隱名合夥人，僅於其出資之限度內，負分擔損失之責任。

解說

　　由於隱名合夥人只負責出資，而不得干預營業，則其責任亦應以出資為限，故在合夥事業發生虧損時，縱然有不足清償債務的情況，隱名合夥人僅於出資的限度內，負分擔損失的責

任，而無庸於其出資以外再負清償的責任。又隱名合夥人此種分擔損失的責任，既以其出資為限，故屬一種有限責任，而此責任僅對出名營業人負之，隱名合夥人對於出名營業人的債權人並不直接負責。

第704條（隱名合夥事務之執行）
隱名合夥之事務，專由出名營業人執行之。
隱名合夥人就出名營業人所為之行為，對於第三人，不生權利義務之關係。

解說

　　隱名合夥事務的執行，屬於出名營業人的權利，同時亦為出名營業人的義務，故隱名合夥人原則上無執行事務的權利與義務，此一權利與義務應屬出名營業人所專有。

　　隱名合夥的事務既然係專由出名營業人執行，則對外的一切自應專由出名營業人負責，故營業上所負的債務，屬於出名營業人個人的債務，應由出名營業人負無限清償的責任，隱名合夥人僅在內部關係上，以其出資額為限度，負分擔損失的責任，其就出名營業人執行業務的行為，對於第三人不生權利義務的關係。換言之，隱名合夥人就合夥事業的對外關係，毫無責任可言。

第705條（表見出名營業人）
隱名合夥人如參與合夥事務之執行，或為參與執行之表示，

或知他人表示其參與執行而不否認者，縱有反對之約定，對
於第三人，仍應負出名營業人之責任。

解說

　　隱名合夥人，因不執行合夥事務，故對於第三人僅於其出
資的限度內，負分擔損失的責任，原則上對外無庸負責；但隱
名合夥人如本不應參與合夥事務的執行，而竟參與時，即有使
第三人誤以為其係出名營業人，進而與之為交易行為，此種情
形，在法律上即有使隱名合夥人負與出名營業人相同的責任。
所謂參與合夥事務的執行，例如隱名合夥人代表該事業與第三
人訂定買賣契約。又隱名合夥人實際上如未參與事務的執行，
但形式上卻有參與執行的表示時，亦有使第三人誤以為其係出
名營業人，因此，本條明定隱名合夥人須就其為參與執行的表
示，負與出名營業人相同的責任。所謂為參與執行的表示，例
如隱名合夥人到處向人宣稱其係該事業的負責人，或其名片上
印有該事業之代表人或總經理、董事長等頭銜。另隱名合夥人
雖未參與合夥事務的執行，亦未為參與執行的表示，但在知道
第三人表示其參與事業執行的情況下，如竟未鄭重予以否認，
則易導致他人誤以為其係出名營業人，故對外亦應負出名營業
人的責任。此種擬似出名營業人的責任，只限於對外關係，內
部關係則不受影響；換言之，隱名合夥人對於第三人雖負無限
清償的責任，如有超過其出資的部分，仍可對內向出名營業人
請求償還。

第706條（隱名合夥人之監督權）
隱名合夥人，縱有反對之約定，仍得於每屆事務年度終，查閱合夥之賬簿，並檢查其事務及財產之狀況。
如有重大事由，法院因隱名合夥人之聲請，得許其隨時為前項之查閱及檢查。

解說

　　隱名合夥人因無執行業務的權利，而事業經營的結果對於其卻有經濟上重大的利害關係，基於此一原因，法律遂賦予隱名合夥人有營業的檢查權（又稱監督權）。此一檢查權的內容包括：查閱合夥賬簿、檢查合夥事務及財產狀況的權利。此權利行使的時間，應於每屆事務年度終了時為之，如有相反的約定，此約定歸於無效；隱名合夥人在遇有重大事由發生時，為保護本身的利益，並得向法院聲請，准許其有隨時查閱賬簿、檢查事務及財產狀況的權利。

第707條（損益之計算及其分配）
出名營業人，除契約另有訂定外，應於每屆事務年度終，計算營業之損益，其應歸隱名合夥人之利益，應即支付之。
應歸隱名合夥人之利益而未支取者，除另有約定外，不得認為出資之增加。

解說

　　除非契約另有訂定外，出名營業人原則上應於每屆事務年度終了時，計算損益且分配於隱名合夥人，此分配利益的成

數自應依照契約的規定為之，如契約無此約定，則應按照出資額比例分配，至於分配的方法，原則上應以現實支付的方法為之，如果隱名合夥人就其應得的利益並未領取時，除非另有約定外，不得認為係其出資的增加，否則以每次所分配的利益加入資本，對於隱名合夥人而言，等於毫無利益可圖，故本條明定除非合夥契約訂有將其利益作為出資的增加，原則上不得將其未支取的利益，認作出資的增加。

第708條（隱名合夥之終止）
除依第686條之規定得聲明退夥外，隱名合夥契約，因下列事項之一而終止：
一　存續期限屆滿者。
二　當事人同意者。
三　目的事業已完成或不能完成者。
四　出名營業人死亡或受監護之宣告者。
五　出名營業人或隱名合夥人受破產之宣告者。
六　營業之廢止或轉讓者。

解說

　　本條於民國98年12月30日總統令修正公布。修正的理由是因為配合97年5月23日修正之民法總則編（禁治產部分）、親屬編（監護部分）及其施行法部分條文，已將「禁治產宣告」修正為「監護宣告」，所以將原條文第4款「受禁治產之宣告」修正為「受監護之宣告」；其餘各款沒有修正。

　　隱名合夥之契約關係終止原因，可分為因聲明退夥而終止

及因本條所規定的事由發生而終止兩項，茲分述如次：

（一）聲明退夥：隱名合夥契約得依照本法第686條的規定聲明退夥，亦即隱名合夥如未定有存續期間，或經訂明以隱名合夥人或出名營業人的終身為存續期間，各合夥人均得聲明退夥，但應於兩個月前通知他合夥人。又上開退夥不得在退夥不利於合夥事務的時期為之。惟合夥人如有非可歸責於自己的重大事由發生，縱然隱名合夥定有存續期間，仍得聲明退夥。

（二）法定事由的發生：

(1)存續期間的屆滿：隱名合夥定有存續期間，則因存續期間的屆滿而終止合夥關係。如合夥人於所定期限屆滿後，仍繼續其事務且無反對的表示時，本條準用本法第693條的結果，應視為以不定期限繼續隱名合夥契約。

(2)當事人的同意：隱名合夥縱然定有存續期限，只要當事人雙方同意，當然可以隨時終止彼此合夥契約的關係。

(3)目的事業已完成或不能完成：目的事業如已完成，則合夥的目的達到，隱名合夥已無繼續存在的必要，故隱名合夥契約應因而終止；至於目的事業不能完成，則隱名合夥亦無繼續存在的價值與必要，故其契約關係亦應歸於終止。所謂不能完成，包括因法律禁止該目的事業的經營或因政治、社會環境的變遷，使該目的事業絕對不能完成，及該目的事業顯然並無獲利可能等不能完成的情況。

(4)出名營業人死亡或受監護的宣告：因隱名合夥事務的執行係由出名營業人負責為之，如其死亡或受監護的宣告，則喪失法律上的行為能力，當然無法執行合夥事

務，因此本條明定上開事由為隱名合夥終止的原因。反觀，在隱名合夥人死亡或受監護宣告的情形，則因隱名合夥人無須執行隱名合夥事務，只負責出資，故其死亡時，得由繼承人繼承隱名合夥人的資格與地位，無須終止隱名合夥的契約關係；在隱名合夥人受監護宣告的情形，其對於出名營業人所得行使的權利，於受監護宣告後，皆由其法定代理人代為行使，隱名合夥的契約關係亦無庸終止，此與出名營業人死亡或受監護宣告的情況，截然不同。

(5)出名營業人或隱名合夥人受破產宣告：因受破產宣告者，須就其財產為清算，此時如破產人為出名營業人，則隱名合夥人就其出資額的返還請求權，僅得為將來參與分配而聲報為破產債權，如隱名合夥人尚未繳足其出資額時，仍有向破產財團繳足其出資的義務；至於破產人為隱名合夥人時，其對於出名營業人的出資返還請求權則應列入破產財團，故無論是出名營業人或是隱名合夥人受破產宣告，其隱名合夥的關係均應歸於終止。

(6)營業的廢止或轉讓：出名營業人所經營的事業，其存續為隱名合夥關係繼續存在的必要條件，如該營業廢止或轉讓他人，則因經營的事業已不存在，隱名合夥契約即應歸於終止。

第709條（隱名合夥出資之返還）
隱名合夥契約終止時，出名營業人，應返還隱名合夥人之出資及給與其應得之利益。但出資因損失而減少者，僅返還其餘存額。

解說

　　隱名合夥的終止，與合夥的解散並不相同，合夥解散以後，合夥即全部不存在，而隱名合夥終止以後，出名營業人的事業可能不存在，但也有繼續存在的可能，無論是哪一種情形，出名營業人須於隱名合夥契約終止時，計算其與隱名合夥人間的權利義務關係，以便結束契約關係，故本條明定其應履行的義務有下列二種：

（一）須返還隱名合夥人的出資：出名營業人於隱名合夥終止時，應返還隱名合夥人的出資，任何出資皆得以現金抵還，但如係以物的使用為出資種類時，則應返還原物。

（二）須給與隱名合夥人應得的利益：出名營業人於隱名合夥終止時，應給與隱名合夥人應得的利益，此利益屬於投資經營事業而得的利益分配，故應依照其投資額的成數及方法，分配此利益。

　　前開所述，出名營業人負返還出資及給與利益的義務，須於經營事業無損失的情況，始有適用；如經營事業計算的結果發生虧損，不但沒有利益可供分配，甚至出資只能在減去損失後返還餘額，假使沒有餘額，則無返還出資的問題。

第十九節之一　合會

第709條之1（合會、合會金、會款之定義）
稱合會者，謂由會首邀集二人以上為會員，互約交付會款及標取合會金之契約。其僅由會首與會員為約定者，亦成立合會。

> 前項合會金，係指會首及會員應交付之全部會款。
> 會款得為金錢或其他代替物。

解說

　　本條為合會的定義規定。合會係東方國家獨特之民間經濟合作制度，習慣上係由會首邀集會員互相約定給付會款及標取合會金之契約。一般而言，會首所邀集之會員中多在二人以上，才比較能夠發揮合會的合作互助，但習慣上也存在有僅由會首與會員一人約定而成立合會者，不過比較少見。本條則規定合會契約之組成包括會首及會員。會首為一人，會員則至少二人以上，互相約定給付會款及標取合會金而成立之契約，但僅由會首與會員一人約定而成立合會者，亦為有效。

　　本條第2、3項係對於合會金以及會款的定義規定。按合會金及會款之意義為何，在現行實務上及民間用語多有混用之情況。會款係指會首及會員在每期標會時，應該繳付之金錢或其他代替物。而合會金係指會首及會員應交付之全部會款，也就是會首及會員所應繳之全部會款總額，稱為合會金。會款一般都為金錢，但在民間習俗中亦有存在所謂稻穀會者，因此會款之交付並不限於金錢，本條第3項也規定會款得為金錢或其他代替物。

　　茲就合會之基本運作模式說明。假設其中某甲召集A、B、C、D等二十人成立合會，其中會首為甲，A、B、C、D等二十人為會員，會款之基本金額為1萬元。則首期不投標，由會首取得各會會員所繳交之會款1萬元，共20萬元，這習慣上稱為「會首錢」，首期合會金是由會首取得。這20萬元由會首分二十期，每次給付1萬元，從第二期開始，每次給付（返

還）1萬元會款給得標之人，給付到第二十一期止。

至於第二期以後之合會金，則必須經過「標會」之方式來決定到底是哪一個會員可以得標取得合會金。假如第二期由A以1千元得標，則除了A之外的B、C、D等共十九位會員，每個人必須要給付會款9千元給A，也就是1萬元扣除出標金額的1千元，每個人必須給付會款9千元。因此A以1千元得標時，其共可取得18萬1千元，也就是會首給付的1萬元會款及A以外的其他十九位會員每個人給付9千元，共17萬1千元。A則必須在往後的十九期標會時，每次給付（返還）1萬元給該期得標之會員。所以A所取得的合會金中有1萬元是由會首返還的會款。而其他金錢則是由其他十九位會員所繳付之會款，因此A必須分十九期返還之。

假如第三期由B以1千元得標，則B所取得得的合會金為18萬2千元，其中除了會首跟A所返還之各1萬元會款以外，A、B以外其他尚未得標的十八位會員（活會會員）每個人須給付9千元（1萬元扣除得標金1千元），十八人共給付會款16萬2千元。因此，B在第三期以1千元得標時，可取得合會金共18萬2千元，B所取得的合會金必須在往後的十八期每一次給付（返還）1萬元給得標之人。依此類推，一直到最後一期由最後一位得標者取得其他已得標會員所給付（返還）的款項。

在合會中，一般稱已得標的會員為死會會員，而尚未得標者稱為活會會員。

第709條之2（會首及會員之資格限制）
會首及會員，以自然人為限。

會首不得兼為同一合會之會員。

無行為能力人及限制行為能力人不得為會首,亦不得參加其法定代理人為會首之合會。

解說

　　合會係民間經濟互助合作的組織,假如有法人或企業介入的話,將形成鉅額資金的集中,運用不慎,更將有牴觸金融法規之虞,也會造成金融秩序上比較大的動盪,而且法人在融資上本來就有一定的管道,如果法人要成立合作社組織更有一定的法規可循,因此法人實不宜參加互助會。本條第1項爰規定,會首及會員以自然人為限,如非自然人不能成為合會之會首或會員。

　　而在民間習俗上,常常有會首本身兼會員的情形,但是會首和會員權利義務有相對立之處,例如依民法第709條之7的規定,會員有逾期未給付之會款,會首有代會員給付會款之義務,會首在給付之後並對會員有求償權。如果會首兼為會員,則對等之債權債務將集中於一身,在法律上將產生混淆現象。而且會首兼會員,將會增加倒會之事件,因為會首一開始可以無償取得未扣除得標金的合會金,假如會首又可以加入合會成為會員,則會首本應按期給付給得標會員之合會金可能又由會首自己取得,而且會首必須主持標會,如果其本身兼為會員,則與其他會員競標時,會首將有失主持標會之中立立場。實務上會員兼為會首時,經常因此增加倒會之可能性。因此,本條第2項規定,會首不得兼為同一合會之會員,以杜絕紛爭。

　　無行為能力人及限制行為能力人並沒有完全之行為能力,必須由法定代理人代理,而其本身思慮不周,處事能力不足,

且資力有限，而合會會首在合會中對會員有很多義務，例如其必須主持標會，會員有未按期給付會款時，其必須代為給付，尤其無行為能力人及限制行為能力人是法律要保護的對象，假如讓其負擔在合會中如此重大的責任，實在不適合。因此本條第3項前段規定無行為能力人及限制行為能力人不得為會首。此外，在社會上常有會首以其未成年的子女擔任合會會員的情形，但因為其未成年子女的法定代理人就是會首本身，如此會產生會首兼會員的同樣效果，也將使倒會的可能性增高，因此本條第3項後段規定，無行為能力人及限制行為能力人不得參加其法定代理人為會首之合會。

第709條之3（會單之訂立、記載事項及保存方式）

合會應訂立會單，記載左列事項：

一　會首之姓名、住址及電話號碼。

二　全體會員之姓名、住址及電話號碼。

三　每一會份會款之種類及基本數額。

四　起會日期。

五　標會期日。

六　標會方法。

七　出標金額有約定其最高額或最低額之限制者，依其約定。

前項會單，應由會首及全體會員簽名，記明年月日，由會首保存並製作繕本，簽名後交每一會員各執一份。

會員已交付首期會款者，雖未依前二項規定訂立會單，其合會契約視為已成立。

解說

　　傳統民間合會經常有未書立書面之會單者，或者即使有書面會單，但其上面記載之事項，並不明確，容易產生糾紛。為了有效規範合會的權利義務並讓合會正常運作，本條特別規定合會應訂立會單，並記載下列事項：

（一）會首之姓名、住址及電話號碼。

（二）全體會員之姓名、住址及電話號碼：合會係由會首召集的，因此會首和會員間彼此大都認識，但會員間互相則不一定認識，且連絡上也有困難。社會上經常發生會首利用會員彼此間不認識而上下其手，冒標、盜標，此為合會間常產生的糾紛，甚至因而導致倒會的情形。所以本條規定會單必須要書寫全體會員之姓名、住址及電話號碼，以便會員彼此聯繫。

（三）每一會份會款之種類及基本數額：會款之種類究竟是現金或其他代替物，假如是現金者，通常記載為新台幣若干元。會款之基本數額扣除出標金額即為該會份未得標會員應繳交給得標會員的會款數額。例如會款基本數額為1萬元，得標金額為1千元，則未得標會員應繳交給得標會員的會款為9千元。所有的活會會員應繳交之會款加上會首與死會會員應按會期返還之會款金額，即為該會份得標會員所能取得之總金額。

（四）起會日期。

（五）標會期日：何時標會必須記載清楚，因為有可能按月標或每十五日開標或每二十日開標，標會期日必須由會首與會員同意而明確記載於會單上。

（六）標會方法：民法第709條之6對於標會之方法有原則性規

定，但假如會首與會員間有特別的標會方式，則必須明確記載於會單上。

（七）出標金額有約定其最高額或最低額之限制者，其約定：為了防止利息過低，經常有出標金額最低額的限制，而為了防止大家搶標或者有人惡意以高額之標金惡性競標，也常會有出標金最高額之約定。

會單正本必須由會首及全體會員簽名並記明年月日，正本由會首保管，而繕本則交由每一位會員各執壹份為憑。

依本條規定，合會應該訂立會單，但假如沒有訂立會單，而會員實際上也已經交付首期會款給會首者，也不應該讓這個合會無效，以免繳交會款之會員權益受損。因此本條第3項規定，會員已交付首期會款者，即使沒有訂立會單或者會單沒有經過會首或會員簽名，但合會契約仍然視為已經成立。

第709條之4（標會之方法）
標會由會首主持，依約定之期日及方法為之。其場所由會首決定並應先期通知會員。
會首因故不能主持標會時，由會首指定或到場會員推選之會員主持之。

解說

標會為合會的主要事務，應由會首依約定之日期及方法主持標會。標會之場所並非會單應記事項，不過通常會單上也都會有記載。假如標會沒有固定場所的話，應該由會首決定並且在適當期日前通知會員。標會原則上是會首主持，但會首有事

無法主持標會時，應該由會首指定會員一人主持或由到場參與
的會員推選主持人，以利標會之進行。

第709條之5（合會金之歸屬）
首期合會金不經投標，由會首取得，其餘各期由得標會員取
得。

解說

　　依民間合會之習慣，會首之所以要召集合會通常是因為
其需要一筆資金，而民間合會運作之方式，首期合會不經過投
標，因為不經投標，所以也沒有得標金額，因此會首自會員所
取得之首期會款是未經扣除得標金額的基本金額。會首所取得
之首期合會金通常稱為「會首錢」，至於其他各期之會金則由得
標會員取得之，其合會金及繳交會款及合會方式，請參酌民法
第709條之1所舉之範例。

第709條之6（標會之方法）
每期標會，每一會員僅得出標一次，以出標金額最高者為得
標。最高金額相同者，以抽籤定之。但另有約定者，依其約
定。
無人出標時，除另有約定外，以抽籤定其得標人。
每一會份限得標一次。

解說

　　標會就在決定該會期由某一會員得標，為期公平，每期標會，每一會員僅得出標一次，原則上以出標最高者得標，如果最高金額相同者，則以抽籤的方式決定。不過假如該合會中另外有約定，則從其約定。例如最高金額相同者，有的以先開出之人為得標，有的以抽籤方式決定。而民間習俗亦有以收會款之次序預先排定，按期輪收之方式，也有由會首唱名，被抽出之會員用搖骰之方式，以點數最多者為得標，或者以公開討論方式決定得標者。

　　同一個會員可以在一個合會中參加好幾個會份，但每一會份只能夠得標一次，未得標之會份稱為活會，已得標之會份稱為死會。例如，會員參加二個會份，其中一個會份得標之後，則其所參加的二個會份，一個成為死會，一個尚為活會，其死會會份不得再競標，但活會會份還可以參加競標。

第709條之7（會首及會員交付會款之期限）
會員應於每期標會後三日內交付會款。
會首應於前項期限內，代得標會員收取會款，連同自己之會款，於期滿之翌日前交付得標會員。逾期未收取之會款，會首應代為給付。
會首依前項規定收取會款，在未交付得標會員前，對其喪失、毀損，應負責任。但因可歸責於得標會員之事由致喪失、毀損者，不在此限。
會首依第2項規定代為給付後，得請求未給付之會員附加利息償還之。

解說

　　在標會後，除了得標的會員外，其他未得標之活會會員有給付會款之義務，會首及死會會員亦有給付（返還）會款之義務，本條第1項規定，這些人給付會款之日期是每期標會後三日內。而得標會員以外之其他會員有將會款交付得標會員之義務，但並不是由得標會員去向其他會員收取，而是由會首在標會後三日內代替得標會員向其他會員收取會款，翌日再將收齊之會款連同會首自己應給付之會款交給得標之會員。而若會員逾期並未交付會款，則應由會首代為給付。然後再由會首依本條第4項之規定，向該未給付會款之會員請求附加利息償還。

　　會首對於已收取之會款，在還沒有付給得標會員之前，有保管之義務，且動產係以交付時做為危險負擔移轉之時點，所以會首在收取會款之後，還沒有交付給得標會員之前，假如該會款有喪失或毀損時，自應由會首負擔賠償之責任。但假如該已收取會款之喪失或毀損，是因可歸責於得標會員之事由所導致者，則應由該得標會員負責，會首不必負責。

第709條之8（會首及會員轉讓權利之限制）
會首非經會員全體之同意，不得將其權利及義務移轉於他人。
會員非經會首及會員全體之同意，不得退會，亦不得將自己之會份轉讓於他人。

解說

　　合會係由會首出面邀集而來，通常是因為會首與會員之間

有交情或認識，因而會員才會參加合會，至於會員與會員之間就不一定認識。既然合會是信賴會首之關係而來，因此除非經過全體會員之同意，否則會首不得將其在合會中的權利義務移轉他人。

而會員在合會中的地位雖然不若會首重要，但會員本身之資力及信用，也會影響合會的運作與合會中權利義務之履行，因此會員也必須要經過會首及全體會員同意才可以退會。因為每個人的資力及信用不同，會員退會或者找其他人頂替，就會產生信用上的變化，例如一位殷實的公務員和經商失敗生活不正常的生意人，二者的信用就大有不同，前者標得會款之後大概會按時給付會款，不致倒會，但後者標得會款之後則很可能捲款潛逃。社會上常有會員未經其他會員同意將自己之會份擅自轉讓於其他信用較差之人，因而導致倒會者，為了避免這種困擾產生，因此本條第2項特別規定要經過會首及全體會員同意才可以退會。

第709條之9（合會不能繼續進行之處理）

因會首破產、逃匿或有其他事由致合會不能繼續進行時，會首及已得標會員應給付之各期會款，應於每屆標會期日平均交付於未得標之會員。但另有約定者依其約定。

會首就已得標會員依前項規定應給付之各期會款，負連帶責任。

會首或已得標會員依第1項規定應平均交付於未得標會員之會款遲延給付，其遲付之數額已達兩期之總額時，該未得標會員得請求其給付全部會款。

第1項情形，得由未得標之會員共同推選一人或數人處理相關事宜。

解說

　　合會之基礎係建立在會首與會員間之信用及彼此的誠信上，如果遇到會首破產、逃匿或有其他事由，以致合會不能進行時，也應該要保障未得標會員之權益（已得標之會員只有給付會款之義務，並不須要保護）。按會首及已得標之會員應該按會期給付各期之會款，既然合會沒有辦法繼續進行時，則未得標會員當然不必再給付會款。但在沒有倒會時，會首及得標會員每會期還是有應給付（返還）之會款，現在即使合會沒有辦法繼續，會首及得標會員應給付（返還）之會款還是要按期給付。依公平原則，該會首及已得標會員應按期給付（返還）之會款，自然應由未得標會員平均分配。不過假如該合會另外有約定者，則從其約定。

　　例如某甲召集A、B、C、D等二十個會員成立合會，會款為1萬元，除會首外，陸續有六個會員得標，此時還有其他十四個會員沒有得標，但該合會因故無法繼續。假如合會沒有任何事故繼續進行，往後的十四個預定會期，會首及已得標的六個會員應該每個人拿出會款1萬元共7萬元。合會沒有辦法繼續之後，會首及六位已得標會員還是應該按每一個預定之會期各交付1萬元會款，而這每一次所交付之共7萬元，依本條規定，應由未得標之會員共十四人平均分配。但假如所有的會員另有約定，例如約定一旦合會不能繼續，則已得標之會員及會首應該將所取得之會款一次付清並平均分配給未得標會員，則從其約定。

假如在會首倒會的情況下，會員都沒有義務幫會首承擔給付會款之義務，但假如是已得標之會員倒會而沒有辦法按期給付其應給付之會款，則依本條第2項之規定，就已得標會員未能依照本條第1項之規定給付之款項，會首負連帶責任。

而在合會沒有辦法繼續進行時，會首及得標會員每會期還是有應給付（返還）之會款，但假如會首或已得標之會員沒有按該預定的標會期日給付會款而有遲延的情況，且其遲延之款項已達二期之總額時，依本條第3項之規定，未得標的會員得請求其一次給付全部會款。也就是在遲延超過二期之情形，會首及得標會員不能享受分期返還會款之利益，而在未得標會員提出請求時，必須一次返還會款。

如果合會有不能繼續之情形，因為關係每一位未得標會員之權益，理論上每一位未得標會員均可參與處理，但人多嘴雜，而且如果每一件事都要全體參與，無法求其簡速，所以本條第4項規定該糾紛之處理事宜可以由未得標之會員共同推選一人或數人處理。

第二十節　指示證券

第710條（指示證券之意義）

稱指示證券者，謂指示他人將金錢、有價證券或其他代替物給付第三人之證券。

前項為指示之人，稱為指示人，被指示之他人，稱為被指示人，受給付之第三人，稱為領取人。

解說

　　本條係就指示證券的意義所做的規定。茲析述如次：

（一）指示證券為證券的一種：證券乃係在法律上發生表彰權利效力的書據。證券與其所表彰的權利，在實體法上有不可分離的關係，換言之，即權利的發生、移轉及行使，皆與證券相結合，證券為權利自身的表彰。指示證券為證券的一種，且為有價證券。

（二）指示證券係指示他人向第三人給付的證券：按指示證券的當事人有三：一為指示人，即發行指示證券之人，與票據法上的發票人地位相當。二為被指示人，即接受指示人指示為給付之人，相當於票據法上付款人的地位。三為領取人，即被指示人向其為給付的第三人，與票據法上的受款人地位相同。所謂「指示」，則與票據法中關於匯票或支票的「委託」相當。例如：張一發行證券，指示李二將金錢、有價證券或其他代替物給付於王三，李二將證券交給王三時，即完成所謂的發行指示證券。

（三）指示證券係以代替物為標的物的證券：本條明定指示證券的標的物，可以金錢、有價證券或其他代替物充之，因代替物在一般交易上，重其物的種類、品質、數量，而不注重其個別的特性，故容易為給付，亦方便於流通，本條遂規定指示證券以代替物為限，不代替物（例如，特定物）則不得為指示證券的標的物。又代替物的典型首為金錢，次為有價證券，再者則為其他物品，故指示證券依上開標的物的不同，而分為金錢證券、有價證券及物品證券三種。

第711條（指示證券之承擔）

被指示人向領取人承擔所指示之給付者，有依證券內容而為給付之義務。

前項情形，被指示人僅得以本於指示證券之內容，或其與領取人間之法律關係所得對抗領取人之事由，對抗領取人。

解說

指示證券的承擔，係指被指示人於證券上表示願意依照指示的內容而為給付於領取人的法律行為。此一承擔係表示願意依照指示內容而為給付，故被指示人承擔的內容，即等於指示人所為指示的內容。又指示證券的承擔，必須由被指示人為之，他人不得承擔，惟被指示人是否承擔，則有選擇的自由，一旦承擔，即有依證券內容而為給付的義務，故承擔乃係債的發生原因，而此債務的內容悉依證券上所載為準，屬於文義證券的性質。

證券已經承擔後，如被指示人拒絕給付，應構成債務不履行，但在被指示人有抗辯權的情況，則得拒絕給付，而不構成債務不履行。茲將指示人得行使抗辯權對抗領取人的兩種事由，分述如次：

（一）本於指示證券內容所生的事由：即因證券本身而生的事由，例如：證券經法院除權判決而宣告無效、證券權利的時效已經完成而不得再行使其權利等，此種事由不但得對抗領取人，甚至亦得對抗其他證券的持有人。

（二）本於被指示人與領取人間的法律關係所生的事由：即僅限於被指示人與領取人間，彼此的法律關係而生的事由，例如：領取人曾向被指示人表示免除債務，或表示

抵銷而消滅給付義務等，此種事由，被指示人僅得對抗
領取人，而不得對抗其他證券的受讓人。

前開事由乃係被指示人行使抗辯權的限制，此等限制有助
於指示證券的流通，並保護交易的安全，以維護證券的信用。

第712條（指示證券發行之效力）

指示人為清償其對於領取人之債務而交付指示證券者，其債
務於被指示人為給付時消滅。

前項情形，債權人受領指示證券者，不得請求指示人就原有
債務為給付。但於指示證券所定期限內，其未定期限者於相
當期限內，不能由被指示人領取給付者，不在此限。

債權人不願由其債務人受領指示證券者，應即時通知債務人。

解說

指示人為清償其對於領取人的債務，授權於被指示人，
以被指示人自己的名義，為指示人計算而向領取人為給付的結
果，即如同指示人自己對於領取人直接給付的法律效果；換言
之，被指示人一旦依照指示證券的內容為給付，而領取人亦已
受領，則指示人對於領取人的債務，即歸於消滅，與指示人自
己所為給付的法律效果相同。例如，甲應返還5萬元於乙，交
付指示證券給被指示人丙，則丙依照指示證券的內容，給付5
萬元與乙後，發生甲清償乙5萬元債務的效力。

債權人（即前項情形的領取人）受領指示證券後，即應向
被指示人領取給付，而不得請求指示人就原有債務再為給付，
惟在指示證券定有期限，而被指示人逾期不為給付，或指示證

券未定期限，而被指示人不於相當期限內給付的兩種情況，領取人則得向指示人請求給付原有的債務，以保護領取人的利益。

指示證券的發行，因指示人一方的意思表示而成立，無須經過領取人（即指示人的債權人）的同意，惟此種以指示證券向債權人清償債務的方法，債權人並無當然受領的義務，但不願受領時則必須立即通知債務人（即指示人），以便債務人有所準備，並避免其他的勞費。

第713條（指示證券與其基礎關係）
被指示人雖對於指示人負有債務，無承擔其所指示給付或為給付之義務。已向領取人為給付者，就其給付之數額，對於指示人，免其債務。

解說

指示人與被指示人間的關係，必須依照二人間所成立的法律關係定之。被指示人發行指示證券，而被授權以自己的名義，為指示人計算並向領取人為給付，此為被指示人的權利，非其義務，故被指示人不因其為指示人的債務人，而承擔或為給付的義務。至於，被指示人有無承擔證券或給付的義務，則須依照被指示人與指示人彼此間的法律關係決定。例如：被指示人張三積欠指示人李四貨款50萬元，李四發行指示證券指示張三向領取人王五為給付，此時張三並無承擔李四所指示給付或為給付的義務，而得以其選擇的方式，另向李四清償上開貨款；惟張三如已向領取人王五為30萬元的給付時，張三得就其

給付的數額，向李四主張30萬元債務的消滅。

第714條（拒絕承擔或給付之通知）
被指示人對於指示證券拒絕承擔或拒絕給付者，領取人應即通知指示人。

解說

　　被指示人於應為給付的時期未屆至之前，拒絕承擔指示人所指示的給付，或預先拒絕給付時，為確保交易上的誠實及信用，本條明定領取人有將此拒絕給付的事實，立即通知於指示人的義務。

第715條（指示證券之撤回）
指示人於被指示人未向領取人承擔所指示之給付或為給付前，得撤回其指示證券，其撤回應向被指示人以意思表示為之。
指示人於被指示人未承擔或給付前受破產宣告者，其指示證券，視為撤回。

解說

　　指示證券的撤回，其撤回人為指示人，撤回的方法必須以意思表示向被指示人為之，而無通知領取人的必要，撤回的唯一條件是必須在被指示人尚未向領取人承擔所指示的給付或在給付之前為之，因為未承擔或給付前，指示證券上的權利義務

關係尚未發生，故許指示人自由撤回，惟若已承擔或給付，則指示人當然不得撤回。

前述指示證券的撤回乃係基於指示人自己的意思而為，除此之外，指示人於被指示人未承擔或給付前受破產宣告，則其信用喪失，被指示人亦將不願承擔其所為的指示或給付，故指示人縱然未為撤回指示證券的表示，法律上則擬制其已撤回，是為法定的撤回。

證券撤回後，其效力歸於消滅，被指示人及領取人僅得依其與指示人間原本的法律關係，各自主張權利並負擔義務。

第716條（指示證券之讓與）

領取人得將指示證券讓與第三人。但指示人於指示證券有禁止讓與之記載者，不在此限。

前項讓與，應以背書為之。

被指示人對於指示證券之受讓人已為承擔者，不得以自己與領取人間之法律關係所生之事由，與受讓人對抗。

解說

指示證券的讓與，係指示證券領取人或其受讓人，將證券讓與第三人的行為而言。因指示證券為有價證券的一種，而有價證券又以具有流通性為前提，故指示證券的領取人原則上有權將證券讓與受讓人，受讓人亦得以背書的方式，將證券讓與第三人，以助證券輾轉流通。所謂背書，乃指領取人或受讓人在指示證券背面所為讓與證券的意思表示，分為記名背書與不記名背書兩種。

　　指示證券原則上雖然得為讓與，但是指示人在證券上有禁止讓與的記載時，則不得以背書的方式轉讓該證券。

　　背書具有權利移轉的效力，即背書成立後，證券上的一切權利，皆因背書而移轉於受讓人。法律為助長有價證券的流通，依背書而轉讓，在票據法上係採「後手不繼受前手瑕疵」的原則，而本條第3項則明定，被指示人對於指示證券的受讓人已為承擔的表示後，即不得再以自己與領取人間的法律關係所生的事由，對抗受讓人，其結果與上開票據法所採的限制抗辯原則的意旨相同。

第717條（短期消滅時效）
指示證券領取人或受讓人，對於被指示人因承擔所生之請求權，自承擔之時起，三年間不行使而消滅。

解說

　　本條係就指示證券短期消滅時效所做的規定。被指示人如已承擔指示證券，領取人或受讓人即有向其請求依證券的內容而為給付的權利，此一請求權的時效不宜過長，否則將有害被指示人的利益，且為使當事人間的權利義務儘速確定，故以三年期間為此請求權的消滅時效，而此三年期間則從被指示人表示承擔指示證券之時起算。

第718條（指示證券喪失之公示催告程序）
指示證券遺失、被盜或滅失者，法院得因持有人之聲請，依公示催告之程序，宣告無效。

解說

　　指示證券如有遺失、被盜或滅失等情形，為保障持有人的利益，其救濟方法係向法院聲請，依民事訴訟法第556條以下有關公示催告的程序，自公示催告的公告開始公告於法院網站之日起、最後登載公報、新聞紙之日起，有三個月以上，九個月以下權利申報的期間，若逾期無人申報，聲請人即得聲請為除權判決，而法院於除權判決中應宣告該證券無效，於是該證券的效力即歸於消滅。

第二十一節　無記名證券

第719條（無記名證券之意義）
稱無記名證券者，謂持有人對於發行人，得請求其依所記載之內容為給付之證券。

解說

　　本條係就無記名證券的意義所做的規定。茲析述如次：

（一）無記名證券為有價證券的一種：有價證券的特質，即在於權利的發生、移轉與行使，必須與證券本身結合，亦即須作成證券、交付證券及提示證券，無記名證券既然屬於一種有價證券，上開特質當然全部具備。

（二）無記名證券係不記載特定權利人的證券：因無記名證券不記載特定的權利人，故其權利人為證券的持有人，持有人得請求證券發行人依無記名證券所載的內容而為給付。此與記名證券係記載特定之人為權利人，以及指定

證券不但記有特定權利人且附加指定文句的方式不同。

（三）無記名證券係發行人自己為給付的證券：無記名證券由發行人自為給付，是為自付證券，與由發行人指示或委託他人付款的委託證券不同。又本條所規定的無記名證券，僅以自付證券為限，故只與票據法中的無記名本票相當；但無記名證券就其給付的內容並無限制，而無記名本票因屬票據的性質，限以金錢為其給付的內容。

第720條（無記名證券發行人之義務）
無記名證券發行人於持有人提示證券時，有為給付之義務。但知持有人就證券無處分之權利，或受有遺失、被盜或滅失之通知者，不得為給付。
發行人依前項規定已為給付者，雖持有人就證券無處分之權利，亦免其債務。

解說

　　無記名證券發行人一旦發行證券，即應負給付的義務，其給付的內容自應依照證券的記載，此與票據中本票的發票人在發票後，應負付款的責任相當，皆為「自付證券」的結果。而無記名證券的持有人於請求發行人給付時，必須提示證券，至於證券的提示期間，如證券載有給付期者，持有人從到期日起即得提示證券，請求給付，如證券未定給付期者，則自證券發行日起，持有人得隨時提示並請求發行人為給付的義務。

　　證券持有人依照規定提示證券，發行人即應為給付，不得拒絕，否則須負債務不履行的責任；但如遇有下列情事，發票

人即應拒絕給付：

（一）明知持有人無處分權：無記名證券發行人如明知持有人
　　　無處分權，即應拒絕給付，以保護正當持有人的權利。

（二）受有遺失、被盜或滅失的通知：發行人受到證券遺失、
　　　被盜或滅失的通知後，亦不得再為給付。

　　又發行人雖得對證券持有人以其無處分權而拒絕給付，然
此拒絕與否的權利在於發行人，發行人並無絕對拒絕的義務，
故本條明定發行人依前述的規定已為給付時，縱然持有人就證
券並無處分權，發行人仍可免除其債務。此時，證券的正當權
利人僅得以證明發行人係明知持有人無處分權而故意為給付，
構成侵權行為的規定，請求發行人負損害賠償的責任。

第720條之1（無記名證券持有人為證券遺失被盜或滅失之
　　　　　　　通知）

無記名證券持有人向發行人為遺失、被盜或滅失之通知後，
未於五日內提出已為聲請公示催告之證明者，其通知失其效
力。

前項持有人於公示催告程序中，經法院通知有第三人申報權
利而未於十日內向發行人提出已為起訴之證明者，亦同。

解說

　　無記名證券持有人向發行人通知無記名證券已經遺失、被
盜或滅失之後，無記名證券的發行人就知道該無記名證券因為
遺失、被盜或滅失，該證券已經不是由權利人所持有。因此，
發行人暫時不會付款，但是假如無記名證券持有人為通知後，

未依法律所規定之方式聲請公示催告，則該無記名證券之權利歸屬無法確定，對發行人及交易秩序頗有影響。因此，本條第1項遂仿票據法第18條第1項但書及第2項之規定，要求無記名證券之持有人向發行人為遺失、被盜或滅失之通知後，必須在五日內提出已為聲請公示催告之證明，否則該通知會失其效力。

而在公示催告進行的程序當中，假如有第三人向法院申報權利，此時法院會通知聲請公示催告的無記名證券持有人，而且會裁定停止公示催告程序。既然有人申報權利，則到底該無記名證券之權利係屬於持有人或屬於申報權利人，必須要透過訴訟以求確認。假如聲請公示催告之無記名證券持有人遲遲不肯起訴，則該無記名證券上之權利歸屬將懸宕不決，對社會交易有不利之影響。因此本條第2項規定，於公示催告程序中，經法院通知有第三人申報權利而無記名證券持有人未於十日內向無記名證券發行人提出已為起訴之證明者，則其對無記名證券發行人之通知，也失其效力。

第721條（無記名證券發行人之責任）
無記名證券發行人，其證券雖因遺失、被盜或其他非因自己之意思而流通者，對於善意持有人，仍應負責。
無記名證券，不因發行在發行人死亡或喪失能力後，失其效力。

解說

無記名證券的債權債務關係，係因發行人有使債務發生

的單獨意思表示所產生，而非因發行人與證券持有人彼此間締結契約而生者，故證券因遺失、被盜或其他非因發行人自己的意思而流通時，發行人對於證券的善意持有人仍應負其給付的責任，是為無記名證券的善意取得，與本法物權編中有關動產的善意取得（另稱即時取得）制度相當。例如：無記名證券發行人張三作成證券後交付於李四，李四將該證券遺失於計程車上，被乘客王五拾得而讓與不知情的毛六，毛六係屬該無記名證券的善意持有人，故張三仍應對毛六為給付。至於張三所受的損失只能另以侵權行為或不當得利的規定，向王五請求損害賠償或得利的返還。

發行人作成無記名證券後，還來不及交付而死亡或喪失行為能力時，此時，發行人無法自己再為交付證券的行為，該證券本不應發生發行的效力，惟因他人的交付而使證券流通時，法律上為保護交易的安全，暨助長無記名證券的流通，規定該無記名證券仍不因發行人的死亡或喪失行為能力而失其效力。

第722條（發行人抗辯權之限制）
無記名證券發行人，僅得以本於證券之無效、證券之內容或其與持有人間之法律關係所得對抗持有人之事由，對抗持有人。但持有人取得證券出於惡意者，發行人並得以對持有人前手間所存抗辯之事由對抗之。

解說

為了保持無記名證券流通的功能及保護證券的持有人，本條規定無記名證券發行人，僅得以下列三個事由對證券的持有

人行使抗辯的權利：

（一）本於證券無效的事由：無記名證券發行人得本於證券無效的事由，對抗任何證券持有人並拒絕給付。所謂證券無效，例如無記名證券係偽造的，或是由無行為能力人所開立者，或無記名證券已經由法院依公示催告、除權判決等程序，宣告無效。

（二）本於證券所載內容的事由：此種事由係載明於證券本身，故發行人亦得以之對抗任何證券持有人並拒絕給付。例如在無記名證券所記載的給付日期屆至之前，發行人對提示證券的持有人得拒絕給付。

（三）本於發行人本身與證券持有人間的法律關係所得對抗的事由：例如發行人甲與提示證券的持有人乙之間訂定有買賣契約，而證券持有人乙尚積欠發行人甲該買賣的貨款一筆，此時發行人甲得以持有人乙尚積欠其貨款的事由對抗持有人乙，而拒絕給付。

　　不過如果無記名證券的持有人取得證券是出於惡意的，則發行人並得以對持有人之前手間所存抗辯之事由對抗持有人。所謂「惡意」，是指證券持有人對於該證券上的權利有瑕疵知情而受讓證券，或明知前手並無轉讓證券之權利而受讓之。例如無記名證券的發行人A係被B脅迫簽發無記名證券，此時A對B得主張撤銷該無記名證券，如果C由B取得該無記名證券時，C明知道A係受脅迫而簽發該無記名證券，此時A原來對B得以主張的撤銷，對C也可以主張，因為C取得該無記名證券時知道A係受B脅迫而簽發，係出於惡意，因此，A對B可以作的抗辯也可以用來對C作抗辯。

第723條（無記名證券之交還）
無記名證券持有人請求給付時，應將證券交還發行人。
發行人依前項規定收回證券時，雖持有人就該證券無處分之
權利，仍取得其證券之所有權。

解說

　　因證券本身即為權利的表彰，故發行人依照證券內容的記
載而為給付後，如不收回該證券，則證券繼續流通的結果，將
使發行人陷於重複給付的危險，因此，本條規定無記名證券的
持有人於請求給付時，應將該證券交還於發行人，如持有人拒
不交還該證券，發行人自得拒絕給付，且無須負債務不履行的
責任。

　　又發行人依照前述規定收回無記名證券時，如係持有人無
處分權，而發行人不知且為給付的情況，按照本法第720條第2
項的規定，發行人不但可以免除其債務，依照本條項的規定又
可取得該證券的所有權，此與發行人對於正當持有人所為給付
的效果相同；如係發行人明知持有人無處分權的情況，根據本
法第720條第1項但書的規定，發行人本不應為給付，若竟為給
付且收回證券，依照本條項的規定，發行人仍然可以取得該證
券的所有權，而證券真正的權利人僅得依照本法有關一般債務
的規定，向發行人請求履行其債務，尚無法請求返還該已收回
的證券。

第724條（無記名證券之換發）
無記名證券，因毀損或變形不適於流通，而其重要內容及識

別、記號仍可辨認者，持有人得請求發行人，換給新無記名證券。

前項換給證券之費用，應由持有人負擔。但證券為銀行兌換券或其他金錢兌換券者，其費用應由發行人負擔。

解說

　　無記名證券經過輾轉流通以後，難免會有毀損或變形的情況發生，為使證券便於繼續流通，則須換給新的無記名證券。惟無記名證券的換新須具備下列二要件：

（一）證券因毀損或變形而不適於流通：如證券僅受輕微的毀損或一點點的變形，還是適於流通的情況，則無換新的必要。

（二）證券的重要內容及識別記號仍可辨認：例如，證券所載的給付種類、品質、數量及到期日等。假使證券的重要內容及識別記號無法辨認，因有誤換的顧慮，故發行人得拒絕換給新的證券。

　　由於新證券的換給，係為持有人的利益而設計的制度，並非為發行人的利益而為的規定，故換給新券的費用應由持有人負擔；但如證券為銀行兌換券或其他金錢兌換券時，因此等兌換券本即大量發行，發行人已自發行獲有利益，故因換給所生的費用即不應由持有人負擔，而由發行人負擔，以維護持有人的利益。

第725條（無記名證券喪失之公示催告程序）

無記名證券遺失、被盜或滅失者，法院得因持有人之聲請，

依公示催告之程序，宣告無效。

前項情形，發行人對於持有人，應告知關於實施公示催告之
必要事項，並供給其證明所必要之材料。

解說

　　無記名證券如有遺失、被盜或滅失的情事，持有人得向法
院聲請，依公示催告的程序，經除權判決而宣告該證券無效，
使得持有人可因此請求發行人換給新的無記名證券，以保護其
利益。

　　又持有人聲請公示催告時，依照民事訴訟法第559條的規
定，應提出證券的繕本、影本，或開示證券要旨及足以辨認的
事項，並釋明證券被盜、遺失或滅失及有聲請權的原因事實，
故本條明定發行人對於持有人應告知關於實施公示催告的必要
事項，並供給持有人證明時所必要的材料，此為發行人協助持
有人為公示催告聲請的義務，如發行人拒絕履行此一協助的義
務，持有人則得對其起訴並請求履行。

第726條（無記名證券提示期間之停止進行）

無記名證券定有提示期間者，如法院因公示催告聲請人之聲
請，對於發行人為禁止給付之命令時，停止其提示期間之進
行。

前項停止，自聲請發前項命令時起，至公示催告程序終止時
止。

解說

　　無記名證券如定有提示期間，持有人應於期限屆至時，向發行人提示證券以請求給付；惟在證券有遺失、被盜或滅失的情形，因無證券可供提示，此時，如仍強令持有人須於期間屆滿時提示證券，逾期證券失效，則對證券持有人而言未免過於苛刻，故為保護持有人的利益，本條明定如法院因公示催告聲請人的聲請，對於發行人為禁止給付的命令時，停止提示期間的進行，以避免持有人的請求權因時效的經過而消滅。

　　又前述提示期間的停止進行，其始點與終點必須有明確的規定，以杜爭議，故本條明示此項停止應自聲請發禁止支付的命令時為起算點，至公示催告程序終了時為止，為其停止的期間。

第727條（定期給付無記名證券喪失時之通知）

利息、年金及分配利益之無記名證券，有遺失、被盜或滅失而通知於發行人者，如於法定關於定期給付之時效期間屆滿前未有提示，為通知之持有人，得向發行人請求給付該證券所記載之利息、年金或應分配之利益。但自時效期間屆滿後，經過一年者，其請求權消滅。

如於時效期間屆滿前，由第三人提示該項證券者，發行人應將不為給付之情事，告知該第三人，並於該第三人與為通知之人合意前，或於法院為確定判決前，應不為給付。

解說

　　利息、年金及分配利益的無記名證券，因其性質與通常的

無記名證券有異，而不得以公示催告、除權判決的方式宣告無效，故法律上不得不定有一套簡易的救濟辦法，使遺失、被盜或滅失上開證券的持有人，得向發行人主張其本於該證券的請求權。所謂利息的無記名證券，係指如公債票或公司債票的息票等而言；所謂年金的無記名證券，係指如表彰按年給付一定金額債權的無記名證券而言；所謂分配利益的無記名證券，係指如無記名股票所分得的紅利而言。

又利息、年金及分配利益的無記名證券，如有遺失、被盜或滅失的情事發生，其救濟辦法僅須持有人向發行人為通知即可，相當於票據法上所稱的「止付通知」，俗稱「掛失」，發行人接到此項通知以後，即不得向任何人為給付；但為此項通知的持有人應如何獲得給付，則分兩種情況：

（一）利息、年金及分配利益的無記名證券，如於法定時效期間屆滿前，未有任何人提示該證券時，為通知的持有人即得向發行人請求給付該證券所記載利息、年金或分配利益的數額。惟此一請求權必須迅速實行，不宜久不確定，故本條規定為通知的持有人，如經過一年未行使此權利，其請求權歸於消滅。

（二）喪失證券的持有人雖已依照規定通知於發行人，然於法定時效期間屆至之前，已有第三人提示該證券並請求給付時，發行人應將其不得為給付的情事，告知於第三人，且在第三人與為通知的持有人雙方合意之前，或在法院為確定判決以前，發行人不得擅自給付。其理由在於，此時究竟誰為真正權利人，發行人並無法確知，必須等到原證券持有人與第三人合意，應將證券所載的權利歸屬於何人，或雙方無法合意，則須等到法院判決確定誰為證券真正權利人時，發行人始得為給付。

第728條（無利息見票即付無記名證券之例外）
無利息見票即付之無記名證券，除利息、年金及分配利益之
證券外，不適用第720條第1項但書及第725條之規定。

解說

　　無利息見票即付的無記名證券，係指不給付利息，且記
明見票即付，或雖未說明見票即付，但亦未記載給付日期，而
視為見票即付的無記名證券而言。此等證券為金錢的代用，與
現金無異，因此在經濟效用上與一般的無記名證券不同，目前
市面上常見的此類證券為商品禮券，其特徵在於大量發行且普
遍流通，故法律上為強化其機能，特別規定無利息見票即付的
無記名證券，不適用於本法第720條第1項但書及第725條的規
定。申言之，此種證券的發行人縱然明知持有人就該證券無處
分的權利，或受有遺失、被盜及滅失的通知時，仍得對持有人
為給付而免其責任，因此，此等證券如有遺失、被盜或滅失，
除非直接向拾得人或竊盜人請求返還或賠償之外，不但不得掛
失，亦不適用公示催告程序的規定。

第二十二節　終身定期金

第729條（終身定期金契約之意義）
稱終身定期金契約者，謂當事人約定，一方於自己或他方或
第三人生存期內，定期以金錢給付他方或第三人之契約。

解說

本條係就終身定期金契約的意義所做的規定。茲析述如次：

（一）終身定期金契約係以金錢的給付為標的：終身定期金係以金錢為其契約的標的，因此所發生的債權債務關係，自屬金錢之債，可適用本法第201條、第202條及第233條的規定。

（二）終身定期金係約定終身定期給付的契約：所謂定期給付，係指規則並反覆的於一固定時期即為給付而言。例如，每年定期給付或每月、每季定期給付等。終身定期金契約成立後，發生一個基本的終身定期金債權，基於此債權，將來每期另外產生一個分支的給付請求權，而此種定期給付係以某特定人的生存期為其存續的期間，故稱「終身定期金」。

（三）終身定期金契約係當事人一方在特定人的生存期間內，定期向他方或第三人為給付的契約：終身定期金契約中，為給付的一方是為定期金債務人，接受給付的一方或第三人是為定期金債權人，而依其生存期間定終身定期金之人，或為定期金債務人本身，或為定期金債權人，甚至第三人亦可。又終身定期金因接受給付的人不同，而有發生下列七種情形的可能：

(1)A、B約定以A的生存期間定終身定期金，由A向B定期給付金錢若干。

(2)A、B約定以B的生存期間定終身定期金，由A向B定期給付金錢若干。

(3)A、B約定以第三人C的生存期間定終身定期金，由A向

B定期給付金錢若干。

(4)A、B約定以A的生存期間定終身定期金，由A向第三人C定期給付金錢若干。

(5)A、B約定以B的生存期間定終身定期金，由A向第三人C定期給付金錢若干。

(6)A、B約定以第三人C的生存期間定終身定期金，由A向第三人C定期給付金錢若干。

(7)A、B約定以其他第三人D的生存期間定終身定期金，由A向第三人C定期給付金錢若干。

第730條（終身定期金之要式性）
終身定期金契約之訂立，應以書面為之。

解說

終身定期金契約係以特定人的生存期為準而存在，故其可發生長期且繼續性的法律關係，為避免日後產生爭執，法律明定此一契約應以書面為之；倘未以書面為之，根據本法第73條的規定，其契約自屬無效。

第731條（終身定期金契約之存續期間與其數額）
終身定期金契約，關於期間有疑義時，推定其為於債權人生存期內，按期給付。
契約所定之金額有疑義時，推定其為每年應給付之金額。

解說

終身定期金本係為債權人的利益而設，其契約雖得以債務人、債權人或第三人生存的期間定期給付金錢，然其期間如無特別約定時，原則上以債權人的生存期為準；但此為法律推定的結果，倘能另外證明契約係以他人的生存期為準時，自應推翻此一推定。例如，張三與李四訂立終身定期金契約，約定李四每年須給付新台幣10萬元與張三，惟此契約的存續期間，究竟係以何人的生存期為準，雙方並無約定，故根據本條規定，關於期間有疑義時，推定其為於債權人的生存期內，按期給付；假使李四舉證證明雙方就此曾另立書據約定以李四的生存期為準，自應依照當事人雙方之約定。

又定期金的數額，當事人於契約中有明白訂定時，自應從其約定。據契約中僅就金額若干訂明，即未表示係按年、按月、按季或按日給付上開金額時，法律因考慮一般終身定期金係屬長期給付的性質，多以一年為單位，故有疑義時，推定其為每年應給付的金額；但此種推定的結果，如有反證方可將之推翻。

第732條（終身定期金之給付時期）

終身定期金，除契約另有訂定外，應按季預行支付。

依其生存期間而定終身定期金之人，如在定期金預付後，該期屆滿前死亡者，定期金債權人取得該期金額之全部。

解說

按定期金債務的給付，本亦應依當事人雙方的約定，於

年初、年中或年尾給付，均無不可。但當事人雙方若無此約定時，為避免爭執，本條規定應按季預行支付，即採預付的方式。例如，終身定期金以每年為一期，給付金額為12萬元，但未約定其給付的時間，則依本條規定，應分春、夏、秋、冬四季給付，且須於每季開始時預先支付，其結果每季初應給付定期金3萬元。

由於定期金契約係以債權人、債務人或第三人的生存期為存續期間，如定期金預付後、該期屆滿前，以其生存期為標準之人死亡，定期金契約因而終止時，為優待定期金債權人，並避免苛細，債權人就其已取得之定期金不但無需按日計算加以返還，尚得就未依期預付金額的全部債權人可請求給付。

第733條（終身定期金之消滅與其例外）

因死亡而終止定期金契約者，如其死亡之事由，應歸責於定期金債務人時，法院因債權人或其繼承人之聲請，得宣告其債權在相當期限內仍為存續。

解說

終身定期金債權，因以其生存期為標準的人死亡而消滅，此乃定期金契約原本即約定至標準人的終身為止，惟如標準人死亡的事由，應歸責於定期金債務人，定期金債權人或其繼承人得向法院聲請，宣告其債權在相當期限內仍為存續。茲將終身定期金延續的要件，析述如次：

（一）須依其生存期為標準的人死亡：終身定期金契約的存續期間不問係以債務人、債權人或第三人的生存期為標

準，只要以其中一人的生存期為標準的人死亡，即屬本條規定所謂「因死亡而終止定期金契約」的死亡。

（二）死亡的事由須可歸責於債務人：就前述債務人兼為契約存續期間標準人的情形，如債務人因其自己故意或過失行為所招致死亡的結果，均屬之，常見的情形有債務人自殺身亡或因犯罪而被處死刑等。另就債權人或第三人為契約存續期間標準人的情形，如債權人或第三人的死亡，乃係出於債務人故意或過失的行為所致，即屬之，常見的情形有債務人故意殺害債權人或第三人，以及債務人酒醉駕車，致坐於前、後座的債權人或第三人因債務人不慎撞上電線桿而死亡等。

（三）須有債權人或其繼承人向法院聲請：以其生存期為標準的人死亡時，終身定期金契約當然因此而終止，但如有前述（一）及（二）的情形，債權人或其繼承人得向法院聲請宣告某終身定期金債權，在相當期限內仍為存續。所謂債權人向法院為聲請，係指終身定期金契約以債務人或第三人的生存期為標準的情形；至於，所謂其繼承人向法院為聲請，則指終身定期金契約係以債權人的生存期為標準，而債權人死亡，由其繼承人聲請的情況。

第734條（權利不得移轉）
終身定期金之權利，除契約另有訂定外，不得移轉。

解說

　　按終身定期金，為債權人與債務人相互間的關係，其存

在的目的多在於維持債權人個人生活之用，故終身定期金的權利，屬於專屬的權利，原則上不得移轉給他人。所謂不得移轉，係終不得讓與及繼承而言。惟契約中如約定終身定期金權利可以移轉，或因本法第733條規定法院宣告終身定期金債權為其繼承人而存續時，則不在此限。

第735條（遺贈之準用）
本節之規定，於終身定期金之遺贈準用之。

解說

　　終身定期金債權發生的原因，通常是由於當事人訂定終身定期金契約，但不以契約為限，亦可因遺囑而使其發生，是為終身定期金遺贈。因終身定期金遺贈的性質與由契約所生的終身定期金性質無異，故本條規定終身定期金遺贈，準用本節的規定，以因應法律實際適用的需要。

第二十三節　和解

第736條（和解之意義）
稱和解者，謂當事人約定，互相讓步，以終止爭執或防止爭執發生之契約。

解說

　　本條係就和解的意義所做的規定。茲析述如次：

（一）和解屬於契約的一種：以法律明確規定和解契約的成立，始能杜止無益的爭論，因此，和解契約除了本節的規定以外，當然也適用債的通則有關契約的規定。

（二）和解為終止爭執或防止爭執發生的契約：和解的作用即在於終止爭執或防止爭執的發生。所謂爭執，係指當事人雙方對於某一法律關係的存在與否，以及其內容和效力等為相反的主張而言。又爭執的對象，不僅限於財產關係，身分關係（例如婚姻、親屬及繼承等）亦包括在內；但爭執的法律關係必須是當事人可以自由處分，始可成為和解的對象，否則，如法律不准當事人自由處分的關係（例如收養關係成立與否的爭執），則不得為和解。

（三）和解為當事人約定互相讓步的契約：和解必須當事人互相讓步，始能達成終止爭執或防止爭執發生的目的，此為和解契約的互讓性。假使只有一方讓步，則係單方權利的拋棄，或為義務的承擔，即使以契約訂定，亦非和解。例如，甲乙兩人就買賣價款有爭執，甲主張乙應清償50萬元的債務，乙卻主張只須支付30萬元貨款，最後雙方訂定和解契約，約定相互讓步10萬元，結果以40萬元達成和解。

和解，除了本法上的和解外，還有民事訴訟法上的和解，以及破產法上的和解，此三種和解的成立、目的、內容及效力，均不相同。

第737條（和解之效力）

和解有使當事人所拋棄之權利消滅，及使當事人取得和解契約所訂明權利之效力。

解說

和解契約成立以後，即發生和解的效力，此效力有消極與積極兩種：在消極方面，和解有使當事人所拋棄的權利歸於消滅的效力；在積極方面，和解有使當事人取得和解契約所訂明權利的效力。因此，和解不但有使法律關係臻於確定的效力，更有創設新的法律關係的效力。例如，甲主張乙欠其10萬元債務尚未清償，乙則認為已清償5萬元之貨款，結果雙方為此爭執達成和解，契約中訂明甲對乙尚有2萬元的債權，則甲原來主張的10萬元債權即因拋棄其中的8萬元而消滅，而只新取得和解契約中所訂明的2萬元債權，此時，甲乙既經和解，即應同受和解效力的拘束，不得就和解前的法律關係更為主張。

第738條（和解之撤銷──和解與錯誤之關係）

和解不得以錯誤為理由撤之。但有左列事項之一者，不在此限：

一　和解所依據之文件，事後發見為偽造或變造，而和解當事人若知其為偽造或變造，即不為和解者。

二　和解事件，經法院確定判決，而為當事人雙方或一方於和解當時所不知者。

三　當事人之一方，對於他方當事人之資格或對於重要之爭點有錯誤，而為和解者。

解說

　　和解既為契約的一種，依契約的原則，凡當事人一方發生有錯誤、被詐欺或被脅迫的情事，根據本法第88條、第92條的規定，本得撤銷其意思表示，而使契約歸於消滅；惟本條則例外規定，凡爭執的法律關係一經和解，縱然有對於當事人一方不利的情形發生，亦不准以錯誤為由而撤銷和解契約。其理由乃係基於和解的目的本不在乎究明以前爭執事實的真相，而在乎終止爭執或防止爭執的發生，因此縱然有錯誤，法律上亦不准撤銷和解，但如有下列事項之一時，仍得撤銷和解：

（一）和解所依據的文件，事後發現為偽造或變造，而和解當事人若知其為偽造或變造，即不為和解：按和解雖有創設新法律關係的效力，然和解的基礎應本於雙方的誠信，而不宜建立於偽騙之上，故遇有此種錯誤的情事，法律明定仍許撤銷和解契約。

（二）和解事件經法院確定判決而為當事人雙方或一方於和解當時所不知者：事件經法院確定判決後，雙方明知此一判決時，如仍有爭執，則不妨為和解；惟若法院的確定判決，為當事人雙方或一方於和解時所不知者，則事後知悉時，自應准許撤銷和解契約為宜。由於因和解而受到不利益的一方，如果早知法院已有確定的判決，即可能不願再為和解，故基於此種不知有確定判決的錯誤，法律亦例外准其撤銷和解；其不撤銷時，法律關係仍以和解契約所訂者為準。

（三）當事人一方對於他方當事人的資格或對於重要的爭點有錯誤而為和解：所謂對於他方當事人的資格有錯誤，例如，誤以為他方為債務人，而與其就債務的免除，訂立

和解契約；所謂對於重要的爭點有錯誤，例如，誤以為10萬元債務的免除，而為和解契約，於事後發現應為100萬元的債務，而不欲免除的債務，此等錯誤均對當事人的權益影響重大，且違反符合真實的原則，故許當事人據為撤銷和解的理由。

第二十四節　保證

> **第739條**（保證之意義）
> 稱保證者，謂當事人約定，一方於他方之債務人不履行債務時，由其代負履行責任之契約。

解說

　　本條係就保證的意義所做的規定。茲析述如次：

（一）保證為契約的一種：本法雖就保證契約設有專節的規定，然於實際上並非契約，卻名為保證者，例如票據法上的保證，及民事訴訟法上有關提供擔保所出具的保證書等，均非本條所謂的保證。

（二）保證為一方於他方的債務人不履行債務時，由其代負履行責任的契約：此之「一方」，係為保證人，「他方」則謂之債權人。保證契約，即係保證人為擔保債務人對債權人所負的債務，而與債權人所訂立的契約；申言之，債務人如不履行其對債權人所負的債務時，保證人即有代負償還的責任。

第739條之1（保證人之權利，不得預先拋棄）
本節所規定保證人之權利，除法律另有規定外，不得預先拋棄。

解說

本節所規定保證人得主張的權利有民法第742條的一般抗辯權、民法第742條之抵銷權、民法第744條之拒絕清償權、民法第745條之先訴抗辯權，該些權利係為了保障保證人的權益所設的規定。因為保證人在保證契約中純粹係承擔主債務人的責任，本身並沒有任何好處，實在不應該加重其責任。因此本條規定在保證章節中所賦予保證人的權利，除法律另有規定外，不得預先拋棄。所謂「法律另有規定」，例如民法第746條第1項之規定，保證人可以拋棄第745條之先訴抗辯權，因此先訴抗辯權就是民法規定保證人得預先拋棄之權利。至於其他法律上未規定可拋棄之權利，則不可要求保證人預先拋棄。

第740條（保證債務之範圍）
保證債務，除契約另有訂定外，包含主債務之利息、違約金、損害賠償及其他從屬於主債務之負擔。

解說

保證債務的範圍，本得由當事人自由約定，如未有約定，則其範圍除了主債務的原本以外，尚包含了主債務的利息、違約金、損害賠償及其他從屬於主債務的負擔，是為保證債務的法定範圍，茲析述如下：

（一）利息：當然包括約定利息及法定利息（例如，遲延利息）兩者。

（二）違約金：違約金係主債務的從債務，故亦當然包括於保
　　　證債務的範圍內。

（三）損害賠償：主債務不問係由於給付不能或給付遲延而生
　　　的損害賠償，保證人均應擔保其履行。

（四）本法其他從屬於主債務的負擔：從屬於主債務的負擔，
　　　包括有主債務因訴訟而生的訴訟費用、登記費用及其他
　　　稅捐等，均包括在保證人的擔保範圍內。

第741條（保證債務之從屬性）
保證人之負擔，較主債務人為重者，應縮減至主債務之限
度。

解說

　　由於保證債務係為擔保債權的一種方法，故為從債務而非
主債務，必須主債務存在始能成立；且由前條規定得知，保證
債務的範圍，係以主債務的範圍為標準，主債務的範圍有變動
時，保證債務則隨之變動，惟不得超出主債務的範圍以外。由
於保證債務係從屬於主債務的從債務，故不得較主債務為重；
如竟較主債務為重，則應縮減至主債務的限度，甚至較主債務
為輕亦可。

第742條（保證人之抗辯權）
主債務人所有之抗辯，保證人得主張之。
主債務人拋棄其抗辯者，保證人仍得主張之。

解說

因保證債務其有從屬性，故主債務人對於債權人所有的抗辯，保證人均得主張。所謂主債務人所有的抗辯，係指主債務人所得對抗債權人的事由，大致上可分為下列三種：

（一）權利未發生的抗辯：例如主債務人因欠缺行為能力所訂之契約無效，保證人即得主張契約無效，而拒絕債權人的請求。

（二）權利已消滅的抗辯：例如債務人已向債權人清償債務或提存金額，保證人自得以主債務已消滅的事由對抗債權人。

（三）拒絕給付抗辯：例如債權人的請求權時效已經完成，保證人即得以此時效完成的抗辯，拒絕債權人的請求；又例如債權人未先為給付的義務，則債務人得行使同時履行抗辯權，以拒絕自己的給付，此時如債權人向保證人請求履行，保證人自得行使上開主債務人的同時履行抗辯權，以拒絕給付。

前述各種抗辯權，雖本皆為主債務人所有，但保證人亦得主張；縱使主債務人拋棄其抗辯權，保證人仍得基於其為保證的地位而獨立主張；換言之，保證人得以主債務人的抗辯，引為其自身的抗辯事由，以拒絕保證債務的清償，故主債務人即使拋棄其抗辯的權利，亦不影響保證人的主張，以保障保證人的利益，避免蒙受不測的損害。

第742條之1（保證人之抵銷權）
保證人得以主債務人對於債權人之債權，主張抵銷。

解說

保證人責任係附隨責任，因此民法第745條之規定保證人於債權人未就主債務人之財產強制執行而無效果前，對於債權人得拒絕清償。既然保證人的責任是附隨的責任，必須要主債務人沒有財產可供執行才可以對保證人為主張，則主債務人對於債權人有債權的話，表示主債務人尚有財產，且應該與債權人互相牴觸。

因此，本條規定保證人得以主債務人對於債權人之債權，主張抵銷。

第743條（無效保證之例外）
保證人對於因行為能力之欠缺而無效之債務，如知其情事而為保證者，其保證仍為有效。

解說

保證債務的內容是保證人向債權人擔保主債務人必定履行其債務，而保證債務本身為從屬於主債務的從債務，因此，主債務因行為能力之欠缺而無效時，保證債務本來亦因而隨之無效。不過如果保證人明知主債務因行為能力的欠缺而無效，卻仍然為其保證時，為了保護債權人的利益，本條明定這種情形保證債務仍為有效，保證人不得以主債務無效而拒絕清償。

第744條（保證人之拒絕清償權）
主債務人就其債之發生原因之法律行為有撤銷權者，保證人對於債權人，得拒絕清償。

解說

　　撤銷權的賦予，乃係法律為保護當事人的利益而設，因此，主債務人就其債的發生原因的法律行為，如有被詐欺、脅迫之情事而撤銷其契約時，保證契約亦隨之失效，保證人得向債權人主張權利已消滅的抗辯；惟若主債務人自己未行使其撤銷權時，保證人雖不得行使該撤銷權，以撤銷主債務人與債權人間的契約關係，但本條明定保證人對於債權人則得拒絕清償；換言之，保證人得以主債務人有撤銷權的理由，引為自己抗辯的事由。假使保證人不知主債務人有撤銷權，而履行其保證債務，之後，主債務人行使其撤銷權時，保證人可依不當得利的規定，向債權人請求返還其所受領的給付，以保護保證人的權益。

第745條（保證人之先訴抗辯權）
保證人於債權人未就主債務人之財產強制執行而無效果前，對於債權人，得拒絕清償。

解說

　　保證債務，係因主債務人不履行主債務時，而由保證人代為履行的債務，因此，債權人應先向主債務人請求清償，並就其財產為強制執行而無效果後，始得向保證人請求清償，否則保證人對於債權人有拒絕清償的權利，是為保證人的先訴抗辯權（亦稱檢索抗辯權）。所謂強制執行而無效果，係指包括有強制執行結果主債務人不能清償主債務，或不足以清償主債務的情形而言；所謂先訴，係指債權人應先對主債務人起訴並就

其財產聲請為強制執行而言，此乃保證債務本身只具從屬性與補充性所應有的結果。例如：債權人張三雖向法院起訴，請求債務人李四清償借款10萬元，但在聲請強制執行前，張三轉向保證人王五請求履行其保證債務，此時王五得主張先訴抗辯權而拒絕清償。

第746條（先訴抗辯權之喪失）
有下列各款情形之一者，保證人不得主張前條之權利：
一　保證人拋棄前條之權利。
二　主債務人受破產宣告。
三　主債務人之財產不足清償其債務。

解說

　　本條於民國99年5月26日修正公布，刪除原條文第2款「保證契約成立後，主債務人之住所、營業所或居所有變更，致向其請求清償發生困難者。」之規定。本條為保證人行使先訴抗辯權之限制。刪除原條文第2款之限制，目的在促使債權人之求償仍應以主債務人為第一順位，以提升保證人權益。

　　先訴抗辯權本係為保障保證人的利益而設，但如有下列各情形之一時，保證人即不得主張先訴抗辯權：

（一）保證人拋棄先訴抗辯權：保證人一拋棄其原得向債權人主張的先訴抗辯權後，其權利則歸於消滅，不得再行主張。拋棄的方法，以書面或口頭表示均可。

（二）主債務人受破產宣告：受破產宣告之人，即無清償債務的能力，此時只有保證人得以履行該債務，因此，保證

人不得主張先訴抗辯權，而拒絕向債權人為清償。

（三）主債務人的財產不足清償其債務：主債務人縱未受破產的宣告，但其財產狀況惡化至不足以清償其保證的主債務時，保證人亦不得主張先訴抗辯權。惟財產不足清償債務的事實，須由債權人負舉證的責任，如其不能舉證證明，保證人仍得向其主張先訴抗辯權，而拒絕清償。

第747條（請求履行及中斷時效之效力）
向主債務人請求履行及為其他中斷時效之行為，對於保證人亦生效力。

解說

保證債務因具有從屬於主債務，以及補充主債務的性質，故主債務因債權人的請求或起訴而時效中斷時，保證債務的時效亦隨之而中斷；但若債權人僅向保證人請求或為起訴等中斷時效的行為時，其行為對於主債務人則不生效力。

第748條（共同保證之連帶責任）
數人保證同一債務者，除契約另有訂定外，應連帶負保證責任。

解說

本法為鞏固保證的效力，並保護債權人的利益起見，在同一債務有數人保證的情形，除非契約另有訂定以外，數保證人對於債權人原則上應連帶負保證的責任，而此連帶則為數保

證人間的連帶，並非保證人與主債務人間的連帶，又因數保證人並非與主債務人連帶負責，故其所負的保證債務仍然係從屬於主債務，且具有補充主債務的性質，各保證人對於債權人均有先訴抗辯權得以主張。另數保證人間所負的責任既係連帶責任，則應適用連帶債務的規定，其結果係各保證人須對債權人負全部給付的責任，而一個保證人向債權人清償後，即得向主債務人求償全部，保證人彼此間仍有各自應分擔的部分。

第749條（保證人之代位權）
保證人向債權人為清償後，於其清償之限度內，承受債權人對於主債務人之債權。但不得有害於債權人之利益。

解說

　　本條所規定者為保證人的代位權，也就是保證人向債權人為清償或其他消滅債務的行為後，得取代債權人的地位，對主債務人行使原債權人的權利。

　　保證人行使代位權之前提必須保證人已向債權人為清償或其他消滅債務的行為。所謂其他消滅債務的行為，例如提存、抵銷或代物清償等與清償有相同效果之消滅債務的行為。如果保證人尚未代主債務人清償或為其他消滅債務的行為前，則無所謂的代位權。

　　保證人代主債務人向債權人清償其債務後，債權人對於主債務人的債權，於保證人清償的限度內，移轉於保證人；換言之，保證人如清償全部的債務，則債權人的債權全部移轉予保證人，如僅清償一部分，則原債權僅就該清償部分限度內移

轉予保證人。此債權移轉屬於法定移轉，無須經過當事人的合意。

　　不過保證人行使代位權，不得有礙於債權人之利益，例如原來的債務設有100萬元抵押，而保證人只清償了20萬元，此為一部清償，則將來抵押物拍賣時，該100萬元的抵押順位，仍然要優先清償債權人剩下的80萬元債權，如有剩餘，保證人才得主張代位權。

第750條（保證責任除去請求權）

保證人受主債務人之委任而為保證者，有左列各款情形之一時，得向主債務人請求除去其保證責任：

一　主債務人之財產顯形減少者。

二　保證契約成立後，主債務人之住所、營業所或居所有變更，致向其請求清償發生困難者。

三　主債務人履行債務遲延者。

四　債權人依確定判決得令保證人清償者。

主債務未屆清償期者，主債務人得提出相當擔保於保證人，以代保證責任之除去。

解說

　　按保證人係受主債務人的委任而為保證，法律為保護其利益，在法定事由發生的情況下，得向主債務人請求除去其保證責任，是為保證責任除去請求權。此一請求權的主體為保證人，被請求者為主債務人而非債權人，保證人請求除去其保證責任，必須基於下列各款的法定原因，而不得任意為之：

（一）主債務人的財產顯形減少：所謂財產顯形減少，必須係主債務人的財產確有減少，且有不足清償債務的顧慮始可。

（二）保證契約成立後，主債務人的住所、營業所或居所有變更，致向其請求清償發生困難：此事由於本法第746條亦為保證人喪失先訴抗辯權的理由。

（三）主債務人履行債務遲延：主債務人遲不履行其債務，乃有不能履行債務的可能，且給付遲延中尚須另外支付遲延利息，擴大了保證人擔保債務的範圍，故為保證人向主債務人請求除去保證責任的原因。

（四）債務人依確定判決得令保證人清償：命保證人清償的判決確定後，債權人即可就保證人的財產聲請強制執行，以為債務的清償，此時保證人為保全自己的利益，當然有權請求主債務人除去其保證責任。

如有前述各款情事的發生，保證人即得行使其保證責任除去請求權，而債務人即有除去保證人責任的義務，其方法有：

（一）主債務人向債權人清償債務。

（二）主債務人另外提供物的擔保，以除去保證人的擔保責任。

（三）另尋新保證人，並經債權人的同意後，承擔原保證人的責任。惟於債務未屆清償期時，如使主債務人為期前清償，則不免損及其因期限所得享受的利益，因此，本條明定主債務人得提出相當擔保於保證人，以代保證責任的除去，但實際上保證人對於債權人的保證責任並未除去，只是其對於主債務人的求償權，將因該擔保提出而獲得保障爾。

第751條（保證責任因債權人拋棄擔保物權而減免）
債權人拋棄為其債權擔保之物權者，保證人就債權人所拋棄
權利之限度內，免其責任。

解說

　　本條規定債權人拋棄擔保物權（即物保），亦為保證人
之保證債務（即人保）消滅的原因。債權人一旦拋棄為其債權
擔保的物權，則保證人於債權人所拋棄權利的限度內，免其保
證的責任。所謂擔保物權，係指抵押權、質權及留置權而言。
申言之，即當擔保物權擔保主債務的全部，而債權人拋棄此一
擔保物權時，保證人得免其全部的保證責任；如於擔保物權係
擔保主債務的一部，而債權人拋棄此擔保物權時，保證人則得
免其一部的保證責任，由此可見，同一債務的物上保證人所負
的清償責任較保證人為優先，而保證人的地位較物上保證人有
利。

第752條（定期保證之免責）
約定保證人僅於一定期間內為保證者，如債權人於其期間
內，對於保證人不為審判上之請求，保證人免其責任。

解說

　　保證人如僅約定在一定期間內負其保證責任，而逾此期間
債權人仍未向其為審判上的請求時，保證債務自當消滅。惟在
適用本條時，須具備下列三要件：
（一）保證契約中僅約定保證人於一定期間內為保證：即定期

保證中，就已確定的債務為保證，而約定債權人應於約定的保證期間內向保證人請求，否則，逾期保證人即不負保證之責，此等定期保證，其所約定的期間即係保證效力的存續期間。

（二）主債務必須在保證期間內得以請求：被保證的主債務如於此定期保證的期間無法請求履行，則此等保證即與無保證相同，失去保證的意義，故本條所規定的定期保證，其所保證的債務多屬得以隨時請求的不定期債務，或係得以提前請求清償的債務。

（三）債權人未於所定期間內為審判上的請求：定期保證的保證人僅於所定期間內負保證的責任，逾期即得免責，故債權人須在此一定期間內向保證人為審判上的請求。所謂審判上的請求，係指向法院提起民事給付的訴訟，或為與起訴效力相同的行為，如聲請支付命令、告知訴訟及聲請強制執行等均包括在內。又債權人只要在所定的保證期間內為審判上的請求，即使訴訟程序進行中，保證期間屆滿，保證人亦不得因之而免責。

第753條（未定期保證之免責）

保證未定期間者，保證人於主債務清償期屆滿後，得定一個月以上之相當期限，催告債權人於其期限內，向主債務人為審判上之請求。

債權人不於前項期限內向主債務人為審判上之請求者，保證人免責任。

解說

　　保證本身雖未定有期間，但其限度僅止於保證主債務能按期履行爾，保證人並無永遠負擔保證的責任，故其於主債務清償期屆滿後，得定一個月以上的期限催告債權人，向債務人為審判上的請求，如債權人仍怠於請求，保證人即得免其保證責任。茲分述適用本條時應具備的要件：

（一）保證契約未定有期間：如為定期保證，則不適用本條而應適用前條有關定期保證逾期不請求的規定。

（二）主債務定有清償期：即指主債務係屬本法第316條所謂定有清償期的債務，如主債務並無確定的清償日期，則不適用本條的規定。

（三）保證人須定期催告：即保證人須於主債務清償期屆滿後，定一個月以上的相當期限，催告債權人在其所定的期限內，向主債務人為審判上的請求。

（四）債權人未於期限內向主債務人為審判上的請求：如債權人按照保證人的催告，如期向主債務人為審判上的請求，則保證人的保證責任即不得依本條的規定而免除。

第753條之1（董監改選後免除其保證責任）
因擔任法人董事、監察人或其他有代表權之人而為該法人擔任保證人者，僅就任職期間法人所生之債務負保證責任。

解說

　　本條於民國99年5月26日增訂公布。明訂法人擔任保證人之董事、監察人或其他有代表權之人，如已卸任，則其保證人

之身分與義務自應隨之解除。

　　現行銀行實務上要求法人借貸時，法人之董監事須擔任連帶保證人，其責任與主債務人一樣大，法人之董監事卸任時，是否得解除卸任董監事之連帶保證人責任，又繫於銀行是否同意，或者卸任董監事亦疏於要求銀行解除其連帶保證人責任，實務上衍生許多卸任董監事仍遭銀行追索保證債務，卸任董監事對於原法人已無實權，卻仍須為原法人日後衍生之債務負責，顯屬不公平，有違正義原則，因此特增訂本條。

　　法人可分為營利法人（例如：公司）或公益法人（例如：社團法人或財團法人），均依其設立組織型態，有董監事或理監事擔任法人的代表人。法人的董監事或理監事或其他有代表權的人因為替法人做連帶保證時，法人的董監事或理監事或其他有代表權的人只對其擔任董監事或理監事或代表權人時，法人所生之債務連帶負責，法人的董監事或理監事或其他有代表權的人卸任之後，對於法人於其卸任之後所生之債務不負責任。

實例

　　老何擔任笑嘻嘻公司之董事長，因而笑嘻嘻公司在民國88年向A銀行借貸新台幣1,000萬元、借貸期限1年時，老何擔任連帶保證人契約，保證對於笑嘻嘻公司現在、將來之債務於新台幣1,000萬元範圍內連帶負責，笑嘻嘻公司於民國89年12月30日清償完畢。老張在民國98年7月1日購買老何之全數股份，因而老何卸任董事長職務，改由老張指定之老李擔任董事長，民國99年9月30日，老何接到A銀行要求老何負擔保證債務新台幣100萬元，原來笑嘻嘻公司在民國98年8月1日向A銀行借

貸新台幣100萬元、借貸期間6個月，笑嘻嘻公司期滿未還，因為老何曾簽立保證契約，所以要求老何負擔保證債務，老何是否需要負責？

　　老何可以援引民法第753條之1規定，主張他在擔任笑嘻嘻公司董事長時所作連帶保證的借款已經在民國89年12月30日清償完畢，現在這筆借款是他未擔任笑嘻嘻公司董事長時所產生之新借款，他不必負擔連帶保證責任。

第754條（連續發生債務保證之終止）
就連續發生之債務為保證，而未定有期間者，保證人得隨時通知債權人終止保證契約。
前項情形，保證人對於通知到達債權人後所發生主債務人之債務，不負保證責任。

解說

　　在主債務及保證債務皆未定有期間的情況，因主債務可能無限制的繼續發生，如不准保證契約得隨時終止，則對保證人權益的保障未免不周，甚且過於苛刻，因此本條明定保證人有權隨時通知債權人終止保證契約，且就通知到達債權人後所生之主債務，保證人不負保證之責。茲將適用本條的要件析述如下：

（一）就連續發生的債務所為的保證：所謂連續債務，係指在不定期間內，陸續不斷發生的債務，例如，房屋稅金、薪資及經常賒欠的貨款等，屬於不定期的債務，均包括在內。

（二）保證本身亦未定有期間：保證如定有期間，則於期間屆
滿前，自不得隨時終止保證契約。因此本條所規定連續
發生的債務，不但須未定有一定的期間，且保證本身亦
須未定有期間始可。

第755條（定期債務保證責任之免除——延期清償）
就定有期限之債務為保證者，如債權人允許主債務人延期清
償時，保證人除對於其延期已為同意外，不負保證責任。

解說

因主債務人於清償期當時的資產狀況，常為保證人決定是
否為其擔保的重要考慮因素，故債權人如任意延長主債務人清
償債務的期限，則延長後主債務人的資產狀況難免有所變化，
甚至有惡化的可能，此一情形，對於保證人而言可謂非常不
利，因此法律規定在符合下列三要件時，保證人可免除其保證
責任：

（一）保證人就定有期限的債務而為保證：因定有清償期的債
務，始有延期清償的問題，故被保證的主債務須定有期
間，方有本條的適用。

（二）債權人允許主債務人延期清償：主債務原本所定的清償
期屆滿後，債權人主動允許主債務人延期清償；如僅因
清償期屆至後，債權人未向主債務人請求的情況，則不
得逕認債權人有默示的允許延期清償，故債權人的允
許必須出於主動且明白地向債務人表示，始有本條的適
用。

（三）保證人反對債權人所允許的延期清償：保證人如同意主
　　債務的延期清償，則不得主張免除其保證責任；未經保
　　證人同意延期清償主債務的情況，保證人方得主張免除
　　保證責任。

第756條（信用委任）
委任他人以該他人之名義及其計算，供給信用於第三人者，
就該第三人因受領信用所負之債務，對於受任人，負保證責
任。

解說

　　本條係就信用委任的意義所做的規定。茲析述如次：

（一）信用委任為契約的一種：信用委任的性質通說認為係委
　　任與保證的混合契約類型。

（二）信用委任係委任他人供給信用於第三人的契約：按信用
　　委任的當事人有三：一為委任人；二為接受委任的他
　　人，稱為受任人；三為受領信用而負擔債務的第三人。
　　例如：張三（委任人）委任李四（受任人）借款給王五
　　（即受領李四信用，而負擔債務的第三人，其地位相當
　　於保證契約中的主債務人）。

（三）信用委任係委任他人以該他人名義及其計算，供給信用
　　的契約：委任人委任他人（即受任人），以該他人（受
　　任人）的名義及其計算，供給信用予第三人時，因信用
　　的供給係以受任人的名義為之，而非以委任人的名義，
　　故因供給信用所生的利益及損害，其效果皆應歸於受任

人，而不應歸於委任人。

於信用委任成立後，受任人依此契約供給信用於第三人時，委任人就該第三人因受領信用而負擔的債務，須對受任人負保證的責任，此一保證責任係法律規定信用委任的效果，委任人無須另與受任人訂立保證契約。例如，前例中李四（受任人）借款10萬元給王五（第三人），張三（委任人）因委任李四供給信用予王五，故張三（委任人）就此債務應向李四（受任人，亦為第三人的債權人）負保證的責任。

第二十四節之一　人事保證

第756條之1（人事保證之定義）

稱人事保證者，謂當事人約定，一方於他方之受僱人將來因職務上之行為而應對他方為損害賠償時，由其代負賠償責任之契約。

前項契約，應以書面為之。

解說

本條係對於人事保證之定義性規定。所謂人事保證，就是由當事人約定，一方於他方之受僱人將來因職務上之行為而應對他方為損害賠償時，由其代負賠償責任之契約。例如，甲公司僱用老張為職員，由老周擔任人事保證人，保證老張將來因職務上行為應該對甲公司負損害賠償責任時，由老周代負賠償責任。人事保證和一般保證有相同點，也有相異點。就相同點而言：

（一）二者均係片務契約：一般保證和人事保證一樣，都是只有保證人對債權人負擔債務，債權人對於保證人並不負擔任何債務，因而債務是片面的，而不是相對的。

（二）二者均為無償契約：人事保證人和一般保證人並沒有從保證契約中取相對價的報償，因此是無償性的契約。

（三）二者均為從契約：一般保證必須以主債務存在為前提，人事保證也必須有僱傭關係存在，人事保證契約才能成立。

（四）二者均有從屬性：在一般保證中，保證人有先訴抗辯權，於債權人未就債務人之財產強制執行而無效果前，保證人對債權人得拒絕清償。人事保證依照民法第756條之2規定，必須以僱用人不能依其他方法受賠償者為限，人事保證的保證人才負擔責任。

就相異之處：

（一）人事保證被保證債務的不確定性：一般保證之主債務均已經確定，保證人所負之保證債務依照民法第740條之規定，包括主債務之利息、違約金、損害賠償及其他從屬於主債務之負擔，因此一般保證之保證人在訂立保證契約時，大概就可以預估其所負擔的保證債務範圍。但人事保證係以被保證人將來因職務上的行為所造成的損害賠償責任為保證範圍，被保證人（受僱人）將來會造成多大的損害賠償，在人事保證契約成立時，並無法確定。

（二）人事保證有專屬性：一般保證的情形，保證人死亡時，保證債務由保證人之繼承人繼承之，保證債務不當然消滅。但人事保證是以保證人對於被保證人之信賴關係為

基礎，故有專屬性，依民法第756條之7規定，保證人死亡、破產或喪失行為能力時，保證債務當然消滅。

（三）人事保證之保證人得隨時終止契約：在一般保證，保證人想要免除其責任必須要有保證章節中所規定之要件，才有辦法免除保證責任。但人事保證之保證人依民法第756條之4規定，隨時可以終止保證之責任。

人事保證人限於被保證人將來因職務上之行為對債權人所造成之損害賠償才負責任，如果並不是職務上的行為所造成的損害賠償，或者是職務上其他的金錢往來並未構成損害賠償責任的情形，保證人均不必負擔責任。例如被保證人因職務上侵占，對於債權人（僱用人）構成民法上侵權行為，必須要負損害賠償責任，此時人事保證人應代負損害賠償的責任，但假如被保證人與債權人之間因金錢借貸所造成的糾紛，因為與職務無關，此時保證人就不需要負責。

為了明確人事保證的權利義務並期慎重，以便減少糾紛，本條第2項規定，人事保證之契約必須以書面訂定。

第756條之2（保證人之賠償責任）
人事保證之保證人，以僱用人不能依他項方法受賠償者為限，負其責任。
保證人依前項規定負賠償責任時，除法律另有規定或契約另有訂定外，其賠償金額以賠償事故發生時，受僱人當年可得報酬之總額為限。

解說

　　本條所規定者即為人事保證責任之補充性，因為人事保證為無償之單務契約，對保證人極為不利，假如債權人（僱用人）可以依其他方式取得賠償的話。例如僱用人已經就被保證人（受僱人）之不誠實行為參加人事保險而可從保險公司獲得賠償，或者受僱人曾經提供不動產作為擔保，而債權人已經可以就該不動產拍賣取償等情形，因為債權人可以以其他的方式取得賠償，自然不應該令人事保證人負擔賠償責任。

第756條之3（人事保證之期間）

人事保證約定之期間，不得逾三年。逾三年者，縮短為三年。

前項期間，當事人得更新之。

人事保證未定期間者，自成立之日起有效期間為三年。

解說

　　一般的保證，可定期限、可不定期限，但依本條規定，人事保證一定是有期限的，假如沒有定期限的話，也只有三年有效。因為人事保證人係以將來所發生內容不確定、範圍不確定之損害賠償債務做為保證對象。保證人到底要負多少的責任，在人事保證契約訂立的時候並不確定，有可能保證人要負擔的責任非常的重大，因此人事保證對於保證人而言，比一般的保證人更為不利，如果使人事保證之保證人無限期處於如此不確定的狀態，對保證人至為不公平。因此本條規定，人事保證約定之期間，不得逾三年，逾三年者，縮短為三年。

　　不過在人事保證期間屆滿後，假如當事人願意更新保證契約，重新再擔任人事保證的保證人，則依照契約自由原則，也不能加以限制。因此期間屆滿後，當事人得更新保證契約，不過，更新的保證契約，其期限仍然不得超過三年。

　　假如人事保證沒有定期限的話，也不能因此就讓人事保證人處於無定期限擔保之狀態，因此，本條第3項規定，假如人事保證未定期間者，自成立之日起有效期間為三年。經過三年有效期間後，人事保證的關係就消滅。除非當事人另外重新訂約，否則未定期限的人事保證，保證人在三年之後就不再負保證責任。

第756條之4（保證人之終止權）
人事保證未定期間者，保證人得隨時終止契約。
前項終止契約，應於三個月而通知僱用人。但當事人約定較短之期間者，從其約定。

解說

　　人事保證假如有訂定期間者，人事保證保證人之保證責任在期間屆滿後消滅。假如人事保證沒有訂定期間的話，依前條之規定，在保證契約訂立時起三年內有效，本條更進一步規定，假如人事保證沒有定期間的話，保證人可隨時終止契約，並不需要任何前提與理由。

　　不過保證人雖然可以隨時終止保證契約，但為了讓僱用人有所因應，本條第2項規定，人事保證之保證人依照本條的規定終止契約時，應在三個月前通知僱用人，以便讓僱用人可

以和受僱人之間重新尋覓人事保證或為其他必要之處理，以保障僱用人的權利，也讓受僱人有所因應。但假如當事人約定通知的期間較短者，則從其約定，不過當事人只可以約定較短期間，不可以約定較長的期間，也就是所約定的通知期間只能夠比三個月短，不能比三個月長。

第756條之5（僱用人負通知義務之特殊事由）
有左列情形之一者，僱用人應即通知保證人：
一　僱用人依法得終止僱傭契約，而其終止事由有發生保證人責任之虞者。
二　受僱人因職務上之行為而應對僱用人負損害賠償責任，並經僱用人向受僱人行使權利者。
三　僱用人變更受僱人之職務或任職時間、地點，致加重保證人責任或使其難於注意者。
保證人受前項通知者，得終止契約。保證人知有前項各款情形者，亦同。

解說

無論人事保證定有期限或未定期限，如果發生保證人必須負責之事由，或者增加保證人負擔之情形，僱用人應該使保證人能夠知悉該些情況，使保證人能夠有所因應並有所抉擇。本條規定有下列情形之一者，僱用人應即通知保證人：

（一）僱用人依法得終止僱傭契約，而其終止事由有發生保證人責任之虞者：例如僱用人依照民法第484條、第485條，或者勞動基準法第12條所規定之事由等，僱用人均

可依法終止僱傭契約。這些終止事由中，有些可能並不發生損害賠償責任，但有些終止的事由則可能使受僱人要負損害賠償責任，而因為保證人可能因此而必須要負責，所以如果僱用人終止僱傭契約之事由有使保證人產生責任之虞者，都必須讓保證人瞭解，以明瞭其即將負責的狀況，而讓保證人有所因應。

（二）受僱人因職務上之行為而應對僱用人負損害賠償責任，並經僱用人向受僱人行使權利者：受僱人既然已經因職務上之行為而應對僱用人負損害賠償責任，且僱用人也已經向受僱人行使權利，此時保證人的保證責任就已經產生，假如僱用人沒有辦法依其他的方式受賠償的話，則人事保證之保證人就要負責賠償，此時也必須讓保證人知悉，而有所準備與因應。

（三）僱用人變更受僱人之職務或任職時間、地點，致加重保證人責任或使其難於注意者：例如受僱人擔任駕駛，本來是白天開車，後來改為晚上開車，因為晚上的肇事率會比白天高，因此職務上發生損害賠償的機會變大。或者，本來負責的是一般的文書工作，變成負責財務工作，因為接觸金錢而可能增加受僱人侵占公司財產之機會，這些都可能使保證人的保證責任加重，這時候也應該讓保證人知悉而有所因應。

　　保證人受前項通知者，得終止契約。保證人知有前項各款情形者，亦同。如果有第1項情形發生的時候，保證人接到通知後，可以終止契約，即使沒有接到通知，而保證人自己知悉有前項各款情形之一發生者，保證人也可以終止契約。不過本條是為了避免保證人將來再繼續發生保證責任，或者加重保證

人的責任，所以賦予保證人可以終止保證契約的權利，對於終止契約前已經發生的保證責任，保證人還是不能免除責任。例如：受僱人已經因為職務上的侵占而對於僱用人發生損害賠償責任，僱用人在通知保證人後，保證人可以終止保證契約，不過對於該件已經發生之侵占行為，保證人仍然應該負責。

第756條之6（減免保證人賠償金額）
有左列情形之一者，法院得減輕保證人之賠償金額或免除之：
一　有前條第1項各款之情形而僱用人不即通知保證人者。
二　僱用人對受僱人之選任或監督有疏懈者。

解說

　　僱用人為保證契約之債權人，僱用人既然因為保證契約而能夠享受利益，則其在法律上也負有相對的義務，如果僱用人對於其依契約之規定應盡之義務而不盡其義務，則相對而言，法院應該酌情減輕保證人之賠償金額或免除，以示平衡。本條規定有下列情之一者，法院得減輕保證人之賠償金額或免除之：

（一）有前條第1項各款之情形而僱用人不即通知保證人者：
　　　前條第1項之情形是發生有保證人應該負責之事由或增加保證人責任的事由。如果僱用人沒有依前條之規定通知保證人，則保證人有時將無法因應而產生不利益。為了平衡雙方之權益，法院得減輕保證人之金額或免除之。

（二）僱用人對受僱人之監督有疏懈者：受僱人如果發生損害
　　　賠償責任是因為僱用人對受僱人之監督有疏懈者，則僱
　　　用人對於事件之發生也難卸責任，此時更不應該將全部
　　　的責任轉由保證人來承受。因此，法院亦可以減輕保證
　　　人之賠償金額或免除之。

第756條之7（人事保證契約之消滅）
人事保證關係因左列事由而消滅：
一　保證之期間屆滿。
二　保證人死亡、破產或喪失行為能力。
三　受僱人死亡、破產或喪失行為能力。
四　受僱人之僱傭關係消滅。

解說

　　一般保證並無一身專屬性，如果保證人或主債務人有死
亡、破產等情況之下，應由繼承人繼承或依破產之程序處理，
保證契約並不會因此而消滅。但人事保證因為都係基於保證人
與被保證人之間之情誼而產生，且係基於相互之信賴而來，因
此，當事人之信用極為重要，而且也具有一身專屬性。

　　本條規定人事保證關係因下列事由而消滅：

（一）保證之期間屆滿：保證期間屆滿，除非保證契約有更
　　　新，否則保證人自然因期間屆滿不再負保證責任。所謂
　　　保證期間屆滿，解釋上當然包括約定保證期間屆滿，以
　　　及未約定保證期間而依民法第756條之3所規定三年有效
　　　之法定期間屆滿。

（二）保證人死亡、破產或喪失行為能力：人事保證之保證人死亡時，基於人事保證之一身專屬性，保證債務並不會因之繼承，而是應該消滅。在保證人破產或喪失行為能力時，保證人之資力已經有問題了，更不應讓其再負擔無法確定責任範圍之保證責任，因此保證契約當然應該消滅。

（三）受僱人死亡、破產或喪失行為能力：受僱人死亡，則僱傭契約不可能再存在，人事保證契約係以僱傭契約存在為前提的附屬契約，既然僱傭關係不存在了，保證關係也不應再存在。而受僱人如果破產或喪失行為能力，則受僱人之資力及清償能力已經先有問題，人事保證係基於保證人與受僱人（被保證人）之間的信賴關係所成立的契約，受僱人之資力及清償能力已經有嚴重問題，自然不應再讓人事保證人負擔保證之責任。

（四）受僱人之僱傭關係消滅：保證契約本來就具有附屬契約之性質，人事保證以僱傭契約存在為前提，僱傭契約既然已經消滅，人事保證契約就不應該再存在。

第756條之8（請求權之時效）
僱用人對保證人之請求權，因二年間不行使而消滅。

解說

本條是僱用人對於保證人之請求權的短期消滅時效規定。依本條之規定僱用人對保證人之請求權，因二年間不行使而消滅。請求權消滅時效的起算點，依照民法第128條前段之規

定，應該自請求權可行使時起算，也就是自僱用人受損害而得請求賠償時起算。而如果僱用人還有其他方法可受賠償時，依民法第756條之2之規定，僱用人應該先依其他方式請求賠償，在不能依其他方式請求賠償時，才可以向保證人請求賠償，則此二年的期間應該自僱用人不能夠依其他方法請求賠償時開始起算。

第756條之9（人事保證之準用）

人事保證，除本節有規定者外，準用關於保證之規定。

解說

　　人事保證和一般保證有其共通性也有其相異性（參見民法第756條之1的解說）。本節關於人事保證與一般保證不一樣的地方已經有規定，而本節沒有特別設規定者，因為人事保證和一般保證還是有其共通性，因此本條規定人事保證，除本節有規定者外，準用關於一般保證之規定。

家圖書館出版品預行編目資料

民法.債編／王惠光,　黃碧芬著. -- 四
版. -- 臺北市：書泉出版社,2021.08
　　面；　公分
　ISBN 978-986-451-228-7（平裝）

　1.債法

84.3　　　　　　　　　110009167

3TE3　新白話六法系列006

民法・債編

作　　　者 ―	王惠光、黃碧芬（308）
發 行 人 ―	楊榮川
總 經 理 ―	楊士清
總 編 輯 ―	楊秀麗
副總編輯 ―	劉靜芬
責任編輯 ―	黃郁婷、李孝怡
封面設計 ―	王麗娟
出 版 者 ―	書泉出版社

地　　　址：106台北市大安區和平東路二段339號4樓

電　　　話：(02)2705-5066　　傳　真：(02)2706-6100

網　　　址：https://www.wunan.com.tw

電子郵件：shuchuan@shuchuan.com.tw

劃撥帳號：01303853

戶　　　名：書泉出版社

總 經 銷：貿騰發賣股份有限公司

地　　　址：23586新北市中和區中正路880號14樓

電　　　話：(02)8227-5988　　傳　真：(02)8227-5989

網　　　址：http://www.namode.com

法律顧問　林勝安律師事務所　林勝安律師

出版日期	2003年10月初版一刷
	2008年 9 月二版一刷
	2010年10月三版一刷
	2021年 8 月四版一刷

定　　　價　新臺幣480元

經典永恆・名著常在

五十週年的獻禮 —— 經典名著文庫

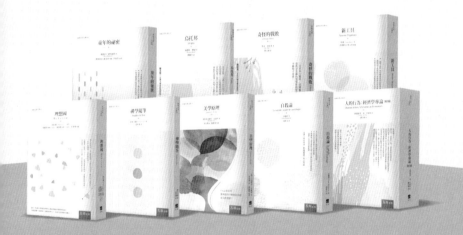

五南，五十年了，半個世紀，人生旅程的一大半，走過來了。

思索著，邁向百年的未來歷程，能為知識界、文化學術界作些什麼？

在速食文化的生態下，有什麼值得讓人雋永品味的？

歷代經典・當今名著，經過時間的洗禮，千錘百鍊，流傳至今，光芒耀人；

不僅使我們能領悟前人的智慧，同時也增深加廣我們思考的深度與視野。

我們決心投入巨資，有計畫的系統梳選，成立「經典名著文庫」，

希望收入古今中外思想性的、充滿睿智與獨見的經典、名著。

這是一項理想性的、永續性的巨大出版工程。

不在意讀者的眾寡，只考慮它的學術價值，力求完整展現先哲思想的軌跡；

為知識界開啟一片智慧之窗，營造一座百花綻放的世界文明公園，

任君遨遊、取菁吸蜜、嘉惠學子！